21世纪高职高专旅游服务与管理专业工学结合系列教材

中外热点旅游线路

主　编　王春梅

中国物资出版社

图书在版编目（CIP）数据

中外热点旅游线路/王春梅主编．—北京：中国物资出版社，2012.3

（21世纪高职高专旅游服务与管理专业工学结合系列教材）

ISBN 978-7-5047-4138-7

Ⅰ.①中…　Ⅱ.①王…　Ⅲ.①旅游路线—世界—高等职业教育—教材　Ⅳ.①F591

中国版本图书馆CIP数据核字（2011）第282445号

策划编辑　张利敏　　**责任印制**　方朋远
责任编辑　张利敏　　**责任校对**　孙会香　饶莉莉

出版发行　中国物资出版社
社　　址　北京市丰台区南四环西路188号5区20楼　　**邮政编码**　100070
电　　话　010-52227568（发行部）　　010-52227588转307（总编室）
　　　　　010-68589540（读者服务部）　　010-52227588转305（质检部）
网　　址　http://www.clph.cn
经　　销　新华书店
印　　刷　三河市西华印务有限公司
书　　号　ISBN 978-7-5047-4138-7/F·1693
开　　本　787mm×1092mm　1/16
印　　张　19.75　　**版　　次**　2012年3月第1版
字　　数　505千字　　**印　　次**　2012年3月第1次印刷
印　　数　0001—3000册　　**定　　价**　38.00元

21世纪高职高专旅游服务与管理专业工学结合系列教材编审委员会

出版说明

为了编写这套教材，中国物资出版社筹备的“21世纪高职高专旅游服务与管理专业工学结合系列教材编审委员会工作会议”第一次会议和第二次会议先后在杭州和北京召开，会议贯彻以职业技能训练为中心任务、以工学结合为体系的现代化高职教育教材编写理念，探索具有旅游服务与管理专业特色的工学结合的教材编写模式，搭建了企业管理人员与一线教师交流的平台。

工学结合的教材应该根据具体的专业所属的行业领域和职业岗位（群）的任职要求，参照相关的职业资格标准，按照职业岗位编排教材体系与实训项目内容，从而使教材有效地体现知识与职业岗位的一体化。这样的教材必然具备两个特点：一是必须由企业人员参与教材编写，体现校企合作、工学结合；二是必须与相关职业资格标准相结合。

那么，旅游服务与管理专业工学结合的教材应该是怎样的呢？

旅游服务与管理专业工学结合的教材应该是以岗位（群）为依据划分项目，再将项目分解成任务，并且具体地讲解完成任务所需要的步骤，从而同时实现技能目标和知识目标。它不同于传统的“实训教程”，也不等于众多小模块的拼凑，更不是简单地将“章”变“项目”，“节”变“任务”。而是将系统的知识与技能有机地结合起来表述，有严格的项目、任务分解依据，读来既轻松又不失严谨。

本系列教材还配有电子教学资料，包括电子教案、教学指南、课时建议、练习题答案、实训设置期末考试A、B试卷等，能够为老师授课和学生学习提供诸多便利，起到小型“资料库”的作用，欢迎登录中国物资出版社网站（http：//www.clph.cn）进行下载，同时将本书最后一页填好传真回我社索要密码即可使用电子教学资料。

本系列教材从策划伊始到问世，都伴随着策划人的详尽调研、行业专家的认真解惑和编写老师的严谨耕耘，并具备如下特点：

1. 通俗易读，深浅有度。理论知识广而不深，基本技能贯穿教材的始终。图文并茂，以例释理的方法得到广泛的应用，十分符合职业院校学生的学习特点。

2. 工学结合的编写思路。一方面注重企业的参与，另一方面注重与相关职业资格标准相结合。

3. “套餐式”教材，电子教学资料请专业人士制作。现代化的手段可以帮助丰富和发展传统的教材。

4. 兼顾老师授课和学生学习。教材不仅设置电子教学资料减少老师备课的工作量，还在内容安排上兼顾了可读性，使学生能够自主学习。

“21世纪高职高专旅游服务与管理专业工学结合系列教材”符合职业教育的教学理念和发展趋势，能够成为广大教师和学生教与学的优秀教材，同时也可以作为旅游业管理人员、相关从业人员的自学读物。

前　　言

《中国旅游业“十二五”发展规划纲要》日前正式发布。未来5年，围绕实现两大战略目标和建设世界旅游强国，我国旅游业将朝着产业化、市场化、现代化和国际化方向发展。到2015年，旅游业总收入达到2.5万亿元，年均增长率为10%；国内旅游人数达到33亿人次，年均增长率为10%；入境旅游人数达到1.5亿人次，年均增长率为3%；旅游外汇收入达到580亿美元，年均增长率为5%；出境旅游人数达到8800万人次，年均增长率为9%。

蓬勃发展的旅游市场势必促进旅游业的长足发展，旅游业新增就业人数达到1650万人，每年新增旅游就业60万人。旅游人才在数量上不断扩大，在岗位设置上将向着多样化与专业化的方向发展。导游、计调、外联以及销售人员，时刻了解旅游热点及线路，不断补充新知识，提高自己的竞争力，势在必行。

《中外热点旅游线路》将我国主要旅游线路与景点有机融合，以经典旅游线路串联我国主要省、市、自治区、直辖市、自然旅游景点、人文旅游景点及世界遗产类景点，是对以景点介绍为核心的传统旅游资源类课程的改革，旅游线路设计和编制渗透到旅游资源中，使旅游资源的魅力凸显，使旅游景点间的关联性增强，对拓展旅游地理、旅游景点的教学思路具有开创性意义。

《中外热点旅游线路》在教材内容上以旅游线路为主线，整合旅游景点，在任务导入环节，注重对真实情境的分析，强调游客的实际需求，展示了不同旅游者的需求及方式，实现与工作岗位无缝链接。通过掌握旅游热点及线路，合理构建旅游线路，有助于导游、计调、外联及销售人员突破岗位局限，全面深入地认识旅游产品，对提高自身的竞争力发挥积极意义。

本教材注重对旅游企业真实旅游线路的学习，依据旅游企业实际岗位能力需要，加大实训教学环节的设置，使课程内容与计调、导游、外联等岗位能力紧密衔接，充分体现“特色景点＋旅游线路编制＋实践实训”工学结合教材的特点，落实并实践了工学结合教材编写的新模式。

本教材由王春梅老师编写项目一、项目三、项目四、项目八，陈刚老师编写项目九、项目十、项目十一，贾艳琼老师编写项目五、项目七，胡艳荣、王春梅老师编写项目二，朱宁老师编写项目六，朱瑞明老师编写项目十二，王春梅老师负责全书统稿。由于编者水平有限，难免有疏漏之处，恳望广大读者批评指正。

编　者

2011年12月

目 录

项目一 国内旅游区景点及线路 …… 1
任务 国内主要旅游区、线路及景点 …… 1

项目二 东北旅游区景点及线路 …… 11
任务一 黑龙江景点及线路 …… 11
任务二 吉林景点及线路 …… 20
任务三 辽宁景点及线路 …… 25

项目三 华北旅游区景点及线路 …… 35
任务一 京津景点及线路 …… 35
任务二 河北景点及线路 …… 45
任务三 山东景点及线路 …… 54

项目四 中原旅游区景点及线路 …… 63
任务一 陕西景点及线路 …… 63
任务二 山西景点及线路 …… 80
任务三 河南景点及线路 …… 89

项目五 西北旅游区景点及线路 …… 99
任务一 内蒙古—宁夏景点及线路 …… 99
任务二 甘肃景点及线路 …… 117
任务三 新疆景点及线路 …… 131

项目六 华东旅游区景点及线路 …… 141
任务一 苏—浙—沪主要景点及线路 …… 141
任务二 江西主要景点及线路 …… 155
任务三 安徽主要景点及线路 …… 163

项目七　华中旅游区主要景点及线路 …… 170
任务一　四川景点及线路 …… 170
任务二　重庆—湖北景点及线路 …… 179
任务三　湖南景点及线路 …… 192

项目八　华南旅游区景点及线路 …… 201
任务一　广东景点及线路 …… 201
任务二　福建景点及线路 …… 209
任务三　海南景点及线路 …… 218

项目九　西南旅游区景点及线路 …… 229
任务一　广西景点及线路 …… 229
任务二　贵州景点及线路 …… 235
任务三　云南景点及线路 …… 241

项目十　青藏旅游区景点及线路 …… 250
任务　青藏景点及线路 …… 250

项目十一　港澳台旅游区景点及线路 …… 267
任务一　港澳景点及线路 …… 267
任务二　台湾景点及线路 …… 276

项目十二　世界主要景点及线路 …… 285
任务　世界主要旅游线路 …… 285

参考文献 …… 303

项目一　国内旅游区景点及线路

学习目标

● 知识目标

1. 了解中国旅游地理区划的目的、原则、等级，掌握我国旅游区划的划分方案。

2. 了解我国国家旅游线路中的主要景点，熟悉我国国家旅游线路。

3. 熟悉文化旅游的特点。

● 能力目标

1. 能够根据美国游客的特点进行游客分析。

2. 能够根据游客要求，为游客设计、推荐旅游线路。

任务　国内主要旅游区、线路及景点

任务引入

国家旅游局2011年1月发布的《2010年1～12月来华旅游入境人数》统计显示，2010年，外国人入出境共计5211.2万人次，同比增长19.2%。外国人来华人数居前十位的国家分别是：韩国、日本、俄罗斯、美国、马来西亚、新加坡、越南、菲律宾、蒙古、加拿大。

国家旅游局将2011年旅游主题确定为“中华文化游”，主题口号确定为“游中华，品文化”和“中华文化，魅力之旅”。为落实国家旅游局关于“2011年中华文化游”主题宣传部署，中国驻纽约办事处于2011年4～6月在纽约推出醒目的为期84天的“2011年中华文化游”巴士广告，十辆贴满中国旅游形象——长城与京剧画面的公共汽车，运行在纽约市的大街小巷，向纽约市民和来自世界各国的游客传递着“中国欢迎你”的信息。2010年美国旅华游客达200万人次。纽约是世界各国游客云集之地，每年春季是纽约市的旅游旺季，这次广告在春季推出可加深和扩大中国旅游在美国纽约市的宣传和影响。

美国小伙子乔治是个才华横溢的建筑设计师，他热爱、向往中国文化。请你为乔治推荐一条中国文化旅游线路。

任务分析

文化旅游泛指以鉴赏异国异地传统文化、追寻文化名人遗踪或参加当地举办的各种文化活动为目的的旅游。中国文化旅游可分为以下四个层面，即以文物、史迹、遗址、古建筑等为代表的历史文化层；以现代文化、艺术、技术成果为代表的现代文化层；以居民日常生活习俗、节日庆典、祭祀、婚丧、体育活动和衣着服饰等为代表的民俗文化层；以人际交流为表象的道德伦理文化层。在我国开展文化旅游是相当重要的，它不仅可以增强产品吸引力，提高经济效益，还可大力弘扬中国文化，让世界了解中国，同时也可改变目前越来越多的中国人不懂中国文化这一状况。

知识准备

一、中国旅游区划概述

（一）旅游地理区划的目的

旅游地理区划：从发展旅游角度出发，根据旅游地域分工原则，按照旅游资源的地域分异性及区域社会、经济、交通、行政等条件的组合和内部联系程度，在地域上划分出不同等级的旅游区。

区划的目的是揭示旅游资源的地域分布规律，旅游配套设施和行政管理的地域分工和相互联系，以利于合理组织不同区域的旅游活动，确定旅游区的发展方向，为旅游资源的开发、保护及制定发展战略提供科学依据。

（二）旅游地理区划的原则

旅游区划一般遵循的原则是：

(1) 发生上的共同性。旅游区内部具有相对一致的自然地理基础和共同的历史发展过程。

(2) 旅游活动的完整性。每个旅游区具有一个或数个旅游服务中心，提供食宿、交通及其他生活设施。

(3) 拥有相当数量的旅游点，形成一定的旅游时间。

(4) 为便于管理，要考虑行政上的完整性。

二、中国旅游地理区划方案

根据中国旅游区划的基本原则：地域相对完整性原则、相对一致性原则、综合分析和主导因素分析相结合原则、旅游中心地原则、多级划分原则、覆盖性与不连续性原则，我们可以把整个中国划分成若干相似性较大而差异性较小的10个旅游区（如图1-1）。

华北旅游区：该区包括京、津、河北、山东四省市。该区东临渤海，是全国的政治、经济、文化、交通和国际交往中心，是中华民族的发祥地之一。其历史悠久，景色壮丽，建筑雄伟，古迹众多，是全国最大的旅游中心。

图 1-1　旅游地理区划

东北旅游区：该区包括黑龙江、吉林、辽宁三省。该区文化历史源远流长，具有丰富的旅游资源，以原始、粗犷、神奇和博大见长。冰河树挂，冰雕雪塑，蔚为奇观；森林、草原广袤富饶以及朝鲜族、满族、蒙古族、回族等少数民族风情民俗吸引着大量中外游客。

中原旅游区：该区包括河南、陕西、山西三省。该区是我们的祖先最早生存繁衍的地区之一，在我国5000多年的文明历史中，长期作为政治、经济和文化中心，因而在历史上留下了无数遗迹、遗址、古文物和古建筑。该区人文景观异常丰富多彩，也不乏闻名中外的山水名胜，并具有独特的黄土高原风光，是我国重要的旅游区。

西北旅游区：该区包括新疆、内蒙古、宁夏和甘肃四省、自治区。该区幅员辽阔，地广人稀，旅游资源有明显的地方特色和民族特色。广袤的沙漠、戈壁，奇特的风沙地貌，景色宜人的温带草原，繁华一时的丝路古迹，多姿多彩的民族风情，令人流连忘返。

华东旅游区：该区包括上海、江苏、浙江、安徽、江西四省一市。该区地处长江下游，是全国人口密度最大的旅游区。该区自古经济繁荣，名山众多，旅游资源丰富，这为旅游业的发展提供了坚实的资源基础。

华中旅游区：该区包括四川、湖南、湖北、重庆三省一市。该区旅游资源丰富，分布着土家族、苗族、瑶族、侗族、白族、回族、蒙古族等民族，是我国少数民族主要的聚居地之一。山水风光与民族风情奇特，为旅游业的发展提供了物质基础。

西南旅游区：该区包括贵州、云南、广西两省一区。该区地貌奇特，为山地较多的高原，气候宜人，夏无酷暑，冬无严寒，而且少数民族众多，以奇山异洞、急流瀑布等山水风光与古朴、神秘的少数民族风情为特色。

青藏旅游区：该区包括青海和西藏。该区有世界上最高的高原，有“世界屋脊”之称。雪域高原，珠穆朗玛，青稞糌粑，高山旅游资源和藏族特色民俗文化，吸引着全世界人们的目光。

华南旅游区：该区包括福建、广东、海南三省。该区以热带、亚热带风光见长，滔滔海浪，金黄色沙滩，椰林婆娑，独榕成林，木棉花开如火，蕉叶承雨，草木常青，四季花开，参天的热带林木和明媚的海景构成一派有特色的南国风光。

港澳台旅游区：该区包括香港、澳门、台湾地区。该区在政治、经济和文化体制上有诸多类似，又有别于祖国大陆，故作为一个旅游区。香港以东方明珠著称，浪漫的维多利亚港、多情的浅水湾、购物的天堂吸引各地游客；澳门为世界三大赌城之一，大三八牌坊是世界遗产；台湾号称水果王国，阿里山的神木、日月潭的旖旎、故宫博物院的珍宝吸引各地游客。港澳台国际化特色及海岛风光吸引着世人的目光。

三、中国国家旅游线路及景点

国家旅游线路是依托品牌线路、连接重要旅游区（点）的旅游产品组合，不是主题类旅游产品组合，具有品牌化的航线、交通、河流、海岸等线路作支撑。国家旅游线路在国际国内旅游市场上具有较强的影响力和吸引力，着眼于吸引海外游客，并满足国内旅游发展需要，有利于引导国民旅游消费。国家旅游线路是国家级的旅游品牌，充分体现中国自然和文化的典型景观，具有国家层面的代表性和权威性。国家旅游线路要尽可能覆盖主要旅游地区和各省区市，但要尊重市场、尊重客观规律，不刻意强求覆盖全国旅游市场。

（一）编制目的

（1）整合形象，打造品牌。通过国家旅游线路整合相关省区市分散或分割的旅游形象，形成若干具有统一、清晰、明确形象的国家旅游线路品牌，作为中国国家旅游总体形象的有力支撑。

（2）引导市场，创造亮点。通过国家旅游线路进一步加强国际国内宣传促销和市场推广，引导海内外游客旅游流向，打造一批旅游热点线路、热点地区和热点产品，形成若干新的旅游消费热点。

（3）形成抓手，推动发展。通过国家旅游线路进一步动员各方面力量加强市场规范、项目开发、旅游营销和质量管理，搭建区域旅游合作平台，整合资源，突出重点，推动区域和地方旅游业发展。

（二）基本原则

（1）体现旅游线路特征。国家旅游线路是依托品牌线路、连接重要旅游区（点）的旅游产品组合，不是主题类旅游产品组合（如世界遗产之旅、皇家文化之路、冰雪之旅、温泉之旅等），必须具有品牌化的航线、交通、河流、海岸等线路作支撑。

（2）立足国际兼顾国内。国家旅游线路必须在国际国内旅游市场上具有较强的影响力和吸引力，着眼于吸引海外游客，并满足国内旅游发展需要，有利于引导国民旅游消费。

（3）突出典型代表性。国家旅游线路是国家级的旅游品牌，必须充分体现中国自然和文化的典型景观，具有国家层面的代表性和权威性。

（4）注重覆盖面。国家旅游线路要尽可能覆盖主要旅游地区和各省区市，但要尊重市场、尊重客观规律，不刻意强求覆盖全国旅游市场。

（5）统一标准、分批推出。通过国家旅游线路统一、明确的条件和标准，对符合条件、广泛认同的线路，分批次推出。

（三）遴选条件

中国国家旅游线路应当符合“典型性强、知名度大、交通通达、跨越多省”等条件。

（1）主题明确，形象鲜明，典型代表性强。国家旅游线路必须是中国精品旅游资源的典型代表，能够集中体现中华文化和壮丽景观的精髓，特色突出，形象鲜明，代表性强，独特性强，对中国旅游业具有典型意义。

（2）社会认知，游客认可，市场影响力强。国家旅游线路应当是比较成熟的旅游线路，市场认可度、社会公认度比较高，形成了较大的旅游市场规模，并且旅游发展潜力和客源增长潜力比较大，比较适于市场推广，能够带动市场发展。

（3）交通连贯，线路通达，适游可游性强。国家旅游线路要有比较完善的旅游基础设施和旅游接待设施，公路、铁路、航空通达性较好，旅游城镇、旅游景区、宾馆饭店等功能设施比较齐备，全线特别是重要节点城市或景区在交通可进入性、资源和景观的可游性、地理与气候适游性等方面优势明显。

（4）穿越区域，跨越省市，辐射带动性强。国家旅游线路应当跨越多个省区市，具有较大的体量和规模，拥有多个旅游服务中心城市或重点节点，能够实现资源、市场、品牌共创共享，能够影响、带动和辐射周边多个省区市，在中国旅游业发展格局中发挥重要的促进作用。

（四）首批备选线路及景点

按照上述条件，表1-1中的12条线路作为首批中国国家旅游线路的备选名单。

表1-1　中国国家旅游线路及景点

序号	线路名称	简介
1	丝绸之路	以丝路文化为核心，跨越河南、陕西、甘肃、宁夏、青海、新疆六省区，是一条典型的国际旅游线路，在海内外形成了较大的市场影响
2	香格里拉	以川滇藏民族文化和特色景观为内涵，形成了从昆明经大理、丽江至迪庆的核心旅游线路，并辐射至四川甘孜及西藏等地，是中国目前热点的旅游线路之一，在海内外旅游市场中深受欢迎
3	长江三峡	以峡谷景观、高峡平湖风光、大坝景观、历史文化、地域文化为主要吸引物，是中国对外推广的经典旅游线路
4	青藏铁路	以青藏铁路为依托形成的通往雪域高原的旅游线路，东起青海西宁，西至西藏拉萨，并延伸至西藏其他地区
5	万里长城	长城是中华文化的象征，也是我国最为重要的旅游吸引物之　，东起山海关、西至嘉峪关，跨越东西多个省区市
6	京杭大运河	以京杭大运河历史遗存为内涵，北起北京通州，南至杭州，跨越北京、天津、河北、山东、江苏、浙江六省市，是我国东部贯穿南北的文化旅游线路
7	红军长征	红军长征旅游线是目前我国红色旅游中最受欢迎的旅游线，该线从江西瑞金出发，经江西、湖南、贵州、四川、陕西，直达延安，是我国贯穿东西、连接南北、重点在西部的旅游线路
8	松花江—鸭绿江	以东北三省林海雪原、白山黑水、民族文化、边疆风情为内涵，以冰雪旅游、文化旅游、生态旅游、边疆旅游为核心，以大江界河旅游贯穿东北三省

续表

序号	线路名称	简介
9	黄河文明	以黄河文明为纽带，自西向东连接青海、甘肃、宁夏、陕西、内蒙古、山西、河南、山东八省区，重点是陕西、河南、山西、山东等中原黄河文化旅游区
10	长江中下游	以长江中下游城市群和世界遗产为核心，连接湖北、湖南、江西、安徽、江苏、上海，以都市旅游、遗产旅游、山水观光为特色
11	京西沪桂广	该线路主要是以空中航线为主，连接北京、西安、上海、桂林、广州等五个著名旅游城市，是中国旅游市场最早对外推出、保持长久不衰的典型旅游线路，被誉为“经典中国”旅游线
12	滨海度假	以空中航线、海上航线连贯我国东部沿海度假城市旅游目的地，从北向南包括大连、烟台、威海、青岛、日照、连云港、福州、泉州、厦门、深圳、珠海、海口、三亚、北海等，突出中国滨海度假旅游品牌，引导居民休闲度假

拓展阅读

表 1-2　　中国旅游主题及宣传口号

年份	旅游主题	宣传口号
1992	中国友好观光年	“游中国、交朋友”
1993	中国山水风光游	“锦绣河山遍中华，名山胜水任君游”
1994	中国文物古迹游	“五千年的风采，伴你中国之旅”；“游东方文物的圣殿：中国”
1995	中国民俗风情游	“中国：56 个民族的家”；“众多的民族，各异的风情”
1996	中国度假休闲游	“96 中国：崭新的度假天地”
1997	中国旅游年	“12 亿人喜迎 97 旅游年”；“游中国：全新的感觉”
1998	中国华夏城乡游	“现代城乡，多彩生活”
1999	中国生态环境游	“返璞归真，怡然自得”
2000	中国神州世纪游	“文明古国，世纪风采”
2001	中国体育健身游	“体育健身游，新世纪的选择”；“遍游山川，强健体魄”等
2002	中国民间艺术游	“民间艺术，华夏瑰宝”；“体验民间艺术，丰富旅游生活”等
2003	中国烹饪王国游	“游历中华胜境，品尝天堂美食”等
2004	中国百姓生活游	“游览名山大川、名胜古迹，体验百姓生活、民风民俗”等
2005	中国旅游年	“2008 北京——中国欢迎你”；“红色旅游”年
2006	中国乡村游	“新农村、新旅游、新体验、新风尚”
2007	中国和谐城乡游	“魅力乡村、活力城市、和谐中国”
2008	中国奥运旅游年	“北京奥运、相约中国”
2009	中国生态旅游年	“走进绿色旅游、感受生态文明”
2010	中国世博旅游年	“相约世博，精彩中国”
2011	中华文化游	“游中华，品文化”

资料库

申办中国签证须知

一、填写申请表

申请人必须如实、认真、仔细填写《中华人民共和国签证申请表》。如表格填写不实、漏填、字迹不清楚，可能导致签证申请遭到拒绝，或延误旅行，由此产生的一切后果由申请人自行承担。领事官员根据中国有关法律、规定和个案情况审发签证，有权依法拒绝申请人的签证申请，依法改变、取消已发签证并无须说明理由。

二、各类签证申请基本要求与常识

(1) 提供护照正本，有效期至少6个月以上，有足够的空白签证页。

(2) 填写签证申请表1份，本人签名；除18周岁以下未成年人外，他人代填申请表均须由申请人本人签字；如系旅行社代填，也须由申请人本人签字，旅行社加盖便章。

(3) 交本人近期正面免冠2寸、白底、彩色护照照片1张。

(4) 一次入境签证自签发之日起3个月内入境有效。两次入境签证自签发之日起6个月内入境有效。在华停留期限由领事根据有关规定和个案情况等审定。

(5) 申请人入境后，如实际停留期将超过签证允许的停留期，必须在签证停留期满前，向当地县级以上公安机关或其他主管机关申请延期。逾期滞留将被处以罚款等处罚。

(6) 中国公民加入外国国籍后，第一次持外国护照或持新换发的外国护照申请中国签证时，须一并出示本人原中国护照原件或旧外国护照复印件、以往中国签证记录复印件。

三、签证种类与注意事项

(一) 旅游、探亲 (L) 签证

旅游、探亲 (L) 签证，发给赴华旅游、探亲人员。注意事项如下：

(1) 前往西藏自治区旅游者，请事先与自治区旅游局（电话：86—891—6834313，传真：86—891—6834632）联系。申请签证时，请提供该局书面通知书。

(2) 在外国出生，具有中国血统的儿童首次申请签证，须提供有父母姓名的该儿童的出生证明，以及父母任何一方的外国护照或外国永久居民身份证。

(二) 团体签证

团体签证必须5人以上组团才可办理。申请的具体手续如下：

(1) 组办单位须得到国内授权旅行社的确认函电后方可组团赴华，并须在向我馆申请团体签证时提供该函及其复印件。

(2) 组办单位负责填写打印的“旅游团人员名单”一式三份，并提交旅游团成员护照原件和复印件1份。名单中的内容如姓名、性别、出生日期、国籍、护照号码等须准确无误。旅游团成员免填写签证申请表，免交照片。

(3) 旅游团的所有成员应同时在同一入出境口岸办理入出境手续。如有个别成员不能随旅游团同时在同一入出境口岸办理入出境手续，则不能将其列入旅游团名单中，而应为其申办个人签证。

四、办理签证时间

一般为4个工作日。

任务实施

一、游客分析

（1）由于人均收入普遍较高、个性开放、带薪假期、旅游蔚然成风等原因，美国人出国旅游很普遍。

（2）美国人凡事都重计划性，在旅游安排上的计划性更强。

（3）美国人独立性强，喜欢自由自在，缺乏“组织性”、“纪律性”。美国老年人可能组团旅游，年轻人则流行自助旅游，自己安排旅游行程。

（4）美国人普遍追求刺激、新奇，有喜欢竞技、冒险、乐于参与的性格。

二、推荐行程

表 1－3　　中国文化旅游行程安排

日期	行程安排
D1：北京	到达北京机场后，随即专车前往酒店入住，之后自由活动
D2：北京	早餐后，前往天安门广场，然后故宫。午餐后前往游览天坛，结束后返回酒店
D3：北京	早餐后，前往万里长城一居庸关。午餐后前往游览十三陵之首长陵，晚餐享用北京烤鸭，随后前往欣赏中国国粹京剧，结束后返回酒店
D4：北京—西安	早餐后前往北京首都机场乘机飞往西安。随即享用午餐，餐后参观中国第一座大型现代化国家级博物馆陕西历史博物馆，然后前往游览西安钟楼和古城墙，结束后返回酒店
D5：西安	早餐后前往参观西安兵马俑，午餐后继续前往参观游览秦始皇陵和大雁塔。晚餐享用当地面食风味。餐后观看仿唐歌舞秀，结束后返回酒店
D6：西安—桂林	早餐后前往西安机场乘机飞往桂林，到达后专车前往酒店办理入住。随即享用午餐，餐后参观游览芦笛岩和象鼻山，结束后返回酒店
D7：桂林	早餐后坐船前往山清水秀、洞奇石美的阳朔，午餐在船上享用，随后乘车返回桂林
D8：桂林—广州	到达广州后专车前往酒店办理入住。午餐后前往游览越秀公园、五羊石雕像和西汉南越王博物馆，然后游览以“三雕、二塑、一铁铸一彩绘”著称的陈家祠，夜游珠江，结束后返回酒店
D9：广州	早上乘车前往游览国内首个将向日葵作为观赏性植物并设计成超大型主题园林的公园百万葵园。午餐后，游览广东四大名园之一余荫山房，结束后返回酒店
D10：广州—上海	早餐后前往广州机场乘机飞往上海，到达后专车前往酒店办理入住。午餐后前往游览著名的江南古典园林豫园，晚餐后前往观赏杂技表演，结束后返回酒店
D11：上海	早餐后首先前往参观中国古代艺术博物馆上海博物馆。随后前往中华商业第一街南京路逛街。午餐后乘船游览黄浦江，之后沿着河岸散步返回酒店
D12：上海	酒店早餐后，乘车前往机场，结束北京西安桂林广州上海 12 日游

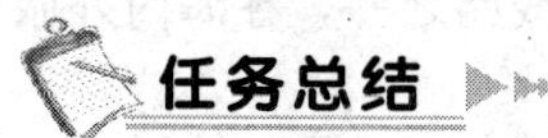

任务总结

在了解中国国家线路、主要景点及文化旅游特点的基础上，以美国旅游者需求为线索，为美国游客设计京西桂广沪 12 日的旅游线路。这条线路带领旅游者从中国的东部到西部，从北方到南方，以城市为节点，以飞机为大交通工具，使旅游者高效又较为完整地了解到中国文化，适合首次来华旅游、喜爱中国文化的外国旅游者。

实训项目

中国国家旅游线路及景点填图

【实训目标】

通过实训，学生可熟悉了解中国国家线路和主要景点。

【实训内容】

中国国家旅游线路及景点填图要求：在中国地图上分组绘制中国国家线路，每组 1～2 条，线路绘制清晰，景点突出（如图 1 - 2）。

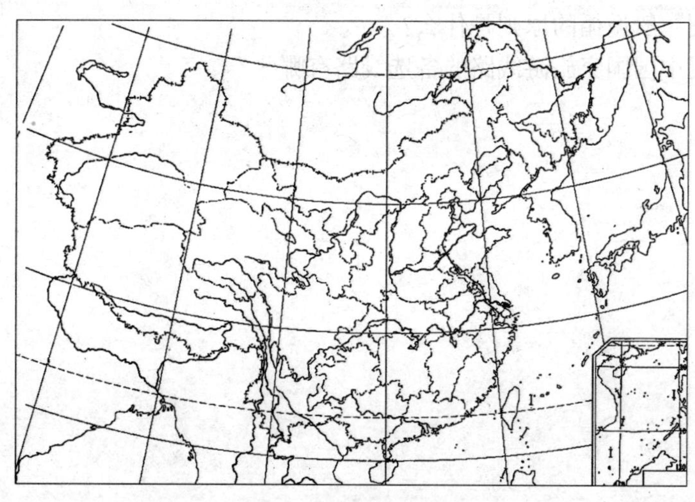

图 1 - 2　旅游地理区划

【实训步骤】

1. 以项目团队为学习小组，小组规模一般是 2～3 人。
2. 各项目团队在课上用 PPT 展示并说明绘制的旅游线路图。
3. 评价与总结：由教师和其他团队成员进行现场点评，以鼓励为主。

复习思考题

一、选择题

1. 以川滇藏民族文化和特色景观为内涵，形成了从昆明经大理、丽江至迪庆的核心旅游线路，并辐射至四川甘孜及西藏等地，是中国目前热点的旅游线路之一，在海内外旅游市场中深受欢迎的旅游路线是（　　）。

A. 青藏铁路　B. 香格里拉　C. 长江三峡　D. 丝绸之路

2. 中国旅游市场最早对外推出、保持长久不衰的典型旅游线路，被誉为“经典中国”旅游线路是（　　）。

A. 丝绸之路　B. 黄河文明　C. 京西沪桂广　D. 长江中下游

3. 以峡谷景观、高峡平湖风光、大坝景观、历史文化、地域文化为主要吸引物，是中国对外推广的经典旅游线路是（　　）。

A. 长江三峡　B. 丝绸之路　C. 青藏铁路　D. 香格里拉

4. 自西向东连接青海、甘肃、宁夏、陕西、内蒙、山西、河南、山东八省区，重点是陕西、河南、山西、山东等中原黄河文化旅游区是（　　）。

A. 黄河文明　B. 丝绸之路　C. 长江中下游　D. 京西沪桂广

5. 北起北京通州，南至杭州，跨越北京、天津、河北、山东、江苏、浙江六省市，是我国东部贯穿南北的文化旅游线是（　　）。

A. 黄河文明　B. 丝绸之路　C. 长江中下游　D. 京杭大运河

二、简答题

1. 旅游地理区划的目的是什么?

2. 旅游区划一般遵循的原则是什么?

3. 12 条首批中国国家旅游线路的备选线路有哪些?

项目二　东北旅游区景点及线路

● 知识目标

1. 熟悉东北旅游区各省市主要旅游景点。
2. 熟悉东北地区省内典型旅游线路及跨省连线游旅游线路。

● 能力目标

1. 能够对滑雪爱好者、大学生及退休人士进行游客分析。
2. 能够根据游客要求，为不同类型的游客推荐和设计旅游线路。

任务一　黑龙江景点及线路

2010 年入冬，北京已经连续 100 天无降雪了。伴随着 2011 年 1 月 5 日，哈尔滨国际冰雪节的盛大开幕，北京滑雪俱乐部的 20 名年轻会员决定前往冰雪“cool”省黑龙江，去感受真正的冰雪之旅。如何设计这个特殊团队的旅游线路呢？

任务分析

为旅游者设计旅游线路，要熟悉旅游地的旅游景点。在线路设计的过程中还要适应市场需求，即必须最大限度地满足旅游者的需求。由于旅游者来自不同的国家和地区，具有不同的身份以及不同的旅游目的，因而，不同的游客群有不同的需求。旅游线路设计者应根据不同的游客需求设计出各具特色的线路，而不能千篇一律，缺少生机。

知识准备

黑龙江省位于中国东北部，以中国第三大河——黑龙江为名，简称黑。面积 45.4 万平方千米，仅次于新疆、西藏、内蒙古、青海、四川，居全国第六位，现辖 13 个地市，其中 12 个省辖市，1 个行政公署。3792 万人，有汉、满、朝鲜、内蒙古、回等 46 个民族。黑龙江境内冰雪资源丰富，是中国冰雪运动的故乡，亚布力是开展竞技滑雪和旅游滑雪的最佳场所。境内群山连绵，林海绿涛，森林旅游、天然狩猎场和野生动物饲养基地令人神往。这里还有“鹤乡”之称的扎龙、“火山地质博物馆”之称的五大连池、“北极村”之称的漠河以及镜泊湖、吊水楼瀑布等著名的旅游胜地。黑龙江旅游景点见图 2－1。

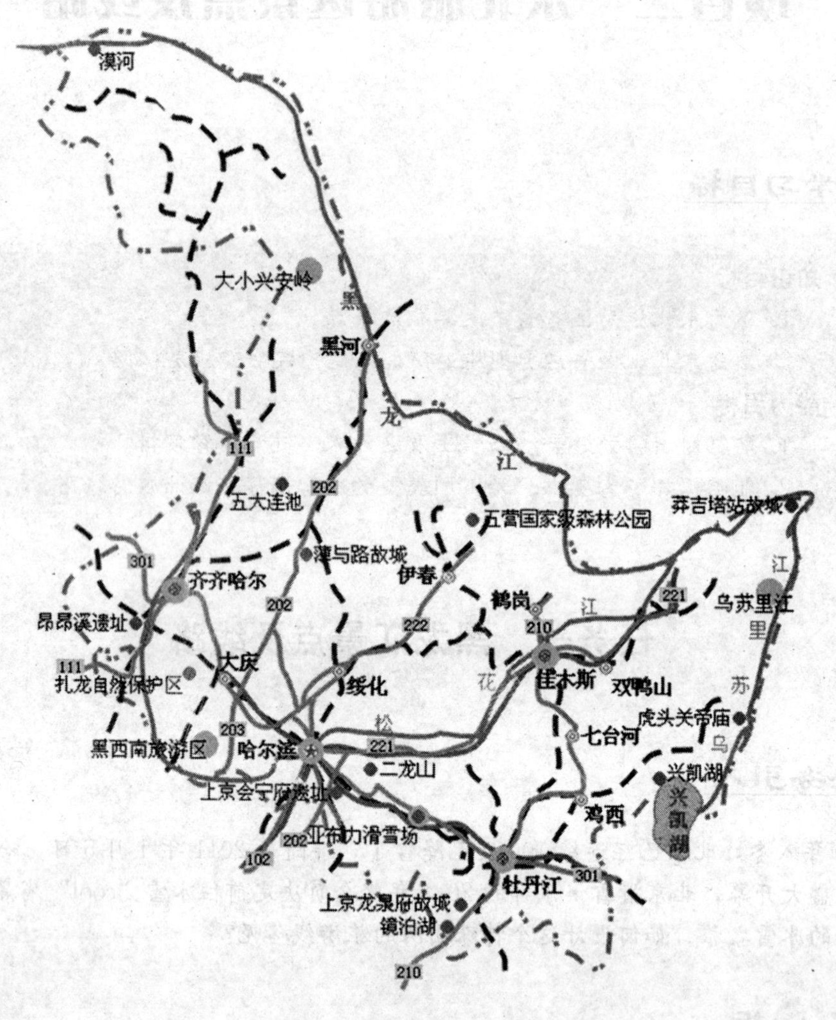

图 2－1　黑龙江旅游景点

一、主要景点

1. 镜泊湖

北国明珠——镜泊湖，坐落在牡丹江市境南 94 千米处的群山峻岭间，是约一万年前经火山喷发、熔岩阻塞牡丹江河道而形成的火山堰塞湖，是科研、旅游、避暑的胜地，被誉为“北方的西湖”。景区内环境幽雅，一片恬静、秀丽的大自然风光。在湖的北岸半岛上，有一些别致的小别墅和旅游设施，这就是镜泊湖的游览中心——镜泊山庄。除了镜泊山庄以外，整个湖周围很少有建筑物，只有山峦和葱郁的树林。

2. 扎龙自然保护区

扎龙是中国著名的珍贵水禽自然保护区，西北距齐齐哈尔市 30 千米。这里的主要保

护对象是丹顶鹤及其他野生珍禽，它被誉为鸟和水禽的“天然乐园”。扎龙自然保护区占地4万平方千米，河道纵横，湖泊沼泽星罗棋布，湿地生态保持良好。每年四五月或八九月，有二三百种野生珍禽云集于此，遮天蔽地，蔚为壮观，因此每年四五月或八九月是游览此区的最佳季节。扎龙自然保护区以鹤著称于世，全世界共有15种鹤，此区即占有6种：它们是丹顶鹤、白头鹤、白枕鹤、蓑羽鹤、白鹤和灰鹤。丹顶鹤又称仙鹤，是十分珍贵的名禽，此区现有500多只，约占全世界丹顶鹤总数的1/4，所以，称此区是丹顶鹤的故乡也不为过。

3. 五大连池

五大连池是第四世纪火山活动给人类留下的一片珍贵遗产，拥有世界上保存最完整、分布最集中、品类最齐全、状貌最典型的新老期火山地质地貌，有“火山地貌博物馆”之称。五大连池因火山的熔岩堵塞河道而形成5个波光粼粼的湖泊，与14座宁静的火山交相辉映。由于火山活动，这里的地下水富含多种人体所需的宏量元素和微量元素。特别是药泉山的泉水，对多种常见疾病具有显著疗效；民间应用已有两百多年的历史，享有“神泉圣水”的美誉；和法国的维希矿泉、俄罗斯外高加索矿泉并称为“世界三大冷泉”。

4. 漠河

漠河，又称墨河，据说是因河水黑如墨而得名。漠河位于我国最北端。由于地理位置独特，资源丰富，天象奇特，因而有“金鸡冠上之璀灿明珠”的美誉。漠河位于北纬53.5°的高纬度地带，有“中国北极村”之称。因其独特的地理位置，故经常出现绚丽多彩的“北极光”和“白夜”两大天然奇景。每年夏至前后，都有成千上万的海内外游客欢聚在北极村，观赏北极光，等待白昼出现。漠河四季如画，反差鲜明。春天花开遍野，醉人心扉；夏至时节，晚霞与黎明同在，户外可读书看报；秋天层林尽染，野果山珍遍地，美不胜收，食不胜食；冬天漫长更富有诗意，林海、江河、大地、人家，银装素裹，无限神奇。

5. 齐齐哈尔

(1) 卜奎清真寺。始建于清康熙二十三年（1684年），早于卜奎建城七年，故有“先有清真寺，后有卜奎城”之说。占地面积6400平方米，位于齐齐哈尔市建华区清真寺胡同。清真寺从初建时的几间草房，经过多次修缮、扩建，形成了目前这座省内规模最大、历史最久、具有中华民族特色的伊斯兰宗教建筑。光绪三十一年（1905年），清真寺成为黑龙江省第一个助学的社会团体。为此，光绪皇帝御批赐予该寺“急公好义”匾额一方。悠悠岁月，沧海桑田，卜奎清真寺以它厚重的文化底蕴和古朴雄浑的气质，吸引着海内外众多穆斯林和各界人士前来瞻仰朝拜。这里也成为广大穆斯林欢度传统节日“尔代节”的场所。

(2) 关帝庙。又称武庙、老爷庙、关公庙。始建于乾隆四年（1739年）。1980—1985年，齐齐哈尔市政府再次重修此庙，并将“关帝庙”正式更名为“关公庙”。整修后的关公庙为由山门、前殿、正殿、后殿组成的四进式建筑。山门三间，供休息和接待之用。前殿又称灵官殿，殿内供奉护庙之神王灵官。殿前两侧为高8.5米的钟鼓楼，上下两层，四角飞檐，楼顶上饰1米多高的葫芦，反映出道教的独特风格。正殿又称“忠义恒天”殿，高10米，三铺顶，殿堂中央为3尊高大塑像，关羽居中，周仓和关平分列左右；墙上绘有以关公传奇故事为题材的重彩壁画。后殿为老君殿，供奉道教创始人老子。

（3）黑龙江将军府。清康熙三十四年（1695年）由首任黑龙江将军萨布素兴建。相传乾隆年间，皇帝北巡，将军府作为备用行宫，得以修缮和扩建，形成3层院落、4栋青砖瓦房的典雅宏敞、功能齐备的建筑群。将军府作为古代黑龙江的第一官邸，见证了历史的风云变幻，从康熙时的萨布素在卜奎古城开衙建府，到光绪末年寿山将军在府内自尽殉国，历经清代8个王朝，被清廷任命的76位黑龙江将军中，只有少数几位将军不曾在此居住过。昔日的将军府，作为今天的爱国主义教育基地和旅游观光景点，进一步传承着历史文明，续写着新的辉煌。

6. 哈尔滨

冰城哈尔滨位于松花江畔，是黑龙江省省会，素有“天鹅项下的珍珠”之美誉。哈尔滨的旅游景点丰富，产品特色突出，冰雪文化、异域文化、森林文化、金源文化、民俗文化是哈尔滨借资源特色打出的五张文化旅游牌。国际公认的世界三大旅游景点——冰雪、森林与海洋，哈尔滨占有两项，而且是垄断性的资源。

（1）圣索菲亚教堂。圣索菲亚教堂始建于1907年，1923年重建，是典型的巴洛克建筑。经过长达9年的精心施工，这座富丽堂皇、典雅超俗的建筑精品竣工落成。

圣索菲亚教堂气势恢弘，精美绝伦。教堂的墙体全部采用清水红砖，上冠巨大饱满的洋葱头穹顶，统率着四翼大小不同的帐篷顶，形成主从式的布局。四个楼层之间有楼梯相连，前后左右有四个门出入。正门顶部为钟楼，7座铜铸制的乐钟恰好是7个音符，由训练有素的敲钟人手脚并用，敲打出抑扬顿挫的钟声。

巍峨壮美的圣索菲亚教堂，构成了哈尔滨独具异国情调的人文景观和城市风情。同时，它又是沙俄入侵东北的历史见证和研究哈尔滨市近代历史的重要珍迹。

（2）太阳岛风光。太阳岛是松花江的一个沙洲，是哈尔滨主要的风景区和旅游胜地，有“哈尔滨明珠”之称。

太阳岛自然风景异常秀美。全岛碧水环抱，水光潋滟，花木葱茏，幽雅静谧，野趣浓郁，原野风光质朴粗犷。太阳岛冰雪文化引人入胜，冰雪游乐活动丰富多彩，令人神往。滑冰橇、乘冰帆、溜冰、打冰球，人来人往，蔚为壮观；闻名遐迩的哈尔滨雪雕艺术博览会，群众性的冰雕比赛会，一年一度，相继展开，冰雪雕塑，冰雪建筑，千变万化，精彩纷呈。

7. 牡丹江

（1）火山口地下森林。火山口地下森林位于镜泊湖西北约50千米。大约一万年前镜泊火山爆发，形成了大小不等、形状不一的10个火山口，经千万年沧桑变化，成为低陷的火山口原始林带，是世界著名的“火山口地下森林”。由于其环境的特殊性，它不仅成为美妙的风景区，而且成为中外地理学家、历史学家、生物学家理想的科研基地。三号火山口是十座火山口中最大的一处，直径达500多米，深达200多米，树龄在400～500年。游人可借人工台阶下至火山口中部寻幽探胜。坑底林木蔚然深秀，云烟缭绕，阵阵冷气夹着清香扑面袭来，使人神志飘忽，不知天上人间。

（2）吊水楼瀑布。吊水楼瀑布位于牡丹江宁安镜泊湖风景区，是镜泊湖水泻入牡丹江的出口。此处有一道大坝，水从坝上往下冲，形成一道落差约20米、宽约40米的瀑布。湖水飞泻而下，冲起一片白浪。瀑布下的石块受到冲击，年深日久，淘挖磨蚀成圆柱形的深潭，深达数十米。静静的湖水到此即奔腾咆哮，飞泻而下，发出雷鸣般的轰响，1000

米以外都能听到。周围还有凉亭和铁链围栏，供游人站在瀑布上面岸边观瀑。

二、典型线路

1. 多彩文化生态之旅：哈尔滨—阿城—尚志—海林—牡丹江—绥芬河（东宁）

游览中央大街、圣索菲亚教堂、哈尔滨极地馆及太阳岛十大艺术展馆，欣赏时尚浪漫的欧陆风情，踏寻极乐寺、文庙、道台府、中华巴洛克建筑一条街、龙门大厦贵宾楼、萧红故居、侵华日军第七三一部队罪证旧址等地，感受哈尔滨革命历史、沧桑巨变；松花江百里湿地览胜；游横头山苍翠欲滴的原始森林；参观阿城金上京历史博物馆以领略中国北方古代民族文化精粹，参观尚志赵一曼被捕地、土改第一村、杨靖宇烈士陵园，缅怀为新中国浴血奋战、无私奉献的英雄儿女；欣赏威虎山主峰景区万木苍翠，逛威虎山影视城《闯关东》拍摄地，领略横道河子中国历史文化名镇的古朴；在欧式风情的现代化农场——海林农场休闲度假；游览牡丹江紫菱湖生态火山湿地湖风光，参观火山口森林公园，游镜泊峡谷朝鲜民俗村，到镜泊湖观光度假，欧陆风情别墅小憩，品尝商业街东北风味美食，参观渤海上京龙泉府遗址，逛绥芬河（东宁）现代化口岸，过境游览俄罗斯海参崴海滨风光。

2. 神州北极探秘之旅：哈尔滨—大庆—齐齐哈尔—加格达奇—漠河

哈尔滨游览项目同上；参观大庆石油科技博物馆、铁人纪念馆，欣赏杜尔伯特草原和珰奈湿地风光，连环湖温泉城洗去风尘，湖上狩猎，骑马驰骋草原之上，品蒙古族特色美食，观民族歌舞；到齐齐哈尔扎龙自然保护区观丹顶鹤、湿地风光，游昂昂溪区古人类遗址，看金长城，参观卜奎寺、大乘寺、黑龙江将军府、江桥抗战遗址，到明月岛消夏避暑；游览加格达奇大乌苏原始森林，到鹿园赏林海风光，做客白银纳鄂伦春人家；来到奇、美、纯、净的“神州北极”漠河北极村，观奇特的“白昼”天象，在中国最北点远眺对岸美丽的俄罗斯风光，参观中国最北人家、最北哨所，到中国最北邮局给友人发一封带有北极村特种标志和邮戳的明信片或信，乘船探寻黑龙江源头，参观中国最北林海观音和“胭脂沟”。

3. 神奇火山边境之旅：哈尔滨—五大连池—孙吴—黑河

哈尔滨游览项目同上；游览具有“天然火山博物馆”之称的五大连池世界地质公园，观黑龙山、冰洞、龙门石寨等景点，品世界三大冷泉之一的五大连池天然矿泉水，洗矿泉浴，享受矿泉美食的滋养；参观孙吴胜山日军侵华遗址博物馆和要塞；参观黑河爱珲博物馆、黑河锦河农场“金场”、“大黑丫头酒馆”等《闯关东》影视拍摄基地，游锦河大峡谷、俄罗斯风情园；过境游览俄罗斯布拉格维申斯克市风光。

4. 华夏东极畅游之旅：哈尔滨—佳木斯—富锦—七星农场—同江—抚远—黑瞎子岛

哈尔滨游览项目同上；赏佳木斯桦川星火朝鲜族民俗风情园朝鲜族民俗歌舞；游富锦松花江碑林，湿地观鸟；参观“绿色米都·现代农业观光名镇”——七星农场的国家级农业科技示范园区和43作业站农机停放场，感受现代化大农业的恢弘壮观；同江三江口看松花江和黑龙江两江汇流的神奇和壮观，到街津口赫哲民族文化村赏中国“六小”民族之一的赫哲族民俗风情，与赫哲人畅饮欢歌；到“华夏东极”抚远乌苏镇太阳广场观赏“中国第一缕阳光”，在东极极标前合影留念；登黑瞎子岛，游湿地公园，赏纯美自然风光；参观原俄罗斯兵营旧址，了解俄罗斯军事文化；参观交接点——259号界碑，回顾令人激动的历史时刻；到黑龙江边眺望俄罗斯哈巴罗夫斯克异域风光。

5. 三江明珠生态之旅：哈尔滨—佳木斯—双鸭山—饶河—珍宝岛—抚远—黑瞎子岛

哈尔滨游览项目同上；游览佳木斯大亮子河森林公园内600年树龄的原始红松林、原始杨树林，在古树参天、树脂弥香的林中漫步，吸氧健身；在旅游名镇——七星农场观赏百万亩水稻田绿海荡漾，各种名贵花卉争奇斗艳，陶醉于现代化农场的和谐生态；双鸭山安邦河湿地，雁窝岛湿地观鸟、滑船；参观珍宝岛，聆听乌苏里江缥缈渔歌；到“华夏东极”抚远乌苏镇太阳广场观赏“中国第一缕阳光”，在东极极标前合影留念；登黑瞎子岛，游湿地公园，赏纯美自然风光；参观原俄罗斯兵营旧址，了解俄罗斯军事文化；参观交接点——259号界碑，到黑龙江边眺望俄罗斯哈巴罗夫斯克异域风光。

6. 林海泛舟氧吧之旅：哈尔滨—绥化—铁力—伊春—五营—汤旺河—嘉荫—萝北—名山旅游名镇

哈尔滨游览项目同上；参观兰西关东民俗文化陈列馆，游览关东民俗旅游文化村，了解关东历史变迁，逛“闯关东朱家大院”，亲身体验山东移民生活；铁力依吉密河漂流，桃山狩猎场狩猎；金山屯鹿场赏鹿，五营森林公园森林浴，红星火山地质公园观光，赏汤旺河林海奇石风景区林中奇石，美溪回龙湾度假区漂流，登嘉荫茅兰沟鸽子峰、赏三阶潭、茅兰瀑布，参观嘉荫国家恐龙地质公园；乘坐豪华游轮顺流而下畅游中俄大界江——黑龙江最精彩游段，一览“龙江三峡”壮阔美景；游览名山旅游名镇，参观黑龙江流域博物馆，游一江春水揽两国三域风情。

7. 浪漫界湖养生之旅：哈尔滨—依兰—七台河—兴凯湖—珍宝岛

哈尔滨游览项目同上；参观依兰“坐井观天”园；赏七台河石龙山景区千年古树；到鸡西麒麟山旅游区休闲度假，参观王震将军开发北大荒纪念馆，领略北大荒书法长廊墨宝书香，到中俄大界湖——兴凯湖沙滩度假，享受湖水浴和阳光浴，品养生白鱼宴、乌苏里江养生十八子宴、农家巧嫂绿色养生宴等美味；到新开流文化遗址访古；游览珍宝岛，观赏鸡西奇丽壮美的珍宝岛湿地；从密山口岸过境游览俄罗斯乌苏里斯克异域风光。

8. 清凉养生心灵之旅：牡丹江—哈尔滨—伊春—嘉荫

游览镜泊湖湖光山色，赏紫菱湖、火山口地下森林风光，感受镜泊峡谷朝鲜民俗村民族风情，在有国际品位的镜泊小镇休憩、品尝美食；乘飞机来到“夏都”哈尔滨，领略欧陆风情，品味多元美食，尽享夏日清凉；乘飞机赴“林都”伊春，享受天然氧吧的清凉和滋润，到金山屯鹿场赏鹿，到五营国家森林公园洗森林浴、红星火山地质公园观光，赏汤旺河林海奇石风景区林中奇石，到美溪回龙湾度假区漂流，到嘉荫茅兰沟观光度假，参观嘉荫国家恐龙地质公园。

9. 中国东北两极飞跃之旅：哈尔滨—佳木斯—抚远—黑瞎子岛—哈尔滨—漠河

哈尔滨游览项目同上；乘飞机赴佳木斯，游览同江街津口赫哲民族文化风情园，赫哲渔民家中做客；来到华夏东极——东方第一镇抚远乌苏里镇，参观黑瞎子岛、东方第一哨等景点，游览中俄界江——乌苏里江和黑龙江，观看华夏第一缕阳光；返回佳木斯，乘飞机由哈尔滨中转抵达神州北极漠河，观奇特的“白昼”天象，游北极沙洲——北望垭口，在中国最北点远眺对岸美丽的俄罗斯风光，参观中国最北人家、最北哨所，到中国最北邮局给友人发一封带有北极村特种标志和邮戳的明信片或信，神州北极石前留影，乘船探寻黑龙江源头，游览古朴的洛古河村，看两岸青山如黛、黑龙江水温柔脉脉，观伊格纳斯依诺村生活和自然景观，品尝北极村营养风味龙江菜，参观中国最北林海观音。

10.“名山、名湖、名城、名人”之旅：牡丹江—镜泊湖—海林—哈尔滨—大庆—齐齐哈尔—五大连池

游览镜泊湖湖光山色，赏紫菱湖、火山口地下森林风光，游镜泊峡谷朝鲜民俗村，镜泊小镇上京传奇和欧陆风情别墅小憩，品尝商业街东北风味美食；参观牡丹江八女投江烈士陵园、威虎山影视城、海林杨子荣烈士陵园及剿匪遗址、中韩友谊公园；到横头山森林度假；游览哈尔滨欧陆城市风光，参观侵华日军第七三一部队旧址、赵一曼被捕地、萧红故居、哈尔滨朝鲜民族艺术馆、马迭尔宾馆、龙门大厦贵宾楼，游览太阳岛，到伏尔加庄园度假；参观大庆铁人纪念馆，到珰奈湿地竹筏探幽，到连环湖温泉城度假；参观齐齐哈尔江桥抗战遗址、金长城、黑龙江将军府、卜奎寺、大乘寺等历史文化景点以及华安工业（集团）公司的现代化工业；游览具有“天然火山博物馆”之称的五大连池世界地质公园，参观黑龙山、冰洞、龙门石寨等景点，品尝世界三大冷泉之一的五大连池天然矿泉水，洗矿泉浴。

拓展阅读

哈尔滨国际冰雪节

哈尔滨国际冰雪节是我国历史上第一个以冰雪活动为内容的国际性节日，持续一个月。中国哈尔滨国际冰雪节与日本札幌雪节、加拿大魁北克冬季狂欢节和挪威滑雪节并称世界四大冰雪节。

1月5日为冰雪节的开幕时间，根据天气状况和活动安排，持续时间一个月左右。冰雪节正式创立于1985年，是在哈尔滨市在每年冬季传统的冰灯游园会的基础上创办的，起初名称为“哈尔滨冰雪节”。2001年，冰雪节与黑龙江国际滑雪节合并，正式更名为“中国哈尔滨国际冰雪节”。

哈尔滨国际冰雪节是被中外人士所瞩目的节日。这是哈尔滨人特有的节日，内容丰富，形式多样。如在松花江上修建的冰雪迪士尼乐园——哈尔滨冰雪大世界、斯大林公园展出的大型冰雕，在太阳岛举办的雪雕游园会；在兆麟公园举办的规模盛大的冰灯游园会等皆为冰雪节内容。冰雪节期间举办冬泳比赛、冰球赛、雪地足球赛、高山滑雪邀请赛、冰雕比赛、国际冰雕比赛、冰上速滑赛、冰雪节诗会、冰雪摄影展、图书展、冰雪电影艺术节、冰上婚礼等。冰雪节已成为向国内外展示哈尔滨社会经济发展水平和人民精神面貌的重要窗口。

哈尔滨国际冰雪节是世界上活动时间最长的冰雪节。它只有开幕式——每年的1月5日，没有闭幕式。最初规定为期一个月，事实上前一年年底节庆活动便已开始，一直持续到2月底冰雪活动结束为止。期间包含了新年、春节、元宵节、滑雪节四个重要的节庆活动，可谓节中有节，节中套节，喜上加喜，多喜盈门。

每届冬令，哈尔滨街道广场张灯结彩，男女老幼喜气洋洋，冰雪艺术、冰雪体育、冰雪饮食、冰雪经贸、冰雪旅游、冰雪会展等各项活动在银白的世界里有声有色地开展起来。中国北方名城霎时变成了硕大无朋的冰雪舞台。

每年一度的哈尔滨冰雪节，以“主题经济化、目标国际化、经营商业化、活动群众化”为原则，集冰灯游园会、大型焰火晚会、冰上婚礼、摄影比赛、图书博览会、经济技术协作洽谈会、经协信息发布洽谈会、物资交易大会、专利技术新产品交易会于一体，吸引游客多达百余万人次，经贸洽谈会成交额逐年上升。不仅是中外游客旅游观光的热点，而且还是国内外客商开展经贸合作、进行友好交往的桥梁和纽带。

资料库

冬季东北游及滑雪注意事项

(1) 鉴于我国冬季南北气候差异较大，游客可在到达后，在当地购买羽绒衣裤、羊毛衣裤等御寒衣物。这样做不但价格便宜、厚实耐寒，而且可以减轻出行时的行李负担。但购买时，建议游客尽量不要选择白色系的。因为冬天到处冰雪，身穿白衣，不容易被远处的游人或车辆发现，滑雪时也容易出现碰撞。

(2) 帽子、围巾、手套是必备用品，一定要准备好。另外，北方的冬天普遍干燥，皮肤、嘴唇容易干裂，应事先配备护肤品，尤其是润唇膏和护手霜。

(3) 在零下几十度的东北，任何器械都要注意保暖，比如相机、手机、mp3 等都要格外小心，户外慎用。

(4) 如果有幸到当地人家中做客，可以试着在火炕上用餐，非常有意思。如果夜宿火炕，没睡过的人会比较容易“上火”，早起可能会有喉咙疼、口干等现象。这些可以通过多喝水、多吃水果、睡炕时尽量睡炕梢等方法解决。

(5) 东北菜的分量通常比较大，游客点菜酌情，尽量不要浪费。而且东北菜，尤其是冬天的东北菜以炖菜为主，不太方便打包携带。

(6) 滑雪场都提供全套的滑雪设备，如雪鞋、雪板等。初次滑雪的游客应当选择长度不高于自己身高的滑雪板为宜。雪具没有想象中那么轻，通常 36 码鞋的滑雪鞋加滑雪板，重量在 20 斤左右，鞋子每增加一码，重量增加 1 斤。另外，滑雪一定要带帽子、手套和风镜。滑雪速度很快，帽子、手套可用来御寒；雪地反光刺眼，风镜可以保护眼睛。部分滑雪场有专用的头盔可供租用、购买。

(7) 穿滑雪鞋很有讲究。先将裤筒卷起，用力把鞋后的搭扣扣住，再把旁边的按钮揿下。如果是租用滑雪场的专用滑雪服，特制的裤边搭扣可以把雪鞋围住，防止摔跤时进雪。穿好鞋后站起来，感觉两腿像绑了石膏，很沉。接下来踏上滑板，窍门是先将前脚掌套住，后脚跟用力向后蹬，听到“啪”的一声后，说明滑雪鞋已经固定在滑板上了。

(8) 穿着雪鞋、雪板爬山，对初学者来说是非常困难的。大型滑雪场都有专门的器械，带人上坡，器械通常位于滑雪场的右侧。牵引索道可将游客从山下拉到山上。上牵引时不要用手抓住牵引钩，牵引钩应该夹在两腿中间。因为牵引索道把人拖上山，借助的是人腿部的力量，而不是上身的力量。万一牵引途中意外摔倒，不要惊慌，确定身体脱离牵引钩后，整理滑雪工具，可自行爬坡上山，也可就此处滑下去。

(9) 初次滑雪比较容易出现的问题是手杖用力不均，导致滑雪的轨迹偏移。这一点，游客可在下滑过程中自行调节。对于初学者而言，不适宜直接挥杖和蹲身，因为这样会加快滑行的速度，失去平衡。只要保持身体站直，脚腕紧靠前面的鞋帮，使身体的重心跟着上身一起移动即可。

(10) 冬季属于滑雪旺季，滑雪场的游客也比较多，滑雪时要格外注意保持自己与其他人的距离，一旦发现前行道路中有人或其他障碍物，可将自己的雪橇板前部交叉，呈八

字状，以此来减慢速度，及时停止。通常情况下，在雪面上，从开始做这个动作到最后停止，游客还会在雪面上滑行3～5米才能最后站稳，游客应有必要的距离估计。如不幸与他人撞在一起，摔倒是无所谓的，但要注意保护自己的头部、脸部和膝盖部位。

任务实施

对于滑雪爱好者来说，再大的风雪也不怕，只要能体会到原汁原味的滑雪的味道。黑龙江冬季冰雪游线路各具特色，游客可以从下面线路中任意选择和组合：

(1) 激情滑雪度假游：以亚布力滑雪旅游度假区为代表的全省29家滑雪场，体验国际一流水平的滑雪场，感受追风逐雪的激情和浪漫。

(2) 神奇冰雪养生游：泡一泡大庆雪地温泉，体验豪迈而刺激的冰火两重天。享受五大连池火山磁场及矿泉滋养，在奇美纯净、清新养生的大海林雪乡、漠河北极村、亚布力旅游度假区、伊春梅花山庄、伏尔加庄园悠然度假，健康养生。

(3) 欢乐冰雪娱乐游：到松花江、嫩江等冰河边观赏勇敢者的运动——冬泳；到省内主要冰雪园区抽冰尜、驾冰帆、打冰壶、坐冰爬犁、滑冰；打雪圈，堆雪人，坐马鹿雪橇，参加赫哲人世代相传的冰捕；到哈尔滨极地馆观赏极地动物，到平山神鹿滑雪场观赏梅花鹿，到横道河子虎园观虎，到威虎山影视城观光游览，体验冰雪情趣。

(4) 豪迈冰雪健身游：一定要走进冰雪天地、林海雪原中运动健身，享受冰雪带给我们的独特锻炼方式。在大小兴安岭穿越雪林，骑马狩猎；到伏尔加庄园越野滑雪；到各大滑雪场高山滑雪，登上五大连池、帽儿山、鸡西峰密山，观赏雪山美景；参加吉华、二龙山等旅游区组织的冬季野外拓展训练、学生冬令营，傲霜斗雪，强健体魄，挥洒豪情。

任务总结

在熟悉黑龙江省常规旅游线路及景点知识的基础之上，在对滑雪爱好者进行旅游需求分析后，能为游客推荐合适的旅游线路。东北的冬天温度较低，线路的设计要室内外结合，要动静结合，要注意保暖、安全等相关因素。

实训项目

南方人去哈尔滨过年

【实训目标】

1. 通过实训可以让学生熟悉黑龙江省的主要景点及旅游线路。

2. 让学生具备市场意识，可以对南方的旅游者进行需求分析。

【实训内容】

我是南方人，想在春节时来哈尔滨看雪，需要注意什么吗？黑龙江有哪些景点？如何安排行程最为妥当？想住在哈尔滨中央大街，购物方便吗？附近有没有什么性价比高点的三星酒店？有暖气吗？滑雪去哪里好？

【实训步骤】

1. 通过网络、图书馆进行资料查询，解答游客疑问。

2. 积极和其他同学探讨，相互学习，并向教师提交作业。

一、单项选择题

1. 北方的西湖是指（　　）。

A. 扎龙自然保护区　　B. 镜泊湖

C. 五大连池　　D. 哈尔滨

2. 丹顶鹤的故乡是指（　　）。

A. 镜泊湖　　B. 哈尔滨　　C. 五大连池　　D. 扎龙自然保护区

3. 火山地貌博物馆是指（　　）。

A. 扎龙自然保护区　　B. 五大连池　　C. 漠河　　D. 哈尔滨

4. 中国北极村是指（　　）。

A. 五大连池　　B. 扎龙自然保护区　　C. 漠河　　D. 镜泊湖

5. 冰城、“天鹅项下的珍珠”是指（　　）。

A. 扎龙自然保护区　　B. 五大连池　　C. 哈尔滨　　D. 镜泊湖

二、简答题

1. 黑龙江有哪些重要旅游景点？

2. 黑龙江传统旅游线路有哪些？

3. 冬季滑雪注意事项有哪些？

任务二　吉林景点及线路

小A宿舍的男生对韩剧都很着迷，尤其喜爱韩剧中美味的韩国料理。但是刚上大二的他们，囊中羞涩，暂时无法实现韩国之旅的梦想。一日，小A被延边朝鲜族自治州的介绍所吸引。于是，他灵机一动，决定组织宿舍的舍友以及中国林业大学学生会的几个哥们儿12个人去吉林旅游。请你为小A设计一条延边旅游线路，来帮他们实现梦想吧！

任务分析

学生群体是旅游市场的重要组成部分。尽管这一群体暂时没有固定收入，但他们超前的消费意识、充裕的闲暇时间以及家庭对孩子所需费用尽量满足等因素都使得学生旅游市场潜力巨大。大学生旅游市场作为旅游业的一个细分市场极具发展潜力。2007年我国高等学校大学生人数已达到1738.8万人，在校人数位居世界第一。50.8%的大学生有外出旅游的经历。然而，令人遗憾的是大学生旅游市场仅仅处于开发的初级阶段，较多的是面向中小学生的夏令营和流于大众化的产品。因此分析这一细分市场需求，设计适合大学生的定制化产品是极为必要的。

知识准备

吉林省位于东北中部，以吉林乌拉前二字得名，女真语（满语）吉林乌拉意为沿江，简称吉，省会长春市。全省面积18.74万平方千米，2728万人。吉林古为肃慎地，唐属渤海国，辽属东京路，金属上京路，元属辽阳行省，明属奴儿干都司，清设吉林将军，清末1907年建吉林省。吉林旅游景点如图2-2。

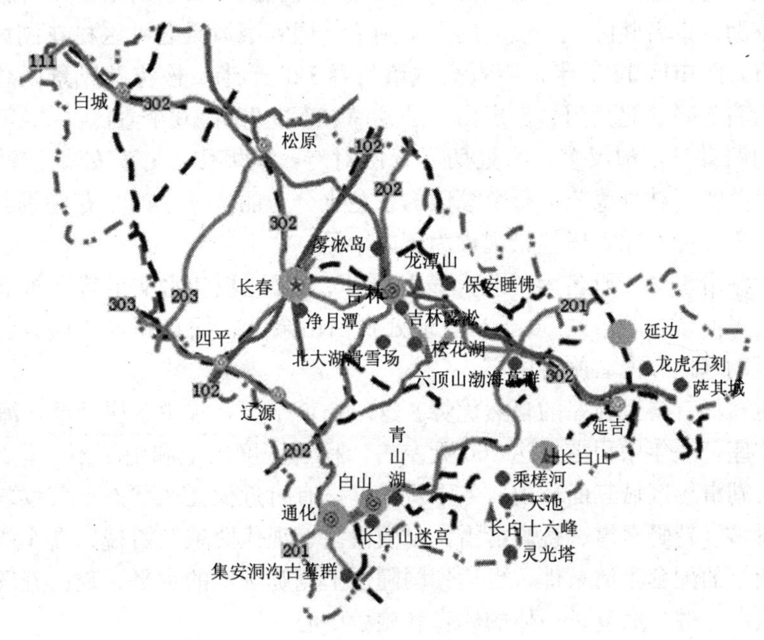

图2-2　吉林旅游景点

一、主要景点

吉林省的主要旅游景点集中在中部和东部，主要包括中部的长春、吉林旅游区和东部的长白山、延吉旅游区。

1. 长春

长春市是吉林省省会，全省的政治、经济、文化和交通中心。面积2.1万平方千米。总人口868.72万人，居住着汉、满、蒙、回、朝鲜、锡伯、壮等46个民族。长春市绿化率已经达到78%，是一座名副其实的“森林城”。长春还有“电影城”、“汽车城”的美誉。

(1)“八大部”——净月潭风景名胜区。1998年8月1日，国务院公布由伪满洲傀儡皇帝宫殿、伪国务院及其下属“八大部”等历史建筑与山清水秀的净月潭自然风光统一组成“八大部”——净月潭风景名胜区。净月潭风景区拥有亚洲最大的人工森林，这里冬雪夏爽，集湖、林、山、田于一身，潭水面积有4.3平方千米。水面宽阔且清澈似镜，整个景区可分为月潭水光、潭北山色、潭南林海、潭东田舍四个部分。密林中放养梅花鹿饲养紫貂，种植人参，还建立了度假村和游乐园。这里已开辟成为大型综合性旅游基地。

(2) 伊通火山群。伊通火山群位于伊通满族自治县内，距离长春仅65千米，是一个由16座火山连绵成带构成的火山群落，以缓慢的“挤牙膏”式即“浸出”为特征形成的熔岩穹丘，被国内外专家、学者确认为“伊通型”而独步世界的火山之林。火山群山体多由译音武岩柱构成，柱体截面为多边形，有的构成塔式，并由多组石塔构成奇特的“塔林”。置身于塔林中，犹如进入光怪陆离的神怪世界。16 座火山锥中的东尖山、西尖山、大孤山、小孤山、莫里青山、马鞍山、横头山等 7 座，被当地群众称为“七星落地”。

2. 吉林

吉林市在 1954 年前曾经是吉林省的省会，现为吉林省的第二大城市。市内四面环山，松花江蜿蜒从城边绕过，素有“北国江城”之城。现已成为著名的冬季冰雪旅游胜地。

(1) 松花湖风景名胜区——最大的人工湖泊。国家级风景名胜区松花湖风景区，位于吉林省吉林市，距市区 17 千米，距省会城市长春 120 千米。松花湖风景区总面积 700 平方千米，分为骆驼峰、北大门、五虎山、卧龙潭、石龙壁等 10 个景区。

松花湖的湖身长，沟汊多，窄处两岸青山对峙，婀娜多姿；宽处烟波浩渺，万顷一碧；周围层峦叠嶂，林林葱茏；整个湖区的景色十分秀丽，冬季的松花湖别具特色，尤其是冬季沿江十里长堤的冰雪树挂景观，为国内罕见。

(2) 北大湖滑雪场。原名为“北大壶”，是以山区地貌和水文情势而拟名的。位于吉林市永吉县五里河镇，距市区 56 千米，地处长白山余脉、松花湖自然风景区内，是我国重要的滑雪运动基地和滑雪旅游中心。

北大湖滑雪场有得天独厚的自然优势。这里山坡平缓，很少悬崖峭壁，海拔超过 1200 米的山峰有 9 座，一年中积雪日达 160 天左右。积雪深度山上和山下不一，最厚可达 1.5 米。整个北大湖滑场区域三面环山，冬季避风好，有时近似无风状态，气候较为适宜，可以满足高山滑雪、越野滑雪、跳高滑雪、自由滑雪、现代两项及雪橇、雪车等雪上项目场地要求。所拥有的配套生活条件，也达到国际雪上竞赛场地的水平。现已开辟为一个集竞赛、训练、旅游、健身康复于一体的体育和旅游中心。

3. 长白山

长白山，因其主峰白头山多白色浮石与积雪而得名，是中朝两国的界山，有“关东第一山”之称。历史上的长白山一直是关东人民生息劳作的场所，也是满族的发祥地，所以在清代有“圣地”之誉。长白山以旅游胜地、满族发祥地、朝鲜族圣山而闻名于世。

长白山是一座休眠火山，由于其独特的地质结构形成不同于其他山脉的奇妙景观。主峰海拔 2691 米，海拔在 2500 米以上的山峰就有 16 座，天池是长白山最为著名的景观。长白山是东北三宝——人参、貂皮、鹿茸的主要产地，山上还有许多稀有的生物资源，近年来开展的“人参之路”旅游极具地方特色，吸引了国内外众多游客。

长白山天池位于长白山主峰白头山山顶，是一火山口湖，实际湖面高度为 2194 米，是我国最高的火山口湖，不愧“天池”之称。天池的湖水面积为 9.8 平方千米，湖水平均深度 204 米，最深处达 373 米，是我国最深的湖泊。长白山天池由于高度较高，气候多变，风狂、雨暴、雪多是它的特点。它有长达 10 个月的冬季，湖水冻结的时间达 6 个月之久。当风力达 5 级时，池中浪高可达 1 米以上，如同任性的少女发怒，平静的湖面霎时狂风呼啸，砂石飞腾，甚至暴雨倾盆，冰雪骤落。这为长白山天池增添了无限的神秘感，也塑造了长白山天池的独特个性。

4. 延吉

延吉位于吉林省东部，是延边朝鲜自治州首府。延吉是中国朝鲜族聚居的中心，保留着许多传统的朝鲜族民俗风情和民俗文化，具有独特的异域风光。延吉是中俄朝三国的交

界。游延吉不仅可以领略“昼看三国界，夜闻异国情”的边寨风貌，还可以浏览那起伏的长白山脉、浩瀚的原始森林和奔腾的图们江水。

二、典型线路

(1) 吉中旅游线：长春—吉林

(2) 吉东旅游线：长白山—延吉

(3) 吉林经典游：伪满皇宫—旧八大部—长影世纪城—松江中路—世纪广场—松花湖

(4) 长春滑雪游：净月潭—净月潭滑雪场

(5) 吉林市雾凇奇观特色游：松花湖—陨石雨陈列馆—北山公园

拓展阅读

你所不知道的东北人

东北人非常喜欢在冬天吃冰棍。寒冬腊月的街头巷尾到处叫卖着“冰棍!”还有雪糕、糖葫芦等。无论男女老少都穿着皮大衣，戴着皮帽、皮手套，手里拿着冰棍在津津有味地吃着。

东北人之所以有冬天吃冰棍的习惯，原因大致有三：一是居住条件好，外面冰天雪地，室内温暖如春，日久天长，人们适应了这种温差悬殊的气候条件；二是身体素质好，加之冬天食肉多，周身热量大，吃根冰棍不算啥；三是冬吃冰棍开胃口，刺激食欲且加强了血管收缩能力，促进了血液循环，提高了御寒抗病能力，延迟了生理机能的老化。东北人寿星多，平均寿命高，大概与冬天吃冰棍有关吧!

东北人素有吃冻饺子的习惯，尤其是在春节。人们预先把饺子包好，送到屋外冻实，然后用袋子装起来，等要吃的时候，把冻得结结实实的饺子下锅煮，不过火要旺一些，一开锅就掀盖浇少许冷水，免得皮软。煮熟后吃起来犹如新包的一样鲜美。这样既方便省却用电冰箱，又节省了时间。

漫长的冬天给人们带来了寒冷，也赐予了方便的天然冰箱。东北地产水果有限，绝大部分靠从关内购进。春夏季市面上的水果多会出现腐烂的情况，而冬季水果却很新鲜，就是因为冷冻着的缘故。像冻梨、冻柿子、冻苹果等，一个个硬得如钢球一般。不懂的人拿起来只能咬下一道白印，而东北人吃冻果却有诀窍。既不用热水泡，也不用旺火烤，而是把冻果放在凉水中缓缓解冻，半个钟头，果子表皮就结出一层冰，里面却软软的，咬上一口，酸甜瓦凉，真是大开胃口啊!

寒冷的冬天，东北人有睡火炕的习惯。火炕多以土坯或砖砌成，上面铺上牛皮纸，刷上油漆，既干净，又美观大方。火炕具有一定的科学性。一般炕在里屋，炉灶在外屋，做饭烧火，烟热通过炕洞转一圈到烟囱腾升，一日三餐烧三遍火，炕面上始终是热乎乎的。

说起钓鱼，人们自然会联想到“垂钓绿弯春”、“荷动知鱼散”的千古名句，眼前呈现出绿草如茵、流水潺潺的江畔河边那一个个聚精会神、规规矩矩端坐的垂钓者身影。然而，东北人的寒冬垂钓却是另一番景象：在白雪皑皑、千里冰封的江面上凿开个脸盆大的冰眼，把系在半米长短棍上的鱼线投入水中，然后，手持鱼竿上下抖动，说说笑笑中把鱼儿钓上来了。奥妙何在？原来，鱼线前端系着个小“木头鱼”，“鱼”身上拴着钩，鱼儿看见摇头摆尾的“小鱼”，信以为真，瞅准了一口吞入腹中，可谓“愿者上钩”。用这种办法，一天可钓到几十斤大鱼呢。这一钓鱼术，与东汉年代王充《论衡·乱龙篇》记载的“木制丹鲤饵”有异曲同工之妙，却又不知高超多少倍。

任务实施

延边朝鲜族自治州，是闻名中外的旅游胜地，有着独特的自然景观和人文景观：被联合国确定为“人与生物圈”的长白山自然保护区、千里图们江畔独特的自然景观、别具一格的“一眼看三国”的边境风光、珍贵的古渤海国遗址，浓郁的朝鲜民族风情，都使人流连忘返。具体行程安排如下：

日期	行程安排
D1	早起前往最具朝鲜族风情的大长今的故乡——阿里郎民俗风情园，进行朝鲜民族家访交谈，详细了解生活习俗。穿上朝鲜族民族服装拍照留念，学跳舞，学朝鲜语，观看民俗婚礼表演录像，让您真正地领略到浓郁的朝鲜族风土人情。下午在延边朝鲜族自治州首府自由观光，晚餐后送团
D2	早 8：00 乘车赴祖国东方第一村“防川”，沿途观图们江风光，隔江观赏朝鲜自然风光，抵防川后观赏洋馆坪大堤，最狭窄的国土，登望海阁，可一眼望三国（中、朝、俄），观三国风光：朝鲜的豆满江、俄罗斯的包德哥尔那亚小城、张鼓峰事迹馆。回程观看边贸城市——图们，参观国门，上桥观朝鲜稳城自然风光，跨国界边境留影
D3	早 4：30 乘旅游车赴中国十大名山之一——长白山，沿途观赏木围栏、美人松等。抵达长白山进入大门乘环保车观看原始森林，亲身体验自然氧吧。乘坐越野车或登山观看天池。午餐（野外露餐）后观看东北最大的瀑布——长白瀑布、长白山温泉群——聚龙泉，乘车返回沿途参观东北最大梅花鹿养殖园、东北三宝等

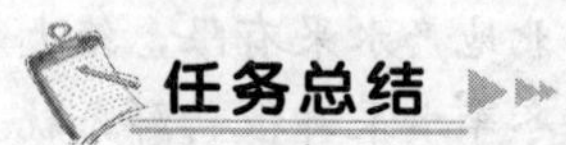

任务总结

在熟悉吉林省常规旅游线路及景点知识的基础之上，在对大学生进行旅游需求分析后，能为游客推荐合适的旅游线路。前往朝鲜族聚居区，要注意尊重当地的少数民族习俗，不要违背当地少数民族的禁忌。另外线路中要跨越国境线，同时要考虑到相关的出入境政策问题等相关因素。

实训项目

为一个教师团设计一条吉林省旅游线路

【实训目标】

1. 通过实训可以让学生熟悉吉林省的主要景点及旅游线路指示。
2. 让学生具备市场意识，可以对教师旅游者进行旅游需求分析。

3. 通过项目工作培养学生的沟通及合作能力。

【实训内容】

中国地质大学建校50周年之际，学校奖励今年的20名优秀教师去吉林旅游。请分析这个旅游团的特征及旅游需求，并为其设计一条吉林旅游线路。

【实训步骤】

1. 以项目团队为学习小组，小组规模一般是5～8人。

2. 建立团队沟通协调机制，合理分配任务，团队成员共同参与、协作完成任务；各项目团队成员就实训内容互相进行交流、讨论，并给予点评。

3. 各项目团队提交纸质行程安排，每组选派一名代表用PPT向全班展示设计的旅游线路，要求图文并茂。

4. 评价与总结：由教师和其他团队成员对本团队展示的旅游线路做出现场点评。小组内对个人表现进行总结，以鼓励为主。

一、单项选择题

1. 森林城指的是（　　）。

A. 长春市　　B. 吉林市　　C. 哈尔滨　　D. 延吉市

2. 北国江城指的是（　　）。

A. 长春市　　B. 吉林市　　C. 哈尔滨　　D. 延吉市

3. 哪个城市可以做到“昼看三国界，夜闻异国情”（　　）。

A. 长春市　　B. 吉林市　　C. 哈尔滨　　D. 延吉市

4. 关东第一山指的是（　　）。

A. 千山　　B. 鞍山　　C. 长白山　　D. 大兴安岭

5. 是国最高的火山口湖，不愧“天池”之称的旅游景点在（　　）。

A. 千山　　B. 鞍山　　C. 长白山　　D. 大兴安岭

二、简答题

1. 吉林有哪些重要旅游景点？

2. 吉林传统旅游线路有哪些？

3. 东北人有哪些特点？

任务三　辽宁景点及线路

老王年轻时上山下乡，曾在铁岭学习锻炼。他每次听到赵本山在小品中一提起铁岭，听到那一口东北乡音都备感亲切。今年，老王的旅游局处长生涯正式结束，他要开始退休生活了。于是，他想和老伴一起去辽宁旅游。请你为这对老年夫妇设计一条旅游线路，帮助他们找回当年的回忆。

任务分析

人口老龄化是人类社会发展的趋势，是经济发展和社会进步的必然结果。据2008年中国国家统计局数据显示：目前中国60岁及以上老年人口已经超过1.49亿，占总人口的11%以上，并且以每年3%的速度高速增长，这标志着我国已进入了老龄社会。随着我国老年人生活水平和质量的不断提高，老年旅游市场已成为一个极具潜力的市场，其开发具有重要的经济意义和社会意义。

知识准备

辽宁省位于东北地区的南部，简称辽，是东北三省中唯一的沿海省份。面积14.59万平方千米，共辖14个地级市，总人口4298万人，有汉、满、蒙古、朝鲜、锡伯等44个民族，省会沈阳。辽宁省战国时期为燕地，秦属辽东，西汉属于幽州，唐属河北道，辽属东京，元代置辽阳行省，明代时为辽东都司，清初置盛京，清末改奉天省，1929年改为辽宁省，为辽宁得名的开始，取“辽河流域永远安宁”之意。辽宁省的旅游景点见图2-3。

图2-3 辽宁旅游景点

一、主要景点

1. 沈阳故宫

沈阳，因地处沈水（浑河的古称）之北而得名，位于辽宁省中部，是我国东北地区最大的中心城市，是我国历史文化名城之一，从西汉设立侯城，至今已有两千多年的历史了。特别是明末清初时期，这里更是“一朝发祥地，两代帝王城”。

沈阳故宫始建于公元1625年，是清朝入关前清太祖努尔哈赤、清太宗皇太极建造的皇宫，又称盛京皇宫，现已辟为沈阳故宫博物院，是中国现存完整的两座宫殿建筑群之一。它占地6万平方米，全部建筑90余所、300余间。它以独特的历史、地理条件和浓郁的满族特色而迥异于北京故宫。金龙蟠柱的大政殿、崇政殿，排如雁行的十王亭、万字炕口袋房的清宁宫、古朴典雅的文溯阁，以及凤凰楼等高台建筑，在中国宫殿建筑史上绝无仅有。那极富满族情调的“宫高殿低”的建筑风格，更是“别无分号”。

2. 关外三陵

昭陵位于沈阳古城以北，因此俗称“北陵”，是清代皇家陵寝和现代园林合一的游览胜地。昭陵是清朝第二代开国君主太宗皇太极以及孝端文皇后博尔济吉特氏的陵墓，占地面积16万平方米，是清初“关外三陵”中规模最大、气势最宏伟、最具代表性的一座。

清福陵是清太祖努尔哈赤与孝慈高皇后叶赫那拉氏的陵墓，位于沈阳城东北，因此也俗称东陵，是清朝命名的第一座皇陵。

清永陵位于新宾满族自治县永陵镇西北起连山脚下，是努尔哈赤远祖、曾祖、祖父、父亲、伯父、叔父的陵园。原来只埋有努尔哈赤的六世祖孟特穆的衣冠和其曾祖福满的遗体。顺治年间，封葬地为兴京陵，陵山为启运山。后来把努尔哈赤的祖父觉昌安、父亲塔克世及礼敦、塔察篇古的遗骨自辽阳东京陵迁到这里。顺治十六年（1659年）改称永陵。永陵占地11000平方米左右，建筑规模、体制均比沈阳福陵、昭陵小得多，然自具特点。陵四周围以缭墙，由前院、方城、宝城组成。

3. 五女山城

五女山位于桓仁满族自治县桓仁镇北侧8千米处，系高句丽民族开国都城。史料记载，公元前37年，中国东北的夫余国王子朱蒙为避免兄弟迫害，逃离夫余国南下，以“纥升骨城”为中心建立了高句丽王国。据专家考证，“纥升骨城”应为今辽宁省桓仁县城附近的下古城遗址，而五女山山城则为其山城。

五女山山城共设三座门，分别在东墙、南墙和山顶西部。“十八盘”直通的西门宽约3米，两侧砌筑石墙，门略内凹，呈瓮门之势。现存门阶、门枢础石、门卫室等遗迹。

通过西门登上山城，只见山城利用险峻的山势，形成了较为完备的防御体系，充分显示了王城霸气。山城平面略呈靴形，南北长约1500米，东西宽300～500米。规模宏大，体系完备。可分山上、山下两部分，现存城墙、城门、马道、大型建筑基址、居住建筑群址、蓄水池、瞭望台、哨所等。

4. 九门口长城

九门口长城依山势起伏盘旋升腾，九道水门横跨两山之间，建筑结构独特，防御设施密集，形成城在水上走，水在城下流之势，被称为“水上长城”。有人根据九门口的扼要险奇，在西城门额上题下了可以和“天下第一关”相媲美的雅号——京东首关。

九门口长城下九个水门，雄伟壮观，在整个万里长城中独一无二。上有长城九门，下走九江河水，可谓别具一格，独具风采。

5. 北宁青岩寺

青岩寺风景区位于北宁市常兴店镇西部，是闾山主要浏览胜地之一。青岩寺始创于北魏，盛于中唐，分上、中、下三院。下院建于群峰环抱之中，形同坐井观天；建有“大雄宝殿”、“天王殿”、“钟楼”、“鼓楼”等，院中青桐翠柏，郁郁森森。中院坐落于香炉峰上，香烟袅袅，岚气蒸腾。上院筑于悬崖绝壁之畔，势若凌空飞悬，风景佳绝，数百米峭壁间退出一刹天然阶台，边缘筑一带砖墙，墙下深渊眩目，群岭如烟。上院“歪脖老母”名闻天下，是“世界唯一，中国仅有”的一尊佛像，为观世音菩萨三十二化身之一。古往今来，特别是近几年来，每天到此降香朝拜、观光旅游者络绎不绝。尤其是每年农历的二月十九、六月十九、九月十九庙会，五一黄金周、十一黄金周、春节长假、每月的初一十五上香日以及青岩寺诸佛节令，更是香客如云，摩肩接踵。

6. 义县奉国寺

奉国寺坐落在义县城内，始建于辽开泰九年（公元 1020 年），因殿内塑有七尊大佛，又俗称大佛寺。

奉国寺由山门、牌坊、无量殿、钟亭、碑亭、大雄殿、西宫禅院等古建筑构成，占地 3 万平方米，是国内辽代遗存最大的木结构建筑。大雄殿位于中轴线的北端，面宽 9 间，通长 55 米，进深 5 间，通宽 33 米，总高度 24 米，建筑面积 1800 多平方米，堪称中国寺院第一大雄宝殿。因大雄宝殿佛坛上塑有一组彩色群像，“过去七佛”，并列一堂，佛教界独一无二。奉国寺这一民族瑰宝早在 1961 年就被国务院第一批公布为全国重点文物保护单位，现已建设成为环境优美、旅游服务项目齐全，闻名中外的佛教旅游胜地。

7. 辽阳白塔

白塔坐落于辽阳中华大街北侧，塔高 71 米，八角十三层密檐式结构，是东北地区最高的砖塔，也是全国六大高塔之一。它建于金代大定年间（1161－1189 年），是金世宗完颜雍为其母贞懿皇后李氏所建的垂庆寺塔的俗称，至今已有 800 多年的历史。基座塔身都以砖雕的佛教图案为饰。塔身八面都建有佛龛，龛内砖雕坐佛。塔顶有铁刹杆、宝珠、相轮等。因塔身、塔檐的砖瓦上涂抹白灰，俗称白塔。

8. 兴城古城

兴城古城始建于明宣德三年（公元 1428 年），明天启三年（公元 1623 年）经明右副都御史袁崇焕复修。

兴城古城略呈正方形，城墙周长 3274 米，高 8.88 米，底宽 6.5 米，顶宽 5 米。墙顶外沿筑垛口，内修女儿墙。城墙基础砌青色条石，外砌大块青砖，内垒巨型块石，中间夹夯黄土。城墙四面正中各设有城门一座，东曰春和门，南为延辉门，西名永宁门，北称威远门。各城门上修筑高耸的箭楼，各门内侧沿城墙修有蹬道。四角高筑炮台，突出于城角，用以架设红夷大炮。当年明清宁远之役，清太祖努尔哈赤就是被红夷大炮击中，身负重伤，回盛京之后不久身亡。

9. 凤凰山

凤凰山位于丹东西北 50 千米，凤城市东南 3 千米处，属于长白山余脉，面积 24 平方千米，最高峰攒云峰海拔 836.4 米。凤凰山是辽宁省著名四大名山之一。凤凰山以“雄伟险峻，泉洞清幽，花木奇异，四季景秀”而著称。凤凰山分为西山、东山、庙沟和古城四大景区。西山景区中的“老山背”、“天下绝”、“箭眼”等奇观世间罕见。凤凰山树木繁

多，有奇花异草以及各种珍贵药材800多种，是一座天然植物园。每年农历四月廿六至廿八日的凤凰山山会远近闻名，山会期间举办各类民间文艺活动。

10. 青山沟

青山沟位于丹东市宽甸满族自治县境内北部山区，景区位居八面威山面麓至千层山的青山绿水之间，面积约127平方千米，由青山湖、飞瀑涧、虎塘沟3个景区、126个景点、36条瀑布组成。该区风景秀丽，山清水秀，气势恢弘，植被多为原始林态，树林葱郁，峡谷幽深，怪石林立，溪水潺潺，飞瀑壮观，景色迷人。其中青山湖景区，水域辽阔，上下长达百余里，湖区面积2.2万亩，水深30～70米，湖水清澈碧绿，两岸万木参天，遮天蔽日，群山环绕。该景区以水为主，以山为辅、山水匀映。飞瀑涧景区，是青山沟风景区最具特色的景区，其青山飞瀑，溪流从32米高的峡谷断层处飞涌而下，景致十分壮观。其下游为仙女潭，潭北面山峰有抗联英雄杨靖宇将军的临时指挥所遗址。

11. 本溪水洞

本溪水洞风景名胜区位于辽宁省本溪市东郊，距本溪市中心28千米，是目前发现的世界第一长的地下充水溶洞。每年来本溪水洞游览观光的中外游客近百万，被誉为“北国一宝”、“天下奇观”、“亚洲一流”、“世界罕见”。本溪水洞风景名胜区以水洞为中心，包括温泉寺、庙后山、关门山、汤沟和铁刹山五处重要景点，是集山、水、洞、湖、林等自然景观和寺庙、古人类遗址等人文景观于一体的风景名胜区。

水洞地下暗河全长2800米，面积3.6万平方米，空间40余万立方米。最开阔处高38米、宽50米，洞内水流终年不竭。河道曲折蜿蜒。“三峡”、“九湾”清澈见底，故名“九曲银河”。银河两岸石笋林立，千姿百态、光怪陆离，洞顶穹隆、钟乳高悬、晶莹斑斓、神趣盎然，沿河百余处，景点各具特色，新开发的“源头开地”、“玉女宫”等500米暗河景观别有天地，神秘莫测。洞内空气畅通，常年恒温10℃，四季如春。洞外长廊、湖泊、亭台、水榭融成美丽的画卷。近年来，本溪水洞景区投巨资对景区进行了整体改造。如今，洞旁有湖，湖畔是山，山下藏洞，山水相连，水天一色，整个景区犹如一个美丽的大花园。

12. 关门山

关门山景区位于本溪满族自治县境内，距市区48千米，因双峰对峙，一阔一窄，一大一小，其状如门，故称关门山。它有三道门：北门，在小市方向，双峰对峙，中间拱桥相连；南门，在去汤沟的岭顶，公路从中而过，十分险要；中门，在深谷河道中，“双扉”夹水，宽只20余米，为兴修水库的天然门柱。有人将之美誉为“小江南”、“赛黄山”。关门山又素以“东北小黄山”而闻名天下。它有五美。山美：陡峭，俊秀，山峰奇峭，拔地而起，峰顶松姿绰约，怪石林立，宛若天造地设一般，似一簇簇巨型盆景；树美：树木种类繁多、千枝竞秀，尤以秋日的枫叶，冬季植根于峭壁上的苍松闻名，非常壮观；水美：汤河穿谷而过，汇集小溪，飞瀑，“夺门”而出，似来自于天际；花美：天女木兰，山杜鹃，漫山遍野，芬芳宜人，其天女木兰为本溪市市花；云美：清晨雨后，山谷中云雾缭绕，如披轻纱，分外妖娆，近处轻雾缭绕，扑朔迷离；云、山、水、雾浑然一体，远处云蒸霞蔚，纤云弄巧，山峰若隐若现，妩媚含羞。历代文人多有诗篇赞颂。每年到这里写生、作画、摄影的人络绎不绝，更成了关门山的新景观。

13. 千山

千山位于鞍山市东南17千米处，总面积44平方千米，为长白山支脉，主峰仙人台高

708.3米，总面积72平方千米。山峰总数为999座，其数近千，故名“千山”，又名“积翠山”、“千华山”、“千顶山”、“千朵莲花山”。千山“无峰不奇，无石不峭，无庙不古，无处不幽”。

千山，以奇峰、岩松、古庙、梨花组成四大景观。按自然地形划分为北部、中部、南部、西部四个景区。千山，一年四季景色各异：春天梨花遍谷山花满壑；夏天重峦叠翠，郁郁葱葱；秋天漫山红叶，落霞飞虹；冬天银装素裹，雪浪连绵。

最为奇特的是千山大佛。千山弥勒大佛（石佛）位于千山风景区北部，是自然造化的全国特大石佛之一。佛像身高70米，体宽46米，头高9.9米，头宽11.8米，耳长4.8米，依山而坐，貌似弥勒，形象逼真，神态可掬，栩栩如生，端坐于千朵莲花山之中，为千山增添了神秘的色彩。

14. 大青沟

位于彰武县西北部的大青沟，坐落在科尔沁沙地南缘，距阜新市110千米。大青沟景区已成为辽宁乃至东北的重要景区，连绵的沙丘、断裂的峡谷、荡漾的碧波、广袤的草原、沙丘植物和珍禽异兽等构成了大青沟颇为奇特完美的自然景观。在这里既可以观赏山光湖色和举世闻名的粉沙大坝，还可看到水库中戏游腾跃的鲢、鲤、鲫、草鱼。大青沟因其独特的自然环境和地域特点而受到人们的喜爱，流传出“八大怪”：马架房、土板墙、沙土打墙墙不倒，原始森林冬天有青草；大涝不洼，大旱不干，乌鸦不筑巢，青蛙不会叫，更为大青沟蒙上了一层神秘的面纱。

15. 大连金石滩

金石滩国际旅游度假区，位于大连市区的东部，距老市区58千米，金石滩有四个旅游中心：绿色中心、蓝色中心、银色中心和彩色中心。

金石滩奇石馆是中国目前最大的藏石馆，号称“石都”，内藏珍品200多种近千件，其中的浪花石、博山文石、昆仑彩玉等均为中国之最。

绿色中心主体是金石高尔夫球场，蓝色中心是以国际游艇俱乐部为主的海滨游乐场。这里海域辽阔，沙滩细软，有一个可容纳50余艘游艇的琴意湖和一个叫神月湾的美丽海湾。银色中心位于金石滩的西部半岛。这里山势起伏，植被繁茂，冬季常有白雪覆盖，银装素裹，著名的狩猎俱乐部就设在这里。彩色中心有3000平方米的花卉展销大厅，1万平方米的日光温室和3万平方米的现代化温室。鲜花大世界是我国东北最大的花卉生产基地和销售集散地。鲜花大世界集中了世界各种品类的名花，四季不败，争芳斗艳。在彩色中心旁边有一座豪华气派的欧式风格建筑，它就是被称为金石滩“白宫”的金石蜡像馆。这里共划分“历史长河”、“风云人物”、“开国元勋”、“科学隧道”、“西安事变”、“二战风云”、“中美建交”、“香港回归”、“奥运之光”、“明星天地”、“魂断兰桥”、“万达之梦”、“女排风采”13个主题。

16. 发现王国

发现王国主题公园是以游乐休闲为目标的主题景观，以奇幻的故事为线索，围绕特定主题营造出惊险、刺激、怜悯的环境和氛围。它占地面积约为47万平方米，以占地约9万平方米的人工湖为中心，共六大分区：发现广场、传奇城堡、魔法森林、金属工厂、沙漠王国和疯狂小镇，每个景观都造就了自己独特的主题文化，每个小主题公园都融入了不同历史时期和不同地域文化的不同建筑、歌舞表演、商品餐饮、娱乐设施等。游客徜徉其中，仿佛突然穿越时空，游历世界各地。

17. 冰峪沟

冰峪沟风景区位于辽东半岛南部庄河市北 40 千米处，是一处以奇特的冰川地貌、秀丽的自然山水为主景的山岳型风景区，素有“辽南桂林”之美誉。景区由龙华山、小峪河谷和英纳河谷构成，中心景区 47 平方千米，保护带 64 平方千米，规划总面积 100 多平方千米，风景区内有景点 30 多处，景观数百个。景区内的山属千山余脉，石英岩结构，是黄河以北罕见的保存完整的喀斯特地貌。经地质专家的多次考察断定，这里的地质是第四纪冰川期形成的，专家在这里发现了多种冰川遗迹。景区内植被丰富，森林覆盖率达 90%以上。在 1740 公顷原生型生态森林里不仅有高寒山区植物，而且还有亚热带植物。从植物种类上看，木本植物 150 余种，草本植物 500 余种。这里还生产着珍贵的三椏药樟、海州常杉、兰果紫珠、灯台权等 10 余种亚热带植物。

18. 丹东鸭绿江

因其水色青绿、恰如鸭头而得名。鸭绿江发源于吉林省长白山南麓，流经长白、集安、宽甸、丹东等地，向南注入黄海，全长 795 千米，是中朝两国的界河。鸭绿江流经丹东市约 300 千米。景区以水景为主线，山景相依托，名胜古迹历史久远，游一江可观赏中朝两国风光。鸭绿江是中朝两国的交通要道，也是游人观光览胜的景点。此段江面宽阔，两岸风光秀丽，在入海口一带，盛产大银鱼。鸭绿江造桥历史很早，可上溯到辽代。20 世纪初，鸭绿江上始建铁桥，先后在丹东和朝鲜新义州之间建了两座。第一座建于 1909 年，是座开闭式桥梁。1950 年朝鲜战争中被美国飞机炸毁，桥墩至今犹存，被称为“鸭绿江断桥”。断桥上的成千上万处弹痕，至今遗留宛然，成为抗美援朝的见证。第二座桥建于 1940 年初，为铁路、公路两用桥，全长 940 米，属中朝两国共管。

二、主要旅游路线与景点

(1) 文化遗产游：沈阳故宫—关外三陵—五女山城—九门口长城

(2) 宗教古迹游：北宁青岩寺—义县奉国寺—辽阳白塔—兴城古城

(3) 山水风光游：凤凰山—大青沟—本溪水洞—关门山—千山—青山沟

(4) 滨海名胜游：大连金石滩—发现王国—冰峪沟—丹东鸭绿江

拓展阅读

多彩的民俗风情

辽宁全省是以汉族为主的多民族省份。少数民族有满、蒙古、回、朝鲜和锡伯等 43 个民族，占全省人口总数的 16%。其中满族、锡伯族聚居人数居全国之首。人口在万数以上的有满族、蒙古族、回族、朝鲜族、锡伯族。各民族都有各民族的语言，在自己的长期生活中，逐渐形成了饮食、居室建筑、服饰、婚姻和喜庆节日等方面各不相同的风俗习惯。

辽宁民间艺术多彩多姿，既有辽南皮影、辽西刺绣、朝阳剪纸、民间绘画，又有各少数民族艺术。目前全省有 12 个县区分别被文化部命名为“中国现代民间绘画之乡”、“中国书画之乡”、“中国民间艺术之乡”等，为繁荣辽宁的文化生活及推动经济发展起到了应有的作用。

辽宁流传至今而经久不衰的娱乐活动有：假面舞、农乐舞、秋千、跳板、摔跤、拔河、掷四戏、花图牌、象棋、秧歌舞、骑射与冰嬉、跳马、跳骆驼、龙灯、旱船、踩高跷、滑雪等。这些民间大众娱乐活动大都粗犷泼辣、别具情趣。

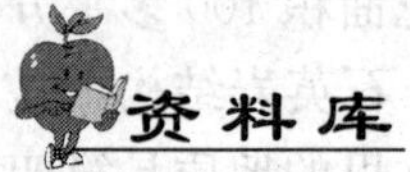
资料库

二人转小常识

二人转：史称小秧歌、双玩艺、蹦蹦，又称过口、双条边曲、风柳、春歌、半班戏、东北地方戏等。表现形式为：一男一女，服饰鲜艳，手拿扇子、手绢，边走边唱边舞，表现一段故事，唱腔高亢粗犷，唱词诙谐风趣。二人转属走唱类曲艺，流行于辽宁、吉林、黑龙江三省和内蒙古东部三盟一市（现呼伦贝尔市、兴安盟、通辽市和赤峰市）。

1. 特色

二人转植根于民间文化，表演台词具有浓厚的乡村特色，俗、色、酸是其最大特点，由著名演员赵本山净化为绿色版本之后始得以上台面。它由赵本山先生在2000年提出，并以《刘老根大舞台》为基地发扬光大。有人对此表示赞赏，也有人认为其失去了田间地头二人转的乡土味道。

2. 演出形式

二人转是东北的民间小戏。二人转不只是两个人转。它一树多枝，一类唱腔，却有多种演出形式，大体可分“单”、“双”、“群”、“戏”四类。

“单”：指“单出头”，一个人一台戏，一人演多角。也有一戏一角一人演的，类似“独角戏”。

“双”：指“双玩艺”。这是名副其实的二人转。二人演多角，叙事兼代言，跳出跳入，载歌载舞。

“群”：过去把“拉场戏”也叫“群活儿”。现在是指群唱、坐唱或群舞。

“戏”：指“拉场戏”。这是以小旦和小丑为主的东北民间小戏。其中由两个人扮演角色的也叫“二人戏”。

二人转最初由男性演员表演，换装成一旦一丑。以后出现女演员，由一男一女演唱，作简单化妆。

3. 表演手段

二人转的表演手段大致可分为三种。一种是二人化装成一丑一旦的对唱形式，边说边唱，边唱边舞，这是名副其实的“二人转”；一种是一人且唱且舞，称为单出头；一种是演员以各种角色出现在舞台上唱戏，这种形式称“拉场戏”。

对于演员的表现手法，有“四功一绝”之说。“四功”即唱、说、做、舞；“一绝”指用手绢、扇子、大板子、手玉子等道具的特技动作。四功“唱”为首，讲究味、字、句、板、调、劲；“说”指说口，以插科打诨为主；“做”讲究以虚代实；而“舞”主要指“三场舞”。二人转的“一绝”，以手绢花和扇花较为常见，这部分与东北大秧歌相似；持大板子和手玉子的舞者倒是别具一格。右手持大板子的舞者，左手通常持甩子，能舞出“风摆柳”、“仙人摘豆”、“金龙盘玉柱”、“黑虎出山”、“金鼠归洞”、“缠头裹脑”等高难动作。有的舞者双手持手玉子，这是小竹板，握在手中，每手两块，有“双臂旁平伸打扭”、“胸

前打扭”、“轮腔打扭”及“碎抖花”等多种打法。

4. 唱腔

二人转的唱腔，素有“九腔十八调七十二嗨嗨”之称，共三百多个。唢呐、板胡是二人转的主奏乐器。击节乐器，除用竹板（两块大板和五块节子板）外，还用玉子板，也叫手玉子（四块竹板，一手打二块）。二人转的表演，有“四功一绝”。四功是指“唱、说、做（或扮）、舞”，手绢、扇子、大板、玉子板等“绝技”。唱词以七言、十言句为主，兼有民歌长短句。说口包括说白和数板，多用韵白，单出头语言风趣幽默，滑稽可笑；做功讲究表演手段和动作；舞功以东北大秧歌为主，同时吸取民间舞蹈和武打动作。

任务实施

据调查显示，70%的老人有退休后旅游的打算。老年人拥有大量的旅游时间、旅游消费能力强，老年旅游业将展现出巨大的发展机遇。辽宁省旅游线路众多，最为著名的有“滨海大道”。它西起葫芦岛绥中县，东至丹东境内的虎山长城，全长1443千米，连接着辽宁省沿海6市的21个县区、100多个乡镇，串联了省内25个港口和多个旅游景区、沿海开发区，是国家确定的辽宁沿海经济发展战略的重要基础设施，是新中国成立以来辽宁省修建的最长的公路，同时也是全国最长的一条沿海公路。滨海大道辐射沿线6个城市：葫芦岛、锦州、营口、盘锦、大连、丹东，比较适合边走边玩、时间充足的老年人，具体行程见下表。

辽宁旅游线路

日期	旅游线路
D1—D2	葫芦岛。葫芦山庄—兴城古城—碣石—永安长城—龙潭大峡谷
D3—D4	锦州。笔架山风景区—辽沈战役纪念馆—青岩寺—奉国寺—观音阁风景
D5—D6	营口。白沙湾海滨—仙人岛风景区—望儿山风景区—天沐温泉
D7—D8	盘锦。红海滩—鼎翔生态旅游区—鑫安源生态园—辽河碑林
D9—D10	大连。金石滩度假区—老虎滩海洋公园—旅顺口景区—日俄监狱旧址博物馆
D11 D12	丹东。虎山长城—鸭绿江断桥—抗美援朝纪念馆—凤凰山风景名胜区

任务总结

在熟悉辽宁常规旅游线路及景点知识的基础之上，在对退休人士进行旅游需求分析后，为游客推荐合适的旅游线路。老年人旅游线路的设计，特别要考虑到老年人身体健康的问题，旅游行程的安排不要过于紧凑，饮食住宿的安排要注意卫生舒适，避免由于行程过紧造成老年人过度劳累，影响旅行的进行。

实训项目

为一个护士团设计一条辽宁省旅游线路

【实训目标】

1. 通过实训，学生可以熟悉辽宁省的主要景点及旅游线路指示。
2. 让学生具备市场意识，可以对特定的旅游者进行旅游需求分析。
3. 通过项目工作培养学生的沟通及合作能力。

【实训内容】

北京某医院为了表彰先进工作者，奖励海滨旅游。《非诚勿扰 2》的放映，导致海南旅游线路设计价格一路飙升。为了控制成本，该医院工会选择去辽宁旅游。请为这个优秀护士团设计一条辽宁旅游线路。

【实训步骤】

1. 调整学习小组，进一步优化团队沟通协调机制。
2. 各项目团队提交纸质行程安排，每组选派一名代表用 PPT 向全班展示设计的旅游线路，要求图文并茂，讲解清楚明白，避免线路重复。
3. 评价与总结：由教师和其他团队成员对本团队展示的旅游线路做出现场点评。小组内对个人表现进行总结，以鼓励为主。

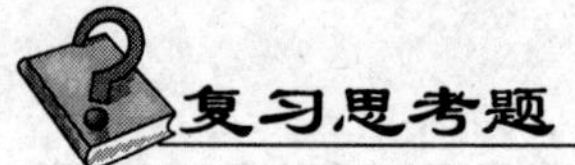
复习思考题

一、单项选择题

1. “一朝发祥地，两代帝王城”指的是（　　）。
A. 昭陵　B. 九门口长城　C. 沈阳故宫　D. 凤凰山
2. 清初“关外三陵”中规模最大、气势最宏伟、最具代表性的一座（　　）。
A. 昭陵　B. 九门口长城　C. 沈阳故宫　D. 凤凰山
3. 有“水上长城”之称的是（　　）。
A. 昭陵　B. 九门口长城　C. 沈阳故宫　D. 凤凰山
4. “雄伟险峻，泉洞清幽，花木奇异，四季景秀”指的是（　　）。
A. 昭陵　B. 九门口长城　C. 沈阳故宫　D. 凤凰山
5. 东北地区最高的砖塔是（　　）。
A. 东塔　B. 南塔　C. 白塔　D. 金刚塔

二、简答题

1. 辽宁有哪些重要旅游景点？
2. 辽宁传统旅游线路有哪些？
3. 东北三省旅游资源各有什么特点？
4. 你听过“二人转”吗？你觉得它是怎样的文艺形式？

项目三　华北旅游区景点及线路

● 知识目标

1. 了解华北地区旅游景点概况及典型旅游线路。
2. 熟悉华北地区各省市主要旅游景点。
3. 掌握春节黄金周、自驾游、自助游的方式及特点。

● 能力目标

1. 能够根据游客的特点进行游客分析。
2. 能够根据游客要求，为游客设计华北旅游区旅游线路。

任务一　京津景点及线路

2011年2月4日大年初二，我们从杭州飞来北京，导游把我们送到王府井大街，然后就去接其他的游客了。我和老公就在著名的王府井逛了起来。这条街有琳琅满目的特色纪念品、小吃以及老字号商店。王府井小吃一条街会聚了各方美食，人气十足。中午时分，游客到齐了，我们来到北京的龙潭湖春节庙会，正好赶上国内唯一的冰上杂技表演，自由活动后回到宾馆休息。

2月5日大年初三早7点，我们旅游团就出发了，首先来到世界上最大的广场——天安门广场，望着迎风飘扬的五星红旗，心中仍按捺不住地激动。穿过午门城楼，进入了故宫。故宫好大！从故宫出来，用过中餐，下午安排的是三轮车胡同游，接下来安排的是老北京堂会。晚餐后参观了鸟巢和水立方。在夜晚灯光的映衬下，鸟巢泛出红光，在周围的夜色中，显得越发高大；水立方则变化着不同色彩，绚烂无比。

2月6日大年初四，早上参观了期待已久的长城，下午是冰雪世界的滑雪和泡温泉！出了温泉场已经满天星辰了，我们来到京城有名的梨园大戏楼。我们的晚餐便是在此欣赏国粹京剧，享用宫廷御宴，这一餐也是后来大家评论最好的、最具特色的一餐。

2月7日大年初五，我们先后参观了卢沟桥、颐和园和天坛。结束了天坛的游览，我们就奔赴火车站。火车渐渐驶离北京站时，我感到了北京之旅有亮点更有太多的遗憾，没有吃到正宗的北京烤鸭，也没有感受到北京更浓厚的年味道。老公也是一个热爱旅游的人，他对天津十分向往，但只能擦肩而过……

请你重新为李女士设计一个主题为“京津中国年”的旅游行程，让李女士没有遗憾。

任务分析

2011年2月8日，相关媒体发布北京春节黄金周统计数据，农历兔年春节黄金周，北京接待国内游客达811万人次，比去年同期增长6.1%，旅游总收入达31.1亿元，同比增长6.4%，创北京春节黄金周旅游总人数和总收入历史新高。而春节期间，天津市策划了30余项大型民间节会活动，津味浓郁的民俗文化游好戏连台，国家5A级景区古文化街7天客流量超百万人次。可以说，春节已经成为京津旅游的一个亮点。重新设计的旅游行程，既要考虑团队旅游，又要照顾到中国人“过年”的情结及李女士夫妇的特别爱好。

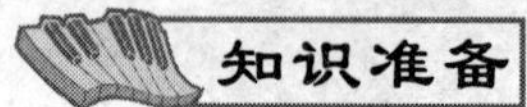
知识准备

一、北京旅游景点

北京市简称京，位于华北平原的北端、燕山山脉南麓，是中华人民共和国的首都、中国四个直辖市之一，是全国政治、文化、交通和国际交往中心。北京有着3000余年的城市历史和850多年的建都史，是世界历史文化名城和中国七大古都之一，截至2008年年末，全市常住人口1695万人，全市土地总面积16410.54平方千米，共辖18个市辖区，齐聚56个民族，以其独特的魅力吸引着全世界游客。北京旅游景点见图3-1。

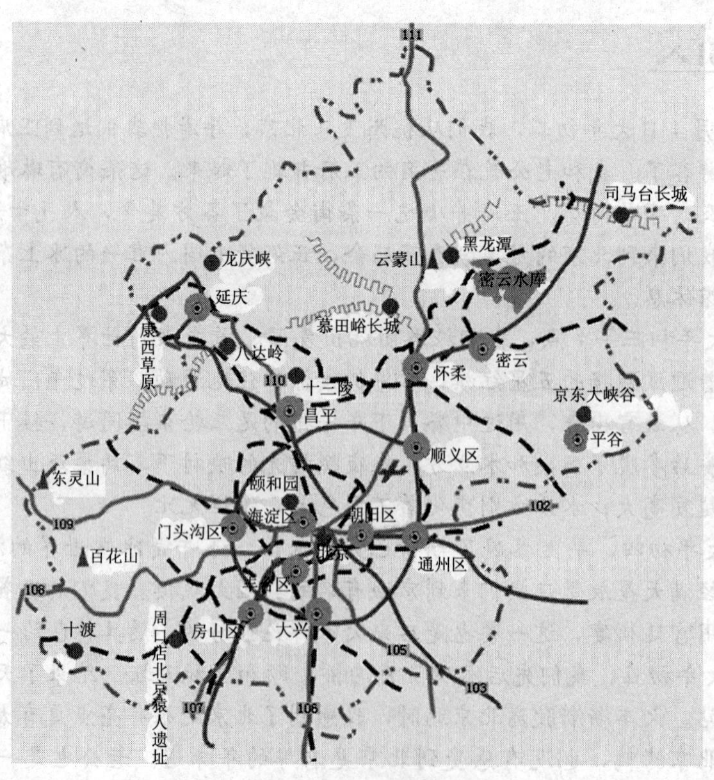

图3-1 北京旅游景点

（一）主要景点

1. 灵山

灵山自然风景区距京城122千米，其顶峰海拔2303米，是北京市的第一峰。西与龙门森林公园毗邻；东与龙门涧景区相连；南与109国道相通。因其海拔高度而使灵山在方圆25平方千米内形成北京地区集断层山、褶皱山为一体，奇峰峻峭、花卉无垠的自然风景区。

2. 香山

香山位于北京西郊海淀区，是一处自然地理条件优越、文化历史悠久、具有山林特色的皇家园林。它的东面为玉泉山，北邻碧云寺，南接八大处。主峰为香炉峰（鬼见愁），海拔557米，与万寿山、玉泉山并称“三山”。香山总面积2400余亩，古树名木众多，漫山遍野黄栌，形成独特的“山川、名泉、古树、红叶”特色。

3. 龙庆峡

龙庆峡即古城水库，位于延庆县古城河口，距北京市区85千米。古城河发源于西北方30余千米处的海坨山，东南注入妫水河。龙庆峡自1984年正式对外开放。1986年该景区被评为“北京新十六景”之一。1987年举办首届冰灯艺术节。2007年龙庆峡被国家旅游局评为4A级景区。

4. 石花洞

石花洞是国家4A级旅游景区，位于距城区50千米的房山南侧车营村西坡，面积84.66平方千米。1978年，北京水文地质工程公司对该洞进行勘探，专家称之为“地下地质奇观，溶洞博物馆”，定名石花洞。1987年对外开放。2001年1月，北京石花洞国家地质公园成立。2006年北京房山世界地质公园成立，北京由此成为世界上第一个拥有世界地质公园的首都城市。

5. 十渡

十渡位于北京市房山区西南部，拒马河中上游，距北京市区约80千米。景区总面积301平方千米，东起千河口，西至大沙地，东西长约40千米，南北最宽处25千米。1986年被评为北京十六景，1999年被评为北京市首批风景名胜区，现为国家4A级景区。

6. 天安门城楼及广场

天安门城楼位于北京市中心，始建于明永乐十五年（1417年），原名“承天门”，取“承天启运”、“受命于天”之意。清顺治八年（1651年），改建为“天安门”，取“受命于天”、“安邦治民”之意。它有汉白玉石的须弥座、高大而色彩浓郁的墙台，上有两层重檐大楼，东西九间，南北五间，象征皇权的“九五之尊”。它是全国重点文物保护单位。

天安门广场南北长880米，东西宽500米，总面积44万平方米，是当今世界最大的城市中心广场，是我国大型政治活动时群众聚会场所，最多可容纳100万人。

7. 故宫博物院

故宫博物院位于北京市中心，旧称紫禁城。故宫始建于明永乐四年（1406年），是明朝皇帝朱棣下令修建的，是明清两代24位皇帝处理政务和日常起居的场所。宫城南北长961米，东西宽853米，总面积72万平方米，四周环绕高10米的城墙，四角建有精美的角楼。这无与伦比的古代建筑杰作，是我国现存最大、最完整的宫殿建筑群。

8. 天坛

天坛位于北京城南端，是明清两代皇帝祭祀天地之神和祈祷五谷丰收的地方。天坛东西长1700米，南北宽1600米，总面积为273万平方米。天坛包括圜丘和祈谷二坛，它严谨的建筑布局、奇特的建筑结构、瑰丽的建筑装饰，被认为是我国现存的一组最精致、最美丽的古建筑群。天坛不仅是中国古建筑中的明珠，也是世界建筑史上的瑰宝。

9. 颐和园

颐和园位于北京西北郊外，规模宏大，占地面积达293公顷，主要由万寿山和昆明湖两部分组成。园内建筑以佛香阁为中心，共有亭、台、楼、阁、廊、榭等不同形式的建筑3000多间。全园大体分为三个区域：以仁寿殿为中心的政治活动区，以乐寿堂、玉澜堂和宜芸馆为主体的生活居住区，以万寿山和昆明湖等组成的风景游览区。整个景区规模宏大，是世界上建筑最集中、景观最丰富的园林杰作。

10. 长城

长城是中华民族的象征，它全长12000多里，是世界上最伟大的城墙建筑之一。八达岭长城位于北京的延庆县南部，是我国古代伟大的防御工程万里长城的一部分，建于明代弘治十八年（1505年），是明代长城中保存最好的一段，也是明代长城的精华。“不到长城非好汉”，长城是古今中外各界人士到北京游览的必到之所。

11. 明十三陵

明十三陵，是明朝十三个皇帝的陵墓。坐落在北京西北郊昌平区境内的燕山山麓的天寿山。总面积120余平方千米。这里自永乐七年（1409年）五月始作长陵，到明朝最后一帝崇祯葬入思陵止，其间230多年，先后修建了十三座金碧辉煌的皇帝陵墓、七座妃子墓、一座太监墓。共埋葬了十三位皇帝、二十三位皇后、二位太子、三十余名妃嫔、一位太监。它是中国乃至世界现存规模最大、帝后陵寝最多的一处皇陵建筑群。十三陵作为中华民族古老文化的一部分，与陵区自然景观交相辉映，形成一处风景优美、文化内涵深刻的旅游胜地。

12. 北海公园

北海公园位于北京市中心区，景山西侧，在故宫的西北面，因与中海、南海分称三海而得名。它与中海、南海合称三海，是中国古代皇家园林。全园以北海为中心，面积约71公顷。这里原是辽、金、元、明、清五个朝代逐渐修建而成的帝王宫苑，是我国现存最古老、最完整、最具综合性和代表性的皇家园林之一。全园以神话中的“一池三仙山”（太液池、蓬莱、方丈、瀛洲）构思布局，形式独特，富有浓厚的幻想意境色彩，主要由北海湖和琼华岛所组成。面积68公顷，其中水面约39公顷，陆地为29公顷。1925年开放为公园。园内亭台别致，游廊曲折。琼岛上有高67米的藏式白塔（建于1651年）和永安寺、庆霄楼、漪澜堂、阅古楼，还有清乾隆帝所题燕京八景之一的琼岛春阴碑石及假山、邃洞等。东北岸有画舫斋、濠濮涧、镜清斋、天王殿、五龙亭、九龙壁等建筑；其南为屹立水滨的北海团城，城上葱郁的松柏丛中有造型精巧的承光殿。北海公园是中国保留下来的最悠久、最完整的皇家园林，已被列为中国全国重点文物保护单位，是国家AAAA级旅游景区。

13. 圆明园

历史上的圆明园是由圆明园、长春园、绮春园（万春园）组成。三园紧相毗连，通称圆明园，共占地5200余亩（约350公顷），比颐和园的整个范围还要大出近千亩。它是清代封建帝王在150余年间所创建和经营的一座大型皇家宫苑。雍正、乾隆、嘉庆、道光、咸丰五朝皇帝，都曾长年居住在圆明园优游享乐，并于此举行朝会，处理政事。它与紫禁城（故宫）同为当时的全国政治中心，被清帝特称为“御园”。圆明园于1860年（咸丰十

年）被英法联军劫掠焚毁。

14. 奥林匹克公园

奥林匹克公园位于北京市朝阳区，地处城市中轴线北端，在北四环中路的北部，北至清河南岸，南至北四环中路，东至安立路、北辰东路，西至林翠路与北辰西路。奥林匹克公园总占地面积 1135 公顷。奥林匹克公园中心区是举办北京 2008 年奥运会的主要场地，拥有亚洲最大的城区人工水系、亚洲最大的城市绿化景观、世界最开阔的步行广场、亚洲最长的地下交通环廊。公园内建筑包括国家体育场（鸟巢）、国家体育馆、国家游泳中心（水立方）、会展中心等，公园还有最大露天剧场。

鸟巢位于北京奥林匹克公园中心区南部，为 2008 年第 29 届北京奥林匹克运动会的主体育场。工程总占地面积 21 公顷，建筑面积 258000 平方米。场内观众坐席约为 91000 个（相当于 2004 年雅典奥运会主体育场所能容纳观众数的近 2 倍、第 18 届世界杯足球赛主体育场德国慕尼黑安联体育场所能容纳观众数近 1.5 倍），其中临时坐席约 11000 个。这里举行了奥运会、残奥会开闭幕式、田径比赛及足球比赛决赛。现在这里已经成为北京市民广泛参与体育活动及享受体育娱乐的大型专业场所，并成为具有地标性的体育建筑和奥运遗产。

水立方位于北京奥林匹克公园内，与鸟巢分列于北京城市中轴线北端的两侧。水立方是 2008 年夏季奥运会修建的主游泳馆，在北京奥运会期间，国家游泳中心承担游泳、跳水、花样游泳、水球等比赛项目。总建筑面积约 8 万平方米，可容纳观众坐席 17000 座，其中永久观众坐席为 6000 座。现在水立方已经成为集游泳、运动、健身、休闲于一体的活动中心。

（二）典型旅游线路

（1）皇家园林游：北海—颐和园—圆明园

（2）皇家建筑游：天安门—故宫—天坛

（3）主题公园游：中华民族园—欢乐谷—海洋馆—世界公园

（4）长城及明皇陵游：八达岭长城—长陵—定陵

（5）奥运场馆游：奥林匹克公园—鸟巢—水立方

（6）博物馆游：中国国家博物馆—首都博物馆—军事博物馆—中国电影博物馆—中国科技馆

（7）名山古寺游：香山—碧云寺—卧佛寺—八大处—潭柘寺

（8）古迹、山水风光游：卢沟桥—周口店—十渡

（9）名校修学游：北大—清华

（10）名街风味美食游：王府井—大栅栏—鲜鱼口—全聚德

二、天津旅游资源

天津简称津，地处华北平原东北部、环渤海湾的中心，东临渤海，北依燕山，素有“九河下梢”、“扼河海要冲”之称，属温带季风气候。全市面积 1.18 万平方千米，是中国第三大城市、四个直辖市之一。市辖 16 个市辖区、县，2009 年年底，全市常住人口 1228.16 万人，有汉、回、满、蒙等 52 个民族。天津市海岸线长达 153 千米，海洋资源丰富，自古以来就是著名的油盐产地，拥有我国最大的盐场。天津是中国北方的经济中心、北方最大的港口城市、历史文化名城和生态城市。天津旅游景点见图 3－2。

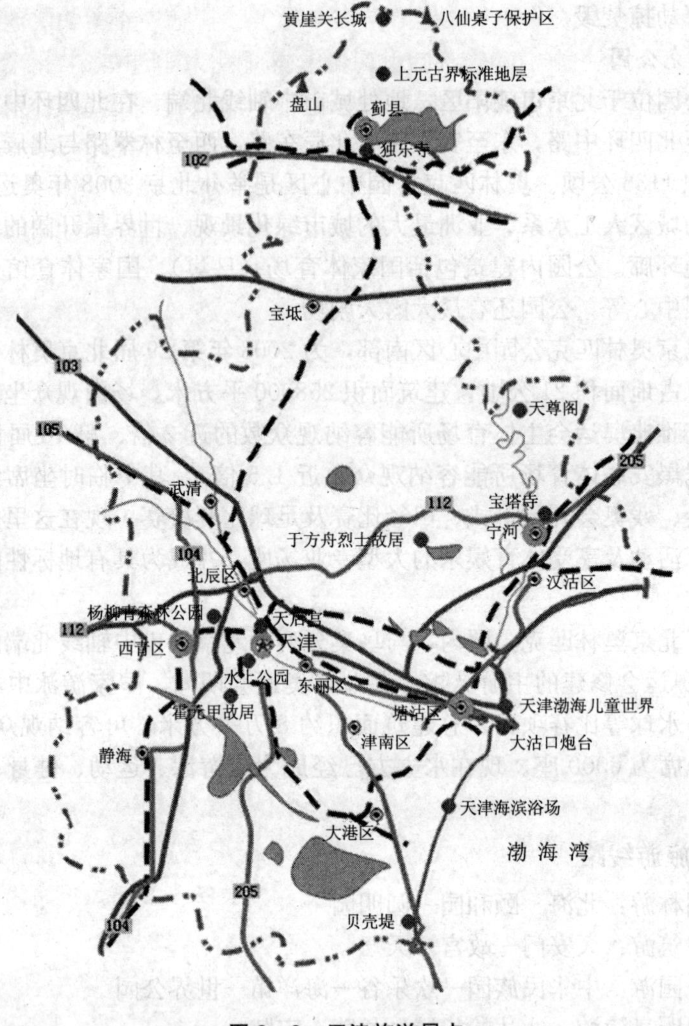

图 3-2　天津旅游景点

(一) 主要景点

1. 独乐寺

在盘山脚下的蓟县城内，有著名的千年古刹独乐寺。据说安禄山叛唐，就是在此处誓师，他喜独乐，故以“独乐”二字名寺。寺内主体建筑山门和观音阁，为辽统和二年重修。观音阁高 23 米，木质，集我国木结构建筑之大成，是国内现存最早的木结构楼阁。阁内有一座高达 16.27 米的观音菩萨像，是辽代泥塑艺术珍品，又是国内最大的观音塑像。古老雄伟的独乐寺与苍翠雄奇的田盘山相映成辉，使这一风景名胜区更加绚丽多彩。

2. 黄崖关长城

黄崖关长城在蓟县北 30 千米的崇山峻岭之中，始建于公元 556 年。明代名将戚继光任蓟镇总兵时，曾重新设计，包砖大修。黄崖关城是明代蓟镇长城的重要关隘，也是县境内唯一的一座关城。关城东侧山崖的岩石多为黄褐色，每当夕阳映照，金碧辉煌，素有“晚照黄崖”之称，关城因此得名。这一段长城建筑特点是：台墙有砖有石，敌楼有方有圆，砌垒砖有空心有实心。关城塞堡、敌台水关，应有尽有；接山跨河，布局巧妙，集雄

险奇秀于一身。这里有第一座长城博物馆和一座当代长城碑林。

3. 文庙

文庙在天津旧城东门里，又名孔庙，因与武庙相对，俗称文庙，是天津市区保存完整、规模最大的古代建筑群。大殿始建于明正统元年（1436 年），后经明天顺、万历，清康熙、乾隆等各代重修、扩建。清雍正年间，天津府、县同设治所于城内，因而庙东侧为府庙，西侧为县庙，均有照壁、泮池、棂星门、大成门、大成殿、崇圣祠和配殿等。府庙主体建筑的殿顶均用金黄色琉璃瓦覆盖，雕梁画栋，装饰精美。庙外有二柱三楼式牌坊两座，明代建造，万历、清康熙年间重修，是天津市内仅存的过街牌楼。

4. 市南食品街

它位于繁华的旧商业中心南市，占地 2.5 公顷，建筑面积 4 万多平方米。这里不仅云集了全国各地的珍馐美馔、风味小吃，而且建筑别具一格，具有浓厚的民族特色。整个食品街像一座宫殿，显得古朴庄严。

它是中国目前最大的经营名特食品为主的新型市场。这里有全国各地的风味，有川、鲁、粤、湘、苏、浙正宗大菜，有甜、咸、干、稀回汉民俗小吃，有意、俄式的西餐、快餐，也有山村野味、时令海鲜、乡村便饭、仿膳佳肴等。这里有鲁迅描写的“咸亨酒店”，是喝酒叙旧的好地方。这里有为儿童过生日而建的“三毛餐厅”。南市食品街作为天津一景的独特魅力吸引着越来越多的中外游客。

5. 天后宫

俗称“娘娘宫”，是古文化街上的主要参观旅游项目。天后在古时被人们称为护航女神。传说她是福建莆田人，姓林名默，经常驾船出海，搭救遇难的人，故被后人敬为女神。元时京城每年需北运大批粮食，先从海路运抵天津，然后再转河运至京城。元政府为祈求航海安全，便将护航女神崇为天妃，并在沿海城镇建起天后宫。天津的天后宫建于公元 1326 年。农历三月二十三日是娘娘的生日。每年这时都举行“皇会”，表演高跷、龙灯、旱船、狮子舞等，百戏云集，热闹非常。现今天后宫已成为天津民俗博物馆，陈列着各种民俗风情实物。皇会是因清乾隆皇帝下江南时曾游此会而得名。传统的演出场所在天后宫前的广场以及宫南、宫北一带。古文化街建成后，每逢农历三月二十三日（“天后”诞辰吉日）在此举行盛大的皇会，表演龙灯舞、狮子舞、少林会、高跷、法鼓、旱船、地秧歌、武术以及京戏、评剧、梆子等。

6. 古文化街

若想大致领略一番津味、古味、文化味，那最佳去处莫过于古文化街了。整个街道古色古香，富丽堂皇。穿过大牌坊，是 600 米的仿清建筑群，出自数十位书法界名人之手的百块匾额和楹联，充满翰墨气息，犹如百家书法展览。在这条街上出售古玩玉器、古旧书籍、传统手工艺制品和民俗用品。

天津既是历史文化名城，又是北方文化的重要发祥地。天津文学兴盛于清初的园林文化。以水西庄文化为代表的天津文学曾鼎盛一时，天津书法、美术艺术源远流长，清代以来更是名家辈出。在民间工艺方面，堪称天津工艺四绝的有：画面绚丽的“杨柳青”年画、形神兼备的“泥人张”彩塑、彩绘逼真的“风筝魏”风筝、玲珑剔透的“砖刻刘”砖雕，都在此设有专店。

7. 盘山

盘山风景名胜区，位于天津市蓟县西北 15 千米处，又因它雄踞北京之东，故有“京

东第一山”之誉。相传东汉末年，无终名士田畴不受献帝封赏，隐居于此，因此人称田盘山，简称盘山。盘山景区面积106平方千米，有“五峰”、“八石”、“三盘”之胜，还有天成寺、万松寺、云罩寺、舍利塔等古代建筑。五峰为挂月峰、紫盖峰、自来峰、九华峰、舞剑峰，与山西五台山相呼应，号称“东五台”。主峰挂月峰，海拔864米。五峰攒簇，引人入胜。由西路登山，山势呈上、中、下三盘之状。三盘景致各具特色，上盘松、中盘石、下盘水，人称“三盘之胜”。

8. 八仙山

八仙山自然保护区以林深佳秀而闻名，有丰富的动植物资源，被称为天然的植物园。中外闻名的蓟县中上元古界地质剖面，层序齐全，构造简单，叠层石和微体化石丰富，厚度达万米，被联合国地质科学联合会确认为世界标准地层剖面，1984年被批准为我国第一个国家级自然保护区。

（二）典型旅游线路

（1）蓟县风景名胜游：盘山—独乐寺—黄崖关长城游览区

（2）旧城游：文庙—市南食品街—天津电视塔—天津海河喷泉游乐场

（3）市区游：水上乐园—天后宫—古文化街

拓展阅读

2011年京津多家庙会、灯会迎新春

北京春节期间，厂甸庙会在琉璃厂东、西街开阔地上铺芝麻秸，并设置摸福墙和祈福树，让游客在厂甸庙会的文市区“踩秸秆、写福愿、挂福袋、摸福气”，体验中国传统福文化的独特魅力。天坛文化周期间，将举行祭天仪仗和祭天乐舞表演。表演根据清乾隆十三年的《大驾卤簿图》和古代舞谱记载，恢复了部分祭天礼仪，将组织320人表演。演员们的服装道具也都保持原真性，力求展现祭天礼仪的文化精髓。圆明园皇家庙会则要恢复清代尚武“国俗”——冰嬉表演，将邀请滑冰志愿者表演冰嬉中抢等（速滑比赛）、抢球（冰上足球）、转龙射球（冰上杂技）三大内容。京城人气最旺的庙会当属龙潭庙会和地坛庙会。龙潭庙会2011年安排了“每日一技”展示活动，邀请景泰蓝制作技艺、雕漆技艺、盛锡福皮帽制作技艺等20个非物质文化遗产项目的传承人与游客互动交流。

春节旅游黄金周天津古文化街将推出“玉兔迎春——2011古文化街民俗旅游过大年”系列活动，从2月3日到2月7日，在戏楼广场和百合广场，举办锣鼓踩街、京剧彩唱折子戏、曲艺绝活表演等节日活动，玉皇阁广场在2月3日到10日，也将推出“有求必应钟、招财幸运鼓”等民俗游艺活动。（来自北京文网、天津旅游信息网）

资料库

北京天津城际列车

京津城际列车全称是京津城际铁路高速列车，是在京津城际铁路开行的高速列车，是完全具有自主知识产权的国产时速350千米的C系“和谐号”动车组。京津城际列车

2008年6月8日通车，运行速度在每小时280～350千米，实现了北京到天津30分钟到达的梦想，大大缩短了城市之间的空间距离。北京天津城际列车同时具备速度快、动力强、能耗低、零排放、低噪声、宽车体、车内设备人性化、高安全性、全天候运行、运行自动控制等十大特点，见表3-1。

表3-1 **京津城际列车时刻表**

车次	出发站	开车时间	到达站	到达时间	用时	里程	硬座票价	软座票价
D51	北京南	07：10	天津南	07：46	36分	122	40元	60元
D301	北京南	07：50	天津南	08：26	36分	122	40元	—
D31	北京南	08：22	天津南	09：04	42分	122	40元	—
G33	北京南	09：33	天津南	10：07	34分	122	55元	95元
D55	北京南	10：21	天津南	11：02	41分	122	40元	60元
G125	北京南	11：20	天津南	11：54	34分	122	55元	95元
D57	北京南	11：25	天津南	12：06	41分	122	40元	60元
G129	北京南	12：03	天津南	12：43	40分	122	55元	95元
D59	北京南	14：29	天津南	15：16	47分	122	40元	60元
G145	北京南	14：36	天津南	15：10	34分	122	55元	95元
D61	北京南	17：15	天津南	18：06	51分	122	40元	60元
G165	北京南	17：57	天津南	18：37	40分	122	55元	95元
D231	北京南	19：30	天津南	20：12	42分	122	40元	60元
D233	北京南	20：00	天津南	20：42	42分	122	40元	60元
D235	北京南	20：20	天津南	21：02	42分	122	40元	60元
D237	北京南	20：40	天津南	21：22	42分	122	40元	60元

综合考虑李女士的需求，为其设计新的旅游行程，见表3-2。

表3-2 **京津旅游行程安排**

日期	行程安排
D1	上午王府井逛街，中午王府井小吃一条街，下午北京地坛庙会
D2	上午天安门、故宫、恭王府，中午全聚德烤鸭，下午鸟巢、水立方
D3	上午八达岭长城、明十三陵定陵，下午九华山庄温泉，晚上梨园大戏楼
D4	上午早班京津城际列车抵达天津，天津古文化街，感受中国味、天津味，中午南市食品街，下午天津港、洋货市场，返回北京
D5	上午颐和园、圆明园皇家庙会，下午天坛春节文化周，返回苏州

任务总结

通过对京津主要景点、线路及春节庙会知识的全面了解，优先考虑旅游者需求，重新为李女士设计了符合旅游者需求的行程。这条旅游路线安排了北京春节期间最有特色的地坛庙会，北京最有代表性的风味餐北京烤鸭，增加了圆明园皇家庙会及天坛春节文化周，突出北京年味，又增加了天津的旅游行程，整体线路春节特色突出，内容丰富，满足游客需求，同时利用动车的方式抵达天津，让游客感受到了不同交通方式带来的快乐体验。

实训项目

无锡二中夏令营行程安排

【实训目标】

通过实训可以让学生进一步熟悉京津的主要景点及旅游线路；让学生具备市场意识，可以对暑期旅游团的游客进行需求分析；通过项目工作培养学生的沟通及合作能力。

【实训内容】

无锡二中是当地名校，为了开阔学生视野，激发学生的学习积极性，学校打算今年暑假举办夏令营，带领学生来京津看看北大、清华、南开等名校，使学生能树立起更高远的学习目标。

【实训步骤】

1. 以项目团队为学习小组，小组规模一般是5～8人。

2. 建立团队沟通协调机制，合理分配任务，团队成员共同参与、协作完成任务；各项目团队成员就实训内容互相进行交流、讨论，并给予点评。

3. 各项目团队提交纸质行程安排，每组选派一名代表用PPT向全班展示设计的旅游线路，要求图文并茂。

4. 评价与总结：由教师和其他团队成员对本团队展示的旅游线路做出现场点评。小组内对个人表现进行总结，以鼓励为主。

复习思考题

一、单项选择题

1. 北京市地形为（　　）。

A. 西北高、东南低　　B. 西北低、东南高

C. 东北高、西南低　　D. 西南高、东北低

2. 北京市地貌为（　　）。

A. 平原占2/3，山地占1/3　　B. 盆地占1/3，山地占2/3

C. 平原占1/3，盆地占2/3　　D. 平原占1/3，山地占2/3

3. 北京的行政区划有（　　）。

A. 15个　　B. 16个　　C. 17个　　D. 18个

4. 天津的行政区划有（　　）。

A. 15 个　　B. 16 个　　C. 17 个　　D. 18 个

5. 北京的世界遗产项目有（　　）。

A. 5 个　　B. 6 个　　C. 7 个　　D. 8 个

二、简答题

1. 北京有哪些旅游路线？
2. 天津有哪些旅游路线？
3. 京津两地旅游资源有哪些不同？

任务二　河北景点及线路

小朱是河北徐水人，来北京打拼十余年，有稳定的收入和房子，新近购置了私家轿车。作为一个河北人，对河北并不是十分了解，打算利用节假日走遍河北的山山水水，加深对家乡的认识，你能为他推荐几条自驾游旅游线路吗？

任务分析

自驾游，是自驾车旅游的简称，即自己驾驶汽车出游。2006 年首届中国自驾游高峰论坛的定义："自驾游是有组织、有计划，以自驾车为主要交通手段的旅游形式。"自驾游的兴起，符合年轻一代的心理，他们不愿意受拘束，追求人格的独立和心性的自由，而自驾游恰恰填补了这种需求，应运而生。

知识准备

一、主要景点

河北省地处华北，东临渤海，内环京津，地理位置优越。总人口 6700 万人，总面积 18.8 万平方千米，海岸线 487 千米，是全国唯一兼有海滨、平原、湖泊、丘陵、山地、高原的省份，属温带大陆性气候，春季干旱多风，夏季炎热多雨，秋季天朗气爽，冬季寒冷干燥，自然景观四季分明。种类齐全的地形地貌和温和宜人的气候，造就了河北独特秀美的自然风光。

河北省是中华民族的重要发祥地之一。早在五千多年前，中华民族的三大始祖黄帝、炎帝和蚩尤就在河北由征战到融合，开创了中华文明史。在中国最古老的地理著作《禹贡》里，全国被划分为九州，河北属于冀州之地，因此河北又被简称为"冀"。春秋战国时期，河北地属燕国和赵国，故有"燕赵"之称。元、明、清三朝定都北京，河北成为拱卫京师的畿辅之地。到了近代和现代，燕赵儿女与全国人民一道抒写了一部可歌可泣的以反帝、反封建、反官僚、反资本主义为内容的新民主主义革命史诗。

悠久的历史，灿烂的文化，壮丽的河山，使河北成为全国重要的旅游资源大省。全省现有世界文化遗产3处，分别为长城、承德避暑山庄及其周围寺庙、清代皇家陵寝群（清东陵和清西陵）；省级以上文物保护单位680处，居全国第一；国家级文物保护单位88处，居全国第三。此外，国家级历史文化名城5座，中国优秀旅游城市7座，国家AAAA旅游景区16处，全国十大风景名胜区2处，国家级风景名胜区5处，国家级森林公园9处，国家级自然保护区3处。河北旅游景点见图3－3。

图3－3　河北旅游景点

1. 北戴河

北戴河海滨位于秦皇岛西南15千米处，北有联峰山作屏障，南临茫茫沧海。风光明媚，气候宜人，春无风沙，冬无严寒，秋季天高气爽，夏季最热的农历六七月，平均气温也只有23℃。整个风景区，东自鸽子窝、金山嘴起，西至戴河口止，长约13千米，宽约2千米，为一条狭长的沿海地带。这里沙软潮平，是海水浴的好地方。

2. 黄金海岸

黄金海岸位于河北省昌黎县东南面的渤海岸边，海岸线全长52.1千米，具有沙细、滩软、水清、潮平的特点，是进行海水浴、阳光浴、沙浴、森林浴、空气浴的理想地点。

黄金海岸的沙丘、沙堤、泻湖、林带等海洋自然景观和海区生态环境举世罕见，具有重要的生态学价值、科学研究价值和旅游观赏价值。1990 年 9 月 30 日，国家将昌黎黄金海岸列为中国首批五个国家级海洋自然保护区之一。

3. 苍岩山

苍岩山，位于河北省石家庄市西南井陉县境内，总面积 63 平方千米，素有“五岳奇秀揽一山，太行群峰唯苍岩”之誉。大自然的鬼斧神工使苍岩山中心地带形成了奇异的断崖绝壁及优越的生态环境。俯瞰苍岩，东西双峰对峙于前，南北一岭横亘于后，峰岭相向的侧面，壁立百丈悬崖，福庆寺就建在谷中崖间。苍岩山最大的特点是：这里不仅自然风光优美，而且宗教寺庙众多，山峦中有不少名殿古刹。

4. 嶂石岩

嶂石岩是国家级风景名胜区，有三层陡崖，嶂石岩景观主要为“丹崖、碧岭、奇峰、幽谷”。其景观特色大致可概括为“三栈牵九套，四屏藏八景”。三栈即三条古道；九套即连接三条古道的九条山谷，内含石人寨沟、肩膀台沟、西三套、大北掌沟、嶂石岩沟、槐泉峪、大西沟、回音谷、冻凌背峪；四屏乃整体看似四道屏障一样而又相对独立的四个分景区（九女峰、圆通寺、纸糊套、冻凌背）。这四个景区中有八处著名胜景：九仙聚会、岩半花宫、晴天飞雨、回音巨崖、槐泉凉意、冻凌玉柱、重门锁翠、叠嶂悬钟。这三栈四屏、八景九套之间均有小路相连，将 120 个景点连珠缀串，迤逦展开。

5. 白洋淀

白洋淀位于北京、天津、保定三地之间的安新县境内，是华北平原上最大的淡水湖。白洋淀的地形地貌是由海而湖，由湖而陆的反复演变而形成的，关于白洋淀的形成还有美丽的传说。相传很久以前，一个中秋夜晚，嫦娥仙子偷吃仙药，身不由己，飘飘然离开月宫，就在她将要落入凡间的一瞬间，猛然惊醒，这一惊非同小可，随身宝镜落入人间，摔成了大大小小的 143 块，形成现在的 143 个淀泊。现在的水区是古白洋淀仅存的一部分，白洋淀是众多淀泊中面积最大的一个。

白洋淀中有自然形成的千亩荷花淀，每年的农历五月至八月份粉、白两种荷花盛开，淀内香气四溢。白洋淀水域辽阔，春季青芦吐翠；夏季红莲出水；秋天芦苇泛金黄色；冬季泊似碧玉。白洋淀物产丰富，盛产大米、鱼虾、菱藕和“安州苇席”，被誉为美丽的鱼米之乡。

6. 野三坡

野三坡地处保定涞水县境内，总面积 520 平方千米，距保定市 150 千米，距北京市中心 100 千米，是距首都北京最近的国家级风景名胜区。野三坡自古有“世外桃源”之称。地势北高南低，气候差异明显，分上、中、下三坡，三坡之名始于此。区内悬崖深谷，榛莽古林，雄、险、奇、秀，蓝天、碧水、绿荫无污染，有数十种天然野生绿色食品及野兔、山鸡、河虾及农特色佳肴可野餐；有少数民族风格的各式客房及家庭旅馆的传统火炕可野宿；有天然浴场可沙浴、日光浴、游泳、滑沙、划竹筏，也可骑马奔驰，乘驴车游荡，采核桃、杏仁、伏花椒，登野山、观野景等，故“三坡”以“野”定名。

7. 承德避暑山庄

避暑山庄原名热河行宫，俗称承德离宫，位于承德市西北部，建于公元 1703—1792 年（即清朝康熙四十二年至乾隆五十七年），占地 564 万平方米，宫墙长达 10 千米，比颐和园大一倍，是我国现在规模最大的古代皇家园林。

承德避暑山庄是一座宫苑一体的大型皇家园林，分为宫殿区和苑景区两大部分，宫殿区包括正宫、东宫、松鹤斋和万壑松风四组建筑，风格古朴典雅，是清朝皇帝处理朝政、举行庆典、日常起居的地方。苑景区又有湖区、平原区和山区之分。湖光山色，兼具“南秀北雄”之特点。山庄内楼台殿阁，寺观庵庙等古建筑达120多组，它们因山就水，遍布全国，其中就有康熙皇帝以四字命名的“三十六景”和乾隆皇帝以三字命名的“三十六景”，史称“康乾七十二景”。

避暑山庄在清朝的历史上曾起过重要的作用，素有“第二个政治中心”之称，现在是全国重点文物保护单位，被列为“世界文化遗产名录”、全国“四十四个风景区”和“十大名胜”之行列。承德市也因此而被誉为中国历史文化名城。

8. 外八庙

在承德避暑山庄东部和北部丘陵起伏的地段上，如众星拱月之势环列着十二座色彩绚丽、金碧辉煌的大型喇嘛寺庙。这些寺庙建筑精湛，风格各异，是汉、蒙、藏文化交融的典范。在这里可以瞻仰西藏布达拉宫的气势，浏览日喀则扎什伦布寺的雄奇，领略山西五台山殊像寺的风采，欣赏新疆伊犁固尔扎身的身影，还可看到世界最大的木制佛像——千手千眼观世音菩萨。当年有八座寺庙由清政府理藩院管理，于北京喇嘛印务处注册，并在北京设有常驻喇嘛的“办事处”。因都在古北口外，故统称“外八庙”（即口外八庙之意）。这八座庙分别是：溥仁寺、溥善寺、普乐寺、安远寺、普宁寺、须弥福寿寺、普陀宗乘庙、殊像寺。久而久之，“外八庙”便成为这十二座寺庙的代称。1994年12月，“外八庙”同避暑山庄一起被列入世界文化遗产。

9. 山海关

山海关景区位于秦皇岛市区东部15千米处，建于明洪武年间（1381年），因其倚山连海，故得名山海关，是万里长城的最东端，素有“京师屏翰、辽左咽喉”、“天下第一关”之称。它是中国名胜古迹荟萃、风光旖旎、气候宜人的历史文化古城和旅游避暑胜地。

10. 赵州桥

赵州桥，又名安济桥（宋哲宗赐名，意为“安渡济民”），位于河北赵县洨河上。它是世界上现存最早、保存最好的巨大石拱桥，被誉为“华北四宝之一”。它建于隋代大业年间（公元605—618年），由著名匠师李春设计和建造，距今已有1400年的历史，是当今世界上现存最早、保存最完善的古代敞肩石拱桥。

11. 清西陵

清西陵是清朝帝王两大陵寝之一，位于河北省易县城西15千米处的永宁山下，离北京120多千米，始建于雍正八年（公元1730年）。清西陵有帝陵四座：泰陵（雍正）、昌陵（嘉庆）、慕陵（道光）、崇陵（光绪）；后陵三座：泰东陵、昌西陵、慕东陵；妃陵三座。此外，还有怀王陵、公主陵、阿哥陵、王爷陵等共14座，共葬有4个皇帝、9个皇后、56个妃嫔以及王公、公主等76人。

清西陵是规模宏大、体系完整的古建筑群，每座陵寝严格遵循清代皇室建陵制度。清西陵中建筑最早、规模最大的一座是泰陵，始建于1730年，是清西陵的中心建筑，被视为西陵建筑艺术中具有代表性的作品。

12. 清东陵

清东陵坐落在河北省唐山市的遵化县境，是中国现存规模最大、体系最完整的古帝陵建筑，共建有皇陵五座：顺治帝的孝陵、康熙帝的景陵、乾隆帝的裕陵、咸丰帝的定陵、

同治帝的惠陵，以及东（慈安）、西（慈禧）太后等后陵四座、妃园五座、公主陵一座，埋葬14个皇后和136个妃嫔。陵区南北长125千米、宽20千米，以顺治的孝陵为中心，排列于昌瑞山南麓，均由宫墙、隆恩门、隆恩殿、配殿、方城明楼及宝顶等建筑构成。

二、典型旅游路线

1. 皇家风情之旅

（1）路线：北京—承德—木兰围场—丰宁—北京

（2）时间：3～5天，7～9月份为佳

（3）宿营地或入住地点：承德市、木兰围场、京北第一草原度假村

（4）主要游览内容：金山岭长城、避暑山庄、外八庙、塞罕坝国家森林公园、红松洼、御道口牧场、大滩草原、喇嘛山风景区、九龙松、乌兰布通古战场

（5）主要活动项目：满蒙风情歌舞、骑马、射箭、烤全羊、篝火晚会、烟火

2. 森林草原生态之旅路线

（1）路线：北京—张家口—张北—沽源—赤城—北京

（2）时间：3～5天，适合于春夏秋三季

（3）宿营地或入住地点：张北、沽源、赤城

（4）主要游览内容：张北中都草原、安固里草原度假村、赤城温泉度假村、沽水福源度假村、金阁山草原

（5）主要活动项目：骑马、射箭、蒙族风情、烧烤、篝火晚会、温泉沐浴健身

3. 京西自然与文化观光之旅

（1）路线：北京—张家口—蔚县—保定涞源—易县—北京

（2）时间：3～5天，适合于春夏秋三季

（3）宿营地或入住地点：蔚县或空中草原、涞源、易县

（4）主要游览内容：张家口、涿鹿中华三祖堂、张家口大境门长城、蔚县京西大峡谷（飞狐峪）、涞源白石山国家地质公园、空中草原、紫荆关长城、清西陵

（5）主要活动项目：烧烤、篝火、蔚县古城民俗活动、土特产品

4. 海滨休闲度假之旅

（1）路线：北京—秦皇岛

（2）时间：2～4天，适合于春夏秋三季

（3）宿营地或入住地点：昌黎翡翠岛、南戴河海滨、北戴河和市内各酒店

（4）主要游览内容：北戴河海滨、南戴河海滨、昌黎黄金海岸、山海关、老龙头、角山长城、燕塞湖、长寿山景区、祖山风景区、野生动物园、海底世界

（5）主要活动项目：海水浴、森林浴、国际娱乐中心、荷花大观园、海鲜、海上游船、快艇、水上摩托、沙滩排球、跨海索道、蹦极、登山、各种休疗健身活动

5. 京东观光休闲之旅

（1）路线：北京—兴隆（雾灵山）—蓟县—遵化—唐山—乐亭—北京

（2）时间：4～6天

（3）宿营地或入住地点：雾灵山、蓟县或黄崖关长城、遵化、乐亭

（4）主要游览内容：雾灵山国家自然保护区、蓟县盘山风景区、世界文化遗产——清东陵、汤泉度假区、唐山市容、乐亭李大钊纪念馆、乐亭金银滩浴场、菩提岛、月坨岛、

金沙岛

(5) 主要活动项目：雾灵山农家饭、清东陵祭祀大典、温泉沐浴、海水浴、三岛生态观光休闲

6. 长城观光之旅

(1) 路线：北京—秦皇岛—唐山—承德—北京

(2) 时间：4～5 天，适合于全年各个季节

(3) 宿营地或入住地点：秦皇岛宾馆或翡翠岛宿营，唐山迁西宾馆或青山关民居、承德金山岭长城管理处

(4) 主要游览内容：秦皇岛老龙头——山海关长城、角山长城、秦皇岛海滨、唐山清东陵景区、迁西潘家口水下长城、青山关长城、承德金山岭长城

(5) 主要活动项目：海滨观光、海水浴、海鲜美食、长城观光、长城民俗、长城攀登、长城晚会

7. 太行风光之旅

(1) 路线：北京—涞水（野三坡）—涞源—阜平—保定—北京

(2) 时间：3～5 天，适合于春夏秋三季

(3) 宿营地或入住地点：涞水野三坡、涞源县、阜平县

(4) 主要游览内容：野三坡百里峡、少数民族村寨、拒马河、涞源白石山国家地质公园、奇石、云海、松涛、阜平天桥瀑布群、百草坨

(5) 主要活动项目：野三坡苗寨歌舞表演、农家乐、漂流、篝火、野外烧烤、品尝红鳟鱼、歌舞表演

8. 红色文化之旅

(1) 路线：北京—保定—石家庄—邢台—邯郸—北京

(2) 时间：4～6 天，适合于全年各个季节

(3) 宿营地或入住地点：保定市内或易县景区、石家庄市内或温塘度假区、邢台市内、邯郸市内或涉县

(4) 主要游览内容：保定易县狼牙山五壮士纪念馆和纪念塔、清苑冉庄地道战遗址、白洋淀及雁翎队纪念馆、石家庄革命圣地西柏坡、天桂山、邢台抗大纪念馆、前南峪农业观光园、太行奇峡群、邯郸一二九师司令部旧址、纪念馆、将军岭、娲皇宫、市内各景区

(5) 主要活动项目：党日活动、传统教育、座谈交流、游览观光、参观考察

9. 燕赵文化之旅

(1) 路线：北京—保定—石家庄—邢台—邯郸—北京

(2) 时间：3～4 天，适合于全年

(3) 宿营地或入住地点：保定市内或景区、石家庄市内或温塘、邯郸市内或景区

(4) 主要游览内容：保定总督署、满城汉墓、清西陵、石家庄正定隆兴寺、赵州桥、西柏坡、邢台郭守敬纪念馆、邯郸武灵丛台、黄粱梦、娲皇宫、响堂山石窟

(5) 主要活动项目：清西陵皇家迎宾式、温塘温泉

10. 民俗之旅

(1) 路线：北京—廊坊—沧州—衡水—北京

(2) 时间：3～4 天，适合于全年

(3) 宿营地或入住地点：廊坊市内或第一城、沧州市内或吴桥、衡水市内或衡水湖

(4) 主要游览内容：廊坊步行街、文化广场、植物园、大学城、第一城、固安金海温泉度假区、沧州武馆武院、铁狮子、吴桥杂技大世界、衡水年画博物馆、工艺品街、衡水湖

(5) 主要活动项目：廊坊大学城、高尔夫、温泉沐浴、第一城内体育健身、沧州观赏杂技绝活绝技、杂技宴、衡水内画版画年画表演、购物

拓展阅读

秦风的“五一”自驾河北游

2009年5月1日，阴，从家出来2小时左右转向石太高速，在一个服务区饱餐一顿后，从秀林出口出石太高速，按路标直达苍岩山。进入停车场后不要听别人的指示停车，最好远离那些餐馆。苍岩山位于河北省井陉县东南，距石家庄市70千米，海拔1000余米，是我国国家级重点风景名胜区，苍岩山自然风光一般，桥楼殿是苍岩山最有名也是最值得一看的一座建筑。

从苍岩山回石家庄1个半小时左右，华庭时尚商务酒店在中山路上，周边商业设施齐全，是石家庄最繁华的地段，隔街就是石家庄最大商场北国商城，购物、吃饭、娱乐都很方便，酒店设施还可以，早餐较丰富，酒店里的峨嵋小镇是家川菜馆，菜做得还过得去。另外这里距河北省博物馆很近，有不少珍贵文物，特别是保定满城汉墓的珍品，“五一”正在布展，所以没去参观，也是本次留下的遗憾，有机会一定要去看。

5月2日，加满油向天桂山出发，没有上高速走一般的路，路上什么三轮、摩托都在机动车道上自在的行驶，路况较乱，而且有一段要通过平山县城，行人、机动车互相抢行，堵车是难免的了，不过一路上都有路标，开了将近2个半小时才到。免费停车，且停车有专人管理较有秩序，这一点比昨天去的苍岩山强多了，吃了午餐后开始爬山。天桂山是国家级风景名胜区，地处太行山中段，自然风光秀丽，森林植被完好。山泉瀑布溶洞遍布其间，这一点是北方景点所不多见的，号称北方的桂林并非浪得虚名。

5月3日，吃过早餐告别石家庄沿107国道向正定出发，1小时后，按路标指示到了本次旅行的最后一站隆兴寺。正赶上庙会满热闹的，不过停车场不大。隆兴寺虽然面积不是很大，但历史悠久。这里有最美的倒坐观音、奇特的转轮藏书阁、中国最大的古代铜铸千手观音佛像等，建议请一导游，详细了解一番。

离开正定，一路你追我赶地回到北京。本次自驾旅游安排了三个景点：两个是国家级风景名胜区，一个是拥有不少珍品的历史悠久的寺庙。时间上较充裕，体力上也不是很累，离石家庄都不远（自驾车而言），较方便到达。出京回京的高速路行驶时间安排在白天，主要是出于安全考虑，比较适合于家庭出游。（来自河北汽车网）

资料库

自驾游必备知识

1. 出行前基本检查

(1) 检查车况，检查轮胎、检查电瓶、机油、冷却液、转向助力油是否正常。

（2）检查出行资料，早做准备，了解目的地及沿途的情况，资料来源于媒体、书刊杂志及网络，主要涉及路况、路线、沿途社会状况、消费状况等。

2. 物品装备

（1）三证一卡：除了带足钞票外，别忘了带驾驶证、行驶证、身份证、保险卡。

（2）随车工具：千斤顶、轮胎扳手、一字和十字改锥、手钳、至少一把死扳手（根据自己车的情况配）、一只活动扳手、一根5米的拉力不低于1500千克的牵引绳、一个工作灯（手电筒也行）。灭火器、停车警示牌或警示灯、防身用品等。

（3）行车必备用品。地图和指南针是驾车旅行必不可少的东西。地图的出版永远赶不上道路的建设，所以除了要准备一本比较全的行政地区图及高速公路地图外，在所到的地方尽量能去购买一份当地的城市地图。

任务实施

综合考虑河北徐水人小朱的经济、时间及爱好等基本情况，为他定制的参考行程如下：

（1）冀东海滨度假旅游线：从北京沿京沈高速公路东行，途经遵化市—玉田县—唐山市—卢龙县—抚宁县—秦皇岛，行程280千米。

（2）承德皇家风情旅游线：从北京出发，沿京承旅游公路东北行，途经怀柔—密云—滦平县—历史文化名城承德，全程230千米。这条线曾经是清朝皇帝塞外巡游的路线，主要景观有承德的避暑山庄和外八庙及北部围场县森林草原。

（3）京北草原风光旅游线：从北京出发，沿高等级公路北行，途经怀柔县—丰宁县（丰宁京北第一草原），全程190千米。

（4）塞北旅游线：从北京出发，沿京张高速公路北行，途经昌平区—延庆—怀柔—宣化—塞外名城张家口，行程200千米。

（5）京郊太行风光旅游线：距北京仅90千米的涞水县野三坡和涞源县白石山均为享誉中外的风景名胜区，堪称太行风光之胜。

（6）燕赵文化旅游线：从北京出发，沿京广铁路和京深高速公路南行，依次经过保定—石家庄—邢台—邯郸四个中心城市，行程450千米。

（7）冀东南民俗风情旅游线：从北京出发，沿京津塘高速公路—京沪高速公路东南行，途经香河县—廊坊市—天津市—沧州市—吴桥县，到达衡水市，全程410千米。

（8）长城旅游线：万里长城东起山海关，西至嘉峪关，全长大约6700千米，是中国旅游的象征，更是河北旅游的主打产品。举世闻名的万里长城横穿河北全境，长达2000多千米，使河北成为长城途经距离最长、保存最完好、建筑风格最具代表性的省份。

任务总结

通过全面了解河北省旅游景点及典型线路，在熟悉自驾游特点的基础之上，充分考虑小朱的旅游动机及需求，为小朱推荐了八条旅游路线。这些旅游路线同样适合外地来京的旅游者，可以通过租车的形式进行旅游，也为河北周边省份游客及团体游客出行选择旅游行程提供了一定的参考。

实训项目

小胡的河北自驾旅游路线

【实训目标】

通过实训可以让学生进一步熟悉河北省的主要景点及旅游线路；让学生具备市场意识，可以对自驾游的游客进行需求分析；通过项目工作培养学生的沟通及合作能力。

【实训内容】

小胡是天津商学院旅游管理专业的教师，在天津生活有16个年头了。这些年娶妻生子，买房还贷，现在终于无债一身轻了。热爱旅游的他还拥有了一辆适合旅游的小轿车。请你为这位天津自驾游朋友设计河北自驾旅游路线至少5条。

【实训步骤】

1. 调整学习小组，进一步优化团队沟通协调机制。

2. 各项目团队提交纸质行程安排（见表3-3），每组选派一名代表用PPT向全班展示设计的旅游线路，要求图文并茂，讲解清楚明白，避免线路重复。

3. 评价与总结：由教师和其他团队成员对本团队展示的旅游线路做出现场点评。小组内对个人表现进行总结，以鼓励为主。

表3-3　　小胡的河北自驾旅游路线

旅游主题	
自驾路线	
时间	
宿营地或入住地点	
主要活动项目	
主要游览内容	

复习思考题

一、选择题

1. 黄金海岸位于河北（　　）。

A. 秦皇岛　　B. 昌黎县　　C. 乐亭县　　D. 安新县

2. 白洋淀是华北平原上最大的淡水湖，位于北京、天津、保定三地之间的（　　）县境内。

A. 秦皇岛　　B. 昌黎县　　C. 乐亭县　　D. 安新县

3. （　　）是我国现在规模最大的古代皇家园林。

A. 承德避暑山庄　　B. 北海　　C. 颐和园　　D. 豫园

4. “京师屏翰、辽左咽喉”指的是（　　）。

A. 山海关　　B. 嘉峪关　　C. 居庸关　　D. 八达岭城关

5. 清西陵中建筑最早、规模最大的一座是（　　）。

A. 昌陵　　B. 慕陵　　C. 崇陵　　D. 泰陵

二、简答题

1. 河北省旅游资源的特色是什么?

2. 自驾游出行前应该注意哪些问题?

任务三　山东景点及线路

出生于江苏江阴的徐晓霞从小崇拜明朝旅行家徐霞客，2010 年 7 月她考取哈尔滨师范大学地理系，立志像徐霞客一样走遍中国。最近受于丹讲《论语》的影响，对“万世师表”孔子故里山东曲阜非常向往，同宿舍的姐妹也同样被“一山一水一圣人”和“半岛风光”魂牵梦绕，相约 2011 年暑假自助玩转山东。请你为徐晓霞制定一个 15 日自助旅游行程。另外，徐晓霞的两名高中同学分别在曲阜师范学院和青岛职业技术学院学习，可以为徐晓霞提供部分住宿。

任务分析

自助旅游是近年来兴起的一种旅游方式，深受年轻的旅游朋友的喜爱。自助最大的优势是旅游活动安排的自主性，包括对旅游目的地和行程和线路的确定、交通方式及食宿标准的选择、游览项目的安排等各方面拥有个人的自主权和选择权。同时自助旅游还具有很大的灵活性，在旅途中可以根据个人的喜好临时调整或更改行程，从而享受自由、深入、有特色的旅游。

知识准备

山东，古代为齐鲁之地，位于中国东部沿海、黄河下游、京杭大运河的中北段，省会设在济南。陆地南北最长约 420 千米，东西最宽约 700 余千米，陆地总面积 15.67 万平方千米，约占全国总面积的 1.6%，居全国第 19 位。西部连接内陆，从北向南分别与河北、河南、安徽、江苏四省接壤；中部高突，泰山是全境最高点；东部山东半岛伸入黄海，北隔渤海海峡与辽东半岛相对、拱卫京津与渤海湾，东隔黄海与朝鲜半岛相望，东南则临靠较宽阔的黄海、遥望东海及日本南部列岛。

全省划分为 17 个地级市，全省常住人口为 9579.31 万人（2010 年普查）。全省共有 7 处国家重点风景名胜区、7 座国家历史文化名城、1 座中国历史文化名村、97 处全国重点文物保护单位（包括齐长城和京杭大运河的山东段）、397 处省级文物保护单位。济南的泉、枣庄的水、青岛的海、烟台的仙、威海的岛、泰安的山，都无不让人拍案称绝。走进

曲阜，领略孔孟文化的博大精深；留步枣庄，“江北水乡·运河古城”让你流连忘返；入住淄博，感受齐国的泱泱大风；在潍坊，放飞梦想的风筝；去日照，领略“水上运动之都”和“东方太阳城”的风情浪漫；在菏泽，细赏国色天香的牡丹；在东营，看那滚滚黄河东入海，浪花淘尽，千古风流人物，谱写了怎样一个风起云涌、山河壮丽的山东。山东旅游景点见图 3-4。

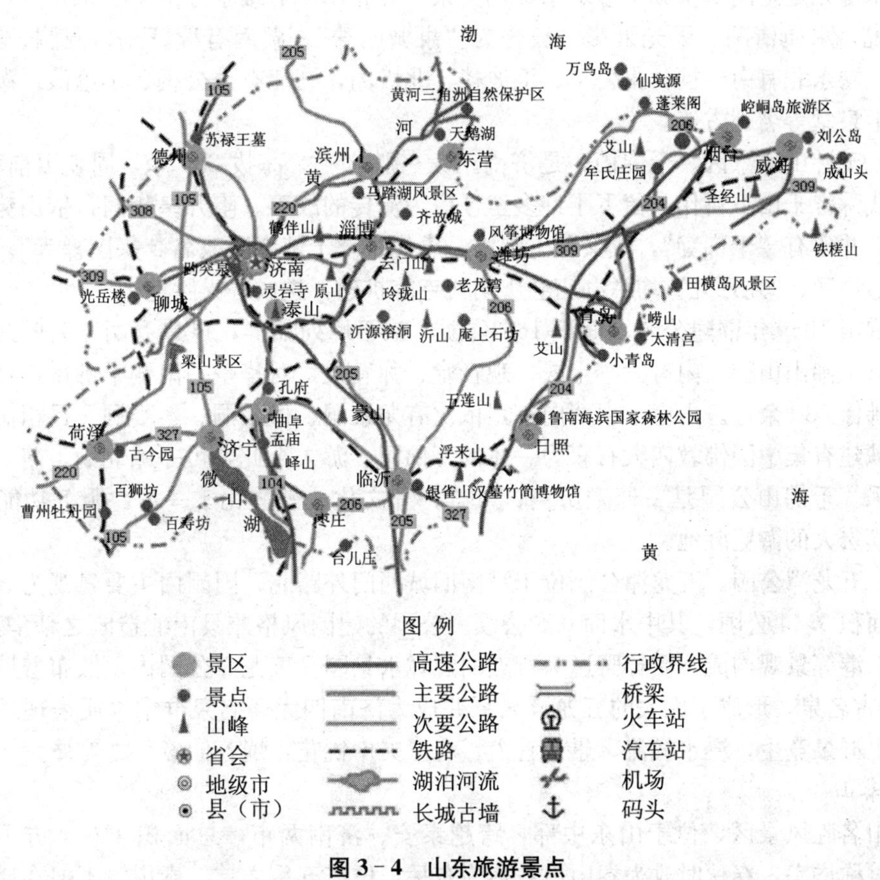

图 3-4　山东旅游景点

一、主要景点

1. 济南市的主要景区景点

济南市位于北纬 36°40′，东经 117°00′，南依泰山，北跨黄河，地势南高北低。济南境内河流主要有黄河、小清河两大水系。湖泊有大明湖、白云湖等。济南是中国东部沿海经济大省——山东省的省会，全省政治、经济、文化、科技、教育和金融中心，也是国家批准的副省级城市和沿海开放城市。全市总面积 8177 平方千米，市区面积 3257 平方千米。济南历史悠久，是国务院公布的历史文化名城。境内泉水众多，被誉为“泉城”。

(1) 趵突泉。趵突泉位于趵突泉公园内的泺源堂前。趵突泉公园位于济南市中心繁华地段，南倚千佛山，北靠大明湖，东与泉城广场连接，是以泉水、人文景观为主的文化名园。趵突泉居“七十二名泉”之首，更有“天下第一泉”的美誉。北魏《水经注》称“泺

水”；“趵突泉”名见于文字的最早记载是宋代熙宁六年（1072 年）曾巩撰《齐州二堂记》。趵突泉泉池长 30 米，宽 18 米，深 2.2 米。周围建有观澜亭、泺源堂、来鹤桥、蓬山旧迹坊及历代名人题咏趵突泉诗文碑刻等名胜古迹。1956 年，依泉建园称趵突泉公园。

（2）大明湖。“四面荷花三面柳，一城山色半城湖”是大明湖风景的最好写照。大明湖公园为国家 4A 级景区，位于济南市中心，是一处不可多得的繁华都市之中的天然湖泊。大明湖水源充足，湖水来源于珍珠泉、趵突泉、五龙潭、濯缨泉等诸多名泉，有“众泉汇流”之说，水质清冽、天光云影，被誉为“泉城明珠”。湖南有稼轩祠、遐园、明湖居、秋柳园，湖东北有南丰祠、张公祠、汇波楼、北极阁，湖北有铁公祠、小沧浪，湖中有历下亭、汇泉堂等名胜古迹。

（3）千佛山风景区。千佛山，是济南三大名胜之一，海拔 285 米，周朝以前称历山。相传古代舜曾于山下耕作，留下了许多至今广为流传的故事。隋开皇年间，依山势镌刻佛像多尊，并建有“千佛寺”，故又称千佛山。唐代将“千佛寺”改名“兴国禅寺”。自元代始，“三月三”、“九月九”均举办庙会。明代寺院扩建，遂成香火胜地。

千佛山 1959 年辟建公园，面积 166 公顷，东西嶂列如屏，风景秀丽，名胜众多。兴国禅寺居千佛山山腰，内有大雄宝殿、观音堂、弥勒殿、对华亭。南侧千佛崖，存隋开皇年间的佛像 130 余尊。山崖上由西向东，依次有龙泉洞、极乐洞、黔娄洞、吕祖洞。在千佛山北麓建有集中国佛教四大石窟为一体的万佛洞，游人至此，可一睹北魏、隋、唐、宋造像风采。千佛山公园是一处融历史、风景、舜文化、佛文化于一体，服务功能设施齐全，规模宏大的游览胜地。

（4）五龙潭公园。五龙潭公园位于济南旧城西门外路北，因园内主要景观为五龙潭而命名，面积 5.44 公顷，其中水面 0.8 公顷。公园的建园风格兼具南北造园之精华，以潭、池、溪、港等景观构成，质朴野逸为特点的园林水景园。五龙潭公园内，散布着形态各异的 26 处古名泉，形成了庞大的五龙潭泉系并成为济南四大著名泉群中水质表现最好的泉群。这里群泉竞生，溪水横流，景色宜人，有“夹岸桃花，恍若仙境”之美誉。

2. 泰山

泰山名胜风景区，位于山东中部，跨越泰安、济南两市，总面积 426 平方千米。泰山，古时称岱宗，春秋时改为泰山，被称为东岳，位居五岳之首。泰山，不但在地质学和历史文化方面具有研究价值，而且还具有很高的艺术价值和美学价值。1987 年被联合国教科文组织列入世界自然文化遗产名录。

泰山主峰玉皇顶海拔 1532.7 米，突起于华北平原，凌驾于齐鲁丘陵，相对高差达 1300 米，视觉效果格外高大，具有通天拔地之势，形成“一览众山小”的高旷气势。泰山绵亘 200 余千米，盘卧方圆 426 平方千米，形体集中，产生厚重安稳之感，正如“稳如泰山”一词所述。古松与巨石相互衬托，云烟和朝日彼此辉映，突兀峻拔，耀眼磅礴。

泰山人文历史悠久，文化遗产丰厚。大约五六万年前，人们已经开始了对泰山的崇拜。中国人的山岳崇拜，最具有代表性的就是对泰山的崇拜。根据古文献记载，先秦时代曾经有七十二君到过泰山，祭告天地。经唐、宋到明清，尤其到了清朝康熙、乾隆时期，泰山的地位抬高到了无以复加的程度。

泰山的名胜古迹众多，主要的景点有岱庙、普照寺、王母池、关帝庙、红门宫、斗母宫、经石峪、五松亭、碧霞祠、仙人桥、日观峰、南天门、玉皇顶等，其中旭日东升、晚霞夕照、黄河金带、云海玉盘被誉为岱顶四大奇观。游泰山的最佳时间为每年的 3～11 月。

3. 曲阜三孔

（1）孔庙。孔庙位于山东省曲阜市南门内，是祭祀孔子的庙宇。初建于公元前478年，以孔子的故居为庙，以皇宫的规格而建，是我国三大古建筑群之一，在世界建筑史上占有重要地位。庙内共有九进院落，以南北为中轴，分左、中、右三路，纵长630米，横宽140米，有殿、堂、坛、阁460多间，门坊54座，“御碑亭”13座，拥有各种建筑100余座，460余间，占地面积约95000平方米。孔庙内的圣迹殿、十三碑亭及大成殿东西两庑，陈列着大量碑碣石刻，特别是这里保存的汉碑，在全国是数量最多的。历代碑刻亦不乏珍品，其碑刻之多仅次于西安碑林，所以它有我国第二碑林之称。孔庙是中国现存规模仅次于故宫的古建筑群，堪称中国古代大型祠庙建筑的典范。

（2）孔府。孔府是孔子世袭“衍圣公”的世代嫡裔子孙居住的地方，是我国仅次于明、清皇帝宫室的最大府第。现在，孔府占地240多亩，有厅、堂、楼、轩等各式建筑463间，分为中、东、西三路。东路为家庙，西路为学院，中路为主体建筑。大成殿是孔庙的正殿，也是孔庙的核心。它是全庙最高建筑，也是中国三大古殿之一。杏坛位于大成殿前甬道正中，传为孔子讲学之处，坛旁有一株古桧，称“先师手植桧”。

（3）孔林。位于曲阜城北，是孔子及其家族的专用墓地，也是目前世界上延时最久、面积最大的氏族墓地。其后代从冢而葬，形成今天的孔林。从子贡为孔子庐墓植树起，孔林内古树已达万余株。自汉代以后，历代统治者对孔林重修、增修过13次，以至形成现在规模，总面积约2平方千米，周围林墙5.6千米，墙高3米多，厚1米。

4. 青岛

青岛位于山东半岛东南部，东、南濒临黄海，东北与烟台市毗邻，西与潍坊市相连，西南与日照市接壤。总面积10654平方千米，全市总人口为762.92万人。青岛依山傍海，风景秀丽，冬暖夏凉，气候宜人，是国家历史文化名城、首批中国优秀旅游城市、首批全国文明城市和2008年奥运会帆船比赛举办城市。

“红瓦绿树、碧海蓝天”的老城区，与东部现代化新城区交相辉映。贯通城区东西的滨海步行道，将栈桥、小青岛、小鱼山、海底世界、第一海水浴场、八大关风景区、五四广场、奥帆中心、银海游艇俱乐部、极地海洋世界、石老人海水浴场等主要旅游景点串接在一起，成为一条独具特色的海滨风景画廊。

老城区的德国总督府旧址、中山路劈柴院、青岛啤酒博物馆、红酒坊、德国风情街都是游人如织的景点。

青岛辖区内有国家级的崂山风景名胜区、海滨风景区等景区，八大关建筑群素有“万国建筑博览”之称。

青岛市郊自然生态景观、人文景观、名胜古迹丰富多彩。千古名胜琅琊台，古台观月、龙湾涌浪，秦始皇三次东临乐而忘返，徐福东渡日本从此启航；田横岛上西汉五百义士集体殉葬，壮怀激烈、可歌可泣；还有被誉为石刻瑰宝的国家级重点文物保护单位天柱山摩崖石刻、国家级自然保护区马山石林和春秋战国齐长城遗址等。

5. 烟台

烟台位于胶东半岛北部沿海。东距蓬莱70千米，西距威海88千米。数千米长的芝罘半岛深入海中，有烟台山、毓璜顶、芝罘岛、牟平县、养马岛等旅游景点。烟台素有“水果之乡”的美称，烟台苹果久负盛名。味美思葡萄酒、金奖白兰地为烟台特产，并获“国际葡萄酒城”的美誉。烟台的木钟在中国也很著名。

6. 威海

威海位于胶东半岛北缘威海湾西侧，三面环海，背负青山。自明代起为我国海防重镇，现为我国重要港口。位于威海市区以东海中的刘公岛，是清代北洋水师的大本营，现存水师提督衙门、丁汝昌官邸、码头旧址等。原北洋水师提督府现已辟为“中日甲午战争博物馆”，成为爱国主义教育基地。威海花园一般的市区以及市区西部的环翠楼公园都是吸引中外游客的好去处。

7. 蓬莱

蓬莱又称“蓬壶”。神话中渤海里仙人居住的三座神山之一（另两座为“方丈”、“瀛洲”）。要说蓬莱最富有仙气的地方，当属蓬莱阁了。传说中的八仙过海，便发生在此间。蓬莱阁始建于北宋嘉佑六年（1061 年），坐落在城北濒海的丹崖山巅。丹崖拔海面起，通体赭红，与浩茫的碧水相映，时有云烟缭绕。山高海阔，气势雄伟，风光壮丽。自古以来蓬莱阁以八仙过海和海市蜃楼名扬天下，被历代文人墨客视为仙境，与黄鹤楼、岳阳楼、滕王阁并称为中国古代四大名楼。其西侧是久负盛名的登州古港，为我国目前保存最完好的古代海军基地。1982 年与水城同被国务院公布为全国重点文物保护单位。

水城位于市区西北丹崖山东侧。宋庆历二年（1042 年）于此建停泊战船的刀鱼寨。明初洪武九年（1376 年）在原“刀鱼寨”的基础上修筑水城，总面积 27 万平方米，南宽北窄，呈不规则长方形。它负山控海，形势险峻，其水门、防浪堤、平浪台、码头、灯塔、城墙、敌台、炮台、护城河等海港建筑和防御性建筑保存完好，是国内现存最完整的古代水军基地。1982 年，水城与蓬莱阁一同被国务院公布为全国重点文物保护单位。

8. 潍坊

潍坊直线距离西至省会济南 183 千米，西北至首都北京 410 千米。南依沂山，北濒渤海，扼山东内陆腹地通往半岛地区的咽喉，胶济铁路横贯市境东西。东连海港名城青岛、烟台，西接工矿重镇淄博、东营，南连临沂、日照。南北长 188 千米，东西宽 164 千米，市域地势南高北低，南部是山区丘陵，中部为平原，北部是沿海滩涂。

潍坊世界风筝博物馆（原潍坊风筝博物馆）是我国第一座大型风筝博物馆，建筑面积 8100 平方米。建筑造型选取了潍坊龙头蜈蚣风筝的特点，屋脊是一条完整的组合陶瓷巨龙，屋顶用孔雀兰琉璃瓦铺成，似蛟龙遨游长空伏而又起，设计风格在国内独树一帜。

潍坊世界风筝博物馆旨在收藏、陈列古今中外的风筝珍品及有关风筝的文物资料。在共约 2000 平方米的展室里，介绍了风筝的历史、分类、创新以及潍坊国际风筝会、风筝界友好往来和潍坊的概况。展览以 1000 余只风筝精品、300 余件翔实的风筝文物资料以及照片、文字、绘画、复制品等，全面、客观地展现了潍坊风筝所独有的题材广泛、造型优美、绘制精细、色彩艳丽的风格，介绍了富有构思大方、造型夸张、色彩对比鲜明、注重飞翔性能、研究价值较高的外国风筝。此外，该馆还设有书画、民俗、奇石、工艺品、景德镇精品瓷器等展厅，生动展示了中华民族璀璨文化所独具的艺术魅力。

二、典型线路

1. 中南部旅游线：济南—灵岩寺—泰山—曲阜—邹县—枣庄—微山湖—徐州—连云港

2. 半岛旅游线路：青岛—石岛—成山角—威海—昆嵛山—烟台、养马岛—蓬莱、长岛—栖霞或莱州—潍坊

3. 泰山年俗文化游：岱庙长春会—王母池—关帝庙—红门—中天门—南天门—碧霞祠

4. 文化修学游：岱庙—泰山—老县衙旅游文化街—泰山皮影主题茶馆

5. 泰山书法游：岱庙—天门—经石峪—中天门—十八盘—南天门—大观峰

拓展阅读

一家三口的山东四日自助游

今年暑假，我们全家三口去了一趟山东。第一天8月6日，我们到了火车站，从内蒙古集宁出发，坐的是临时客车，基本上站站停。

第二天8月7日到烟台，入住东方渔港大酒店，在滨海大道旁，附近有很多公交车如17路、10路，交通方便。上午9点我们从酒店出来，步行约4分钟来到滨海大道上的17路车站。坐3站至第二海滨浴场游泳。海水有些混浊，不过比车上看到的第一浴场的海水好多了。海岸线较短，人也较少。晚饭在对面旺角渔村吃的。饭后海边漫步，看人钓鱼，路过东方海天大酒店、海天名人广场，海滨中路这带的楼盘很漂亮，回到宾馆19：30左右。

第三天8月8日，早上6时半出发，乘17路到火车站，再坐50路到达汽车总站，下车后打车直冲蓬莱码头。运气很好，买到了9：10的快船。我们一上船约9：05就开了，9：35左右到达，下车直奔出租车砍价，打车先后前往了九丈崖、半月湾地质公园。九丈崖风景还可以，不过离想象中有点距离，旅行团人多。最后在出口处买了旅游纪念品。半月湾其实是没什么风景，就是拣卵石，看看清澈无污染的海水。下午13：35左右回到码头，买到13：50的快船票。14：25左右回到蓬莱码头，打车至蓬莱阁南天门，门票70元，参观路线：炮台—蓬莱阁—田横山索道—田横山古栈道—八仙礁—黄渤海分界线。从炮台看蓬莱的风景不错，只是下午太阳猛烈。下午乘坐汽车于19：25返回烟台，在路边犒劳了一下自己的胃。

第四天8月9日早7：30出门，照例乘17路到火车站，再座50路到达汽车总站。因为我们准备先去威海国际海滨浴场，询问司机后，不用到威海市内汽车站下，直接在烟威高速叫大友的地方下，打车过去6～7元。果然，10点多我们到达国际海滨浴场。下来一看，水质非常清澈，沙滩也好。舒服得待到14：30左右，我们返回市内，浴场就有前往市内的公交车，坐旅游专线大巴回烟台。

第五天8月10日上午买了些海货，晚上坐火车回家了。这次海边之旅很累也很充实。

资料库

自助游装备

（1）背包：背包客的第一装备，背包的大小视路程远近而定。

（2）鞋子：鞋子的重要性其实应该大于背包了，因为它最直接关系到人身安全。一定要穿方便长时间行走和运动的舒适鞋子。

（3）防晒用具用品：宽檐帽墨镜雨伞防晒霜、唇膏等。

(4) 洗漱用品：长线行程时可将洗漱用品适当带上拖鞋或凉鞋。

(5) 药品：要有以下常备药品，藿香正气水、活络油/红花油、清凉油/风油精、云南白药（粉剂、喷剂）、息斯敏、酒精、红霉素软膏、绷带十纱布、创可贴、感冒药。

(6) 证件：身份证，学生证等证件。

任务实施

综合考虑徐晓霞的经济实力、人际关系及闲暇时间，特推荐行程见表 3－4。

表 3－4 山东旅游线路

日期	旅游线路
D1	乘坐火车前往曲阜，到曲阜师范学院和同学会合，安排好当晚住宿
D2	参观历代祭祀孔子的地方孔庙；参观“孔子故宅”以及孔子后裔居住办公的宅院——孔府；游览孔子家族墓地——孔林。返回曲阜师范学院住宿
D3	乘坐火车前往泰安，入住快捷酒店，参观泰安市容
D4	游览五岳独尊的泰山。乘环山旅游车至中天门，步行攀登观十八盘、南天门、月观峰、望吴胜迹、天街、唐摩崖石刻、青帝宫、玉皇顶、拱北石等。步行下山至中天门，乘车下山。返回酒店休息
D5	乘坐火车前往济南，入住快捷酒店，参观济南市容
D6	游览乾隆皇帝称之为“天下第一泉”的趵突泉及泉城的标志——泉城广场；观赏素有小西湖之称的大明湖。返回酒店休息
D7	乘车前往青岛，与青岛职业技术学院同学会合，安排好学生宿舍住宿
D8	在青岛市内参观：观赏东海路雕塑一条街、五四广场、音乐广场、2008 年奥运会帆船比赛场地等美丽景色
D9	乘车前往青岛崂山参观，返回青岛职业技术学院住宿
D10	乘车前往蓬莱，入住快捷酒店
D11	游览蓬莱，游览八仙渡海口风景区，观八仙坊、八仙楼、八仙桥、八仙祠、仙人桥、会仙阁，晚上入住酒店
D12	乘车赴世界上最适合人类居住的 500 个城市之一的威海市，游览北洋水师定远舰，游览中国北方最大的韩国服装城，挑选称心的韩国饰品。晚上乘车赴烟台，入住快捷酒店
D13	游览烟台第一海水浴场，月亮湾风景区。返回酒店休息
D14	购买返回江苏江阴的火车票及车上用品，酒店休息
D15	乘坐火车返回江苏江阴老家

任务总结

大学生属于有闲暇时间但没有多少收入的群体，他们青春洋溢，充满活力，吃苦耐劳。针对这一特点，这条旅游主要降低旅游住宿的支出费用，以快捷酒店和学生宿舍为休息的场所。另外，由于大部分景点实行门票的措施，所以学生出游一定要带好学生证，进一步降低旅游消费的成本。

实训项目

山大旅游管理91届毕业15年校友聚会行程安排

【实训目标】

通过实训可以让学生进一步熟悉山东的主要景点及旅游线路；让学生具备市场意识，可以对半自助游的游客进行需求分析；通过项目工作培养学生的沟通及合作能力。

【实训内容】

山东大学旅游管理系91届毕业生，拟定于2011年7～8月在山东大学举行15年校友聚会，请你为他们设计一个5日半自助游行程。

【实训步骤】

1. 继续调整学习小组，进一步优化团队沟通协调机制。

2. 各项目团队提交纸质行程安排，每组选派一名代表用PPT向全班展示设计的旅游线路，要求图文并茂，讲解清楚明白，避免线路重复。

3. 评价与总结：由教师和其他团队成员对本团队展示的旅游线路做出现场点评。小组内对个人表现进行总结，以鼓励为主。

复习思考题

一、单项选择题

1. 境内泉水众多，被誉为“泉城”。历史悠久，国务院公布的历史文化名城是(　　)。

A. 烟台　　B. 泰安　　C. 济南　　D. 青岛

2. “四面荷花三面柳，一城山色半城湖”是指（　　）。

A. 秦皇岛　　B. 昌黎县　　C. 乐亭县　　D. 安新县

3. 位居五岳之首，1987年被联合国教科文组织列入世界自然文化遗产名录的是(　　)。

A. 华山　　B. 泰山　　C. 庐山　　D. 香山

4. 目前世界上延时最久、面积最大的氏族墓地是（　　）。

A. 清东陵　　B. 清西陵　　C. 十三陵　　D. 孔林

5. 2008年奥运会帆船比赛举办城市是（　　）。

A. 烟台　　B. 泰安　　C. 济南　　D. 青岛

6. 有“水果之乡”美称，苹果久负盛名的城市是（　　）。

A. 烟台　　B. 泰安　　C 济南　　D. 青岛

二、简答题

1. 山东省旅游资源的特点是什么？
2. 自驾游和自助游旅游差别是什么？
3. 谈谈你所在家乡春节黄金周可以参加的旅游项目有哪些。

项目四　中原旅游区景点及线路

学习目标

● 知识目标

1. 熟悉中原旅游区各省市主要景点。
2. 熟悉中原旅游区典型线路。
3. 掌握会展旅游、佛教旅游、体育旅游的特点。

● 能力目标

1. 能够对园林系统工作人员、宗教人士及武术爱好者进行游客分析。
2. 能够根据游客要求，为游客设计中原旅游区旅游线路。

任务一　陕西景点及线路

任务引入

2011 年 4 月～11 月，世界园艺博览会在西安举行。这是继 2008 年北京奥运会、2010 年上海世博会之后，在中国大陆举办的又一重大国际盛会，是宣传生态文明、提升国家形象的重大机遇。青岛世界园艺博览会将在 2014 年举行，青岛园林系统拟派分管规划科技、建设和招商引资工作的副局长，分管园林绿化处的总工程师及园林系统各级骨干，前往西安，学习经验，请你为青岛园林局编制 5～6 日会展旅游线路。

任务分析

会展旅游是借助举办国际会议、研讨会、论坛等会务活动以及各种展览会而开展的旅游形式。目前，国际会议旅游具有组团规模大、客人档次和消费额高、停留时间长、涉及相关服务行业多、成本低、利润丰等特点，在欧洲、北美、亚洲的香港和新加坡，会议已经成为一门产业。会展旅游者在全国游客中的数量和消费比例逐年上升，发展会展旅游大有可为。

知识准备

陕西省简称“陕”或“秦”，位于中国内陆腹地，地处东经 105°29′～111°15′、北纬 31°42′～39°35′。东邻山西、河南，西连宁夏、甘肃，南抵四川、重庆、湖北，北接内蒙

古，居于连接中国东、中部地区和西北、西南的重要位置。中国大地原点就在陕西省泾阳县永乐镇。全省总面积为20.58万平方千米。2009年年末全省常住人口为3772万人，全省设10个省辖市和杨凌农业高新技术产业示范区，有3个县级市、80个县、24个市辖区、1581个乡镇、164个街道办事处。

陕西是中华文明的重要发祥地，在长达3000多年的历史中，先后有周、秦、汉、唐等14个王朝在此建都，留下了丰富的人文遗迹，被誉为中华民族文明的摇篮。悠久的历史和独特的地理位置，使陕西成为人文景观与自然景观交相辉映的旅游胜地。作为中国文物古迹荟萃之地，陕西素有“天然历史博物馆”之称，文物景观密度之大、数量之多、等级之高均居中国之首。古长安城的遗迹、“世界第八大奇迹”秦兵马俑、石质图书馆西安碑林博物馆、气象万千的大小72座帝陵……数不胜数的文物古迹和博大悠远的华夏文明，使每一个到过陕西的人都不自觉地从内心深处产生怀古之幽思。

陕西纵跨两个气候带，地理上的差异使陕西集南国之秀丽、北国之雄奇于一体。从秦巴山地到关中平原，从黄土高原到长城大漠，数不清的名山大川、奇峰秀水、古树名木、珍禽异兽，形成绚丽多彩、千姿百态的自然风光；秦岭、华山、太白山、黄河湿地、关山草原、壶口瀑布……各具特色的自然景观，见证着历史的沧桑变幻。

图4-1 陕西省旅游景点

一、主要旅游景点

（一）西安市主要景点

西安，又称长安，别称“凤城”、“斗城”、“西都”，简称“镐”。作为中国古都之首，西安与埃及首都开罗、意大利首都罗马、希腊首都雅典并称世界四大历史文化名城（又称世界四大文明古都），建于公元前12世纪，已有3100多年未间断的城市发展史。西安是陕西省的省会、是中国15个副省级城市之一、中国七大区域中心城市之一、西北地区工商业中心、新欧亚大陆桥中国段最大的中心城市之一，也是国家卫生城市、中国优秀旅游城市。

1. 秦兵马俑博物馆

秦兵马俑博物馆是建立在兵马俑坑原址上的遗址性博物馆，位于西安市临潼区东7.5千米的骊山北麓，西距西安37.5千米，是我国最雄伟的古代地下军事博物馆。兵马俑被誉为“世界第八大奇迹”、“20世纪考古史上的伟大发现之一”，它的声名早已扬名海外，成为了全人类的一份珍贵文化财富，与相距不到10千米的华清池、秦始皇陵以及同在西安以东的华山构成了西安东线旅游的黄金景点。

遗址博物馆于1975年筹建，1979年10月1日落成开放。馆区以一号、三号兵马俑坑遗址、遗物为主体，向人们展示丰富多彩的兵马俑坑发掘现场和坑内出土的高大的秦兵马俑群。同时展出的还有秦始皇陵封土堆西侧出土的铜车马以及陵园范围内出土的各类珍贵文物。

馆内一号坑展厅最为宏大，为东西向的长方形坑，长230米，宽62米，四周各有五个门道。坑东西两端有长廊，南北两侧各有一边廊，中间为九条东西向过洞，过洞之间以夯土墙间隔。本展厅内的秦俑形成了以车兵为主体，车、步兵成矩形联合编队。军阵主体面东而立，东面三排的武士为先锋，南、北、西边廊中各有一排武士面向外，担任护翼和后卫。坑内呈现出了2000多年前的古代军阵。这支复活的军团军容严整，气势雄伟，势不可当。望着一排排军姿严谨的秦俑便仿佛看到了那喊杀震天、战车嘶鸣的古战场。秦军再现，声势空前，令人不禁由衷感叹，追忆起战国纷纭的年代，秦军将士金戈铁马、势如破竹的万丈豪情。

二号坑内的弩兵方阵，阵势整齐。立射俑、跪射俑的足法、手法、身法都合理合度，非常科学，反映了秦始皇时代的射击技艺已达到很高的水平，形成了一套规范的模式，并为后代所继承。

三号坑呈“凸”字形，出土了战车1乘、马俑4件、武士俑68件。所出土的木制战车，车已朽，仅存残迹。车前驾有4匹陶马，车后有陶俑4件。前排的一件为军吏俑，后排的中间一件为御手俑，御手两侧为车士俑。三号坑的文物对研究我国古代战争、战术以及军队建制、兵种配合都有着不可估量的作用。

2. 陕西历史博物馆

陕西历史博物馆位于西安小寨东路91号、大雁塔的西北侧。博物馆充分展现了被誉为“古都明珠、华夏宝库”陕西的悠久历史与人文风采，突出表现了陕西丰富的文化遗存和深厚的文化积淀，是展示陕西历史文化和中国古代文明的艺术殿堂。

陕西历史博物馆面积宏大，馆区占地65000平方米。主体建筑为“中央殿堂、四隅崇楼”的唐风建筑格局，运用黑、白、灰等淡雅清素的色调，塑造了一个庄严、质朴、简约的现代空间环境，既反映出了13朝古都的帝王气势，又兼收并蓄了传统园林和民居的特点。

博物馆由基本陈列、专题陈列、临时陈列三部分组成，整个陈列展线总长1500米。馆藏文物多达37万余件，从远古人类初始阶段使用的简单石器到1840年前社会生活中的各类器物，时间跨度长达一百多万年。文物数量繁多，种类各式，无所不包。商周青铜器精美绝伦，历代陶俑千姿百态，汉唐金银器珍稀无双，而更为精妙的是各个唐墓真品壁画。壁画内容丰富，包括四神、星象、宗教、建筑、仪卫、狩猎、生活、友好往来等方面，真实再现了李唐王朝的社会生活。

3. 小雁塔

小雁塔即荐福寺塔，位于西安的荐福寺内，与大雁塔相距3千米。由于略小于大雁塔，故被称为“小雁塔”。

小雁塔修建于唐景龙年间（公元707—709年），是唐代著名的佛塔，为密檐式砖制结构。外形呈梭状，挺拔向上。塔高43.38米，原为15层，现有13层。塔平面呈正方形，每层均有出檐，檐下砌有两层菱角牙子，形成了特有的重檐架构，具有秀丽飒爽的审美特色。塔身由下至上，逐层收缩，越上则越细，从而使得小雁塔在外形轮廓上具有曲线美感，格外直白、利落。

小雁塔底层南北各开券门，上部各层南北还开有券窗。门框上绘满精美的唐代线刻，尤其门楣上的“天人供养”图像，历史、艺术价值颇高。小雁塔构架神奇，古代工匠根据西安地质情况特地将塔基用夯土筑成一个半圆球体，受震后压力均匀分散，因此历经千年仍巍然屹立，不能不叫人叹服我国古代能工巧匠的高超技艺。

4. 钟楼

钟楼位于西安市中心、东西南北四条大街的交汇处，是一座具有浓厚民族特色的宏伟古建筑，与鼓楼隔广场而望，以一口钟记录下古长安的盛世雄风，被誉为古城西安的标志。钟楼始建于明洪武十七年，原建在西大街的广济街口，明万历十年（公元1582年）移迁至此。

钟楼整体为木质结构，在构造技术上沿用了唐宋建筑的技法，充分体现了我国古代人民的高超智慧。楼为两层，从下至上由基座、楼身和楼顶三部分构成。基座为正方形，高约9米，青砖砌成，其四面各开有拱券形洞门。楼顶为重檐三滴水建筑结构，四角攒顶，不仅外观上翘角飞檐，美观古典，而且还能有效地避免雨水对建筑的侵蚀。踏临楼上，凭栏远望，视野极为开阔，古城风貌饱览无余。忽而耳畔响起悠扬的古乐，缕缕笛音犹若空山鸟语，空灵而清雅。一曲《春江花月夜》穿越过浩渺的历史烟云，平添钟楼壮美的汉唐风韵。

5. 鼓楼

鼓楼位于西安城内东西南北四条大街的交汇处，东与钟楼相望，始建于明洪武十三年（公元1380年），迄今已有600余年历史，以一面鼓镌刻下古长安的昨日繁华，被誉为“帝都风韵犹在的见证”。

昔日鼓楼檐下挂有巨匾，南为“文武盛地”，北为“声闻于天”，凸显了古都西安的中心地位。“文革”期间，匾额被毁，如今业已重新悬挂，再次彰显了古都西安毋庸置疑的历史文化。

鼓楼堪称经典的古代建筑，重檐三滴水与歇山顶的木制结构不仅构造出楼宇的非凡气

魄，同时也证明了古代建筑艺术的高超。楼宇基座为长方形，乃用青砖砌成，非常坚固。楼体外观斗拱彩绘，庄重绚丽，高大雄伟。楼内有梯，可登至二楼，凭栏而望，远处的终南山渺渺相存，古城西安尽收眼底，使人顿有“王气千年绕鼓楼，登临极目白云悠”的爽朗感觉。

优雅的鼓楼与雄浑的钟楼隔广场相邻而置，两楼犹如两尊擎天而立的神柱撑起了西安的汉唐风骨，又如两颗晶莹剔透的珍珠嵌在八百里秦川沃土之上，散发着凝聚历史烟云的光彩，彰显了古城西安的神奇与辉煌。

6. 西安碑林博物馆

西安碑林博物馆位于市内三学街 15 号，是一座以收藏、研究和陈列历代碑石、墓志及石雕作品为主的艺术博物馆，被誉为“中国最大的石质书库”，为中国四大碑林之首(陕西、山东、四川和台湾)。

西安碑林以碑石丛立如林而得名。它于北宋元丰元年（公元 1078 年）为保存《开成石经》而建立。900 多年来，经历代征集，扩大收藏，精心保护，入藏碑石近三千方。博物馆内的陈列由三部分组成，即碑林、石刻艺术及其他文物展览，重点藏品为中国古代书法名碑及汉唐时期石刻雕塑精品。博物馆现有六个碑廊、七座碑室、八个碑亭，一共陈列展出了 1087 方碑石。

名碑展示中，一人高的各式名碑林林丛丛，有的立于鼋背上，有的镶于墙上，虽然样式不同，但却整齐化一。这里既有哲人的石经、秦汉文人的古风，也有魏晋南北朝的墓志以及唐宋书法大家的墨宝。王羲之的行书，行云流水，一气呵成；张旭、怀素的草书恣意昂然，放任不羁；欧阳询的楷书，紧密内敛，刚劲不挠。不同时代的书法大师用他们呕心沥血之杰作尽情地抒写着对中华书法艺术的珍视与崇敬。

除了领略碑文书法，碑林博物馆的环境也颇具观赏性。馆内建筑布局合理，典雅凝重，古树参天，体现了古城西安深厚的文化底蕴，古风古韵十足。漫步于博物馆中，能够在这座东方艺术的殿堂里重温美的历程，获得真正的艺术享受。

7. 半坡博物馆

半坡博物馆位于西安东郊浐河东岸，是 1957 年在半坡遗址上修建而成的我国第一座遗址性博物馆。

博物馆共有 2 个陈列室和 1 个遗址大厅。第一陈列室主要展出了半坡遗址中的劳动生产工具，主要有石器、渔具、纺轮、骨针等；第二陈列室主要展出了能够反映半坡人社会生活的各种文物。遗址大厅内则向人们展开了一幅宏伟的历史画卷——极具考古价值的半坡遗址。

半坡遗址发现于 1953 年，是中国黄河流域新石器时代仰韶文化村落遗址的典型代表。半坡时代距今有六七千年，当时的经济业已进入原始农耕阶段，人们生产所用的工具多为磨制石器，日常生活用品则是使用细泥红陶和夹砂红褐的陶器，陶器上往往绘制有几何图形或动物花纹。因为这种原始文化首先于 1921 年的河南渑池县仰韶村发现，所以被命名为仰韶文化。

半坡遗址内的仰韶文化陶画丰富多样，最著名的莫过于人面鱼纹。人面鱼纹线条简洁明快，人头像的头顶有三角形的发髻，两嘴角边各衔一条小鱼。这种图案既反映出了当时人与自然的关系，同时也反映出了半坡人和鱼的关系，很可能半坡人就把鱼作为其所崇拜的图腾。

半坡博物馆没有旖旎秀丽的风景，却有着千年不败的历史价值。它的出现不仅证明了黄河流域源远流长的人类文明与文化，同时也向世界彰显了中国作为历史古国的原因。

8. 阿房宫遗址

阿房宫广为人知当要感谢晚唐诗人杜牧，他在其《阿房宫赋》里的壮丽描述，让后人一直寻找着这样一个“覆压三百余里”的阿房宫。而除了这篇著名的赋，司马迁也在《史记·项羽本纪》里记述了阿房宫前殿的宏伟壮丽。

秦始皇统一全国后暴戾恣睢，四处征用农夫大兴土木，因而才有了阿房宫。然而浩大的阿房宫只建成了一座前殿就宣告中断，即便只是一座前殿，却已经超出了人们的想象。根据《史记》的记载，前殿东西宽 690 米，南北深 115 米，占地 8 万平方米，可容纳万人而绰绰有余。

阿房宫遗址在 1994 年经联合国教科文组织实地考察后，被誉为“天下第一宫”。现在已经复原了其锦绣壮观的前殿，并每天在殿阁内演出《秦皇选妃》等节目，让游客领略朴素的秦风秦韵。2006 年，遗址还被全国 31 家报刊媒体联合评为“陕西最值得外国人去的 10 个地方”之一。

在阿房宫前殿向东 500 米，还有被称为“始皇上天台”的高台建筑遗迹。上天台长约 300 米，高约 20 米，是秦时为祭祀天神而造的建筑。除了上天台，遗址还包括了磁石门、祭地坛、上林苑等诸多遗址。其上林苑还被汉赋名家司马相如写入《上林赋》，为后世所广为知晓。

最新的考古发现，阿房宫并非是杜牧描述的那样被项羽付之一炬，而是在遭遇国家的变故之后工程停滞下来，原来庞大规划也只修建完成了极小的一部分，“阿房宫”成为了一个庞大建筑群的代称。野史流传前秦皇帝苻坚在听到百姓中流传着童谣“凤凰凤凰上阿房”后，在该地区种植了上千梧桐树。

9. 华清池

“不尽温柔汤泉水，千古风流华清宫”。华清池南依骊山，北临渭水，西距古都西安 30 千米，因唐玄宗和杨贵妃的传说而名声远播。

华清池历史非常悠久，其实早在西周时期，周幽王就曾在此建骊宫；后世的秦始皇、汉武帝也都在这里建立行宫；唐代更是大兴土木，特别是唐玄宗天宝年间修建的宫殿楼阁更为奢华，并正式改名为“华清宫”。因宫宇建于汤池之上，又名“华清池”。其规模更为宏伟、华丽，体现了唐代建筑特色。诗人白居易在其名作《长恨歌》中对华清池多有描绘。

如今的华清池可分为九龙湖、唐御汤遗址、五间厅、梨园等多个景区，从不同侧面再现了盛极一时的大唐雄风。九龙湖景区内石桥卧水、波光粼粼。飞霜殿、沉香殿、宜春殿、龙吟榭、龙石舫、九曲回廊等十多个仿古建筑环湖而列，雕栏玉砌，错落有致，美不胜收。漫步其间，难分天上人间，令人心旷神怡；唐御汤遗址内留有莲花汤、海棠汤、星辰汤、尚食汤等汤池，令人不禁遥想当年杨贵妃“春寒赐浴华清池，温泉水滑洗凝脂”的无限娇媚。

此外，游园之余，择梨园小憩，既能追忆古人，又可欣赏到优美的仿唐乐舞和唐宫廷茶道表演；又或亲身体验“天下第一泉”的骊山温泉所带来的畅快、欢愉。

10. 骊山

骊山位于西安市临潼区城南，是西安东线旅游唯一的自然景观与人文景观相融合的旅

游区。因系西周时骊戎国地，故此称为骊山。

骊山为秦岭山脉的一个支脉，山上苍松翠柏，壮丽翠秀，恰似一匹奔驰的骊驹。自周秦汉唐以来，一直便为皇家园林，官邸别墅众多。

骊山又称绣岭，自然景色出众，以石瓮谷为界可分为东、西二岭。“渭水秋天白，骊山晚照红。”夕阳西下，骊山在落日斜阳里红霞万状尤显壮观，真如一匹黑马云跃而出，故此“骊山晚照”被誉为“关中八景”之一。

“骊山云树郁苍苍，历尽周秦与汉唐，一脉温汤流日夜，几抔荒冢掩皇王。”郭沫若的诗对骊山的景色给予了恰当的评价，同时也写出了骊山那众多的人文特色。除去秀美的景色风光，骊山还有几十处文物胜迹。著名的兵谏亭为张学良、杨虎城两位将军发动震惊中外的“西安事变”迫蒋抗日的地方；烽火台曾演绎出周幽王与褒姒“烽火戏诸侯，一笑失天下”的历史故事；老母殿则追忆着神话中采石补天的中华圣母女娲。

除此之外，骊山森林公园还修建有索道缆车，可乘坐直至烽火台。缆车之上，极目远眺，茫茫八百里秦川上，渭河犹如一条玉带蜿蜒飘动于沃野之间，遥想当年秦军势如破竹，“振长策而御宇内，吞二周而亡诸侯”的摄人气魄，令人顿生敬畏。

11. 秦始皇陵

秦始皇陵，一座令人神往的皇家园陵，不仅因为它埋葬着一位雄才大略的千古一帝，更因为这座“地下金字塔”那多年解不开的层层谜团。

秦始皇陵位于西安市临潼区临马公路中段，距西安以东30千米。陵区层峦叠嶂，山林葱郁，逶迤曲转，银蛇横卧。高大的茔冢与骊山景色结合得天衣无缝，令人不无遐想。“秦皇扫六合，虎视何雄哉；挥剑决浮云，诸侯尽西来。”秦始皇，这位叱咤风云的旷世帝王建立了中国历史上第一个统一的、多民族的封建中央集权制国家——秦帝国，并给后世留下了这座神秘莫测的宏大地下皇陵。

据史载，秦始皇为造此陵征集了70万个工匠，建造时间长达38年。陵园仿照秦国都城咸阳建造，大体呈回字形，陵墓周围筑有内外两重城垣。陵区内目前探明的大型地面建筑为寝殿、便殿、园寺吏舍等遗址。秦始皇陵的封土堆高大、雄伟，呈覆斗状，现封土底面积约为12万平方米，高度为87米，整座陵区总面积为56.25平方千米。

秦始皇陵地下宫殿是陵墓建筑的核心部分，位于封土堆之下。《史记》记载：“穿三泉，下铜而致椁，宫观百官，奇器异怪徙藏满之。以水银为百川江河大海，机相灌输。上具天文，下具地理，以人鱼膏为烛，度不灭者久之。”历史上的记载更加增添了秦始皇陵的神秘。据考古发现，秦陵地宫面积约18万平方米，中心点的深度约30米。陵园以封土堆为中心，四周陪葬分布众多，内涵丰富、规模空前，但是由于各种原因，迄今为止尚不能挖掘。

此外，陵区内的寝殿遗址、铜车马坑遗址以及出土的排水管道，都是庞大陵园中的一部分，陪伴着千古帝王度过了千年的时光，具有较高的考古价值。

（二）西岳华山

华山是我国著名的五岳之一，海拔2154.9米，居五岳之首，位于陕西省西安以东120千米历史文化故地渭南市的华阴县境内，北临坦荡的渭河平原和咆哮的黄河，南依秦岭，是秦岭支脉分水脊的北侧的一座花岗岩山。凭借大自然风云变幻的装扮，华山的千姿万态被有声有色的勾画出来，是国家级风景名胜区。

华山不仅雄伟奇险，而且山势峻峭，壁立千仞，群峰挺秀，以险峻称雄于世，自古以

来就有“华山天下险”、“奇险天下第一山”的说法，正因为如此，华山多少年以来吸引了无数勇敢者。奇险能激发人的勇气和智慧，不畏险阻攀登的精神，使人身临其境地感受祖国山川的壮美。

我国古书中早就有关于华山的记载。最早述及华山的古书，据说是《尚书·禹贡》篇。但最初华山叫“惇物山”，华山被称为西岳与东岳泰山并称，最早见于《尔雅·释山》一书。西岳这一称呼据说是因周平王迁都洛阳，华山在东周京城之西，故称“西岳”。以后秦王朝建都咸阳，西汉王朝建都长安，都在华山之西，所以华山不再称为“西岳”。直到汉光武帝刘秀在洛阳建立了东汉政权，华山就又恢复了“西岳”之称，并一直沿用至今。东汉班固写的《白虎通义》中说：“西岳为华山者，华之为言获也。”言万物生华，故曰华山，即“华”同“获”。到了春天，百花盛开，景色美丽，因而西岳称为华山。

因为华山太险，所以唐代以前很少有人登临。历代君王祭西岳，都是在山下西岳庙中举行大典。《尚书》载，华山是“轩辕皇帝会群仙之所”。《史记》载，黄帝、虞舜都曾到华山巡狩。据记载，秦昭王时命工匠施钩搭梯攀上华山。魏晋南北朝时，还没有通向华山峰顶的道路。直到唐朝，随着道教兴盛，道徒开始居山建观，逐渐在北坡沿溪谷而上开凿了一条险道，形成了“自古华山一条路”。

华山以其峻峭吸引了无数游览者。山上的观、院、亭、阁皆依山势而建，恰似空中楼阁，而且有古松相映，更是别具一格。山峰秀丽，又形象各异，如似韩湘子赶牛、金蟾戏龟、白蛇遭难……峪道的潺潺流水，山涧的水帘瀑布，更是妙趣横生。并且华山还以其巍峨挺拔屹立于渭河平原。东、南、西三峰拔地而起，如刀一次削就。唐朝诗人张乔在他的诗中写道：“谁将依天剑，削出倚天峰。”这些都是针对华山的挺拔如削而言的。同时华山山麓下的渭河平原海拔为330～400米，而华山最高处海拔2154.9米，高度差为1600～1700米，山势巍峨，更显其挺拔。

(三) 革命圣地延安

延安位于陕西省北部、黄土高原的中南部，北连榆林地区，南接关中咸阳、铜川、渭南三市，东隔黄河与山西省临汾、吕梁地区相望，西依子午岭与甘肃省庆阳地区为邻。

延安古称延州，历来是陕北地区政治、经济、文化和军事中心。城区处于宝塔山、清凉山、凤凰山三山鼎峙，延河、汾川河二水交汇之处的位置，成为兵家必争之地，有“塞上咽喉”、“军事重镇”之称，被誉为“三秦锁钥，五路襟喉”。延安之名，始出于隋。1937年，中共中央进驻，同年设延安市，为陕甘宁边区政府所在地。1949年，改称县，1972年，再设市至今，为国务院首批公布的全国24个历史文化名城之一。

地处黄河中游的延安，是中华民族的发祥地。相传人类始祖黄帝曾居住在这一带，“三黄一圣”（黄帝陵庙、黄河壶口瀑布、黄土风情文化、革命圣地）享誉中外，为扩大对外开放和交流提供了得天独厚的条件。全市有历史文物保护景点848处，有保存完好的宋代石刻群洞18个，石窟寺14处，有建于唐代的宝塔等12处古建筑，有革命旧址6处。目前可供游览的国家级、省级文物保护单位47处，年接待中外游客70万人次。近年来，延安大力开发旅游业，恢复了摘星楼、烽火台、摩崖石刻等50多处景点，“天然公园”万花山新增200亩牡丹，宝塔山、清凉山、凤凰山、万花山“四山”森林覆盖率达55.4%，被国家林业部批准建设国家级森林公园。

延安有非常丰富的旅游资源，在历史古迹方面有国务院公布的全国重点保护单位——轩辕黄帝陵、有国家级重点文物保护单位——子长钟山石窟等；在自然景观方面有延安黄

河壶口瀑布、全国最大的野生牡丹群和花木兰故里万花山等。

延安还是革命圣地，在中国现代史上占有极为重要的特殊位置，现存革命旧居 140 多处，如中共中央军委和八路军总部所在地——王稼坪、中共中央旧址凤凰山以及宝塔山、枣园、杨家岭等地。

（四）黄帝陵

黄帝崩，葬桥山，桥山位于陕西省黄陵县城北约一千米处，山体浑厚，气势雄伟，山下有沮水环绕。山上有八万多棵千年古柏，四季常青，郁郁葱葱。轩辕黄帝的陵冢就深藏在桥山巅的古柏中。

陵墓封土高 3.6 米，周长 48 米，环冢砌以青砖花墙，陵前有明嘉靖十五年碑刻“桥山龙驭”，意为黄帝“驭龙升天”之处。在前为一祭亭，歇山顶，飞檐起翘，气宇轩昂。

亭内立有郭沫若手书“黄帝陵”碑石。陵园区周围设置红墙围护，东南侧面为棂星门，两侧有仿制的汉代石阙。陵园区内地铺着砖，显得古朴典雅。

陵前正南，陵园围墙以外是土筑高台，即“汉武仙台”。《史记·封禅书》载：“汉武帝北巡朔方，勒兵十余万还祭黄帝冢桥山。”汉武仙台，即汉武帝祭祀黄帝所筑，台高 20 余米，现已用块石砌筑并建有登台石阶及云板、护栏等。

黄帝庙前区气势恢弘，是面积约 10000 平方米的入口广场的地面。选用 5000 块大型河卵石铺砌，象征中华民族的五千年文明史。

广场北端为轩辕桥，宽 8.6 米、长 66 米、高 6.15 米，全桥共 9 跨。石梁 121 根，桥面设护栏。栏板上均雕有古典图案花纹。全桥均采用花岩石料砌成，显得粗犷古朴。轩辕桥下及其左右水面为印池，占地约 300 余亩。蓄水量可达 46 万平方米。桥山古柏，倒映池中，与白云蓝天交相辉映，为黄帝陵平添了无限灵气。印池四周绿树成荫，形成优美的空间环境。

轩辕桥北端为龙尾道，共设 95 级台阶，象征黄帝“九五之尊”至高无上的寓意。由龙尾道向上即登临庙院山门。山门为五间廊庑式花岗岩（仿汉代木）建筑。显得格外庄严雄伟。

入庙院山门，首先映入眼帘的是轩辕手植柏，相传为轩辕黄帝亲手所植。此柏高 19 米，树干下围 10 米，中围 6 米，上围 2 米，虬枝苍劲，柏叶青翠。

再北为诚心亭，面阔五间，进深一间。祭祀官员至此须整饰衣冠，静心净面，方可进入大殿祭祀。再北为碑亭，面阔五间，进深一间，卷棚顶。亭内立有毛泽东手迹“祭黄帝陵文”和蒋中正手迹“黄帝陵”碑石。

侧有一高大古柏，即“汉武挂甲柏”，枝叶茂盛。轩辕庙正殿面阔七间，进深三间。歇山顶，门楣匾额“人文初祖”，系国民党元老程潜手迹。殿内正中木质壁龛内嵌浮雕轩辕黄帝石像。碑亭东为碑廊，其中有历代碑石 40 余通，有宋仁宗嘉祐六年（公元 1061 年）奉旨栽植松柏 1413 棵记事碑，有元泰定二年（公元 1371 年）禁伐黄帝陵树木圣旨碑、明太祖洪武四年（公元 1371 年）祭黄帝陵御制祝文碑、清圣祖康熙二十七年（公元 1689 年）祭黄帝桥陵碑以及 1912 年孙中山宣誓就职中华民国临时大总统后派代表团带上他亲自撰写的《祭黄帝陵文》前往桥山致祭轩辕黄帝陵的碑石等。

（五）乾陵

乾陵是唐高宗李治（公元 628—683 年）与中国历史上唯一的女皇帝武则天（公元 624—

705年）的合葬之地，是全国乃至世界上唯一的一座夫妇皇帝合葬陵。陵地距古都西安80千米，西（安）兰（州）国道顺陵而过。乾陵为全国重点文物保护单位，是陕西省西线观光游览的著名胜地。其居梁山，三峰耸立，风景秀丽，远望宛如一位女性仰卧大地，因而有“睡美人”之称。乾陵利用自然山势修建，陵园雄踞整个梁山山峦，海拔1047.9米的主峰如首而高昂，东西对峙之南峰似其乳，俗谓之奶头山。玄宫凿建于主峰之中。乾陵陵园周围约40千米，园内建筑仿唐长安城格局营建，宫城、皇城、外廓城井然有序。初建时，宫殿祠堂、楼阙亭观，遍布山陵，建筑恢弘，富丽壮观。陵园内现存有华表、翼马、驼鸟、无字牌、述圣记碑、石狮、六十一蕃臣像等大型石雕刻120多件。它们整齐有序地排列于朱雀门至奶头山遥遥两华里之余的司马道两侧，气势宏伟，雄浑庄严，被誉为“盛唐石刻艺术的露天展览馆”。据历史文献记载，乾陵玄宫内涵十分丰富，随葬着大量的金银器、珠宝玉器、铜铁器、琉璃、陶瓷、丝绸织物、漆木器、石刻、食品、壁画及书画墨宝等稀世珍品。

陵园的东南隅分布有太子、公主及王公臣僚等陪葬墓17座。1960—1972年已先后发掘了五座陪葬墓，出土唐三彩偶俑、器皿、金银饰品、彩绘陶器等珍贵文物4300多件、100多幅绚丽多彩的墓室壁画和1500平方米石椁线刻画，堪称唐代瑰丽的地下艺术画廊。《宫女图》、《打马球图》、《客使图》、《狩猎出行图》及《仪仗阙楼图》等壁画，成为人们领略唐代绘画艺术，研究唐代建筑、服饰、风俗、体育活动、宫廷生活及中外文化交流的珍贵资料。永泰公主墓、章怀太子墓和懿德太子墓道地宫常年对外开放，供中外游客参观。乾陵成为人们领略盛唐社会经济文化繁荣昌盛的重要遗迹。以这些独具特色的文物景点建成的乾陵博物馆，陈列着号称乾陵文物三绝的唐三彩、唐墓壁画和石椁线刻画，吸引着无数海内外游客纷至沓来，流连忘返。当您步入乾陵，漫步于碑石林立的大型石雕群旁，游览在墓道两侧的壁画长廊中，参观过栩栩如生的唐三彩偶俑后，乾陵将在您的记忆中留下难忘的印象。

根据《乾陵文物保护和旅游开发总体规划》，国家已投资数百万元恢复乾陵地面建筑，并建设一批新的旅游服务设施。目前已完成旅游路、登陵御道、司马道铺砌、大型石刻扶直加固和绿化等工程，为国家开发陵冢做好前期准备工作。“地下宝藏无恙否，盛唐文物好探寻”（郭沫若）《咏乾陵》诗句）。女皇幽宫罕世珍宝重现之日，便是乾陵地宫发掘之时，到那时古老的乾陵将以它崭新的风貌和独特的魅力展现在中外游客面前，它将会同当年的秦兵马俑一样，再次轰动世界，带来新的中国旅游热。

（六）法门寺宝藏

法门寺位于陕西省扶风县城北10千米的法门镇，距西安百余千米，是我国境内安置释迦牟尼真身舍利的著名寺院，始建于东汉。今天看到的法门寺于明朝万历七年（公元1579年）重建，由原来的木塔改为砖塔。塔高46米，分13级。塔形分八棱形，塔基周长50多米。在塔第一级（底层）的八面上方，各嵌有乾、坎、艮、震、巽、离、坤、兑字样，分别表示西北、北、东北、东、东南、南、西南、西8个方位。在塔底层的四个方位各有题额，正南入口处是“真身宝塔”；正北是“美阳重镇”；正西是“舍利飞霞”；正东是“浮图耀日”。塔的最高一级是复钵形塔刹，最下一级只有正南开一塔门，其余11级，每级各开8个佛龛，每个佛龛各置佛像一尊，共有88尊佛像。在长达两千年的历史中，法门寺历经沧桑。北魏时木塔称“阿育王塔”，是佛教传入中国19舍利塔之一。北周时曾为王室寺院，常年香火缭绕。隋开元年间，寺院改为“成实道场”。唐高祖武德元年（公

元 618 年）正式定名法门寺。唐朝时法门寺几经扩建，寺庙建筑多达 24 院。到了宋代，法门寺依然香火不断。明代 4 层木塔倒毁，这才改为 13 层的砖塔，并新塑菩萨天王像。民国二十八年（公元 1939 年），在华北慈善会的资助下，法门寺再度修葺。1981 年因地震塔身损坏。1985 年再塑佛像 20 尊，增加了铜佛殿和正殿。1987 年为修整塔基，意外地发现了塔基下的地宫。地宫呈隧道形，自南向北，依次有踏步、漫道、平台、甬道、前室、中室、后室六部分，地宫总长 21.12 米，总面积为 31.81 平方米，这是迄今中国发现的最大的佛塔地宫。更为惊人的是，地宫中封藏着数百件唐代留下来的稀世珍宝。除了舍利外，有金、银、玉、瓷、琉璃、漆木、丝织品等。众多的器具造型精巧别致。出土的琉璃瓶来自西域，可见法门寺曾是丝绸之路的要冲地之一。法门寺出土的文物珍宝是新中国成立后重大考古发现之一，引起学术界和宗教界极大震动。在发掘的 4 枚舍利中，有一枚是佛指真骨。法门寺由于出土了真舍利，游客香客常年不断，寺塔周围不仅有乡野之趣，现开放的地宫还可一睹佛光和稀世珍宝。

二、典型旅游线路

1. 西安东线华清池—骊山—兵马俑—秦始皇陵—半坡博物馆 1 日游

参观唐代皇帝的行宫——华清池，即唐玄宗与杨玉环的温泉洗浴之地，然后登骊山，参观老母殿、七夕桥、兵谏亭、西安事变浮雕等，随后前往世界八大奇迹之一的秦始皇兵马俑（包括一、二、三号陪葬坑、铜车马、环幕电影），再参观秦始皇埋葬地——秦始皇陵，最后游览六七千年前母系氏族社会的村落遗址。

2. 西安西线乾陵—法门寺 1 日游

参观中国历史上唯一的帝后合葬墓（唐高宗李治与女皇武则天）乾陵陵区，然后参观因释迦牟尼佛指舍利而闻名于世的佛教圣地——法门寺及珍宝馆（锡杖、金银器、秘色瓷等）。

3. 西安市内钟鼓楼—大雁塔—碑林—陕西历史博物馆—古城墙市内景点 1 日游

参观市内古代报时建筑钟楼、鼓楼，然后参观唐代高僧玄奘译经之地、唐代建筑艺术的杰作——大雁塔，再参观被誉为碑石艺术宝库的西安碑林，最后游览中国现存规模最大、最完整的明代古城墙。

4. 西安华山 1 日游

游览“奇险天下第一山”之西岳华山，领略“无限风光在险峰”的意境。

5. 西安北线黄帝陵—延安—壶口瀑布 3 日游

D1：游览黄帝陵，祭拜人文始祖黄帝的陵墓——黄帝陵、轩辕庙，途中欣赏黄土高原风光。

D2：前往革命圣地延安（游览宝塔山、杨家岭、枣园、革命纪念馆等），延安大桥留影，赴壶口。

D3：游览被称颂为“黄河之水天上来，奔流到海不复还”的黄河奇观——壶口瀑布，返西安。

6. 古都之旅 3 日游

D1：西安接团，游西安古城墙。宿西安。

D2：兵马俑、华清池、秦始皇陵、观钟鼓楼广场夜景。宿西安。

D3：碑林、大雁塔、关中书院、条街、张学良公馆、送团，旅行结束。

7. 文物古迹4日游

D1：西安接团，游西安古城墙。宿西安。

D2：兵马俑、华清池、秦始皇陵、观钟鼓楼广场夜景。宿西安。

D3：法门寺、珍宝馆、乾陵、永泰公主墓、丝路起点塑雕。宿西安。

D4：碑林、大雁塔、关中书院一条街。送团，旅行结束。

8. 西岳华山风景4日游

D1：接团，游西安古城墙、观钟鼓楼广场夜景。宿西安。

D2：兵马俑、华清池、秦始皇陵。宿临潼或西安。

D3：游华山：缆车往返，登北峰，观苍龙岭劈山救母、乘龙快婿。返西安。宿西安。

D4：碑林、陕西历史博物馆、大雁塔、关中书院一条街。送团，旅行结束。

9. 西安·中原6日游

D1：西安接团，午餐后参观大雁塔、城墙、钟鼓楼广场。宿西安。

D2：游览华清池、兵马俑、秦始皇陵、地宫。宿西安。

D3：乘火车赴洛阳，游关林。宿洛阳。

D4：游龙门石窟、白马寺、少林寺、塔林、赴郑州。宿郑州。

D5：开封龙亭、铁塔、包公祠、相国寺。宿郑州。

D6：黄河游览区，午餐后送团。

10. 红色之旅6日游

D1：西安接团，参观古城墙，晚餐。宿西安。

D2：早餐后乘车赴延安，途中参观黄河壶口，观看黄土高原风情。宿延安。

D3：延安市内观光：枣园，杨家岭，革命纪念馆，延水河，登宝塔山。宿延安。

D4：早餐后返西安，途中参观轩辕庙，拜谒黄帝陵。宿西安。

D5：参观兵马俑、华清池、秦陵。宿西安。

D6：碑林、大雁塔、钟楼广场。送火车。

11. 西安·华山·中原7日游

D1：西安接火车，游城墙、钟鼓楼广场。宿西安。

D2：游华清池、兵马俑、秦始皇陵。宿华山。

D3：华山一日游，下午返西安（不含进山环保车及往返索道）。宿西安。

D4：上午乘火车赴洛阳，K762或1318次，游关林。宿洛阳。

D5：龙门石窟、白马寺、少林寺、塔林。宿郑州。

D6：开封宋都御街、龙亭、铁塔、相国寺、包公祠。宿郑州。

D7：早餐后送团。

12. 西安·延安·壶口·西线7日游

D1：接团，游古城墙。宿西安。

D2：兵马俑、华清池、秦始皇陵。宿渭南或临潼。

D3：乘车北上观壶口瀑布。宿延安。

D4：延安枣园，杨家岭，革命纪念馆，延河桥，宝塔山。宿延安。

D5：早餐后返西安，途中参观黄帝陵、轩辕庙。宿西安。

D6：早餐后游法门寺、珍宝馆、乾陵、永泰公主墓。宿西安。

D7：碑林、大雁塔。送火车。

13. 西安·丝绸之路精华8日游

D1：西安接团，游城墙。宿西安。

D2：游华清池、兵马俑、大雁塔、秦始皇陵。宿西安。

D3：乘早班机赴敦煌（周二、四、六），游鸣沙山、月牙泉。宿敦煌。

D4：游莫高窟、古城、阳关、柳园，晚乘火车赴吐鲁番。宿火车上。

D5：抵吐鲁番，游交河故城、葡萄沟、坎儿井、苏公塔、古墓、千佛洞、火焰山。宿吐鲁番。

D6：赴乌鲁木齐，逛巴扎市场、夜市。宿乌鲁木齐市。

D7：游天池（不含游船）、南山牧场、毡房奶茶。宿吐鲁番。

D8：乌鲁木齐送团，乘飞机或火车返西安。

14. 西安·丝绸之路10日游

D1：西安接团，晚餐后入住酒店。宿西安。

D2：游华清池、兵马俑。宿西安。

D3：游大雁塔、碑林、明城墙、钟鼓楼广场。下午乘火车赴兰州。宿火车上。

D4：早抵兰州，游览黄河母亲雕塑、中山桥、古水车、白塔山，晚餐后乘火车赴嘉峪关。宿火车上。

D5：游览嘉峪关城楼，乘车赴敦煌，游鸣沙山、月牙泉。宿敦煌。

D6：游览莫高窟，乘车赴柳园，下午乘火车赴吐鲁番。宿火车上。

D7：早上抵达吐鲁番，游葡萄沟、坎儿井、苏公塔、阿斯塔娜古墓、千佛洞、火焰山、高昌故城。宿吐鲁番。

D8：乘车赴乌鲁木齐，游览南山牧场。宿乌鲁木齐市。

D9：游览天山、天池，逛巴扎市场。宿乌鲁木齐市。

D10：早餐后送团。

拓展阅读

西安世博园十大看点

1. 广运潭泛舟

2011年西安世园会会址广运潭，在隋唐时期是长安的漕运码头。唐朝天宝年间，唐玄宗曾在此举办规模盛大的水运商品交易博览会，创世界博览会之发端，是有文字记载的第一次博览会。如今的广运潭，春来杨柳千丝荡绿波诗情无限，秋来蒹葭苍苍水天茫茫意无穷。在此可观看2011年西安世园会各种水上节目表演，品味杨柳岸晓风残月，体验古人折柳灞上、赋诗送别的情景。

2. 长安塔登高

2011年西安世园会四大标志性建筑之长安塔，塔高99米，共13层。设计上保持了隋唐时期方形古塔的神韵，同时增加了现代元素。长安塔是绿色建筑技术和建筑艺术的完美结合、生态建筑的实践示范，更是俯瞰2011年西安世园会全貌的重要景点。登塔望远、赏花看月、览艺观景，别有一番感受。

3. 水上观花草

2011年西安世园会四大标志性建筑之自然馆，位于锦绣湖畔，主要展示地球上不同地域、不同气候带的珍稀植物及生态景观。在此可观看世界各地的异草奇花，体验“一室不同天”的奇特感受。

4. 创意馆赏艺

2011年西安世园会四大标志性建筑之创意馆，位于景观主轴线上，结合周边水陆地形设计，呈“王”字形建筑布局，由青铜金属、石材及花园式种植屋面衔接，组成三翼不规则几何体。创意馆展示了园林园艺，植物花卉新成果、新产品，以及环保节能新技术、新材料等。在此游客可充分感受建筑、园林、花艺、科技之美。

5. 五大园看花

2011年西安世园会的“五大主题园艺景点”由长安花谷、五彩终南、丝路花雨、海外大观、灞上彩虹组成。长安花谷用不同色彩的花卉描绘出“天上”景观，在会期内进行多次样式和花卉更换；五彩终南是秦岭的缩影，展会期间满布鲜花植物；丝路花雨则利用花卉、绿雕、广场等元素展示丝绸之路的历史文化；海外大观以欧洲园林为主，展示别具特色的异域园林艺术；灞上彩虹是结合水面的滨水建筑，使游客体验开阔壮丽的花水之美。

6. 风情街购物

2011年西安世园会精心打造了灞上人家、椰风水岸、欧陆风情这三处集餐饮、购物、娱乐、休闲和消费为一体的特色服务区，使游客能体验到陕西本土以及世界各地的人文风情。在具有关中乡韵的灞上人家，游客可休憩、购物，体验饶有趣味的水上小舟用餐；在东南亚风情的椰风水岸，可观看东南亚民族歌舞，购买具有民族特色的工艺品；在简约时尚的欧式风情小镇，可观赏传统欧洲文化表演，体验浓郁欧洲特色。

7. 游园看活动

2011年西安世园会文化演艺活动将以广运潭水上舞台和园区广场为核心平台，以环保未来、娱乐表演、互动体验和文化感受为四条主线，举办舞台表演、多媒体秀、花车巡游、广场活动等5000余场次。第63届国际园艺生产者协会（AIPH）年会、国际园艺论坛、国际烟花节、国际观鸟节、中国摄影节等10多个活动项目也在2011年西安世园会举办期间开展。

8. 看《水中花》，品现代歌舞

2011年西安世园会将设计以“花”为主题的大型水上舞台演出，白天固定演出两场。以现代手法表现2011年西安世园会对花的理解、感受，演出强调声光电视觉效果，强调现代审美下的多媒体舞台艺术表现。

9. 看《冰山秀》，体验多媒体歌舞

2011年西安世园会将设计类似西班牙萨拉戈萨博览会的多媒体表演，在6个月的演出期间，分为3个不同又相互关联的主题展开，每晚固定演出。全剧把表演情景直接放在水中，使自然景观完美地融合到节目演绎之中，形象展现了工业文明的极度发展与自然环境之间的冲突，主题通俗易懂，形式新颖别致。

10. 盛装巡游，感受欢乐嘉年华

2011年西安世园会将举办国际流行风格的巡游表演，平均每日2场，周末节假日4场。包括花车巡游、进式列军乐演奏、各国服装展示、节庆狂欢歌舞、杂耍等等，途中与

游客互动，热闹非凡。世界元素的汇集，国际通用节庆欢度方式，体现“世界大联欢”的嘉年华性质。

资料库

世界园艺博览会

世界园艺博览会是一项由主办国政府组织或政府委托有关部门承办的有较大影响和悠久历史的国际性活动，是非贸易性的全球性展览会。它不同于一般的国际贸易博览会，其宗旨是促进世界各国经济、文化、科学技术的交流与发展，使每个参展国家能够利用这个机会宣传自己，向全世界展示各自在各个领域所取得的建设成就。迄今为止，“世园会”共举办了20多次，基本在欧美、日本等发达国家举办。“世园会”能给举办地带来巨大的国际影响和综合效益，吸引了世界上许多城市积极申办。以下为中华人民共和国已举办、正在准备之中的世界园艺博览会：

(1) 1999年昆明世界园艺博览会（AIPH/BIEA1认定）

(2) 2006年沈阳世界园艺博览会（AIPHA2/B1认定）

(3) 2010年台北国际花卉博览会（AIPHA2/B1认定）

(4) 2011年西安世界园艺博览会（AIPHA2/B1认定）

(5) 2013年锦州世界园林博览会（ILFAAIPHA2/B1认定）

(6) 2014年青岛世界园艺博览会（AIPHA2/B1认定）

(7) 2016年唐山世界园艺博览会（AIPHA2/B1认定）

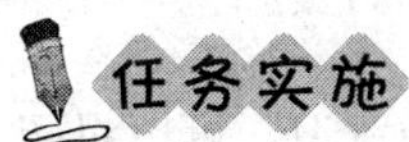

任务实施

表4－1　陕西会展旅游线路

日期	行程安排
D1	乘火车赴有中国天然历史博物馆之称的古城——西安。晚餐火车上自理
D2	火车抵达西安火车站，导游接站。集合前往酒店用早餐。酒店享用早餐，饱餐过后才有体力开始这一整天的旅程。乘车前往【华清池】参观唐御汤遗址，觅千古丽人绿波倩影，游览贵妃池、九龙汤、西安事变旧址兵谏亭等景点。中餐后，乘车前往“世界第八大奇迹”——【秦始皇陵】博物馆，观赏大型青铜器——铜车马，在列阵千年的鲜活面容中找寻与自己最像的那一张脸。乘车返回西安市区参观【大雁塔广场】，广场自由活动。您可以游览重现大唐盛世风采的文化商业步行街区——【大唐不夜城】，在其中的新乐汇用晚餐（自理）；您也可以选择游览中国第一个全方位展示盛唐风貌的大型皇家园林式文化主题公园——【大唐芙蓉园】。住宿：西安解放饭店

续 表

日期	行程安排
D3	早餐后，乘车前往西安浐灞区参观2011年世界园艺博览会。晚上，享用西安特色美食、“中华名小吃”——老孙家羊肉泡馍
D4	09：30乘车前往游览我国现存最完整的一座古代城垣建筑——【明城墙】，后乘车前往游览位于古城市中心西安的标志建筑，被誉为“古城明珠”的【钟楼】、【鼓楼】。午餐【回民街】，在这里体验民族风情，琳琅满目的小纪念品可以带一些回去馈赠亲友。16：00指定地点集合，乘车前往西安火车站（行驶时间约30分钟），和西安古都说再见
D5	抵达温馨的家，结束愉快的旅程

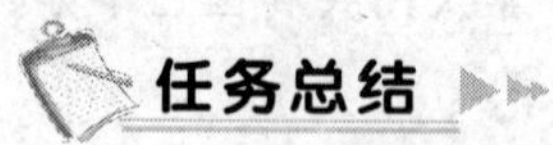

任务总结

在全面了解陕西主要景点、线路及会展旅游知识的基础之上，在旅游者需求分析的指导之下，为游客设计符合旅游者需求的旅游线路，突出陕西及会展旅游的特色安排。

实训项目

广州客人的旅游线路

【实训目标】

通过实训可以让学生熟悉陕西主要景点及旅游线路；让学生具备市场意识，可以对园林系统的旅游者进行旅游需求分析；通过项目工作培养学生的沟通及合作能力。

【实训内容】

广州市鑫怡达喷泉灌溉园林有限公司为园林设备生产及供应商，打算参加西安世界园艺博览会。到达西安后，首先自行参观了西安世界园艺博览会，然后在西安参加一个旅行团，好好了解一下陕西。某旅行社为他们推荐了两条线路，请你看看有什么不同，为广州的客人选择一条，并说明推荐理由。

日期	线路一　全景六日游	线路二　陕西五日游
D1	游览世界第八大奇迹秦始皇兵马俑博物馆一、二、三号展厅及铜车马展厅，最古老的皇家园林华清池，贵妃池，西安事变发生地——兵谏亭，秦陵地宫	游览位于西安市中心，至今保存最为完整、规模最大的古城墙——明代城墙，然后欣赏全亚洲最大的音乐喷泉广场——大雁塔北广场，然后乘车前往钟楼，游览西安市中心标志性建筑钟鼓楼广场、鼓楼风味小吃一条街，可自由品尝西安特色小吃

续　表

日期	线路一　全景六日游	线路二　陕西五日游
D2	早上从西安乘车前往华山风景区：乘“亚洲第一索”（往返索道110元、进山费20元）上至北峰云台峰，步行游览其余诸峰：东峰朝阳峰、西峰莲花峰、南峰落雁峰、中峰玉女峰，至华山极顶2160米，感受天下第一险山的壁立千仞、雄奇险峻	游览著名的避暑胜地——华清池。可选择步行或索道登上骊山，参观由西安事变旧址兵谏亭和烽火台遗址等景点组成的骊山风景区。午餐后游览世界第八大奇迹——兵马俑博物馆。其中包括一、二、三号展坑及铜车马展厅。之后参观秦始皇陵园地貌及幽深莫测的地下宫殿——秦陵地宫。下午途经蓝田玉器城，参观之后返西安，大约8点钟抵达，结束愉快旅程
D3	早上从西安出发，乘车前往乾县，参观中国历史上唯一的女皇武则天与高宗李治的合葬墓——乾陵。参观发掘最早的唐代宫廷墓葬——永泰公主墓，破解年仅十七岁的公主香消玉陨之谜。参观安置释迦牟尼真身舍利的著名寺院——法门寺	早上前往酒店或住地迎接客人，乘专车赴华山。抵达华山脚下后，换乘景区内小车进入华山风景区，乘索道（亚洲第一索）上至北峰云台峰，步行游览其余诸峰：东峰朝阳峰、西峰莲花峰、南峰落雁峰、中峰玉女峰，至华山极顶2160米，感受天下第一险山的壁立千仞、雄奇险峻，后乘索道到山下，乘车返西安，结束愉快旅程
D4	早上集合出发，走高速路至黄陵拜谒中华民族的祭坛、人文始祖的寝陵——黄帝陵、轩辕庙。中餐（自理）后赴宜川，沿途车览盘龙卧虎、绵延起伏的陕北黄土高原，领略“世界第一大黄色瀑布”、“中国第二大瀑布”、“天下黄河一壶收”的壶口瀑布	早上前往酒店或住地迎接游客，走高速路至黄陵县参观中华民族的祭坛、人文始祖的寝陵——黄帝陵、轩辕庙。中餐后赴宜川县，沿途车游览盘龙卧虎、绵延起伏的陕北高原，领略“天下黄河一壶收”的壶口瀑布，感受其汹涌澎湃、翻江倒海的雄壮气势。晚至延安，观圣地夜景
D5	早餐后，车游延河大桥，远观革命圣地的象征——宝塔山，与延河大桥、宝塔山合影留念。参观具有伟大历史意义的七大会议旧址、老一辈无产阶级革命家故居——杨家岭，参观延安时期的中南海——枣园，欣赏陕北民间艺人表演	早餐后，与革命圣地象征——宝塔山、延河大桥合影留念。参观具有伟大历史意义的老一辈革命家故居——杨家岭、枣园，参观土特产安心枣店，品尝红枣。中餐后返回西安，结束愉快旅程
D6	畅游西安名胜古迹，市内参观明城墙、大雁塔北广场，观赏亚洲地区最大的音乐喷泉水景广场，游览钟鼓楼广场、回民风情小吃街，下午送团，结束愉快旅程	无
推荐理由		

【实训步骤】

1. 以项目团队为学习小组，小组规模一般是 2～3 人；建立沟通协调机制，团队成员共同参与、协作完成线路推荐任务；各项目团队成员互相进行交流、讨论实训内容，并给予点评。

2. 各项目团队提交 PPT 文件，展示旅游线路推荐理由。

3. 评价与总结：由教师和其他团队成员进行现场点评，教师点评以鼓励为主。

一、单项选择题

1. “世界第八大奇迹”、“20 世纪考古史上的伟大发现之一”指的是（　　）。

A. 秦兵马俑博物馆　　B. 西安碑林博物馆
C. 钟楼　　D. 鼓楼

2. “古都明珠、华夏宝库”指的是（　　）。

A. 陕西历史博物馆　　B. 西安碑林博物馆
C. 鼓楼　　D. 钟楼

3. “古城西安的标志”指的是（　　）。

A. 陕西历史博物馆　　B. 西安碑林博物馆
C. 钟楼　　D. 鼓楼

4. “帝都风韵犹在的见证”指的是（　　）。

A. 陕西历史博物馆　　B. 钟楼
C. 鼓楼　　D. 秦兵马俑博物馆

5. “中国最大的石质书库”指的是（　　）。

A. 秦兵马俑博物馆　　B. 西安碑林博物馆
C. 鼓楼　　D. 钟楼

二、简答题

1. 简述西岳华山有哪些景观。
2. 革命圣地延安有哪些伟人的足迹？
3. 乾陵封土形制是什么？
4. 法门寺最著名的宝藏有哪些？

任务二　山西景点及线路

柳杉的父母在成都生活，一心向佛，初一十五常常去寺庙上香。最近老人家和其他一些在家修行的居士打算前往山西五台山朝圣文殊菩萨。考虑到父母年纪已大，不便单独行动，请你为柳杉父母设计一条山西五台山朝圣路线。

任务分析

自古以来世界上佛教、基督教和伊斯兰教的信徒都有朝圣的历史传统。凡宗教创始者的诞生地、墓葬地及其遗迹遗物甚至传说“显圣”地以及各教派的中心，都可成为教徒们的朝拜圣地。中国的峨眉山、九华山、五台山和普陀山就是佛教朝圣的热点。将宗教旅游作为带动对寺院、道观古建筑的“观光旅游”来发展，对一心向佛的人们有着非凡的吸引力。

知识准备

山西因居太行山之西而得名。春秋时期，大部分地区为晋国所有，所以简称“晋”；战国初期，韩、赵、魏三家分晋，因而又称“三晋”。全省总面积 15.6 万平方千米，总人口 3374.6 万人，辖 11 个地级市，119 个县、市、区。

山西具有丰富的民族文化遗产，旅游资源十分丰富。现存宋、辽、金以前的地面古建筑占全国的 70%以上。著名的旅游景点有：大同旅游区的云冈石窟、悬空寺、应县木塔以及中国五岳之一的北岳恒山；忻州旅游区的五台山、芦芽山、代县杨家将故地；太原旅游区的晋祠、晋中的平遥古城、昔日晋商的豪宅大院；临汾旅游区的尧庙、洪洞县的大槐树、广胜寺、吉县黄河壶口瀑布；运城旅游区的解州关帝庙、芮城永乐宫、夏县司马光墓、永济黄河铁牛和莺莺塔，等等。其中平遥古城和云冈石窟已列入世界文化遗产。山西省旅游景点见图 4－2。

图 4－2　山西省旅游景点

一、主要景点

1. 晋祠

晋祠在太原市西南25千米悬瓮山下晋水发源处，始建于北魏，是为纪念周武王次子叔虞而建的。1961年晋祠被国务院公布为全国重点文物保护单位。叔虞封唐，子燮因晋水更国号，后人因以命祠名。晋水主要源头由此流出，常年不息，水温17度，清澈见底。祠内贞观宝翰亭中有唐太宗撰写的御碑《晋祠之铭并序》。祠内还有著名的周柏、隋槐，周柏位于圣母殿左侧，隋槐在关帝庙内，老枝纵横，至今生机勃勃、郁郁苍苍，与长流不息的难老泉和精美的宋塑侍女像被誉为“晋祠三绝”。

2. 云冈石窟

云冈石窟位于武周山南麓，东西绵延1千米，现存主要洞窟53个、石雕造像510000余尊，被誉为世界艺术宝库。它建于公元5世纪北魏时代，纯粹是沿武周山整体开凿的。原来称中国有三大石窟，云冈石窟便是其中之一，另外就是敦煌石窟和龙门石窟。云冈石窟是中国早期石雕艺术的代表。

3. 九龙壁

中国最大的九龙壁，是一种制作精美、显示尊贵的照壁，坐落于宫殿、府第、坛庙、寺院等建筑主体的对面或前面。底为须弥座式，顶覆瓦盖，壁面饰浮雕状九条龙及波涛似的云纹。大同九龙壁长45.5米，高8米，厚2.02米，建于明洪武年间，是明朝开国皇帝朱元璋第十三子朱桂代王府门前的一座琉璃照壁。大同九龙壁的体积要比北海九龙壁大三倍多，而且建筑年代早350多年。中国现存完好的九龙壁有三座，除大同、北海公园的两座外，还有北京故宫的一座。大同九龙壁，五彩斑斓、风格粗犷，是中国龙壁之最。

4. 平型关

平型关是内长城的一个关口，位于大同灵丘县西南方，明朝正德六年（公元1511年）修筑。平型关城虎踞平型岭上，呈正方形，周围九百余丈，南北各置一门，门额镌刻“平型岭”三个大字，真可谓峻岭雄关。这里又因发生了震惊中外的平型关战役而闻名。1937年9月25日，日本最精锐的板垣师团主力在平型关遭到了林彪将军率领的八路军的全力攻击，在此一役歼灭日军近千人，毁敌汽车100辆，大车200辆，缴获步枪1000多支，轻重机枪20多挺，战马53匹，另有其他大量战利品。这是中国抗战开始后取得的第一次大胜利，它粉碎了“皇军不可战胜”的神话，振奋了全国人心，鼓舞了全国人民的抗战热情。

5. 应县木塔

应县佛宫寺释迦塔位于山西省朔州市应县城内西北佛宫寺内，俗称应县木塔，建于辽清宁二年（公元1056年），金明昌六年（公元1195年）增修完毕。它是我国现存最高最古的一座木构塔式建筑，也是唯一一座木结构楼阁式塔，为全国重点文物保护单位。

木塔位于寺南北中轴线上的山门与大殿之间，属于“前塔后殿”的布局。塔建造在4米高的台基上，塔高67.31米，底层直径30.27米，呈平面八角形。第一层立面重檐，以上各层均为单檐，共五层六檐，各层间夹设暗层，实为9层。因底层为重檐并有回廊，故

塔的外观为六层屋檐。各层均用内、外两圈木柱支撑，每层外有 24 根柱子，内有 8 根，木柱之间使用了许多斜撑、梁、枋和短柱，组成不同方向的复梁式木架。有人计算，整个木塔共用红松木料 3000 立方米，约 2600 吨重，整体比例适当，建筑宏伟，艺术精巧，外形稳重庄严。

该塔身底层南北各开一门，二层以上周设平座栏杆，每层装有木质楼梯，游人逐级攀登，可达顶端。二至五层每层有四门，均设木隔扇，光线充足，出门凭栏远眺，恒岳如屏，桑干似带，尽收眼底，心旷神怡。塔内各层均塑佛像。一层为释迦牟尼，高 11 米，面目端庄，神态怡然。顶部有精美华丽的藻井，内槽墙壁上画有六幅如来佛像，门洞两侧壁上也绘有金刚、天王、弟子等。壁画色泽鲜艳，人物栩栩如生。二层坛座方形，上塑一佛二菩萨和二胁侍。三层坛座八角形，上塑四方佛。四层为塑佛和阿难、迦叶、文殊、普贤像。五层塑毗卢舍那如来佛和八大菩萨。各佛像雕塑精细，各具情态，有较高的艺术价值。

塔顶作八角攒尖式，上立铁刹，制作精美，与塔协调，更使木塔宏伟壮观。塔每层檐下装有风铃，微风吹动，叮咚作响，十分悦耳。

6. 北岳恒山

由大同南行 62 千米的大同浑源县，可登临雄伟壮丽的恒山。史书载述，4000 多年前，舜帝北巡，见恒山奇峰耸立，山势巍峨，遂封为北岳，为北国万山之宗主。与泰山、华山、衡山、嵩山并称为五岳，齐名天下。它西衔雁门关，东跨河北省，南屏三晋，北临燕云，108 峰，延绵数百里，奔腾起伏，横亘塞上。其怪石幽洞素有十八胜景之称，有传说神石东飞后留下的遗迹飞石窟；有流传着姑嫂投崖成仙化鸟的舍身崖；有两井相距一米而水味一甘一苦的苦甜井；有暗生灵芝而又不轻易露形的紫芝峪；大字湾刻的“恒宗”二字高达 13 米；会仙崖的摩崖题句琳琅满目；琴棋台畔，松风奏乐；出云洞顶，云雾缥缈；果老岭上仙驴蹄印传为美谈。另外，“金鸡报晓”、“玉羊游云”、“岳顶松风”、“夕阳返照”等天然奇观也名震遐迩。山上现存古代寺庙建筑 30 多处，雄视南天的恒宗朝殿，负崖高耸；隐入幽处的北岳寝宫，嵌入石窟；上应北斗的魁星阁，独立险峰；下临深渊的三清殿，巧建绝壁。

恒山上还有被徐霞客称为“天下巨观”的悬空寺，为恒山十八景之冠，始建于北魏后期（约公元 6 世纪），距今已有 1400 多年的历史，为中国最著名的悬空寺。古代诗人形象地赞叹道：“飞阁丹崖上，白云几度封”，“蜃楼疑海上，鸟道没云中”。全寺共有坐西朝东的楼阁 40 间，在陡崖上凿洞穴插悬梁为基，楼阁之间有栈道相通。登楼俯视，如临深渊；谷底仰望，悬崖若虹。千百年来，此寺临风沐雨，历经数次大地震，却安然如初，是建筑史上的奇迹。

7. 五台山

五台山位于山西省的东北部，属太行山系的北端，跨忻州市繁峙县、代县、原平市、定襄县、五台县，周五百余里。中心地区台怀镇，距五台县城 78 千米、繁峙县砂河镇 48 千米、忻州市 150 千米、山西省会太原市 240 千米。

五台山由古老结晶岩构成。北部切割深峻，五峰耸立，峰顶平坦如台，故称五台：东台望海峰、西台挂月峰、南台锦绣峰、北台叶斗峰、中台翠岩峰。五峰之外称台外，五峰之内称台内，台内以台怀镇为中心。五台周长约 250 千米，总面积 2837 平方千米。五台

之中以北台最高，北台顶海拔 3058 公尺，有“华北屋脊”之称。山中气候寒冷，台顶终年有冰，盛夏天气凉爽，故又称清凉山，为避暑胜地。五台山自然植被以草地为主，由草甸、草原、灌丛构成，是优良的夏季牧场。

五台山是驰名中外的佛教胜地，是大智文殊师利菩萨的道场。五台山又因建寺历史悠久和规模宏大而居佛教四大名山之首，故有金五台之称，在日本、印度、斯里兰卡、缅甸、尼泊尔等国享有盛名。五台山寺庙始建于汉明帝时期，唐代因“文殊信仰”的繁盛，寺院多达 360 多座。清代，随着喇嘛教传入五台山，出现了各具特色的青、黄二庙。五台山五座台顶合围的地区，称为台内，其外围则称台外。

8. 平遥古城

平遥称古陶地，是帝尧的封地。平遥古城原为夯土城垣，始建于西周宣王时期（公元前 827 年—公元前 782 年）。平遥古城是中华人民共和国境内现存最为完整的明清县城。它是中国汉民族中原地区古县城的典型代表。在平遥古城内诞生了全国第一家票号“日升昌”，这在中国古近代金融史上具有划时代意义。迄今为止，这座城市的城墙、街道、民居、店铺、庙宇等建筑，仍然基本完好，原来的建筑格局与风貌特色大体未动，成为研究中国政治、经济、文化、军事、建筑、艺术等方面的历史发展的活标本。1997 年 12 月 3 日，联合国教科文组织世界遗产委员会把平遥古城列入《世界遗产名录》。

9. 黄河壶口瀑布

壶口瀑布在山西吉县城西南 25 千米黄河之中。此地两岸夹山，河底石岩上冲刷成一巨沟，宽达 30 米，深约 50 米。滚滚黄水奔流至此，倒悬倾注，若奔马直入河沟，波浪翻滚，惊涛怒吼，震声数里可闻。其形如巨壶沸腾，故名。春秋季节水清之时，阳光直射，彩虹随波涛飞舞，景色奇丽。明陈维藩《壶口秋风》写道：“秋风卷起千层浪，晚日迎来万丈红。”可谓真实写照。

10. 乔家大院

乔家大院地处美丽而富饶的山西晋中盆地，始建于清乾隆年间，后又在清同治、光绪年间及民国初年多次增修，时间虽跨越了两个世纪，却保持了浑然天成的建筑风格。乔家大院占地 8724.8 平方米，由 6 幢大院 19 个小院共 313 间房屋组成。从高处俯瞰，整体为双喜字形布局，城堡式建筑。全院以一条平直甬道将 6 幢大院分隔两旁，院中有院，院内有园。四合院、穿心院、偏心院、角道院、套院，其门窗、椽檐、阶石、栏杆等，无不造型精巧，匠心独具。院内砖雕，俯仰可观，脊雕、壁雕、屏雕、栏雕……以人物典故、花卉鸟兽、琴棋书画为题材，各具风采。由张艺谋执导、巩俐主演、红极一时的《大红灯笼高高挂》就是在乔家大院拍摄的。

二、典型线路

1. 黄河文明游：太原—宁武—偏关—朔州；太原—交城—文水—方山—临县—离石—隰县—吉县—临汾

黄河，流经山西 1008 千米，纵跨省内 7 个市、79 个县，流域面积达 9.8 万平方千米。这里是中华文明的摇篮和华夏文明的发祥地之一，不仅有着悠久的历史、灿烂的文化，也有雄、奇、秀、美的自然风光。这条旅游线最具特点的景点有：管涔山林海、马仑草原、万年冰洞、天池和老牛湾、万家寨水利枢纽、崇福寺、玄中寺、北武当山、碛口古镇、小

西天、酒都杏花村、卦山天宁寺、庞泉沟自然保护区等。

2. 红色经典游：太原—晋中—武乡—左权—黎城—长治；太原—交城—文水—汾阳—临县—离石

20世纪30年代末，八路军建立晋绥、晋察冀和晋冀鲁豫三大根据地，展开了多场重大抗日战事。为纪念民族解放战争，建立了八路军太行纪念馆、武乡八路军总部旧址、晋绥边区革命纪念馆、黎城黄崖洞兵工厂旧址、刘胡兰烈士纪念馆等。这是一片红色的土地，浸透着民族解放战争将士的鲜血，坚挺着民族的脊梁。板山是太行山红色之旅的至高点，凭崖极目，登高望远，激扬文字，指点江山，抒报国之志，发爱国之情，感受太行山的铜墙铁壁，饱览壮美的太行山风光。

3. 太行山水游线路：太原—武乡—榆社—黎城—长治—壶关—晋城—陵川—阳城—晋城；太原—阳泉—盂县—昔阳—阳泉

以阳泉市、晋中市、长治市、晋城市为主线的太行山水风光，是千里太行山景色最壮美的部分。从娘子关进入山西，至晋中、长治、晋城，沿线多崇山峻岭，海拔均在1500米左右，高者逾2000米，著名的山脉有太行山、太岳山和王屋山等山脉；其中太行山大峡谷、灵空山、历山、王莽岭和蟒河自然保护区等，是不可多得的自然风光旅游区。山西与冀、豫交界处的太行山，山势高峻挺拔，多断崖深谷，奇峰异石，十分壮观。悠久的历史也给太行山区留下了非常丰富的文物古迹，太行山区是山西省现存古寺庙最多的地区。

4. 寻根觅祖游线路：太原—霍州—洪洞—临汾—吉县—永济—解州—运城

山西是中华民族的发祥地之一，中国史前的尧、舜、禹曾建都在山西晋南一带。至今在这片古老的土地上仍留有许多尧、舜、禹的传说和名胜古迹，如临汾的尧庙、芮城的大禹渡、历山的舜王坪等。这里还是中华民族众多姓氏的发源地之一，据考证，百家姓中有三分之一的姓氏起源于山西。历史上“南林北裴”之说中的“裴”，就是指山西闻喜县裴氏。还有中国武圣关羽故里的解州关帝庙、明代移民见证唯一历史遗存的洪洞大槐树、中华民族的母亲河黄河的心脏——壶口瀑布，等等。

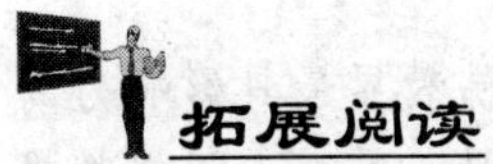

拓展阅读

人生时空的圆（佛教星云大师）

人生在世，归纳而言，就是与两种人相处：一是自己，一是他人。

自处处人，就像在画圆，以自觉、自度为圆心，以慈悲、利他为半径，所画出来的一个人生时空的圆。

自处看似简单，其实微妙难言。有的人终其一生，不曾真正认识自己、探掘自己；不曾好好处理在悲喜、起落或失衡、匮乏等情境下的自己。我有一位伟大的师父，在我还是一个小清众时，曾经对我说过一段话：“你以为自己很穷，什么都没有，其实只要我将喝茶的钱省下一点给你，你就用不完。但我就是不给你钱，你现在不懂，将来就会慢慢明白。”

我后来真的明白了师父的苦心，他是要我在“无”中生“有”。

虽然没有完整的鞋袜，但是手脚勤奋，我习得了各种生活技能、做务功夫。

虽然没有厚软的衣服，但是佛法如衣披覆，足以身心生暖。

虽然没有顿顿饱餐，但是书香作伴，那是最香甜的酥酡妙味、精神食粮。

其实没有人是真正穷的，只要能够自我觉知，知道如何开展自己的潜能，规划自己的生涯，修养自己的身行、口说、意念，修得一份心境美，一切处境都是美。

我常对徒众说，如果我们能够打从自己的心里制造光明的见解、芬芳的思想、洁净的观念，生产阳光、花朵、净水般的语言，与他人共享，就能拥有一个丰美的人生。

所以，一个人自觉尚不够，还要利他，在人际相处中，随时随地发心去利益他人。

佛陀座下有一位专司接待宾客的陀骠比丘，每天迎送来往访者，任劳任怨；即使夜半有人敲门求宿，也都满怀欢喜地点灯领路、安顿住宿，让来人宾至如归。这般数十年如一日，终于感得手指自然放光的福报，从此，不需打着灯笼，也能为人照光引路。

虽然我们无法像陀骠比丘一样手指放光，但是，当我们面带笑容，看在对方眼中，那朵微笑是发光的；当我们口出赞叹，听在对方心底，那句赞美是发光的；当我们伸手扶持，受在对方身上，那温暖的一握是发光的；当我们静心倾听，在对方的感觉里，那对耳朵是发光的。

因为发心，凡夫众生也可以有一个发光的人生。

人生处世，处的就是这世间的悲欢离合、生老病死。我们的交友、说话、立志、情爱、财富、健康、管理……种种问题环绕四周，这是一生的修行、一辈子的功课。庞杂也罢，繁复也罢，古德有言："今生一照面，多少香火缘。"人我关系，因缘相会，能在每一个时刻，让心灯通体明亮，从内向外烛照，就是生命的无上之价，就是对所处世间的一个光明供养。

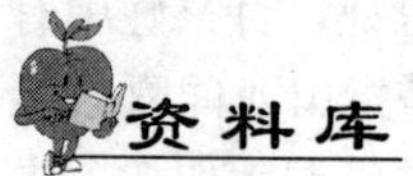

资料库

佛教魅力所在

星云大师，世界佛光总会会长，台湾佛光山开山宗长，当代世界佛教界最具影响力的佛教大师，也是当代人间佛教的倡导者和实践者。大师的一个重大贡献，是把人间佛教推向全世界，在世界各地创建了数百个分道场、佛光分会，这是千百年中国历代高僧和很多佛教思想家所想做但一直没有完成的伟大事业；大师另一个重大贡献，就是在促进海峡两岸的文化学术交流乃至祖国的和平发展方面功不可没；在文化教育方面的投入更是竭尽所能，不计回报，在美国和中国台湾，大师亲手创办了三所大学、数十个中小学和幼儿园；2011年，在中华文化促进会主办的"中华文化人物奖"的评选中，大师位居十大杰出"中华文化人物"之首。

星云大师使很多滚滚红尘中的人们认识到，真正的佛教是一门宗教，它有自己的清规戒律，也是一门高深的学问，这门学问是用心灵去研读的。星云大师讲解佛教真义，用智慧开示众生，而且用他宽容的态度笑对世界其他宗教。佛即般若，是一种智慧、一种生存状态、一种生活方式。如果人人都用心念道"我是佛"，那么这个世界就是和谐的世界。真正的佛教不是哲学，却富含哲理。佛徒高僧虽不具有哲学家的置辩口吻，但是他们却用自己心灵的智慧解读世界人生，感化世人。这就是星云大师所倡导的人间佛教的宗旨与意

义，也即佛教的魅力所在。

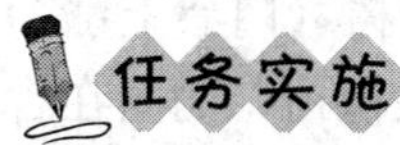

任务实施

日期	行程安排
D1	太原接团，晚上入住酒店。晚餐可自费品尝太原素食风味小吃
D2	早餐后乘车赴世界文化遗产、佛教胜地【五台山风景名胜区】。抵达后参观五台山最大最古老的佛寺【显通寺】、五台山黄庙首领庙【菩萨顶】，参观五台山的标志所在地【塔院寺】，朝拜文殊菩萨的祖庭【殊像寺】，晚餐品尝佛国素斋
D3	早餐后，朝拜五台山香火最旺、许愿最灵验的寺庙【万佛阁（五爷庙）】，祈福佛光普照、心想愿成、阖府吉祥！后乘车赴魅力古都——大同，途中参观北岳恒山十八景之首——天下巨观悬空寺及世界三大奇塔之一的应县木塔。抵达大同后参观东方石窟三圣、世界文化遗产、中国三大石窟之一【云冈石窟】，素食晚餐
D4	早餐后乘车赴世界文化遗产平遥古城，入住平遥古客栈，晚餐品尝平遥特色风味小吃
D5	早餐后参观世界文化遗产——平遥古城，登平遥古城墙，参观中国第一家银行——日升昌票号，畅游两百年前的“华尔街”——明清古街，参观平遥故宫——县衙。后乘车参观历经1400多个春秋的东方彩塑艺术宝库【双林寺】，罗汉殿中18尊罗汉像是寺中彩塑的精华。午餐后乘车返太原，结束愉快的祈福之旅，返回温馨的家

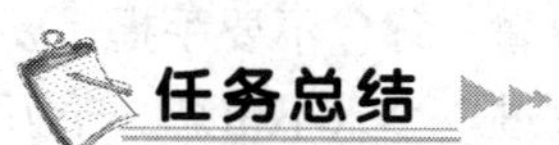

任务总结

在全面了解山西主要景点、线路及宗教朝圣旅游知识的基础之上，分析旅游者的需求，为游客设计符合旅游者需求的旅游线路，突出山西及朝圣旅游的特色安排。佛教旅游的线路安排中，注重对游客饮食的安排，尊重游客的信仰，不对游客进行无神论的宣传。涉及其他宗教人士的旅游出游，应该同样对待。

实训项目

壶口瀑布、王家大院、尧庙、洪洞大槐树两日游

【实训目标】

通过实训可以让学生熟悉山西的主要景点及旅游线路；让学生具备编制撰写旅游行程的能力；通过项目工作培养学生的沟通及合作能力。

【实训内容】

清华大学古建系学生，对山西非常着迷，山西某旅行社为他们设计了一条山西两日游旅游线路。但是并不完整，请你将其中的景区介绍部分补充完整。

● **参考行程**

D1：早 6：30 在金港大酒店门口集合乘车出发赴洪洞，在洪洞大槐树（门票上涨为 80 元/人；游览 2 小时）寻根祭祖，感受“问我祖先在何处，山西洪洞大槐树”的内在含义。洪洞午餐后赴壶口参观中国最大的黄色瀑布——黄河壶口瀑布（游览 2 小时），一览黄河的壮观和雄伟。

D2：早餐后乘车返回临汾，游览尧庙（游览 1 小时），参观美丽的尧都广场，午餐后游览华夏民居第一宅——王家大院（游览 2 小时，门票自理 66 元），后返回太原送团，结束快乐之旅。

● **服务标准**

交　通：旅游巴士（全程高速）。

住　宿：宾馆 2～3 人间，独卫、彩电。

门　票：景点首道门票，（自理景点和小门票除外）。

导　服：全程导游服务。

保　险：旅行社责任险、旅游意外险。

用　餐：自理，赠送吉县一早餐。

● **景区介绍**

（1）壶口瀑布

（2）王家大院

（3）尧庙

（4）洪洞大槐树

● **温馨提示**

（1）外出旅游请备好运动鞋、干粮和水。随时注意天气情况。在夏季，一定要带足水，因为登山会出汗，如果不补充足够的水分，容易发生虚脱、中暑。背包不要手提，要背在双肩，以便于双手抓攀。走路不观景，观景不走路，大景不放过，小景不留恋。千万不要在危险的景观及悬崖边照相，以防发生意外。

（2）外出旅行请备好雨具。在旅游途中入住酒店后，请妥善保管您的贵重物品（如条件允许可寄存酒店前台）。

（3）旅游旺季在旅游餐厅用餐时，由于游客众多，请保管好个人的随身物品，注意随身安全。

【实训步骤】

（1）以项目团队为学习小组，小组规模一般是 2～3 人；建立沟通协调机制，团队成员共同参与、协作完成景区介绍的任务；各项目团队成员互相进行交流、讨论实训内容，并给予点评。

（2）各项目团队提交 PPT 文件，展示壶口瀑布、王家大院、尧庙、洪洞大槐树四个景区的详细情况；可以通过网络等多种方式搜集资料。

（3）评价与总结：由教师和其他团队成员进行现场点评，教师点评以鼓励为主。

一、单项选择题

1. “秋风卷起千层浪，晚日迎来万丈红”指的是（　　）。
A. 乔家大院　　B. 平遥古城　　C. 王家大院　　D. 黄河壶口瀑布

2. 由张艺谋执导、巩俐主演、红极一时的《大红灯笼高高挂》拍摄地是（　　）。
A. 乔家大院　　B. 平遥古城　　C. 王家大院　　D. 黄河壶口瀑布

3. 中国早期石雕艺术的代表是（　　）。
A. 乔家大院　　B. 平遥古城　　C. 王家大院　　D. 云冈石窟

4. 我国现存最高最古的一座木构塔式建筑，也是唯一一座木结构楼阁式塔是(　　)。
A. 千寻塔　　B. 应县木塔　　C. 大雁塔　　D. 嵩岳寺塔

5. “金鸡报晓”、“玉羊游云”、“岳顶松风”、“夕阳返照”等天然奇观出现在(　　)。
A. 恒山　　B. 衡山　　C. 五台山　　D. 云台山

二、简答题

1. 寻根觅祖游线路中不能缺少的景点是哪个？
2. 我国有哪三大九龙壁？山西九龙壁的特点是什么？
3. 山西旅游景点的特点是什么？

任务三　河南景点及线路

《少林寺》电影是1982年由李连杰主演的一部在武侠电影史上具有划时代意义的影片。电影通过李连杰和他的一班武术队员们朴素真实的功夫让观众真正欣赏到了中国武术的真功夫，使得现在的少林寺不仅因其古老神密的佛教文化名扬天下，更因其精湛的少林功夫而驰名中外。“中国功夫冠天下，天下武功出少林。”这里是少林武术的发源地，少林武术也是举世公认的中国武术正宗流派。两年后，李连杰和他在《少林寺》中的搭档，又推出了一部叫《少林小子》的功夫喜剧片。《少林小子》携《少林寺》的未尽雄风，一举横扫港九东南亚，再创票房新佳绩。李连杰以及众多“少林小子”的形象更加深入人心。之后以少林寺为题材的电影例如周星驰、赵薇主演的《少林足球》等都风靡一时。而一部《少林寺传奇》的电视连续剧把功夫电视剧从神话和武侠引向生活。中国功夫旅游目的地规划中，计划将登封建成“世界功夫之都”。请你为热爱中国功夫的非洲小伙子设计一条中国功夫旅游路线。

任务分析

武术是体育产业的一部分，也是文化旅游的一部分。随着中国电影事业的发展、海外旅游宣传的开展，越来越多的外国朋友，向往乃至崇拜中国功夫，越来越多五湖四海的朋友来到中国学习中国功夫。这带动了旅游事业的发展，也推动了相关产业的发展。

知识准备

河南，因大部分地区位于黄河以南而得名。河南位于我国中部偏东、黄河中下游，处在东经110°21′～116°39′，北纬31°23′～36°22′，东西长约580千米，南北长约550千米。全省土地面积16.7万平方千米（居全国第17位，占全国总面积的1.74%），河南是全国人口第一大省，2009年年底总人口9967万人。河南东接安徽、山东，北界河北、山西，西连陕西，南临湖北，呈望北向南、承东启西之势。省会是郑州。

河南既是历史文化资源大省，也是自然景观荟萃之地，山川壮美，风光秀丽，融南秀北雄于一体。全省有国家级风景名胜区8处，省级23处。郑州的嵩山，洛阳的龙门山、白云山，信阳的鸡公山，焦作的云台山，济源的王屋山，平顶山的石人山，安阳的太行大峡谷，南阳的宝天曼、老界岭，鹤壁的云梦山，驻马店的嵖岈山等均属山水奇观；黄河自西向东流经河南，出三门峡后经小浪底流入黄淮平原，郑州至开封段河床高出地面，形成地上悬河的独特自然景观。郑汴洛沿黄“三点一线”和南太行景区成为国内外知名旅游品牌，伏牛山生态旅游整体开发全面启动。红色旅游迅速发展，全省共有红色旅游景区26家，拥有驻马店确山县竹沟革命纪念馆、信阳市红色旅游系列景区（点）、南阳桐柏英雄纪念馆、郑州二七纪念堂等4家红色旅游经典景区；新开发的工业旅游、农业旅游项目，也令海内外游客流连忘返。河南省旅游景点见图4-3。

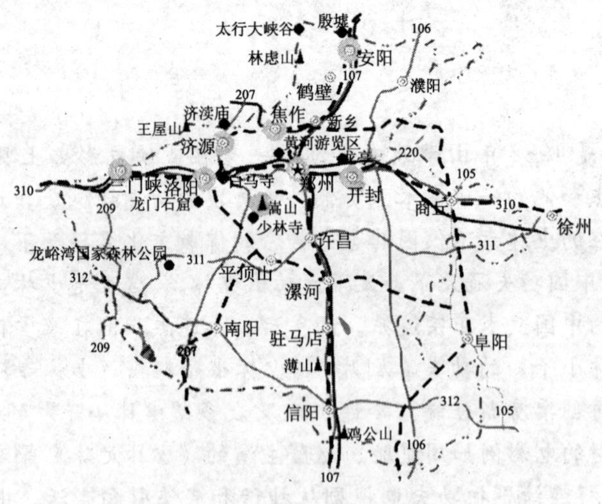

图4-3　河南省旅游景点

（一）主要景点

1. 万山之祖——嵩山

中岳嵩山，“峻极于天”且“居天下之中”，自古就被认为是“万山之宗”。单是一个“嵩”字就可看出嵩山的地位，“嵩”者“高”“山”也，而实质上，嵩山海拔只有1492米。嵩山地区产生了中国最早的国家文明，且长期是中国古代的政治、经济和文化中心，

因而留下了大量极其珍贵的古代文化遗址。2009 年中国唯一申报的世界文化遗产“嵩山古建筑群”，共 8 项 11 处，其每一项都有资格单独申报世界文化遗产。嵩山是一部用石头和建筑书写的中国历史教科书。

嵩山更是举世罕见的地质博物馆。小小的嵩山，竟然横跨了太古代、元古代、古生代、中生代和新生代五个地质年代，是地质学领域的“五世同堂”。嵩山上既能见到大象的化石，也能见到海象的化石。这就是嵩山世界地质公园。

嵩山群峰挺拔，气势磅礴，景象万千。由峰、谷、涧、瀑、泉、林等自然景观构成的八景为：嵩门待月、轩辕早行、颍水春耕、箕阴避暑、石淙会饮、玉溪垂钓、少室晴雪、卢崖瀑布。

2. 少林寺

少林寺位于登封，是禅宗和少林武术的发源地。佛教传入中国后，少林僧人将它与中国本土的儒家和道家思想相融合，创立了禅宗。禅宗是中国化的佛教，它迅速地传向全国各地及周边的日本、朝鲜、韩国和东南亚等地，对中国历史以及日本的花道、茶道、柔道、武士道等产生了深远的影响。少林武术冠天下，天下功夫出少林。少林僧人在交流中汲取天下武术之大成，总结出了少林拳、少林棍、易筋经、铁布衫等 700 多种武术绝技，并对其他武术流派产生了深远的影响，仅从少林拳派生出的拳术就有四五十种。少林的积极入世使它与中国历史紧密相连，在南北朝、隋朝、唐朝、北宋和明等朝代都发挥了重要的作用。少林寺也因承担社会责任而成为“天下第一名刹”，少林武术也因此广播四方并在实战中进一步发展壮大。少林的与时俱进、开放和积极入世，使它一直保持着很强的生命力，在历经磨难后的今天，禅宗和少林武术依然生机无限。今天的少林僧人又将互联网、营销学等现代文化融入少林文化，使少林迅速走向世界。少林成为中国文化走向世界的典范，也在很大程度上成了中华文化的代名词。2010 年少林寺被列入世界遗产名录。

3. 嵩阳书院

嵩阳书院位于登封嵩山，是宋代四大书院之一。范仲淹、程颐、程颢、司马光等大儒曾在这里讲学，司马光的《资治通鉴》有一部分就是在这里写的。这里在洛阳附近，二程在这一带将儒释道三者相融合，初步创立了以后影响中国 800 年的理学。2010 年嵩阳书院被列入世界遗产名录。

4. 中岳庙

中岳庙，道教著名宫观。在河南省登封县嵩山东麓，始建于秦；宋祥符六年（1013 年）增修崇圣殿及牌楼等八百余间，时雕梁画栋，金碧辉煌，为极盛时期；明代崇祯十七年（1644 年）毁于大火。现存庙宇为清代重修后的规模。

此庙坐北朝南，东毗牧子岗，西邻望朝岭，前对玉案山，背靠黄盖峰；庙中珍藏有铸造于北宋治平元年（1064 年）的四大铁人像。四尊铁人铸像为我国现存镇库铁人之中形体最大、保存最好、铸造较佳的艺术精品，属道教文物。该庙是河南省规模最大的道教建筑群，为全国道教重点开放宫观之一。

5. 龙亭公园

龙亭公园位于开封城内西北隅，占地面积 1300 多亩。全园包括午门、玉带桥、朝门、照壁、朝房、龙亭、北宋、皇宫宸拱门遗址、碑亭、北门及东门等清朝万寿宫建筑群体，还有潘杨二湖、春园、盆景园、号称中原一绝的植物造型园及长廊水榭等园林景观。国家

AAAA级旅游风景区龙亭，位于开封城内南北交通中枢干线中山路北端。公元780年，唐德宗李适在开封（现在龙亭所在地）建永平军节度使治所，即藩镇衙署。随着时间的推进，五代中的后梁、后晋、后汉、后周相继将其改为皇宫。北宋开国皇帝赵匡胤陈桥兵变后，也把这里作为皇宫。金后期同样相中了这块风水宝地。明王朝统治者更是大兴土木，修建了周藩王府。1925年改为龙亭公园。1927年，冯玉祥二次主豫时，更名中山公园。1953年正式命名为龙亭公园。

6. 龙门石窟

龙门石窟位于河南省洛阳市南郊13千米处的伊河两岸。这里东（香山）、西（龙门山）两山对峙，伊水中流，形似天然门阙，故古称“伊阙”。2000年11月，联合国教科文组织将龙门石窟列入《世界文化遗产名录》。

龙门石窟开凿于北魏孝文帝迁都洛阳之际（公元493年），嗣后历经西魏、东魏、北齐、隋、唐、五代、宋、明诸朝，断续营造达500余年，现存伊河两岸山崖峭壁间的两千余座窟龛和十万余尊造像，多数为北魏和盛唐两个时期的雕刻作品。据统计，东西两山现存窟龛2300多个，造像十万余尊，碑刻题记2800多块，佛塔70余座。它们代表了不同时代的雕凿风格，反映了不同时期人们的审美时尚。龙门，最具永恒魅力的当属奉先寺。这是一组斩山为石、依崖临壁凿就的群像。主佛卢舍那是中国古代人物雕塑最完美的作品之一。

7. 白马寺

白马寺位于河南洛阳城东10千米处，在汉魏洛阳故城雍门西1.5千米处，古称金刚崖寺，号称“中国第一古刹”，是佛教传入中国后第一所官办寺院。它建于东汉明帝永平十一年（公元68年），距今已有近2000年的历史。

白马寺坐北朝南，是一座长方形的院落，占地约4万平方米。寺大门之外，广场南有近年新建的石牌坊、放生池、石拱桥，其左右两侧为绿地。左右相对有两匹石马，大小和真马相当，形象温和驯良，这是两匹宋代的石雕马，是优秀的石刻艺术品。白马寺的山门为明代所重建，为一并排三座拱门，代表三解脱门，佛教称之为涅盘门。白马寺大门东走约300多米，有一座13层的齐云塔，直插云霄。齐云塔始建于五代时期，原为木塔，北宋末年金兵入侵时烧毁。金朝大定年间重建此塔，至今已有800多年历史。

8. 云台山

云台山位于河南焦作修武县境内，既是世界地质公园，又是国家5A级景区。云台山满山覆盖的原始森林，深邃幽静的沟谷溪潭，千姿百态的飞瀑流泉，如诗如画的奇峰异石，形成了云台山独特完美的自然景观。汉献帝的避暑台和陵基，魏晋“竹林七贤”的隐居故里，唐代药王孙思邈的采药炼丹遗迹，唐代大诗人王维写出“每逢佳节倍思亲”千古绝唱的茱萸峰，以及众多名人墨客的碑刻、文物，形成了云台山丰富深蕴的文化内涵。

9. 白云山

白云山位于洛阳市嵩县境内，2006年被《中国国家地理》杂志联合众多旅行社评为“中国最美的地方”。白云山位于伏牛山腹地原始林区，奇峰俊秀，白云悠悠，瀑布飞跌，林深谷幽。整个景区融山、石、水、洞、林、草、花、鸟、兽为一体，雄、险、奇、幽、美、妙交相生辉，形成各具特色的白云峰、玉皇顶、小黄山、九龙瀑布、原始森林五大观光区，成为中原地区集观光旅游、度假避暑、科研实习、寻古探幽为一体的复合型旅游区，被誉为“人间仙境”、“中原名山”。

10. 安阳殷墟

因发现了世界上最大的青铜器和甲骨文而轰动世界，殷墟也毫无争议地成为世界文化遗产。甲骨文是一种常用字在5000字左右的一种比较成熟的文字，是世界上四种最古老的文字中唯一流传下来的文字。“十一五”期间，我们国家在安阳建设世界上唯一的文字博物馆——中国文字博物馆。

11. 红旗渠

红旗渠位于河南安阳，是闻名于世的“人工天河”和“世界第八大奇迹”。为了修建这条渠，10万人在崇山峻岭中的悬崖峭壁上辛辛苦苦地整整干了10年。他们没有钱，没有粮食，没有技术，又没有政策支持，却靠着顽强的毅力削平了1250座山头，修建了上百座引桥，凿通了上百座隧道，最终将生命的河水引入到了干涸的土地。红旗渠的总渠长超过4000千米，其土石方可以从哈尔滨到广州修一条宽2米、高3米的石墙！红旗渠是人类改造自然的杰作。

（二）典型线路

1. 中华功夫行

D1：参观河南博物院，宿古都郑州。

D2：观赏黄河风光，游览古都开封，晚宿郑州登封。

D3—D5：与武林大师见面，学习少林功夫，欣赏《禅宗少林》音乐大典，观看中原武术节比赛，宿登封。

D6：游览少林寺、塔林、嵩山世界地质公园，欣赏少林功夫表演，结束愉快行程。

2. 中原古都探访六日游

D1：郑州—安阳。参观世界文化遗产、中国最早文字甲骨文的发现地、商朝都城遗址——殷墟博物院；参观中国最早的有文字记载的监狱——羑里城。

D2：开封。游览以清明上河图为摹版建造的大型民俗主题公园——清明上河园；参观开封的标志性建筑——开封铁塔；参观中国十大佛教寺院之一——大相国寺；游览天下名府、铁面无私包青天办案的地方——开封府。夜间可品尝著名的开封夜市美食。

D3：郑州。参观河南博物院，黄河风景名胜区参观炎黄二帝巨型塑像，畅游黄河；后前往十三朝古都——洛阳，途中参观巩义北宋皇陵、石窟寺。

D4：洛阳。游览中国三大石窟艺术宝库之一——龙门石窟；参观“释源”、“祖庭”白马寺；到访武圣人关羽首级埋葬地——关林。

D5：洛阳—许昌。参观关羽秉烛夜读《春秋》的地方——春秋楼；关羽辞曹归刘挑袍处——灞陵桥景区；参观汉魏许都故城遗址。

D6：许昌—郑州。从许昌返回郑州，自由活动。结束愉快行程。

3. 古文明之旅

D1：参观河南博物院，观赏黄河风光，宿古都郑州。

D2：参观少林寺、塔林、嵩山世界地质公园，欣赏少林功夫表演，观赏《禅宗少林》音乐大典，宿郑州登封。

D3：黄帝故里拜祖，参观康百万庄园，宿郑州巩义。

D4：参观龙门石窟、云台山，宿古都郑州。

D5：浏览清明上河园、龙亭、包公府，结束愉快行程。

4. 郑州，焦作，洛阳三日游

D1：郑州接团，赴修武县游览世界地质公园——云台山，游览老潭沟、小寨沟、情人瀑、温盘峪、单级落差居亚洲之冠的云台天瀑，游黄龙潭、幽潭、白龙潭一线天等景区，游览结束后乘车赴洛阳。

D2：早餐后游览中国三大石窟艺术宝库之一的龙门石窟：参观潜溪寺、宾阳三洞、万佛洞、莲花洞、奉仙寺、药方洞等（龙门石窟开凿历时四百多年，有 2345 个窟龛，佛像 10 万多尊，碑刻题记 2800 余块，佛塔 40 余座）。中餐可品尝宫廷筵席——洛阳水席。下午参观著名的唐三彩工艺品，洛浦公园欣赏洛浦美景，远眺中原明珠电视塔，东周文化广场感受周朝文化。

D3：早餐后参观“释源”、“祖庭”——白马寺：大佛殿、大雄宝殿、接引殿、清凉台等。午餐后赴中国武术发源地“天下第一名刹”少林寺，参观：山门、天王殿、大雄宝殿、方丈室、立雪亭、李世民碑、三教浑元碑、塔林，武术馆观看少林武术表演。后返回郑州，结束愉快旅游行程。

5. 河南世界文化遗产游

D1：郑州—洛阳—登封—郑州。早餐后赴龙门石窟，龙门石窟是河南省首个世界文化遗产。抵达景区后，跟随导游先后游览奉先寺、万佛洞、宾阳三洞、庄重神秘的卢舍那大佛、香山寺、白园等。下午前往世界文化遗产登封“天地之中”历史建筑群，参观其中一处历史遗迹少林寺景区。欣赏少林武僧的精彩功夫表演，感受少林武术的博大精深。

D2：郑州—安阳—郑州。早餐后赴中国八大古都之一的殷商古都安阳——汉文字的发源地。殷墟被评为世界文化遗产、“20 世纪河南十项重大考古发现”之一，又被评为“中国 20 世纪一百项考古大发现”之首。下午游览以世界文字为背景，以汉字为主干，以少数民族文字为重要组成部分的中国文字博物馆。乘车返回郑州，结束愉快旅行。

拓展阅读

意大利少林拳法联盟弟子一行 27 人参访少林寺

2011 年 8 月 4 日，意大利少林拳法联盟的弟子们在延辉法师的带领下，一行 27 人前来少林寺参访，受到释永信方丈的热烈欢迎。随后，他们在寺院相关法师的带领下，进行为期 10 天的少林文化体验活动。

参观千年古刹、禅宗祖庭少林寺，学习佛教常识及少林禅医知识，体验原汁原味的少林功夫，品味少林欢喜地素斋……意大利的少林弟子们在这 10 天的少林文化之旅中，激动不已。弟子 Maria Noemir Egalia（法名恒定）激动地说道：“这真是一次难忘的体验！能够到少林寺参观、学习，一直是我的梦想，而我的梦想今天终于实现了。作为一名少林弟子，我有义务将少林文化的精神带给更多的西方人。”弟子 Dagnino Nicola 欣喜地说道：“少林寺的生活方式将会改变我未来的生活。世间万物在这里都变得与世无争了，像战争和冲突带来的痛苦、对饥饿的恐惧、生命中的挣扎以及生活中的压力，在这里好像都荡然无存了。”

8 月 13 日，在经过 10 天的学习与体验后，意大利的少林弟子们迎来了最为激动

人心的一刻：获得由释永信方丈亲自颁发的结业证书。“能够见到方丈，还能从方丈手中接过证书，我真是太兴奋，太荣幸啦”，在颁发证书仪式结束后，一位6岁的、名叫Kouta的孩子，满脸笑容地大声说道。据寺院法师介绍，这种颁发证书的仪式，通常是在来自海外的少林弟子学有所成，并经过少林寺法师的严格测试后，才会举办的。

在这10天的少林文化体验活动中，意大利的少林弟子们不仅学习了正宗的少林功夫，还对少林禅医、少林戒律和坐禅等有了初步的了解。临别时，这次活动的组织者延辉法师激动地说：“明年一定会有更多的学生再来体验的！”

资料库

少林功夫简介

少林功夫是指在嵩山少林寺这一特定佛教文化环境中形成的、以佛教神力信仰为基础、充分体现佛教禅宗智慧、并以少林寺僧人修习的武术为主要表现形式的传统文化体系。少林功夫具有完整的技术和理论体系。它以武术技艺和套路为其表现形式，以佛教信仰和禅宗智慧为其文化内涵。

少林功夫是一个庞大的技术体系，不是一般意义上的“门派”或“拳种”。中国武术结构复杂，门派众多，但根据历史文献记载，少林功夫是历史悠久、体系完备、技术水平最高的武术流派之一。根据少林寺流传下来的拳谱记载，历代传习的少林功夫套路有数百套之多，其中流传有序的拳械代表有数十种。另有72绝技，以及擒拿、格斗、卸骨、点穴、气功等门类独特的功法。这些内容，按不同的类别和难易程度，有机地组合成一个庞大有序的技术体系。

少林功夫具体表现是以攻防格斗的人体动作为核心、以套路为基本单位的武术体系。套路是由一组动作组合起来的，每个动作的设计和套路的组合，都是建立在中国古代人体医学知识之上，合乎人体运动的规律。动作和套路讲究动静结合、阴阳平衡、刚柔相济、神形兼备。其中最著名的是“六合”原则：手与足合、肘与膝合、肩与胯合、心与意合、意与气合、气与力合。中国古代“天人合一”的思想认为：最合自然规律的，才是最合理的。少林功夫就是以此为理念，不断地去芜存精，创新发展，形成了最为合乎人体自然结构的运动，使人体潜能得到了高度发挥。经历了1500年的发展，少林功夫已成为最优化的人体运动形式。

少林功夫表现出来的深厚文化内涵是禅宗智慧赋予的。少林功夫的修习者首先表现为对佛教的信仰，包括智慧信仰和力量信仰。少林功夫的智慧信仰主神为禅宗初祖菩提达摩，力量信仰主神为紧那罗王。对于超常神力的渴望，对于超常智慧的追求，从来都是佛教徒的追求目标。这是少林功夫表现为神奇武术之根本原因，也是少林功夫与其他武术之区别所在。

任务实施

日期	行程安排
D1	郑州—登封。游览少林武术发源地——少林寺景区：参观常住院、历代高僧圆寂后埋葬的地方——塔林，武术馆观看表演
D2	登封。参观嵩岳寺塔、道教圣地——中岳庙，在武术教练指导下练拳
D3	登封。体验武术学校晨练，午餐后赴十三朝古都——洛阳，参观“释源”、“祖庭”白马寺
D4	洛阳。参观中国三大石窟艺术宝库——龙门石窟，后返回郑州，结束愉快的旅游行程

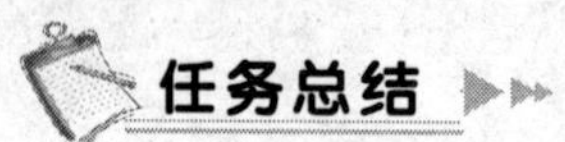

任务总结

在全面了解河南主要景点、线路及武术旅游知识后，在旅游者需求分析的指导下，为游客设计符合旅游者需求的旅游线路，突出河南及红色旅游的特色安排。

实训项目

河南古都之旅

【实训目标】

通过实训可以让学生熟悉河南主要景点及旅游线路；让学生具备市场意识，可以对旅游者进行旅游需求分析；通过项目工作培养学生的沟通及合作能力。

【实训内容】

“八大古都”是指由中国古都学会通过并经国内史学家承认的古代都城。八大古都中，有四个位于今河南，包括洛阳（从夏朝始）、郑州、安阳、开封。某旅行社的计调人员为生活在古都南京的游客刘而昱设计了下面这条古都观光之旅。请你认真阅读、修改行程，满足游客的需求。

日期	河南古都之旅行程安排
D1	郑州—开封—郑州 早餐后，清晨8：00旅游车前往七朝古都开封，汽车行驶在郑开大道上（约50分钟），沿途不仅可以欣赏到郑东新区的时尚建筑，而且可以饱览中原大地一马平川的平原。有关一代枭雄曹操的故事，古代以少胜多的著名战争官渡之战在耳边响起，仿佛时间把我们带回到了古代 参观以宋代张择端的传世之作《清明上河图》为蓝本再现原图景观的大型宋代民俗风情游乐园清明上河园（约2小时）；观看包公迎宾、梁山好汉劫法场、民俗杂耍、（可参与）王员外招亲等互动节目。然后沿途车览北宋朝代的步行街——宋都御街，远观被人们视为“古都的象征”、“开封的骄傲”的六朝皇宫遗址龙亭大殿，潘、杨二湖等。下午参观素有东方比萨斜塔之称的中国最古老的琉璃砖塔铁塔（约1个小时）和包公祠（约45分钟）。返回郑州

续　表

日期	河南古都之旅行程安排
D2	郑州—少林寺—洛阳 早餐后，清晨8：00旅游车前往闻名已久的文物功夫之乡登封，经过2个小时左右的一路西行，由平原逐渐进入巍峨的伏牛山脉，转眼已经来到了全国五岳中的中岳嵩山脚下 在导游的带领下，参观由全国最有名气的方丈释永信住持的少林寺，欣赏少林武僧的精彩功夫表演（约30分钟），在感受少林武术的博大精深的同时，您还可以与少林高僧一试身手，或者拜师学艺。之后参观少林寺常住院（约1小时），这里的每一个大殿、每一处风景都有着那么深厚的历史和文化，接着漫步在从少林寺庙到塔林的路上，沿途的溪水、青山都让你感觉到这里意境悠然。转眼200多座佛塔跃然而出，这是我国现存古塔群中规模最大、数量最多的古塔群——少林寺塔林（约20分钟） 下午游览中国北宋四大书院之一的嵩阳书院（40分钟）。晚餐可品味永泰寺素斋，永泰寺素斋是嵩山地区唯一一家经营全素膳食的餐馆。之后自费欣赏嵩山实景演出，近600人的禅武演绎，少林僧侣的现场唱颂，春夏秋冬的景观变化，直指心性的佛乐禅音《禅宗少林·音乐大典》（20：00—21：15）。前往洛阳
D3	洛阳—龙门石窟—郑州 早餐后，清晨8：00乘旅游车赴位于千年帝都洛阳市南13千米处的龙门石窟（约2小时）。它同甘肃的敦煌石窟、山西大同的云冈石窟并称中国古代佛教石窟艺术的三大宝库 抵达景区后，跟随导游先后游览奉先寺、万佛洞、宾阳三洞、庄重神秘的卢舍那大佛、香山寺、白园等。站在各种艺术造像面前，每个场景都是活生生的、感人的，意境隽永，仿佛超越了时空。艺术的完美和历史的悠久被体现得淋漓尽致 午餐过后，下午前往我国第一古刹——被称为“释源”、“祖庭”的白马寺（约1小时）。这里北依邙山，南临洛水，宝塔高耸，殿阁峥嵘，长林古木，肃然幽静。最后参观洛阳美陶——唐三彩（约30分钟）。乘车返回郑州，结束愉快的行程

【实训步骤】

1. 以项目团队为学习小组，小组规模一般是2～3人；建立沟通协调机制，团队成员共同参与、协作完成景区介绍的任务；各项目团队成员互相进行交流、讨论实训内容，并给予点评。

2. 各项目团队提交修改后的行程，用PPT文件展示；重点说明修改的理由。

3. 评价与总结：由教师和其他团队成员进行现场点评，教师点评以鼓励为主。

一、单项选择题

1. 具备太古代、元古代、古生代、中生代和新生代五个地质年代，是地质学领域的“五世同堂”的景点是（　　）。

A. 云台山　　B. 少林寺　　C. 嵩阳书院　　D. 嵩山

2. 禅宗和少林武术的发源地是（　　）。

A. 云台山　　B. 少林寺　　C. 嵩阳书院　　D. 嵩山

3. 范仲淹、程颐、程颢、司马光等大儒曾讲过学，司马光的《资治通鉴》有一部分曾撰写的地方是（　　）。

A. 云台山　　B. 少林寺　　C. 嵩阳书院　　D. 嵩山

4. 号称“中国第一古刹”，佛教传入中国后第一所官办寺院是（　　）。

A. 云台山　　B. 少林寺　　C. 嵩阳书院　　D. 嵩山

5. 汉献帝的避暑台和陵基，魏晋“竹林七贤”的隐居故里，唐代药王孙思邈的采药炼丹遗迹所在地是（　　）。

A. 云台山　　B. 红旗渠　　C. 嵩阳书院　　D. 嵩山

6. 位于河南安阳，以“人工天河”和“世界第八大奇迹”闻名于世的景点是（　　）。

A. 云台山　　B. 红旗渠　　C. 嵩阳书院　　D. 嵩山

二、简答题

1. 河南省旅游景点的特色是什么？

2. 河南世界遗产旅游线路中重点的景点是哪些？

3. 说说你对安阳殷墟甲骨文的了解。

项目五　西北旅游区景点及线路

● 知识目标

1. 熟悉西北地区各省市旅游景点。

2. 熟悉西北地区省内典型旅游线路及跨省连线旅游线路。

● 能力目标

1. 能够根据游客特征和旅游动机进行游客分析。

2. 能够根据旅游线路的编制原则和游客需求，为不同类型的游客设计具有西北特色的典型旅游线路。

任务一　内蒙古—宁夏景点及线路

某汽车品牌俱乐部准备利用“十一”国庆长假举行一次“西北草原·大漠风情”的自驾车主题旅游活动。此次活动主要针对俱乐部会员，给大家提供一次共同交流和畅游的机会，体验宁夏回族风情文化和内蒙古草原民俗宗教文化。线路安排要求既能欣赏到内蒙古希拉穆仁的茫茫草原，又能感受到浩瀚的库布奇大漠风情。现已有50名会员报名参加此次主题活动，本次活动参加者的年龄多在25～40岁，自驾车经验丰富，在专业配备上也较为完备。请为该俱乐部设计一条自驾游线路。

任务分析

自驾车旅游是指旅游者以私有或租借汽车为主要交通工具，以休闲体验为主要目的，有组织、有计划，以自驾车为主要交通工具的旅游形式。自驾游符合年轻一代的心理，他们不愿意受拘束，追求人格的独立和心性的自由。自驾游具有自主性、休闲性、地域广泛性、消费习惯的多样性的特点。自驾车旅游者一般来说都是属于中上收入的阶层，从经济水平上看，普遍拥有较好的生活条件；从文化程度上看，绝大部分旅游者受教育程度较高，拥有较强的旅游意识和旅游素养；从年龄比例上看，中青年占主体部分。自驾车旅游者外出旅游主要在于追求一种自由化、个性化的旅游空间。观光与休闲度假游是自驾车旅游的主要动机，其他动机还包括探亲访友、娱乐和探险摄影等。

知识准备

一、内蒙古旅游资源

内蒙古旅游资源区地处我国北部边疆，幅员辽阔，横跨“三北”（东北、华北、西北），靠近京津，与蒙古国、俄罗斯接壤，边境线长 4200 千米，全区总面积 118.3 万平方千米，约占全国总面积的 1/8，是我国北疆一块神奇壮丽的土地。本区大部分属地势高而平坦的蒙古高原，为蒙古族的主要聚居区。就旅游而言，每年 6～9 月最适合旅游，内蒙古草原、古迹、沙漠、湖泊、森林、民俗“六大奇观”构成独特的旅游胜景。内蒙古辽阔的大草原，富饶美丽；大兴安岭的莽林风光，吸引着无数国内外游客。蒙古族歌舞是世界文化艺术宝库中的灿烂明珠，赛马、摔跤、射箭被视为蒙古族的“男儿三艺”，蜚声中外。传统的那达慕常常把中外游客带进浓烈的兴趣之中。名胜古迹如呼和浩特市的五塔寺、大召、昭君墓、席力图召、乌素图召、白塔，包头市的五当召、美岱召，伊金霍洛旗的成吉思汗陵园，阿拉善左旗的延福寺，赤峰市的辽上京、辽中京、大明塔，鄂伦春自治旗的嘎仙洞等，星罗棋布。内蒙古主要旅游景点见图 5－1。

图 5－1 内蒙古主要旅游景点

（一）主要景点

内蒙古旅游资源大部分地区属于内蒙古高原，气候为温带大陆性气候，它东起茫茫的大兴安岭，西至阿拉善戈壁，东西蜿蜒 2400 多千米，是我国跨经度最大的省区。内蒙古地处温带气候带，特殊的地理位置和地势变化造就了区内温带、温带半湿润、寒温带湿润、温带半干旱和干旱等多样的大陆性季风气候，形成了草原、森林、沙漠、湖泊等多样

的生态系统。目前该区有自然保护区 184 处，其中国家级 18 处，自治区级 50 处。

1. 希拉穆仁草原

希拉穆仁，蒙语意为“黄色的河”，位于呼和浩特以北 100 千米。希拉穆仁草原，俗称“召河”，因在希拉穆仁河边有清代喇嘛庙“普会寺”而得名。普会寺为呼和浩特席力图召六世活佛的避暑行宫，建于乾隆三十四年（1769 年），它是草原上众多庙宇殿堂古迹之一。普会寺坐北朝南，长方形院落，院中排列着三重殿阁，为汉藏混合结构。普会寺背后环绕着希拉穆仁河，跨过河上大桥可达阿勒宾敖包山上观赏草原风光。希拉穆仁草原是典型的高原草场，每当夏秋时节绿草如茵，鲜花遍地。在希拉穆仁草原，每年都要举行盛大的草原那达慕活动，其中的赛马、摔跤和射箭三项竞技是蒙古族“男儿三艺”。在这里可以参与骑马、骑骆驼、赛马、赛骆驼、摔跤表演、登敖包山、游喇嘛庙等旅游活动。

2. 辉腾锡勒草原

辉腾锡勒，蒙语意为“寒冷的高原”，位于乌兰察布盟察右中旗中南部辉腾锡勒草原上，距呼和浩特 135 千米。这里位于阴山山脉东段，海拔 1800 多米，平均最高温度为 18℃。每到 5～9 月，鲜花遍地，成为花的海洋。旅游景区主要分神葱沟和黄花滩两大去处，共有 15 大景观。这里有 90 多个天然湖泊，点缀在碧绿的草原上，既有牧区草原苍茫雄浑的格调，又有江南水乡明媚清秀的色彩。整个旅游区规模庞大，设施完善，蒙古包、木屋等可供游客住宿。草原活动丰富，其项目包括：骑马、乘驼、射箭、摔跤、登敖包山、篝火歌舞晚会、到牧民家做客、品尝具有民族风味的奶食和奶茶、吃手扒肉、喝马奶酒等。

3. 呼伦贝尔草原

呼伦贝尔草原位于大兴安岭以西，由呼伦湖、贝尔湖而得名。地势东高西低，海拔在 650～700 米，总面积约 9.3 万平方千米，天然草场面积占 80%，是世界著名的三大草原之一。这里地域辽阔，风光旖旎，水草丰美，3000 多条纵横交错的河流，500 多个星罗棋布的湖泊，组成了一幅绚丽的画卷，一直延伸至松涛激荡的大兴安岭。呼伦贝尔草原是中国目前保存最完好的草原，有 120 多种营养丰富的牧草，有“牧草王国”之称。呼伦贝尔大草原也是一片没有任何污染的绿色净土。呼伦贝尔的那份广袤，那份茂盛，那份浓重是众多草原无可比拟的。每逢盛夏，草原上鸟语花香、空气清新；星星点点的蒙古包上升起缕缕炊烟；微风吹来，牧草摇动，处处“风吹草低见牛羊”；蓝天白云之下，一望无际的草原、成群的牛羊、奔腾的骏马和牧民挥动马鞭、策马驰骋的英姿尽收眼底。

4. 呼伦湖

呼伦湖位于呼伦贝尔市，面积 2339 平方千米，是内蒙古第一大湖、中国第四大淡水湖。呼伦湖是中国北方数千里之内唯一的大泽，水域宽广，沼泽湿地连绵。湖中共有鱼类 30 多种，也是中国北方地区重要的鸟类栖息地和东部内陆鸟类迁徙的重要通道。春秋两季，南来北往的候鸟种类繁多，共有鸟类 17 目 41 科 241 种，占中国鸟类总数的 1/5，主要有天鹅、雁、鸭、鹭等，这里是内蒙古鸟类资源宝库。呼伦湖有八个著名景区，分别为水上日出、湖天蜃楼、石桩恋马、玉滩淘浪、虎啸呼伦、象山望月、芦荡栖鸟、鸥岛听琴。

5. 大青沟国家级自然保护区

在辽阔的科尔沁草原西部沙海里，有一条长达 24 千米的沙漠大沟。沟上沟下树木葱郁，鲜花盛开；沟底处千万条淙淙泉水汇成一条长长的溪流，清澈透明。沟的两岸树草丛生，常绿树与落叶树并存，乔木与灌木掺杂，绿色中鲜花与绿草相间，溪流与明沙相依。这就是被称之为科尔沁沙地绿色明珠的大漠奇观——大青沟国家级自然保护区。它位于科左后旗境内，距沈阳200千米，距通辽市区80千米，总面积12.5万亩。区内大小青沟纵贯南北，呈"Y"形分布，沟长24千米，深约100米，宽200～300米。现已查明的植物有700多种，动物170多种，是天然的动植物宝库。这里沟深林密，风景独特，素有"沙漠绿洲"之美誉。现已开发的旅游项目有漂流探险、大漠漫游、草原赛马、民俗风情等项目。

6. 库布齐沙漠

库布齐为蒙古语，意思是弓上的弦。其西、北、东三面均以黄河为界，地势南部高，北部低。它位于鄂尔多斯高原脊线的北部，覆盖内蒙古自治区伊克昭盟杭锦旗、达拉特旗和准格尔旗的部分地区。南部为构造台地，中部为风成沙丘，北部为河漫滩地，总面积约145万公顷，流动沙丘约占61%，长400千米，宽50千米，沙丘高10～60米，像一条黄龙横卧在鄂尔多斯高原北部，横跨内蒙古三旗。形态以沙丘链和格状沙丘为主。库布齐沙漠的植物种类多样，植被差异较大。东部为草原植被，西部为荒漠草原植被，西北部为草原化荒漠植被。在北部的黄河成阶地地区，多系泥沙淤积土壤，土质肥沃。

7. 响沙湾

内蒙古鄂尔多斯境内，有一处远近闻名的旅游胜地，这就是"世界罕见，中国之最"的银肯响沙，俗称响沙湾。它位于达拉特旗南部、库布其沙漠的东端，北距草原钢城包头市50千米。周边延绵的沙山层层叠叠，形成一幅壮观的沙海奇景。这就是内蒙古三大沙漠之一的库布其沙漠，总面积达16000平方千米，库布其是蒙古语，汉语为"弓弦"的意思。如果我们把库布沙漠比作一张弯弓，那么银肯响沙（即响沙湾）就是这"弓上之弦"。响沙湾沙高110米，宽400米，依着滚滚沙丘，面临大川，背风向阳坡，地形呈月牙形分布，坡度为45度角倾斜，形成一个巨大的沙丘回音壁。沙子干燥时，游客攀着软梯，或乘坐缆车登上"银肯"沙丘顶，往下滑溜，沙丘会发出轰隆声，人们不禁惊叹：这里的沙子会唱歌。

8. 马鞍山国家森林公园

马鞍山国家森林公园位于内蒙古赤峰市喀喇沁旗锦山镇东南5千米处，属喀喇沁王府的家庙，距赤峰市区50千米，总面积24平方千米。辽代称此山为"马盂山"，因马盂（鸡冠壶）与马鞍山形似，又称"马鞍山"。随着当地旅游业的发展，又有"塞北小黄山"之美称。1993年被国家林业部批准为国家森林公园。马鞍山环境幽雅，森林茂密，古松、奇峰、云海、清泉堪称"四绝"。山峦叠翠，松涛阵阵，千年古松，挂于悬崖，立于谷中。夏日晨雾晚霞，展现奇观；冬季"雾凇"，银镶玉砌。峰谷之中，泉水清澈，山涧溪流，淙淙有声。

9. 黑里河森林自然保护区

黑里河森林自然保护区位于宁城县黑里河川。区内峰峦叠翠，森林茂密，有松、柏、桦等几十个树种；有山葡萄、蕨菜、蘑菇、黄花、山核桃等野菜野果。每当春夏之季，各种山花竞相开放，争奇斗艳。此处还是飞禽走兽的乐园。山鸡、黄莺、山鹰、百灵等飞舞鸣叫，狍子、狐狸出没山林。很久以前这里就是很多文人墨客、帝王将相游玩狩猎的场所。清康熙帝曾在此围猎。今在打鹿沟门隔河的石壁上仍留有清乾隆帝的御笔题词。旅游区内还有兰花山、仙人桥、一线天、北凉亭等景观。

10. 黄河滩岛

黄河流经乌海 75.5 千米，这一区段既有北国的雄浑，又有南国的旖旎，沿途散落着十多个大大小小的岛屿和夹心滩，犹如黄河锦带上点缀着的粒粒翡翠。岛滩上绿草如茵，树木参天，自然风景十分秀丽，是乌海发展旅游业得天独厚的资源优势。主要景点有：大中滩景区，总面积 7000 多亩，四面环水，现已部分开发，栽植了大量的花树、果树以及风景树，每当春夏时节，繁花似锦，整个岛屿仿佛变成了花的海洋；李华中滩景区，总面积 3000 多亩，岛上树木成林，花草茂密，绿树环抱，苇草连片，一派自然风貌；五小滩景区（即胡杨岛），由 5 个小岛组成，总面积约 1500 亩，四面环水，树木葱茏，尤以滩上高大茂密的胡杨树盛名。

11. 科尔沁草原

科尔沁，蒙语意为著名射手。在历代，是成吉思汗二弟哈布图哈撒尔管辖的游牧区之一，位于内蒙古东部，在松辽平原西北端，包括整个兴安盟和通辽市的一部分地方。科尔沁草原北与锡林郭勒草原相接，东邻呼伦贝尔草原，地域辽阔，资源丰富。科尔沁草原有较大面积的天然牧场和近 2000 万头的科尔沁红牛、兴安细毛羊和蒙古牛羊。科尔沁草原水利资源非常丰富，有绰尔河、洮尔河、归流河、霍林河等 240 条大小河流和莫力庙、翰嘎利、察尔森等 20 多座大中型水库。科尔沁淡水鱼种类多，肉质好，无污染，水里繁殖，年出鱼量达到 3000 吨。科尔沁草原历史悠久，文化源远流长。目前尚存的名胜古迹有辽代古城、金代界壕、科尔沁十旗会盟地旧址和庙宇、佛塔多座。在科尔沁草原上已有大青沟、汗山、科尔沁草原湿地自然保护区等国家和地区保护区。

12. 贺兰山原始森林

贺兰山具有独特的生态系统、自然风光和人文景观，地处蒙古高原中部南缘、华北黄土高原西北侧，西南邻近青藏高原东北部，是我国西北第一大南北走向的山脉。根属阴山山系，海拔 3656.1 米。属于典型的大陆性气候，具有温带干旱半干旱山地森林的典型特点。系草原至荒漠的过渡地带，有复杂多样的动植物区和比较完整的山地生态系统，具有色调分明的垂直景观，呈现梯度分布。这里有许多属于国家稀有、珍贵、濒危的动植物，还有许多属于贺兰山独有的植物。这里是生态、地理、林业、中药等学科的理想研究和实验基地，也是向广大群众普及自然科学知识、进行生态保护教育的大课堂。1995 年贺兰山被列入人与生物圈自然保护区网。

13. 大召寺

大召寺位于呼和浩特旧城南部，1580 年建成，是呼和浩特最早兴建的喇嘛教寺院，属于格鲁派（黄教）。明廷赐名“弘慈寺”，清代后改称“无量寺”。因寺内供奉有一尊高 2.5 米的纯银佛像，故又有“银佛寺”之称。西藏的三世达赖喇嘛曾亲临大召为银佛主持了开光法会。大召的宗教文物众多，其中银佛、龙雕、壁画堪称“大召三绝”。清代康熙年间，康熙皇帝亲自来过大召寺，并住在寺中，所以大召寺是康熙皇帝的家庙。大召是明清时期内蒙古地区最早建立的喇嘛教寺庙。大召采用汉庙形式，占地面积 3 万余平方米，其中建筑面积为 8000 多平方米，主要建筑有山门、天王殿、菩提过殿、九间楼、经堂、佛殿等，大殿是整个寺庙中唯一一座汉、藏结合风格的喇嘛庙。

14. 五塔寺

五塔寺又称金刚座舍利宝塔，位于呼市旧城东南部，始建于清雍正五年（公元 1727 年），是一个在金刚座上建有 5 个玲珑舍利小塔的建筑，人们通称为五塔。五塔，不仅是建筑物，而且还是一件巨大的艺术品。整个塔体，从上至下，布满了雕刻，有佛教的经文、咒语、法器、珍品、异兽等。最多的还是佛像，共有1500多尊。塔后的墙壁上还有三幅石刻图，东边的尤为突出，叫“天文图”，刻有1500多颗星，组成270个星座，还有太阳运行的轨道和农历24个节气等。这幅图是我国唯一用蒙古文记载的天文图，具有极高的学术价值。

15. 五当召

在包头市连绵起伏的大青山深处，有一座气势磅礴、规模宏大的藏式喇嘛庙，这就是国家重点文物保护单位、4A级旅游景区、闻名遐迩的五当召。它与西藏的布达拉宫、青海的塔尔寺和甘肃的抗卜楞寺齐名，是我国喇嘛教的四大名寺之一。五当召，原名巴达格尔召（藏名）。清乾隆皇帝赐名为“广觉寺”。因召前峡谷名五当沟，故通称五当召。它始建于乾隆十四年，即公元1749年。五当召是一座政教合一的喇嘛教（黄教派）寺庙，活佛传世七代，喇嘛最多时达一千二百余人。召庙主体由六个大殿、三座活佛府和一幢安放历代活佛骨灰的灵堂组成。庙宇建筑气势雄伟，富丽堂皇。

16. 昭君墓

昭君墓，又称“青冢”，蒙古语称特木尔乌尔琥，意为“铁垒”，位于内蒙古呼和浩特市南呼清公路9千米处的大黑河畔，是史籍记载和民间传说中汉朝明妃王昭君的墓地。它始建于公元前的西汉时期，距今已有2000余年的悠久历史，现为内蒙古自治区的重点文物保护单位，是由人工积土、夯筑而成。墓体状如覆斗，高达33米，底面积约13000平方米，是中国最大的汉墓之一，因被覆芳草，碧绿如茵，故有“青冢”之称。青冢兀立、巍峨壮观，远远望去，显出一幅黛色朦胧、若泼浓墨的迷人景色，历史上被文人誉为“青冢拥黛”，成为呼和浩特的八景之一。现在的昭君墓是20世纪70年代重新修筑的，占地面积3.3公顷，墓高33米，墓身呈台体状，墓顶建有一座凉亭，是一座人工夯筑的大王丘，是昭君的衣裳冠墓。墓地东侧是历代名人为昭君墓题写的碑文，西侧是文物陈列室。登上墓顶，我们可以看到连绵不断的阴山山脉横贯东西，也可以欣赏到呼和浩特市全景。

17. 美岱召

美岱召原名灵觉寺，后改寿灵寺，在呼和浩特至包头公路北侧的、东距包头市东河区约50千米的土默特右旗美岱召村。明隆庆年间（公元1567—1572年），土默特蒙古部主阿勒坦汗受封顺义王，在土默川上始建城寺。万历三年（公元1575年）建成的第一座城寺，朝廷赐名福化城。西藏迈达里胡图克图于万历三十四年来此传教，所以又叫做迈达里庙、迈大力庙或美岱召。寺周围筑有围墙，土筑石块包砌，平面呈长方形，周长681米，总面积约4000平方米。进入泰和门，迎面就是“大雄宝殿”。佛殿的墙壁上，有色彩斑斓的壁画，生动逼真，有很高的艺术价值。城内有顺义王家族世代居住的楼院，还有供奉传为储藏三娘子骨灰的太后殿，骨灰储藏在殿内的檀香木塔中。殿内有明代绘制的壁画，画面上蒙古服饰的人物像中，有传为阿勒坦汗及夫人三娘子的画像，为内蒙古召庙壁画中独有的一处。

18. 和林格尔汉墓壁画

和林格尔汉墓壁画位于乌兰察布盟和林格尔县新店子乡境内的一座土山上。墓分前、中、后三主室和三耳室，全长约20米。墓壁、墓顶及甬道两侧有壁画50多幅，榜题250多顶。这是我国考古发掘迄今所见榜题最多的汉代壁画。这些壁画形象地反映出东汉时期

我国北方多民族居住地区的阶级关系、民族关系和社会生活面貌。从壁画内容及榜题得知，墓主为东汉王朝派到北方民族杂居地区的最高官员——使持节护乌桓校尉。壁画内容有反映死者的仕途经历以及升迁各任时的车马出行图；有死者历任官职所在城市和府舍的官府图；有反映统治阶级生活的饮宴、舞乐、百戏等描绘；有反映东汉时社会生产活动的场面，如农耕、庄园、牧马、放牛等图；有当时社会生活的写照，如少数民族的装束、发式、相貌、祥瑞图和一些圣贤、忠臣、孝子、烈女的故事图等。

19. 成吉思汗陵

成吉思汗陵坐落在内蒙古鄂尔多斯草原中部的伊金霍洛旗甘德利草原上，距包头市185千米。成吉思汗即元太祖铁木真，他曾经是一位叱咤风云、显赫一世的蒙古族英雄，他的业绩对于我国各民族的融合和现今版图的格局具有重要意义。三座蒙古包式的大殿肃然伫立，明黄的墙壁、朱红的门窗、辉煌夺目的金黄琉璃宝顶，使这座帝陵显得格外庄严。陵园占地面积5万多平方米，主体建筑由三座蒙古包式的大殿和与之相连的廊房组成。陵园分作正殿、寝宫、东殿、西殿、东廊、西廊六个部分。整个陵园的造型，犹如展翅欲飞的雄鹰，极富浓厚的蒙古民族独特的艺术风格。这里最热闹、最隆重的日子，是每年农历三月十七，这一天要举行隆重的祭奠“苏勒定”大会。

20. 金帐汗蒙古部落

金帐汗蒙古部落是呼伦贝尔唯一以游牧部落为景观的旅游景点，位于呼伦贝尔草原“中国第一曲水”的莫尔格勒河畔。这里是中外驰名的天然牧场。中国历史上许多北方旅游牧民族都曾在这里游牧，繁衍生息。12世纪末至13世纪初，一代天骄成吉思汗曾在这里秣马厉兵，与各部落争雄，最终占据了呼伦贝尔草原。金帐汗景点的布局，就是当年成吉思汗行帐的缩影和再现。每逢夏季，陈巴尔虎旗走“敖特尔”的蒙古族、鄂温克族的牧民们便在这里举行活动。金帐汗蒙古部落的篝火狂欢晚会，精彩的套马、驯马表演，蒙古式博克、角力擂台赛、祭敖包、萨满宗教文化表演及丰富多彩的餐饮文化，将给每位来宾带来返璞归真的感受。

（二）典型线路

1. 都市古迹民俗特色游：呼和浩特—包头—鄂尔多斯

这条旅游线路包括：内蒙古的首府——呼和浩特市，这里的旅游景点有昭君墓、大昭寺、金刚座舍利宝塔、万部华严经塔等景点；“鹿城”——包头，是塞外重要的“水旱码头”，这里的景观有喇嘛教格鲁派寺庙——五当召、王公宅院与佛教寺院融为一体——美岱召，鄂尔多斯市的景观有中国名响沙之首、被称为“响沙之王”的响沙湾，成吉思汗陵等景观。

2. 畅游草原之旅：呼伦湖—呼伦贝尔大草原—阿尔山

这条旅游线路包括：牛羊成群、蓝天白云、牧歌悠扬的呼伦贝尔大草原；堪称北方第一大湖、碧波荡漾的呼伦湖；阿尔山国家森林公园，有三潭峡、石塘林、杜鹃湖、天池、大峡谷等景观。

3. 草原与沙漠之旅：希拉穆仁草原—库布其沙漠

这条旅游线路包括：在草原上放歌、住敖包、骑马——希拉穆仁草原，让你走进大草原；中国三大响沙之一的库布其沙漠，沙丘滚滚，茫茫大漠，让你感受塞外的辽阔。

拓展阅读

那达慕大会与祭敖包

那达慕是中国蒙古族人民具有鲜明民族特色的传统活动，也是蒙古族人民喜爱的一种传统体育活动形式。锡林郭勒盟的那达慕最具代表性。“那达慕”是蒙古语的译音，意为“娱乐、游戏”，以表示丰收的喜悦之情。每年农历六月初四（阳历七八月）开始的那达慕，是草原上一年一度的传统盛会。那达慕的内容主要有摔跤、赛马、射箭、赛布鲁、套马、下蒙古棋等民族传统项目，有的地方还有田径、拔河、排球、篮球等体育竞赛项目。此外，那达慕上还有武术、马球、骑马、射箭、乘马斩劈、马竞走、乘马技巧运动、摩托车等精彩表演。夜幕降临，草原上飘荡着悠扬激昂的马头琴声，篝火旁男女青年轻歌曼舞，人们沉浸在节日的欢乐之中。

祭敖包是蒙古族最隆重的祭祀。敖包亦作“鄂博”，是土堆子的意思，即用人工堆积起来的石堆、土堆。早先蒙古族以为天地是人类赖以生存的源泉，特别加以崇拜。由于天地神没有偶像，人们就堆敖包以象征，从而敖包就成了人们的崇拜物。人们通过祭敖包祈求天地神保佑。人间风调雨顺，牛羊兴旺，国泰民安。祭敖包的时间不固定，蒙古族地区多在农历七月十三日。祭祀时，先在敖包上插一树枝或纸旗，树枝上挂五颜六色的布条，旗上写经文。仪式大致有四种：血祭、酒祭、火祭、玉祭。血祭是把宰杀的牛羊，供在敖包之前祭祀。以为牛羊是天地所赐，只有用牛羊祭祀才能报答天地之恩。酒祭是把鲜奶、奶油、奶酒洒在敖包上祭祀。火祭是在敖包前笼一堆火，将煮熟的牛羊肉丸子、肉块投入其中，人们向火叩拜。玉祭是古代人们以最心爱的玉器当供品祭祀。这些祭祀方式，都是表示对天地的虔诚，祈求天地给人们以平安和幸福。

资料库

内蒙古美食与特产

1. 蒙古炒米

炒米，蒙语叫做“蒙古勒巴达”，就是蒙古米的意思。它是用糜子经过蒸、炒、碾等多道工序，再兑上酸奶和白糖等后搅拌而成的，解饿又解渴，清香爽口，是别具风味的传统食品。炒米是大多数牧民的早饭，再配上加入酥油和少许青盐的奶茶。牧民外出放牧，都随身携带一小袋炒米。到了中午，煮好奶茶，泡上炒米，边吃边喝，十分方便。

2. 手扒肉

手扒肉是内蒙古地区广为流行的一道传统名菜。因食用时以手扒肉，用刀割食，故称“手扒肉”。它原是蒙族牧民在长期游牧生活中创制的一道家常菜。后来经菜馆改制，成为菜馆酒楼的名菜。清代时曾成为王府及宫廷名菜。特点：用羊肉加多种调味料煮制而成。成菜色泽呈红，汤鲜肉嫩，肥美适口。工艺：将体壮膘肥的小口齿羯羊肉切成若干大块，洗净，入清水锅煮沸，撇去血沫，加葱段、姜块、精盐、味精和裹有茴香、花椒、草果、山柰、黑胡椒粒的调味包，煮至羊肉断生取出装盘即成。

3. 烤全羊

烤全羊是从元代宫廷燕飨继承下来的一种整羊宴。据《元史》记载，12世纪时蒙古人"掘地为坎以燎肉"。到了元朝时期，蒙古人的肉食方法和饮膳都有了很大改进。在清代颇受清廷青睐并称"诈马宴"，常招待蒙古王公。清乾隆帝曾大发诗兴，作诗赞美此宴。"诈马"即蒙古语"珠马"或"招木"的异译，指的是用蒙古族传统的屠宰法杀之后，热水煺毛，去掉内脏，收拾干净的白条绵羊烤制的一道名菜。在清代各地蒙古王公府第几乎都用烤全羊招待贵宾，是高规格的礼遇。其色、香、味、形俱佳，是蒙古肉食中最讲究烹调技艺的上乘大菜。一般选用草原上膘肥、体重40斤左右的绵羊，宰杀后，去毛，带皮腹内加葱、姜、椒、盐等作料整体烤制而成。此菜羊形完整，羊跪在方木盘内，色泽金红，羊皮酥脆，羊肉嫩香。

4. 莜面

莜面是呼和浩特地区"三件宝"之一。民间"顺口溜"称：冷调莜面捣烧酒，山珍海味都不如。一口莜面一口酒，香得人们口水流。相传，清代康熙皇帝远征噶尔丹，在归化城吃过莜面，给予很高的评价。乾隆年间，莜面作为进贡皇帝的食品被送往京城。莜面有五大系列，蒸、炸、氽、烙、炒，共有数十个品种，其中蒸莜面常见的就有窝窝、馀馀、饨饨、饺饺、金棍、丸丸等各具特色17种做法。莜面有两种吃法：热吃和凉吃。食用时可用蔬菜及辣汤，冷调、凉拌；也可用热羊肉汤、熟土豆拌吃。并可按各自口味，酸、辣、咸、甜自行调制。

5. 奶豆腐

奶豆腐，蒙古语称"胡乳达"，也有称"苏恩呼日德"，其实都是同一个词的一个译音，是蒙古族牧民家中常见的奶食品，流行于内蒙古牧区。它是用牛奶、羊奶、马奶等经凝固、发酵而成的食物。形状类似普通豆腐，味道有的微酸，有的微甜，乳香浓郁。牧民很爱吃，常泡在奶茶中食用，或出远门当干粮，既解渴又充饥。它还可以做成拔丝奶豆腐，其软韧牵丝为断，是宴席上的一道风味名菜。奶豆腐通常可以和奶茶、炒米、熟牛羊肉一起泡着吃，日常和以炒米奶茶食用，游牧或出远门时可以做干粮。奶豆腐一般是指我们平常所说的奶酪，也叫乳饼，完全干透的奶豆腐又叫奶疙瘩。奶豆腐可分为生奶豆腐和熟奶豆腐两种，柔软细腻，十分可口，可直接食用，也可晾干久存。

6. 奶酒

奶酒，蒙古语称"阿日里"。奶酒的特点是澄澈醇香，沁人心脾，酒性柔软，口感酸甜。初饮时觉得酒力不大，可是后劲很足。一顿能喝一瓶啤酒的人，喝奶酒一公斤以上便会大醉。奶酒有驱寒、活血、舒筋、补肾、健胃、养脾、强骨等功效。蒙古人常把奶酒当药品饮用，能治疗胃病、腰腿痛、肺结核等疾病。草原上的牧民常用奶酒招待尊贵的客人。过去，蒙古人饮奶酒，不吃炒菜，不猜拳行令。把奶食品和羊乌查一摆，边吃边喝边谈，兴致所至，拉起马头琴，唱起长调民歌，着实是件雅事、乐事。

7. 奶茶

蒙古族每天离不开茶，除饮红茶外，几乎都有饮奶茶的习惯。他们每天早上第一件事就是煮奶茶。煮奶茶最好用新打的净水，烧开后，冲入放有茶末的净壶或锅，慢火煮2～3分钟，再将鲜奶和盐兑入，烧开即可。蒙古族的奶茶有时还要加黄油，或奶皮子，或炒米等。其味芳香、咸爽可口。它是含有多种营养成分的滋补饮料。有人甚至认为，三天不吃饭菜可以，但一天不饮奶茶不行。蒙古族还喜欢将很多野生植物的果实、叶子、花都用于

煮奶茶。煮好的奶茶风味各异，有的还能防病治病。

二、宁夏旅游资源

宁夏回族自治区，简称宁，地处祖国西北、黄河中上游，首府银川。全区总面积6.64万平方千米，人口618万人，共有35个民族，其中回族222万人，占宁夏总人口的36%、全国回族人口的1/5。宁夏美丽而又神奇，既有边塞风光的雄浑，又有江南景色的秀丽，素有“塞上江南、回族之乡”的美誉，宁夏历史悠久，文物古迹较多，著名的有：银川海宝塔、银川承天寺塔、须弥山石窟、西夏王陵、一百零八塔等。塞北江南、大漠金沙、绿树垂柳，浑然一体；灿烂的西夏文化，浓郁的回族风情，编织出迷人的景色。宁夏主要旅游景点见图5-2。

图5-2　宁夏主要旅游景点

（一）主要景点

1. 沙湖

沙湖距银川市56千米，总面积80.10平方千米，湖泊面积45平方千米，沙漠面积22.52平方千米。湖拥有万亩水域、五千亩沙丘、两千亩芦苇、千亩荷池，盛产鱼类、鸟类。这里栖居着白鹤、黑鹤、天鹅等数十种珍鸟奇禽。除了品种繁多的鸟类外，沙湖还盛产各种鱼，在湖南岸的水族馆里，可以看到几十种珍稀鱼类，包括北方罕见的武昌鱼、娃娃鱼（大鲵）和体围1米多的大鳖。你可在观鸟塔上遥看群鸟嬉戏的场景，在水边苇秆间、芦丛底部更有鸟巢无数，每年春季，五颜六色鸟蛋散布其间，堪称奇观。沙湖以自然景观为主体，是一处融江南水乡与大漠风光为一体的生态旅游景区。“金沙、碧水、翠苇、飞鸟、游鱼、远山、彩荷”几大景源有机结合，构成独具特色的秀丽景观。沙湖生态旅游区地处内陆，属典型的大陆性气候，属中湿带。沙湖独特秀美的自然景观和得天独厚的旅游资源，是西部丝绸之路上埋藏的宝藏，静静地等待人们的开发。2007年，石嘴山市沙湖旅游景区经国家旅游局正式批准为国家5A级旅游景区。

2. 沙坡头

沙坡头旅游区位于宁夏中卫市城区以西 20 千米腾格里沙漠东南边缘处。这里集大漠、黄河、高山、绿洲为一处，既具西北风光之雄奇，又兼江南景色之秀美。这里自然景观独特，人文景观丰厚，被旅游界专家誉为世界垄断性旅游资源。这里有中国最大的天然滑沙场，有总长 800 米、横跨黄河的“天下黄河第一索”沙坡头黄河滑索，有黄河文化的代表——古老水车，有中国第一条沙漠铁路，有黄河上最古老的运输工具——羊皮筏子，有沙漠中难得一见的海市蜃楼。在这里可以骑骆驼穿越腾格里沙漠，可以乘坐越野车沙海冲浪，咫尺之间可以领略大漠孤烟、长河落日的奇观。黄河南岸是一块三面环沙、一面靠山的“U”形半岛，这里地形优越，景观奇特，民俗淳朴，资源丰富。人们可以在演绎中心观看具有异域风情的、民族特色的歌舞表演，可以在滨河浴场体验母亲河的沐浴。秦代长城和陶窑在这里留下了千古不朽的遗址。

3. 六盘山风景区

六盘山又称陇山，地处宁夏南部，位于西安、银川、兰州三省会城市所形成的三角地带中心。主峰在宁夏固原、隆德两县境内，海拔 2928 米。山体大致为南北走向，长约 240 千米，是陕北黄土高原和陇西黄土高原的界山，及渭河与泾河的分水岭，曲折险峻。古代盘道六重始达山顶，故名。山的东南陲有老龙潭胜迹，为泾水源头之一。六盘山是西北重要的水源涵养林基地和风景名胜区，山峦险峻，森林茂密，流泉飞瀑，气候舒爽，是西北重要的“绿岛”和“湿岛”。这里有丰富的动物和昆虫资源，有金钱豹、林麝、金雕、红腹锦鸡等国家珍稀动物 30 多种。

4. 鸣翠湖国家湿地公园

鸣翠湖生态旅游区位于银川市兴庆区东侧，西距市区 9 千米，东临黄河 3 千米，总规划面积 6.67 平方千米，是银川市东部面积最大的自然湿地保护区。鸣翠湖是黄河古道东移鄂尔多斯台地西缘的历史遗存，是明代长湖的腹地。这里湖光戏柳，草树烟绵，百鸟翔集，鱼跃其间，远望水鹭双飞起，近看风荷一向翻。塞上雄浑，江南秀色，集于苇浪水波间。湖中有自然植物 109 种、鸟类 97 种。最著名的有黑鹳、中华秋沙鸭。每逢春夏，成千上万只鸟在这里繁衍栖息。鸣翠湖、阅海分别位于银川的东侧和北侧，被称之为银川的“前厅”和“后花园”。鸣翠湖和阅海湿地承载了古老的黄灌文化，体现了塞上江南水乡文明的特色；既有显著的湿地生态特征和生态过程，湿地景观完整，生物多样性丰富，又是我国西部地区鸟类迁徙的中转站之一。作为干旱地区存在的湿地景观，鸣翠湖具有长期稳定的补水来源；独特而丰富的湿地人文旅游资源，奠定了建设湿地公园的基础。

5. 黄沙古渡

黄沙古渡位于银川市兴庆区月牙湖乡，紧靠 203 省道，距银川市直线距离 25 千米，与贺兰山遥遥相望。27 平方千米的规划范围内，汇集了黄河、大漠、湿地、湖泊、田园为一体的自然景观。黄沙古渡是古代宁夏八景之一，为明清时期最负盛名的渡口，相传康熙微服私访及亲征噶尔丹、昭君出塞和亲、蒙恬北击匈奴皆由此西进。朱元璋第十六子庆靖王朱梅曾作《黄沙古渡》：“黄沙漠漠浩无垠，古渡年来客问津。万里边夷朝帝阙，一方冠盖接咸秦。风生滩渚波光渺，雨打汀洲草色新。西望河源天际远，浊流滚滚自昆仑。”以此描述黄沙古渡在交通上的重要地位。

6. 西夏王陵

西夏陵区位于宁夏银川市西郊约 35 千米，坐落在贺兰山东麓，东西约 5 千米，南北约10千米。在50余平方千米的范围内，随着岗丘垄阜的自然起落，西夏陵区布列着9座帝王陵墓和200多座王侯勋戚的陪葬墓。西夏王陵区的规模同北京明代十三陵的规模相当，陵园地面建筑均有角楼，由门阙、碑亭、外城、内城、献殿、塔状陵台等建筑单元组成，平面总体布局呈纵向长方形，按照中国传统的以南北中线为轴，力求左右对称的格式排列。西夏王陵构成了我国陵园建筑中别具一格的西夏建筑形式，虽然已遭到了毁灭性的破坏，但骨架尚存。宏伟的规模，严谨的布局，残留的陵丘，仍可显示出西夏王朝特有的时代气息和风貌。

7. 贺兰山岩画

贺兰口距银川城50余千米，位于贺兰山中段的贺兰县金山乡境内，山势高峻，海拔1448米，俗称“豁子口”。山口景色幽雅，奇峰叠障，潺潺泉水从沟内流出，约有千余幅个体图形的岩画分布在沟谷两侧绵延600多米的山岩石壁上。画面艺术造型粗犷浑厚，构图朴实，姿态自然，写实性较强。以人头像为主的占总数的一半以上。其次为牛、马、驴、鹿、鸟、狼等动物图形。贺兰山岩画分布在宁夏贺兰山东麓三市九县（区），共27个地点。其中银川市境内的贺兰山东麓共有12个岩画点，从北到南计有大西峰沟、小西峰沟、白虎沟、插旗口、贺兰口、苏峪口、回回沟、拜寺口、水吉口、滚钟口、红旗沟、柳渠口。贺兰山岩画一般分布在沟口内外山体上和沟口外洪积扇荒漠草原上。银川境内贺兰山岩画的分布，有着明显的地貌特征。在苏峪口以北至大西峰沟，岩画多分布在沟口内外的山体上，山前洪积扇荒漠草原上分布着大量岩画。而苏峪口以南至柳渠口，山体岩画数量很少，荒漠草原上几乎没有岩画分布。

8. 中华回乡文化园

中华回乡文化园位于永宁县纳家户清真大寺北侧，紧临京藏高速公路永宁出口处，依托古老的纳家户清真大寺和回族风情浓郁的纳家户村所建，以展示伊斯兰建筑文化、礼俗文化、饮食文化、宗教文化、农耕与商贸文化为特色。中华回乡文化园坐落于回族最具悠久历史文化传统的回乡名镇纳家户村，和纳家户古老的回族社区清真大寺交相辉映，成为我国目前唯一的以回族文化为主题的旅游景区。在园区可以参观伊斯兰装饰风韵的特色建筑，参观回族历史文化陈列展示，鉴赏回族特色文物，感悟回族与时俱进的创新精神，领略回族对华夏文明的贡献，了解宁夏回族跨越式发展的变化。

9. 银川南关清真寺

南关清真寺是宁夏最大的清真寺之一，该寺位于银川市南关南环东路。明末清初始建于南门外，1915年迁至城区，1981年重建，改为阿拉伯式建筑风格。现南关清真大寺占地3亩多，建筑面积为2074平方米。主体建筑分上下两层，建筑面积1300多平方米。大殿呈正方形，边长各21米，窑殿用汉白玉做成圆心复叶型壁龛形式，上刻《古兰经》。礼拜大殿下层为小礼拜殿、阿訇住房、会客室等，以回廊相连接。以后，该寺在大殿前又添建了两座方柱形的“邦克楼”和两侧长廊，使整个清真寺的风格浑然一体。银川南关大寺建筑新颖，一度成为宁夏回族自治区的标志性建筑物。加之该寺位于城区，交通方便，因而成为宁夏境内吸引国内外旅游观光客人最多的人文景点之一。

10. 同心清真大寺

同心清真大寺是宁夏回族自治区境内年代最久、规模最大的清真寺。它在宁夏南部山区的穆斯林中影响极大。经堂教育很发达，历史上它曾是该地区宗教学术活动的中心，曾有不少知名的穆斯林学者在这里求学讲道。相传同心清真大寺始建于明朝初期，是在一座

倾塌的喇嘛庙的基础上改建而成的，距今约600年的历史。在明清两代曾经重修过三次，1936年红军西征时曾经在这里成立了陕甘宁省豫海县回民自治政府。同心清真大寺以汉式建筑为主体，又兼纳了伊斯兰风格的装饰，气势雄伟，装饰精美，是回汉文化交融的重要见证之一。同心清真大寺以其浓厚的民族宗教特色和其特殊的革命历史地位被列为宁夏回族自治区第一批重点文物保护单位和国务院重点文物保护单位，是重要的观光景点之一。

（二）典型线路

1. 西夏古迹与宗教文化游：西夏王陵—海宝塔—大清真寺—承天寺塔

这条旅游线路包括：中国现存规模最大、地面遗址最完整的帝王陵园之一——西夏王陵。这里是我国最大的西夏文化遗址，也是宁夏最重要的一处历史遗产和最具神秘色彩的文化景观；坐落在宁夏银川市北郊海宝塔寺内的海宝塔，登塔四望可见“塞上小江南”；宁夏现存历史最久、规模最大的清真寺之一——大清真寺；承天寺塔是一座密檐式八角形砖塔，与凉州（今武威）的护国寺、甘州（今张掖）的卧佛寺，同是西夏著名的佛教胜地。

2. 神奇宁夏生态游：青铜峡—沙湖—沙坡头—六盘山

这条旅游线路包括：青铜峡108塔——中国古塔建筑中仅见的大型塔群，位于宁夏中部黄河上游段的最后一个峡口，是一组排列有序，极为规则的108座塔；沙湖——位于宁夏平罗县，南沙北湖，是一处融江南水乡与大漠风光为一体的生态旅游胜地；沙坡头——位于腾格里沙漠腹地，是一处富有浓郁西部特色的著名沙漠旅游区；六盘山——国家自然保护区，位于宁夏南部，这里是北方游牧文化与中原文化的结合部，有老龙潭、二龙河、鬼门关、凉殿峡、荷花苑、白云山六大自然景区，还有固原古城、战国秦长城、安西王府遗址等人文遗迹。

拓展阅读

花儿会与黄河文化节

中国国际黄河文化节，从1991年起，于每年9月中旬在银川举办，一般为期10天左右。“天下黄河富宁夏”，自古以来，宁夏与黄河有着不解的缘分，并形成了典型的黄河文化。在黄河文化节期间，游客可以领略到典型的中国西部风光和浓郁的穆斯林风情，观赏到雄浑奔腾的百里黄河和典型的黄河民间文化活动。每届节日举办期间都有大型民族歌舞、民间文艺、杂技、秦腔等艺术团体演出，节日期间还举办丰富多彩的《中国现代名人书画展》、《贺兰山岩画展》、《旅游商品展》、《穆斯林食品展》等。节日期间将安排内容丰富的黄河文化游览活动，参加者可看到3万年前古人类活动遗址、数百里秦代及明代长城、汉墓群、魏晋南北朝的大型石窟、神秘的西夏王朝陵园、奇特的沙漠湖泊等黄河文化古迹。

“花儿”又称少年，是青海、甘肃、宁夏等省区民间的一种歌曲。以生动形象的比兴起句，格律严格，歌词优美。曲调时而高亢，时而婉转。在宁夏，几乎随处都可听到“花儿”。但最有民俗特点的是每年五六月间的“花儿会”。“花儿会”期间，远近的百姓都登山会歌，多时人数常可上万。届时人们撑着伞，摇着扇，或拦路相对，或席地而坐，歌词多为即兴创作，极具生活气息。主要活动内容包括拦歌、对歌、游山、敬酒、告别等。“花儿会”也是青年男女选择对象的极妙场合，他们以歌为媒，向对方表白心迹。

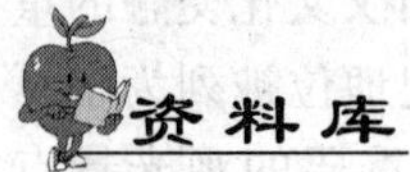

资料库

宁夏特色美食与特产

1. 烩羊杂碎

烩羊杂碎是一道著名传统小吃，宁夏区内各地均有制作，以吴忠市的制作独特、历史悠久而久负盛名，故又称吴忠风味羊杂碎。1994年5月烩羊杂碎曾被评为“全国清真名牌风味食品”。原料：新鲜羊杂碎1副（包括羊头、羊肚、羊肠、羊蹄、羊心、羊肝、羊肺）、香菜、葱、姜、蒜苗、精盐、味精、红油、羊肉汤。制法：羊头、羊蹄用火烧尽残毛，羊肠、羊肚翻去残渣。洗净后连同羊心、羊肝一起下锅煮熟，拆去骨头，分别切成条或段。羊肺用洗去面筋的稀面糊灌好后，也下锅煮熟，切成长条。然后将切好的各种熟料放在羊肉汤里略煮片刻，撒上蒜苗、香菜，滴上红油盛碗即成。特点：红润油亮，肉烂汤辣。

2. 回民筵席十大碗

回民筵席十大碗的介绍：在宁夏农村回民聚居村点，每到结婚喜庆的日子，回民们都要做十大碗来招待宾客。这十大碗筵席以偿为主，有烩九子、烩夹板、烩肚丝、烩羊肉、烩假莲子、烩苹果、烩狗牙豆腐、红炖牛肉、烩酥肉、酿饭。虽是大众菜肴，但各有各的味道。烩九子：丸子酥烂，汤浓味香；烩夹板：夹板软韧可口，外酥里嫩；烩肚丝：肚丝筋软，香辣适口；烩羊肉：汤鲜、肉烂；烩假莲子：用土豆炸成的假莲子，色黄软嫩，滑润香甜；烩苹果：白汤，金黄的苹果，散见的青红丝，软烂甜香；烩狗牙豆腐：软嫩，汤浓，味鲜，别有滋味；红炖牛肉：肉烂，色红亮，味醇香；烩酥肉：酥脆鲜香；最后一道酿饭，是软糯甜香，果味鲜。吃了农村回民十大碗，能够领略到宁夏农村回民的饮食特点。

3. 果碟

回族穆斯林过节或过乜帖、过尔麦里，请阿訇到家中举行宗教仪式后，都要招待阿訇吃饭。上饭菜之前，一般与盖碗茶同时会上几碟新鲜水果或干果，称作“摆果碟”，如苹果、西瓜、甜瓜、桃、杏、葡萄干、核桃仁等，又叫“干果碟”。一般三碟到七碟不等，所上水果要开，吃取方便。上什么果碟，家人事先都要商定，称作“定果碟”。果碟是过去贫穷的穆斯林拿得出的最好的食物，被称为“穷人的圣餐”，也是过尔麦里和过乜帖时最先上到桌子上的食物。

4. 传统小吃

炒糊饽是一道地方著名小吃，流行于吴忠、灵武、银川等地。“糊饽”系一种用烙饼切成饼条的俗称，又称“糊饽子”。炒糊饽的特色：肉嫩饼爽，微咸稍辣。

烩小吃是一道传统著名小吃，宁夏各地均有制作。因为夹板（夹沙）和丸子是小吃的两种主料，故又称烩夹板丸子。烩小吃的特色：质地软嫩，滋味鲜香。

回族蒸艾叶是回族的特色小吃，用艾叶配以葱、豆芽、豆腐可做艾叶饺子，配以青菜可制菜团。回族蒸艾叶的特色：清香无毒，营养丰富，能“通气血，还寒湿，止血，安

胎”。尤其是端午节前后的艾叶，清嫩味鲜，具有开胃健脾，增进食欲的功效。

5. 枸杞子

枸杞，其果谓“枸杞子”，是宁夏最著名的特产之一，居“五宝”之首。长期以来，宁夏枸杞子一直以品质纯正、产量丰盈而居全国之冠。据史籍载，宁夏栽培枸杞至少已有五百年历史，明弘治年间即被列为“贡果”。枸杞浑身都是宝，子、花、叶、根、皮都可入药，苏东坡在《小圃五咏·枸杞》中就有“根茎与花实，收拾无弃物”之句。经过我国中医学两千余年的实践验证，枸杞实为滋补扶正之良药。其主要功能是：润肺、清肝、滋肾、益气、生精、助阳、补虚劳、强筋骨、祛风、明目。

6. 红腹锦鸡

六盘山林深茂密，花香树碧，是百鸟的乐园。林间不时出没各种嘤嘤啼叫的鸟雀，最令人喜爱的是色彩斑斓的红腹锦鸡。红腹锦鸡之所以为山鸟中的佼佼者，是因为它的色彩十分迷人。红腹锦鸡又称“金鸡”、“锦鸡”，体小尾长，风韵袭人。头部呈金黄色丝状羽冠散覆颈上。后颈围生金棕色扇状羽毛，形若披肩。背上有一浓绿透黑的斑点，至腰为金黄色。尾长约1米，羽毛呈黑褐和桂黄之间，黄中透黑，墨里乏金，楚楚艳丽。腹部一抹深红，格外迷人。正因为红腹锦鸡羽毛色彩奇艳，所以常常被用来观赏，皮张是美丽的装饰品。

7. 香水梨

香水梨又名香水、老香水、老梨。主要产地分布于羊坊、关桥、麻春沿河流域，其他地方亦有少量出产香水梨。它的特点是色变而味愈佳，宜久存不易腐烂，不怕严寒冷冻。摘下来后，可随便置放，少则置于箱篓瓶罐之中，多则堆放在室内空地之上。入冬后，或入箱存于冷室，或在院内、房上打麦草盛装。食用时拿出置于冷水之中，浸泡30分钟，果外褪出一层厚厚的冰壳，打碎冰壳，果子解冻即可食用。到春天冰雪融化之时，冻硬的香水梨开始融化，其颜色转为棕黑色，果瓤全化成了果汁，只留下一些果皮和残核。存放时必须放进缸或盆罐里。这时的香水梨最好吃不过，喝一口果汁，甘凉透心，可润肺止咳、清胃泻火，亦能醒酒，是馈赠亲友的珍品。

任务实施

根据俱乐部的要求和自驾游旅游者的特征，旅行社为他们安排了一条兼有蒙古草原风情与宁夏大漠风光的自驾游线路。该线路从北京出发，上京藏高速，直达呼和浩特。线路安排是：呼和浩特—希拉穆仁草原—库布奇沙漠—鄂尔多斯—成吉思汗陵—银川沙湖景区—中卫沙坡头—青铜峡—永宁回族风情园—银川；返回路线是：银川—定边—太原—石家庄—北京。此线路展示了内蒙古草原的无限美景，在内蒙古希拉穆仁草原喝下马酒，祭敖包，体验摔跤和骑马，品尝烤全羊，感受内蒙古草原民俗文化和当地人民的热情好客；在这条线路上又能欣赏神秘的沙漠戈壁风光，库布奇沙漠、沙湖、沙坡头，让你感受大漠无边的空旷。针对自驾车友提供行程千米数和路况说明，更有助于驾车者的需要。因为路程较为遥远，一路驾车很辛苦，车友之间应该交换开车，劳逸结合；随时的检查路况和车况，车队前后呼应，团员之间要有团队精神；准备必要的干粮和水，以备不时之需。行程安排见表5-1。

表 5-1　　“西北草原·大漠风情”自驾车主题旅游

日期	行程安排	餐	宿
D1	行程：北京—呼和浩特：490千米（5个小时） 路况说明：上八达岭高速，出北京，过张家口，进入了京藏高速，直达呼和浩特 活动安排：到达内蒙古自治区的首府呼和浩特，在市内参观大召：大召是呼和浩特市内最大的黄教寺庙，也是康熙皇帝的家庙，大召常年香火旺盛，信徒络绎不绝；参观昭君墓，这是见证匈奴与汉和亲的标志，并且游客可以欣赏大型文艺演出（需要根据抵达时间决定）；游览五塔寺，此类塔中国现存五座，它是凝聚精华的一座，并且有中国唯一用少数民族文字篆刻的蒙文石刻天文图	中晚	呼和浩特
D2	行程：呼和浩特—武川县（40千米）；武川县—希拉穆仁草原（50千米） 路况说明：全程盘山公路 活动安排：早餐后驱车前往希拉穆仁草原，沿途感受北国风光，抵达后接受蒙古传统仪式下马酒，参加草原活动：骑马漫游草原（自费），访问牧户，祭祀神秘古老的敖包，许下美好的心愿，观看草原牧民组织的赛马、摔跤表演，可以自己上场和搏克手一决高下，并观看刺激的马上表演。晚餐可以品尝正宗的手扒肉，接受蒙古族最尊贵的礼节——银碗哈达敬酒仪式，并欣赏歌曲。晚餐可以自费品尝蒙古族尊贵的宴席——烤全羊，之后欣赏草原篝火晚会，自由狂欢，欣赏美丽的草原星空	早中晚	蒙古包
D3	行程：希拉穆仁草原—五当召（450千米）；五当召—包头（90千米）；包头—库布奇沙漠（60千米）；库布奇沙漠—鄂尔多斯（70千米） 路况说明：希拉穆仁草原—五当召（省道）；五当召—包头（盘山公路）；包头—库布奇沙漠（高速公路）；库布奇沙漠—鄂尔多斯（高速公路） 活动安排：早餐后赴包头北部的五当召景区，五当召是中国三大黄教寺庙之一，和布达拉宫、塔尔寺齐名；继续驱车到中国三大响沙之一的库布奇沙漠度假中心，开越野车感受沙漠的跌宕起伏，沙海漫步，骑骆驼（自费），滑沙（自费），自由活动。之后赴内蒙古自治区煤炭天然气羊绒基地鄂尔多斯市，抵达后入住酒店	早中晚	鄂尔多斯
D4	行程：鄂尔多斯—成吉思汗陵（70千米）；成吉思汗陵—杭锦旗（200千米）；杭锦旗—乌拉特前旗白音花镇维信高尔夫（110千米） 路况说明：鄂尔多斯—成吉思汗陵（高速公路）；成吉思汗陵—杭锦旗（高速+109国道）；杭锦旗—维信高尔夫（省道215——著名的穿沙公路） 活动安排：早餐后驱车到成吉思汗陵。1227年成吉思汗坠马身亡，其遗体被运到这里安葬。从此这里被称为“伊金霍洛”，意思为“主人的陵园”。每年农历三月二十一日，这里都要举行春祭仪式，献哈达、供祭品，场面隆重，祭祀结束后还要举行赛马、摔跤、射箭等传统仪式。在这里可以了解成吉思汗生平、蒙古族历史和神秘的达尔扈特守陵人。然后驱车到维信高尔夫球场自由活动，在这里可以打高尔夫球，品尝当地特色美食，入住度假中心酒店	早中晚	高尔夫度假中心酒店

续　表

日期	行程安排	餐	宿
D5	行程：维信高尔夫球度假旅游中心—巴彦淖尔市（160 千米）；巴彦淖尔市—乌海（120 千米）；乌海—沙湖景区（50 千米） 路况说明：维信高尔夫球度假旅游中心—巴彦淖尔市（高速公路）；巴彦淖尔市—乌海（高速公路）；乌海—银川沙湖（高速公路＋一级公路） 活动安排：驱车赴银川沙湖景区观光，沿途欣赏西域风情。沙湖以自然景观为主体，是一处融江南水乡与大漠风光为一体的生态旅游景区。“金沙、碧水、翠苇、飞鸟、游鱼、远山、彩荷”几大景源有机结合，构成独具特色的秀丽景观，在这里可以围湖观鸟、快艇游湖、沙滩嬉戏。晚餐品尝沙湖鱼宴	早中晚	银川
D6	行程：银川—中卫（200 千米）；中卫—沙坡头（20 千米）；沙坡头—通湖草原（30 千米） 路况说明：银川—中卫（高速公路）；中卫—沙坡头（一级公路）；沙坡头—通湖草原（普通公路：途经腾格里沙漠） 活动安排：从银川驱车 2.5 小时左右抵达中卫市，之后行车 20 分钟到达被誉为“世界垄断性旅游”资源的世界闻名的治沙工程——沙坡头旅游景区（金沙鸣钟、毛主席诗词纪念碑、泪泉、黄河悬索大桥、治沙博物馆），沙坡头被联合国评为“全球环境保护 500 佳单位”，被国家新闻媒体评为“中国十大最好玩的地方”之一，被国内专家学者评为“中国最美丽的五大沙漠”之一。这里集自然风光、人文景观及科技创造为一体，具有世界垄断性旅游资源。这里展示的是世界一流的治沙成果和雄奇的腾格里。游览腾格里大漠奇葩沙漠风光，在景区内可以滑沙、乘羊皮筏子漂流黄河、骑骆驼等（费用自理），步行到沙坡头南区，欣赏沙生植物及举世闻名的治沙工程展。中餐后乘车 40 分钟，游览沙漠中的伊甸园——内蒙通湖草原水稍子景区（含蒙式风情接待、篝火晚会）。这里群沙环抱，沙峰林立、起伏错落、一望无垠，金灿灿、亮闪闪，如大海波涛从四周漫卷而来，却突然如着了魔法一般被茵茵绿草、汪汪湖泊锁定，形成了方圆近百里的沙漠湿地草原。因而这里被外国游人称为“沙漠中的伊甸园”	早中晚	中卫
D7	行程：中卫—青铜峡（150 千米）；青铜峡—永宁（80 千米）；永宁—银川（40 千米） 路况说明：中卫—青铜峡（高速公路）；青铜峡市—108 塔景区（普通公路）；青铜峡—永宁（高速公路）；永宁—银川（一级公路） 活动安排：早餐后驾车 2.5 小时左右赴青铜峡，游览现最人的藏传佛教塔群之一的青铜峡 108 塔（含黄河游船），远观中国最后一个墩闸式黄河水坝。中餐后驾车 1 小时左右赴永宁县，参观具有浓郁伊斯兰风情的中华回乡风情园。该文化园主要建筑包括主体大门、回族文化博物馆、回族礼仪大殿、回族民俗文化园、回族商贸饮食街、国内著名清真寺微缩景观等。文化园是一个浓缩了我国回族历史文化、建筑艺术、工艺美术、民俗风情的大型民族民俗文化景点。之后驾车 30 分钟赴银川	早中晚	银川
D8	从银川返回北京：银川—定边—靖边—吕梁—太原—石家庄—北京，全程约 1190.8 千米。		北京

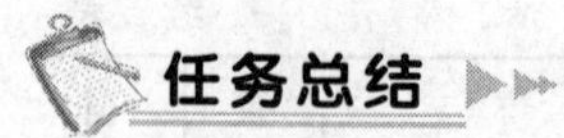

任务总结

自驾游属于自助旅游的一种类型，是有别于传统的团体旅游的一种新的旅游形态。自驾车旅游在选择对象、参与程序和体验自由等方面给旅游者提供了自由的空间。其本身具有自由化与个性化、灵活性与舒适性、选择性与季节性等特点。在线路设计上要符合其特点，灵活地整合旅游产品，为旅游者提供多元化的线路设计。

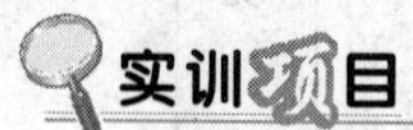

实训项目

退休教职工去内蒙古旅游

【实训目标】

1. 使学生进一步熟悉并掌握内蒙古的主要旅游景点。

2. 培养学生综合运用知识、编制内蒙古省内旅游及连线周边省市景区游览线路的能力。

3. 培养学生团队合作的能力。

【实训内容】

暑假，某中学组织全校退休教职员工到内蒙古旅游，教师的年龄在60～75岁。请为他们设计一条4～5天的旅游线路。分析旅游团成员的旅游动机及特征，尝试为其编制旅游路线。

【实训步骤】

1. 以项目团队为学习小组，小组规模一般是5～8人。

2. 建立团队沟通协调机制，合理分配任务，团队成员共同参与、协作完成任务；各项目团队成员就实训内容互相进行交流、讨论，并给予点评。

3. 各项目团队提交纸质行程安排，每组选派一名代表用PPT向全班展示设计的旅游线路，要求图文并茂。

4. 评价与总结：由教师和其他团队成员对本团队展示的旅游线路做出现场点评。小组内对个人表现进行总结，以鼓励为主。

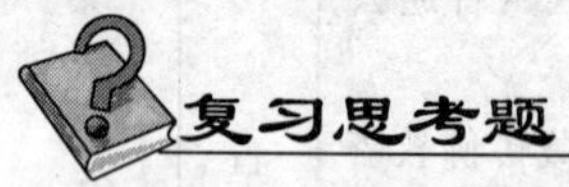

复习思考题

一、填空题

1. 成吉思汗陵坐落在内蒙古________草原中部。

2. ________位于呼伦贝尔市，是内蒙古第一大湖、中国第四大淡水湖。

3. 内蒙古鄂尔多斯境内，有一处远近闻名的旅游胜地，这就是“世界罕见，中国之最”的银肯响沙，俗称________。

4. 集大漠、黄河、高山、绿洲为一处，既具西北风光之雄奇，又兼江南景色之秀美的景观指的是________。

5. 西夏陵区坐落在贺兰山东麓，位于________自治区________市，有着9座帝王陵墓和200多座王侯勋戚的陪葬墓。

二、选择题

1. 以下属于内蒙古草原的是（　　）。

A. 希拉穆仁草原　　B. 通湖草原　　C. 辉腾锡勒草原　　D. 呼伦贝尔草原

2. 以下属于宁夏旅游资源的是（　　）。

A. 黑里河森林自然保护区　　B. 鸣翠湖国家湿地公园

C. 贺兰山岩画　　D. 和林格尔汉墓壁画

三、思考题

请设计一条贯穿内蒙古、甘肃、宁夏的大西北旅游线路。

任务二　甘肃景点及线路

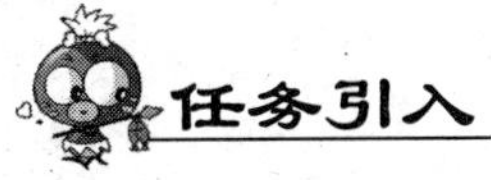

任务引入

某日本旅游团共25人，非常向往中国古代文明，想游历丝绸之路，了解沿线的经济、文化和宗教，观赏具有较高艺术水平的雕塑、壁画和文物古迹，探寻中国文明的发展历程。他们计划在初秋时节沿河西走廊到敦煌以及周边的景区进行为期10天的西域文化之旅。如何为日本客人安排此次旅游？

任务分析

此团队为日本游客。日本作为我国的睦邻，与我国一衣带水，隔海相望，在地域上有着便利的出游因素；在文化上，日本又受到中国传统文化的影响，与我国有着密切的联系。日本前首相就曾经说过“中国是日本文化的源头和日本人的精神故乡”，日本人在谈到丝绸之路和敦煌的时候，都会非常地敬仰和向往。日本经济发展迅速，国民素质较高，经济基础较好，具有较强的从众心理，时间观念较强，对中国文化有着强烈的求知欲望。针对他们的特点，设计线路时应注意以下几点（食、住、行、游、购、娱）：

（1）饮食上既要安排具有中国特色的菜肴，又要考虑到日本游客的饮食习惯。

（2）住宿应提供舒适、卫生、设备完善、统一同质的四星级及以上酒店。

（3）娱乐活动中应安排文化表演及节庆活动，能让外国游客体验中国民俗文化。

（4）由于时间较长，游客容易产生疲劳，在行程安排中应注重劳逸结合，并合理安排具有差异性的景点，避免重复。

（5）应采用快捷便利的交通工具，如飞机、火车等，尽量减少路途中的时间，减少旅途疲劳。在景区内应采用不同的交通工具，增加旅途的趣味性，如骆驼、马等。

（6）合理安排购物活动，选择信誉度较好的旅游商品购物场所，推荐具有中国传统文化和西北特色的旅游产品，并提醒游客保存发票。

知识准备

甘肃古属雍州，省会兰州，地处黄河上游，位于我国的地理中心。它东接陕西，南控巴蜀青海，西倚新疆，北扼内蒙古、宁夏，是古丝绸之路的锁钥之地和黄金路段。它东西蜿蜒1600多千米，纵横45.37万平方千米，占全国总面积的4.72%。目前，甘肃省已形成了以兰州、敦煌、天水三座旅游城市为依托的一线两翼的旅游格局。即以“丝绸之路”为主线，南翼以宁夏回族风情、黄河风光、甘南藏族风情、草原风光为主体，北翼以白银黄河石林、农家体验、平凉崆峒山道教胜地、庆阳农耕民俗、皇帝陵为主体，形成了甘肃东南部生态游——纵情山水游、黄土风情游——纵横陇东游、黄河风情游——悠游黄河游、梦寻香巴拉——大九寨旅游线、丝绸之路全境游——豪迈丝路游等五大经典旅游线路。

截至2009年6月，全省共有世界文化遗产1处（敦煌莫高窟），A级景区110处，其中5A级景区2处，4A级景区28处；国家级风景名胜区3处（天水麦积山风景名胜区、平凉崆峒山风景名胜区、敦煌鸣沙山—月牙泉风景名胜区）；国家级森林公园23处；国家级文物保护单位72处；历史文化名城4座（张掖、武威、敦煌、天水）；中国优秀旅游城市8座。甘肃主要旅游景点见图5-3

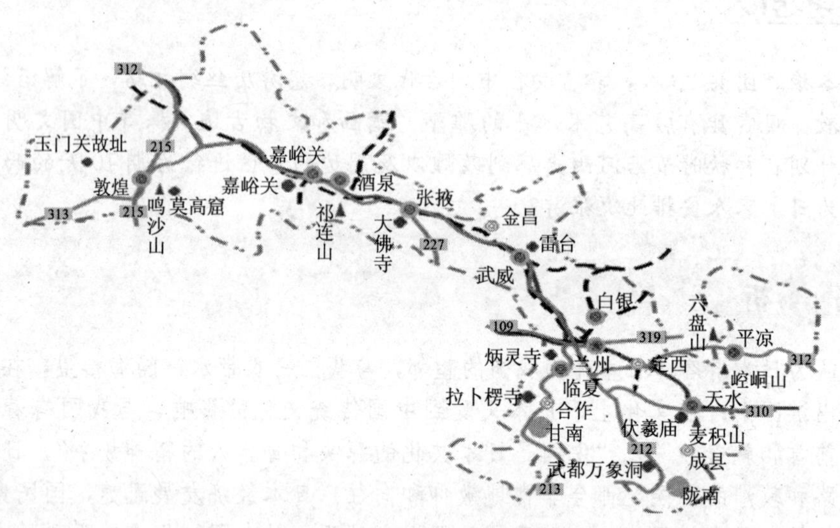

图5-3 甘肃主要旅游景点

（一）主要景点

1. 兴隆山国家级自然保护区

兴隆山位于兰州市榆中县城西南5千米处，距兰州市60千米，海拔2400米。古因“常有白云浩渺无际”而取名“栖云山”，向有“陇上名胜”之称，被誉为“陇右第一名山”。兴隆山自然保护区有云架峡谷混观、雷兴隆峰、二仙台、太白泉、大佛殿、喜松亭、滴泪亭等景点。云龙桥是一座画廊式木拱桥，桥身为木体弓形，精巧玲珑，似彩虹跨越山涧；大佛殿中间有大殿三间，正殿里供奉着三方佛，并在大佛殿成立“成吉思汗文物陈列馆”；1942年转为蒋介石的蒋氏行宫，是一处结构独特、庄严深邃的小别墅；马衔山旅游小区地处兴隆山南侧，马衔山地貌景物奇特，既有冻丘地貌，又有古冰缘遗迹，是考察冰川冻土地貌的重要地点；官滩沟以森林自然生态为主，森林覆盖率达86.2%，随着海拔的升高，依次出现人工针叶林、次生阔叶混交林和高山灌丛。在兴隆山景区你还可以体验高山滑索，落差26米，从高山滑下，仿佛在丛林中飞翔。

2. 石佛沟国家森林公园

石佛沟国家森林公园位于兰州市七里河区南部的阿干林区内，面积6373公顷。全园由石佛沟、天都山、大沟三个主要景区组成。公园内的植被属草原植被带森林类型，为温带阔叶林向草原过渡地带，阔叶林分布在温湿梁峁的阴坡，主要是栎树林、山杨林和白桦林。石佛沟还盛产药材，有猪苓、秦儿、麦冬等200多种药材。全园由石佛沟、天都山、大沟三个主要景区组成。石佛沟有优美的森林植被景观，金秋可赏红叶。沟底有古井七星泉，石佛沟内石崖之上有石佛洞，其内刻有石佛图像。石佛寺原址上建有灵岩寺，另有观涛亭。沿山建有祖师殿、菩萨殿、吕祖殿、财神殿、鹤来亭，与青山绿水相辉映。

3. 麦草沟自然保护区

保护区位于甘肃省天水市党川乡，地处秦岭南坡充陵江的发源地。保护区是一个四面环山只正西有一出口的沟谷，下沟东西长13千米，支沟有数十条。保护区维管束植物有1300多种，其中乔木有100多种，灌木有200多种。保护区陆栖脊椎动物有370多种。属国家保护动物一级的有云豹，二级有黑熊、麝、鬣羚、灰鹤、红脸角锥等。

4. 景泰黄河石林

景泰黄河石林位于甘肃白银市景泰县东南部，与中泉乡龙湾村毗邻。这里群山环抱，环境幽静，空气清新，风景秀丽。景泰黄河石林景区由高品位的自然旅游资源组合而成，集东西南北自然景色之大成，在全国实属罕见，在北方更是独树一帜。因其造型独特、规模大、景区组合优越，而被称之为“中华自然奇观”。景区内峡谷蜿蜒，峰林耸立，绝壁凌空，气势磅礴，自然造型多姿传神，以奇、雄、险、古、野、幽见长。石林景观与黄河曲流山水相依，静中有动。龙湾绿洲与坝滩戈壁，两种生态，一河相隔，对比强烈，绵延沙丘与河心洲遥遥相望。在这里可以体验风情畜力车，感受到当地老乡淳朴的民风，兴致到来唱一段西北小曲，让你真正融入到西部粗犷的文化氛围中来。

5. 白水江生物圈保护区

白水江生物圈保护区位于甘肃省南部文县、武都两县境内，面积210000公顷。1978年被划为保护大熊猫及其赖以生存的自然生态系统自然保护区。区内约有野生大熊猫100只左右，占国内野生大熊猫总数的10%左右。还有2160种高等植物、77种哺乳动物、275种鸟类、2138种昆虫。其中有珍稀濒危动物56种、植物67种。2000年加入生物圈保护区网。白水江处于古北界和东洋界的过渡地带，属深切割的山地，地势自西北向东南倾斜，主要山峰有摩天岭、净各留山、高峰山、双猫山等，气候年均温15℃，水系有白水江和白龙江，为嘉陵江上游，属长江水系。

6. 黄河三峡湿地自然保护区

保护区位于甘肃省永靖县中部，面积195平方千米。本区属黄土丘陵沟壑地貌，海拔在1563～2300米。主要保护对象为鸟类及其生态环境。区内黄河段自西南向北呈“S”形横穿全县，形成独特的“黄河向西流”景观。沿河有刘家峡、盐锅峡、八盘峡，均建有电站，形成3个高原人造平湖，水域面积达153平方千米。本区野生动物较为丰富，有兽类10种、鸟类50余种、爬行类3种、两栖类4种、鱼类26种。其中国家重点保护对象有林麝、羊城羊、猞猁及黑颈鹤、大天鹅、苍鹰、鸢、猫头鹰、红腹锦鸡等。

7. 刘家峡恐龙国家地质公园

刘家峡恐龙国家地质公园位于甘肃省永靖县盐锅峡水库库区（现称太极湖）北岸。东距省会兰州54千米。公园占地面积15平方千米，包括水面1.8平方千米。地质公园以成

群的恐龙足印为主体。刘家峡恐龙足印群，保存十分完整和清晰，立体感强。同时，在同一岩层层面上还保存有恐龙卧迹、尾部拖痕及粪迹等，构成了足印、卧迹、拖痕和粪迹共存的场面，非常独特。在已经揭露的总计 710 平方米的岩层层面上发现了 8 类 30 组 270 个足印，其中至少包括两类巨型蜥脚类、两类兽脚类、一类似鸟龙类和其他三类形态独特、尚未归属的足印，代表至少 8 个属种。在同地点出现如此多样的食植类和食肉类恐龙足印，在国内尚属首次，在世界上也极为罕见。

8. 格桑花草原

美丽的格桑花草原是甘南藏族自治州夏河县桑科草原上一块光彩夺目的宝石，是蜚声中外的旅游胜地。草原的夏秋，碧草连天。坐落在大夏河畔的拉卜楞寺以其雄伟壮丽的建筑、奇异的佛教艺术瑰宝和盛大的佛事活动，吸引着虔诚的信徒和中外游客。当你骑着骏马在草原上飞驰，当你骑着牦牛在大夏河畔徜徉时，你可以饱览“天苍苍，野茫茫，风吹草低见牛羊”的壮美景色。夜晚，围着草原上燃起的篝火，与藏族同胞手拉手翩翩起舞，将为你留下永生难忘的欢乐。格桑花草原旅游，充满了独具特色的藏族风情。格桑花旅游部还开发了赛马场、牦牛场等充满魅力的旅游项目。

9. 腊子口

腊子口位于迭部县东北部的腊子乡，西距迭部县城 105 千米，北距岷县 72 千米。腊子口是川西北进入甘肃的唯一通道，是甘川古道之“咽喉”。整个隘口长约 30 米，宽仅 8 米，两边是百丈悬崖陡壁，周围是崇山峻岭，抬头只见一线青天。水流湍急的腊子河由北向南穿越隘口，地势十分险要，易守难攻，自古就有“天险门户”之称。拥有国家级地质公园，公园主要包括相当多古海底生物化石区、高山峡谷霞丹地貌、碳酸盐喀斯特溶岩石林等，并拥有野生大熊猫、甘南杜鹃、迭部网蛱蝶等上百种珍稀动植物。腊子口战役遗址作为甘肃省 8 个红色精品旅游区之一，被国家确定为全国 100 个红色旅游经典景区，并列入全国 30 条精品红色旅游线路。

10. 冶力关国家森林公园

冶力关森林公园位于青藏高原的东北边缘，甘南藏族自治州卓尼、临潭两县境内，总面积 79400 公顷，森林覆盖率为 63%，植被覆盖率为 92.0%。该区属湿润的高原气候，特点是高寒湿润，气温年差较小，月差较大，雨热同季，垂直差异显著。公园划分为五大景区，即东峡、冶海、香子沟、黑河、西峡，共有自然人文景观 270 余处，其中包括三叠瀑布、林海雪原、莲峰耸秀、丹霞地貌形成的麦积晚霞、笑和尚等奇石景观。

11. 敦煌鸣沙山—月牙泉风景名胜区

鸣沙山月牙泉风景名胜区位于甘肃省河西走廊西端的敦煌市。鸣沙山位距敦煌市南郊 5 千米，因沙动成响而得名。山为流沙积成，分红、黄、绿、白、黑五色。汉称沙角山，又名神沙山，魏晋时始称鸣沙山。其山东西绵亘 40 余千米，南北宽 20 余千米，沙垄相衔，盘桓回环。其特点：“峰峦陡峭，山脊如刃；马践人驰，殷殷有声；轻若丝竹，重如雷鸣；沙随足落，经宿复初。”这种景象实属世界所罕见。月牙泉处于鸣沙山环抱之中，其形酷似一弯新月而得名。古称沙井，又名药泉，一度讹传渥洼池，清代正名月牙泉。流沙与泉水之间仅数十米，但虽遇烈风而不被流沙所淹没，地处戈壁沙漠而泉水不浊不涸，这种“沙水共生，山泉共存”的地貌特征，确属奇观。

12. 张掖丹霞地貌

张掖丹霞地貌位于甘肃省河西走廊中段的张掖市，古为河西四郡之一张掖郡，取“断

匈奴之臂，张中国之掖（腋）”之意。张掖丹霞地貌在方圆一百平方米的山地丘陵地带，有造型奇特，色彩斑谰，气势磅礴的丹霞地貌。数以千计的悬崖山峦全部呈现出鲜艳的丹红色和红褐色，相互映衬各显其神，展示出“色如渥丹，灿若明霞”的奇妙风采。张掖丹霞地貌分布广阔，场面壮观，造型奇特，色彩艳丽，是我国干旱地区最典型和面积最大的丹霞地貌景观，也是我国丹霞地貌发育最大最好、地貌造型最丰富的地区之一，具有很高的科考价值和旅游观赏价值。

13. 兰州百里黄河风情线

兰州是全国唯一一座黄河穿城而过的大型城市，也是一个东西向延伸的狭长型城市，夹于南北两山之间，黄河在市北的九州山脚下穿城而过。经过城建部门的规划建设，沿黄河南岸，已开通了一条东西数十千米的滨河路。因路面宽阔笔直，两旁花坛苗圃，星罗棋布，被誉为绿色长廊，现已成为全国最长的市内滨河马路。游客游览滨河路，可以欣赏黄河风情，参观沿途点缀的平沙落雁、搏浪、丝绸古道、黄河母亲、西游记等众多精美的雕塑；并参观中山铁桥、白塔山公园、水车园等景点。在旅游旺季，可看到古老的皮筏摆渡，体验“吹牛皮，渡黄河”的古韵；也可乘坐橡皮艇在黄河上漂流。滨河路被誉为兰州的“外滩”，已成为老年人晨练和年轻人浪漫的场所。外地游客来兰州旅游，必先到滨河路，从东到西一游。

14. 五泉山

五泉山位于兰州市区南侧的皋兰山北麓，是一处具有两千多年历史的遐迩闻名的旅游胜地。公园景点以五眼名泉和佛教古建筑为主，海拔 1600 多米，有明清以来的建筑群 10 余处，1000 余间，建筑面积一万多平方米，规模宏大。相传武帝时，霍去病西征匈奴，曾屯兵此山，士卒疲渴，霍去病“着鞭出泉”，这五眼泉至今犹在：惠山、甘露、掬月、摸子、蒙五眼泉，山也因泉得名。公园景点以五眼名泉和佛教古建筑为主，从山门沿中间通道直上，有蝴蝶亭、金刚殿、大雄宝殿、万源阁、文昌宫、地藏寺、千佛阁等古庙宇依山就势排列，层层相叠，以石阶亭廊相连。

15. 炳灵寺石窟

炳灵寺石窟位于甘肃省永靖县城西南 35 千米的小积石山中。“炳灵”，是藏语“十万佛”的音译。炳灵寺石窟的正式营建始于西秦建弘元年（420 年），后历经北魏、北周、隋、唐，不断进行开凿修造，元明时期仍有修妆绘饰。现存窟龛 183 个，共计石雕造像 694 身，泥塑 82 身，壁画约 900 平方米，分布在大寺沟西岸长约 200 米，高 60 米的崖面上。石窟以位于悬崖高处的唐代“自然大佛”（169 窟）以及崖面中段的众多中小型窟龛构成其主体。炳灵寺在魏晋时称唐述窟，唐代称灵岩寺，宋代始称炳灵寺。今存窟龛 196 个，分布在上寺、下寺、洞沟、佛爷台等处。

16. 天水麦积山风景名胜区

麦积山风景名胜区系风景区的总称，全景区包括麦积山石窟、仙人崖、石门、曲溪四大景区和一个古镇街亭温泉景区。麦积山位于甘肃省天水市东南，因山体呈圆锥状，酷似农家的麦垛而得名。麦积山石窟主要保存有北魏、西魏、北周、隋唐、宋、元、明、清等不同朝代的雕塑和壁画，素有“东方雕塑陈列馆”之称，是我国的四大石窟之一；仙人崖景区主要由石莲谷、仙人崖、罗汉沟、净土寺、瀑布崖、翠英山和哭祷峡等景点组成；石门山素有“甘肃的小黄山”之称；曲溪以山称奇，以水叫绝，景区内山幽林静，山冈上雾气腾腾，纯自然风情极浓。

17. 嘉峪关

嘉峪关位于甘肃嘉峪关市向西5千米处，是明长城西端的第一重关，也是古代“丝绸之路”的交通要冲，是明代万里长城西端起点，始建于明洪武五年（公元1372年），先后经过168年时间的修建，成为万里长城沿线最为壮观的关城。嘉峪关关城1961年被国务院公布为第一批全国文物重点保护单位。嘉峪关是保存程度最为完好的一座古代军事城堡，是明朝及其后期各代长城沿线的重要军事要塞，素有“中外钜防”、“河西第一隘口”之称。主要的景观有：嘉峪关游击将军府、长城第一墩、古代岩画石关峡、古墓葬文化“果园——新城魏晋墓群”等。

18. 敦煌莫高窟

敦煌莫高窟俗称千佛洞，被誉为20世纪最有价值的文化发现，坐落在河西走廊西端的敦煌市，以精美的壁画和塑像闻名于世。它始建于十六国的前秦时期，历经十六国、北朝、隋、唐、五代、西夏、元等历代的兴建，形成巨大的规模，现有洞窟735个，壁画4.5万平方米、泥质彩塑2415尊，是世界上现存规模最大、内容最丰富的佛教艺术圣地。近代以来又发现了藏经洞，内有5万多件古代文物，由此衍生专门研究藏经洞典籍和敦煌艺术的学科——敦煌学。1961年，莫高窟被公布为第一批全国重点文物保护单位之一，1987年被列为世界文化遗产，是中国四大石窟之一。世界遗产委员会评价莫高窟是地处丝绸之路的一个战略要点。它不仅是东西方贸易的中转站，同时也是宗教、文化和知识的交汇处。莫高窟的492个小石窟和洞穴庙宇，以其雕像和壁画闻名于世，展示了延续千年的佛教艺术。

19. 平凉崆峒山风景名胜区

崆峒山位于甘肃省平凉市城西12千米处，东瞰西安，西接兰州，南邻宝鸡，北抵银川，是古丝绸之路西出关中之要塞。景区面积84平方千米，主峰海拔2123米，集奇险灵秀的自然景观和古朴精湛的人文景观于一身，具有极高的观赏、文化和科考价值。自古就有“西来第一山”、“西镇奇观”、“崆峒山色天下秀”之美誉。崆峒山是人文始祖轩辕黄帝登山问道的圣地，古往今来，崆峒山吸引了众多的风流才俊。崆峒山属六盘山支脉，是天然的动植物王国，有各类植物1000多种，动物300余种，森林覆盖率达90%以上。主要景观有：苍松岭、朝阳洞、崆峒后峡、太阳掌、凤凰岭、月石峡、五台等。

（二）典型线路

1. 丝绸古道大漠风情旅游线：天水—兰州—武威—张掖—酒泉—嘉峪关—敦煌

丝绸之路在甘肃境内的线路：古时的“秦州”伏羲故里——天水，这里有麦积山、仙人崖、伏羲庙等景点；瓜果之乡的金城——兰州，沿黄河百里的滨河路、五泉山、白塔山等；马踏飞燕的故里凉州——武威，这里有雷台汉墓、天梯山石窟、海藏寺等景观；“张国臂掖，以通西域”——张掖，这里有马蹄寺、大佛寺、张掖丹霞地貌等景观；卫星发射的基地——酒泉，这里有酒泉清真寺、西汉酒泉圣迹、发射基地；明长城西端的第一重镇——嘉峪关，这里有万里长城第一墩、雅丹魔鬼城等；壁画精美的佛教艺术殿堂——敦煌，这里有莫高窟、月牙泉、鸣沙山等景观。

2. 河西走廊之旅：嘉峪关—玉门关—雅丹地貌—敦煌

这条线路主要包括：明长城西端的第一重镇——嘉峪关，丝绸之路的交通要冲，“春风不度玉门关”的古老关塞——玉门关；这里沙石错落，奇形怪状，大风呼啸而过，这里被誉为“敦煌雅丹魔鬼城”；世界上现存规模最大、保存最完好的佛教艺术宝库——敦煌。

3. 伏羲故里之旅：兰州—天水—麦积山—伏羲庙—仙人崖

伏羲故里的旅游线路包括：相传华夏始祖伏羲氏诞生于此——天水市，这里有新时期

文化遗址、炎黄子孙朝宗拜祖的伏羲庙和卦台山、中国四大石窟之一的麦积山石窟、与石窟毗邻的仙人崖，这里是一处儒、佛、道合一的旅游胜地。

4. 甘南藏情之旅：夏河拉卜楞寺—桑科草原—郎木寺—若尔盖花湖

甘南旅游线路包括：甘南夏河拉卜楞寺，藏传佛教格鲁派六大寺院之一；格萨尔王曾经助阵的魅力草原——桑科草原；白龙江畔碌曲县内的佛教寺院——郎木寺；高原湿地生物多样性自然保护区——花湖。

拓展阅读

香包、香浪与伏羲节

中国庆阳香包民俗文化艺术节，简称“香包节”，是陇东庆阳地区在端午节前夕举办的富有黄土高原特色的展示其黄土积淀深厚、独具地域特色的民俗文化艺术节。传说“香包”是当地妇女在端阳节制作的各种小动物形状的绣花荷包，给孩子们佩戴在身上以驱恶逐魔、逢凶化吉。这种精湛的手工艺术被承嗣保留下来，成为现代黄土高原上人们对美好生活的衷心祝愿。庆阳民俗文化独树一帜。刺绣、剪纸、皮影、道情和民歌堪称庆阳“五绝”。目前，庆阳获得了中国香包刺绣之乡、徒手秧歌之乡、民间剪纸之乡、窑洞民居之乡、五蝠皮鼓——庆阳一绝、环县——道情皮影之乡、温泉乡公刘庙——华夏公刘第一届、周祖农耕文化之乡、荷花舞之乡、中国民俗文化及民间工艺美术调研基地、中国民俗艺术教研基地等 11 大命名。

香浪节是甘南藏族自治州的民俗节日。因每年夏天，寺院僧人需外出采集木柴，由此借此机遇边观赏风景，边进行采集，逐渐演变成僧俗一同郊游的节日。当地的藏族群众还有另外一种起源的说法：此节日是对草原祖先的一种追忆，以此来表达对草原深深的眷恋。每年的农历六月十五前后，夏河一带的藏族人民总要带上帐篷和丰盛的食品，到风景秀丽的草滩山野游乐几天，欢渡传统的香浪节。节日的前一天日出之前，人们来到有拉再（祭祀石塔）的山头上，煨桑祭神，祈求神灵的保佑。赛马、赛牦牛、摔跤、拔河，是人们欢迎的项目，男女老少都踊跃参加。入夜，能歌善舞的藏胞，在熊熊燃烧的篝火边，唱起悠扬动听的歌曲，翩翩起舞，尽情欢乐，直到深夜。

伏羲节由每年农历五月十三日公祭伏羲典礼的活动扩大而成，是为纪念人文始祖伏羲氏而举办的。相传伏羲人首蛇身，居三皇之首，百王之先，是中国第一位人王。他出生于天水，并在这里创推八卦，并教会人民结网、从事渔猎畜牧。自 1995 年第一届伏羲文化节起，每到农历五月十三日，都会有近千名来自中外的侨胞、游客云集羲皇故里，参观大地湾古人类遗址，寻宗祭祖。

资料库

甘肃特色美食

1. 兰州牛肉面

兰州牛肉面，又名兰州清汤牛肉拉面，是兰州历史悠久、经济实惠、独具特色的地方风味小吃。最早始于清光绪年间，系回族老人马保子首创，经后人不断创新发展而成。兰州牛肉面的讲究是："一清（清汤）、二白（萝卜白）、三红（辣子红）、四绿（香菜蒜苗绿）、五黄（面条黄亮）。"它的色、香、味、形不仅具有汤汁清爽、诸味和谐、牛肉烂软、滋味绵长、萝卜白净、辣油红艳、香菜翠绿、面条柔韧、滑利爽口、香味扑鼻、诱人食欲等特点，而且面条的种类有大宽、二宽、韭叶子、二柱子、二细、细、毛细、一窝丝、荞麦棱子等不同形状的面条，食客可随爱好自行选择。如今兰州牛肉面已遍布全国，但因制作的水质和牛肉来源有关，只有在兰州才能吃到正宗牛肉面。推荐有：吾穆勒蓬灰牛肉面、白老七蓬灰牛肉面、马有布牛肉面、马子绿牛肉面、国宝牛肉面等。

2. 天水呱呱

天水呱呱被誉为秦州第一美食。以其色泽美观、调味讲究，柔情而富有韧性，有重油而浓秀不腻的特点，成为甘肃著名的风味小吃。天水呱呱历史悠久，相传始于明末，是刘性父女在原荞粉基础上的独创。其制作工艺是：把当地盛产的上等荞麦粉碎成荞麦粉子，入水加工取其淀粉。然后将淀粉加入锅内，用文火慢慢烧制，一直烧到靠锅的部分黄而不焦，即可停火，待晾凉出锅，盛进盆内或筛内，带足调料，便可上街叫卖。夏季冷吃清凉爽口，冬季温热鲜辣发汗。冷热吃法，随季而变，是四季皆宜的小吃。

3. 武都洋芋搅团

用特制的杏树、桦树、梨树、核桃树做的木槽。将煮熟去皮的洋芋砸成泥状，相当于南方的糯米糍粑。必须是甘肃武都特有的高淀粉洋芋。汤汁是由武都特制的醋加武都安化辣椒、武都大红袍花椒粉做成的。

4. 甘南藏包子

甘南藏包子，又称"卓华包子"，因独具风味，是藏族民族款待客人的传统美食小吃。甘南藏包形如"牛眼睛"，它外皮雪白薄亮，透过包子皮，里面的馅子清晰可见，只见那肉如玛瑙，菜似翡翠，红绿相间，煞是好看。藏包子是以白面为皮，以羊肉为主馅，加适量羊板油，调以葱花、酱油、味精、花椒水等作料，上笼蒸制而成。吃时佐以蒜泥、醋、酱油、辣子油，会感到油而不腻，软嫩可口，鲜美异常。

5. 静宁锅盔

静宁锅盔，又名静宁大饼，历史悠久，早在清同治年间就已负盛名。雪白平整、薄厚均匀、色泽光亮、酥香可口。它外形圆，厚度2厘米，有大小之分，大者如盾牌，小者如银盘，饼面旋有三道箍纹，饰有"一串龙"、"一朵云"、"一枝花"等图案，精致美观，雅丽动人，不要说吃，就是看一看也是艺术享受。静宁锅盔系用当地优质精粉，精心烧制而成。其制作工艺传统，揉制功精，不易破碎，不易发霉变质，适宜久存和长途携带。相传有一位外国朋友，买了两个静宁锅盔，装在箱内忘了食用，数十日后，远涉重洋回家，从箱中翻出静宁锅盔，仍然外形完整，饼香诱人，此事竟在海外被传为美谈。

6. 静宁烧鸡

静宁烧鸡亦称静宁卤鸡，是静宁传统名食。它以形色美观、鲜嫩味美、外表晶亮、卤色褐红、肉香味厚、爽口不腻，驰名甘、陕、宁等省（区），是西兰公路上过往旅客争相购买的风味食品。或路途食用，或馈赠亲友，莫不为人称绝，既是筵席美餐，又是滋补佳品。人们形容"闻香千里外，味从鸡肉来。"静宁烧鸡具有近百年的加工卤制历史，是选用国内27个地方优良鸡种和静宁土种鸡为原料，配以各种作料精心卤制而成的。个大丰满，肉质鲜嫩，清香味美，风味独特。其体大肉多，色泽金黄，食而不腻，鲜嫩醇香，风味独特，久负盛名。静宁烧鸡被授予"中华老字号"品牌和甘肃省"地方名优小吃"。

7. 热冬果

热冬果，是指煮熟了的冬果梨，是兰州历史悠久、风味特殊的名小吃。热冬果起源于唐代。相传唐太宗时，宰相魏征的母亲患病，终日咳嗽不止，服了上百种药物均不见效。一日，有一位名医献上用冬果梨汁与草药粉末熬制的梨膏，魏母食后不久便恢复了健康。从此，冬果梨便身价倍增，称誉中外了。冬果梨主产于兰州郊区及皋兰县，冬果梨有大小之分，大冬果梨果实为卵圆形，单果平均重278克，皮色金黄，果肉水白，内质较粗，汁液丰富，甘中带酸。小冬果梨果实为卵形，单果重157克，果色黄绿，阳面略有红晕，皮薄肉细，果味甘甜，风味在大冬果梨之上。

8. 兰州百合

百合，是一种多年生的鳞茎草本植物。百合皆因“以众瓣合成，状如白莲花，并能治百病”而得名。中国的百合产地甚多，然而以兰州百合最为著名。这是因为：一是个头大。兰州百合大多为独头，大者如拗，小者如拳。平均重量为350克左右，最大的直径达15厘米，重400克以上。二是瓣片如莲。兰州百合肥硕肉厚，内无柴梗，纤维很少。三是色如凝脂。兰州百合洁白如玉，温润有光。四是质佳味甜。兰州百合具有很高的营养和药用价值。以鲜食可做成“蜜汁百合”、“西芹百合”、“八宝百合”、“干蒸百合”、“百合肉片”、“炒百合泥”等名菜佳肴。常吃百合可治疗咳嗽咯血、虚烦心悸、支气管炎、肠胃不适等症。

9. 酒泉夜光杯

夜光杯，是酒泉的名产，因倾酒入杯，对月映照，杯壁反光，与酒色相耀，熠熠生辉而得名。唐代诗人王翰的著名诗句“葡萄美酒夜光杯，欲饮琵琶马上催”（《凉州词》），就是唐代时用夜光杯在军中宴饮的生动写照。夜光杯是以祁连山的美玉为原料制作的，祁连玉有老山玉、新山玉、河流玉之分，颜色有墨、碧、白、黄等多种。其质地细腻、纹祥奇妙、软硬适度，可以随意雕琢。夜光杯的制作繁杂精细，需要经过选料、造型、雕刻、定形、抛光等30多道工序。近年来，新工艺的挖掘和创新，使夜光杯更加隽巧别致、莹晶王润。夜光杯主要用来做盛酒器皿。按其式样分有：中式喇叭口形、仿古式齐口平底形、西洋式高脚形、中西式喇叭高脚形等。此外，还有名种雕花杯、金丝边杯、银丝边杯等。夜光杯以王质优良、工艺精绝，具有耐高温、抗严寒、斟美酒味浓、色艳的特点，是国际市场上名贵的工艺品和日用品。

10. 天水雕漆

天水漆雕工艺历史悠久，考古资料证明，有两千多年的历史。在全国漆器行业中占据着重要地位。天水雕漆已成为我国雕漆工艺中一个出类拔萃的品种，以选料严格、工艺精湛、造型奇特、图案古朴、漆质坚硬、漆面光亮、耐酸耐碱耐高温，既具观赏性又具有实用性的特点，在国内外享有盛誉。天水雕漆的特色是“繁工珍材”，所谓“繁工”指工艺复杂，工序繁多。一件雕漆产品要经过木工、漆工、配石、石刻、镶嵌、粘贴、描金等上百道工序，费时少则三四个月，多则需要一年。所谓珍材，指天水雕漆产品全部采用珍贵的纯天然材料。一般采用桃红松、椴木等优质木材作胎，以当地小陇山盛产的优质天然漆为原料。

11. 庆阳民间剪纸

庆阳剪纸源于生活、讲究情趣，是劳动妇女生产生活习俗和文化传承的结晶，是她们的爱心浇灌的花朵。著名民俗学家靳之林先生称剪纸艺人是“真正的艺术家”。并说，“庆阳剪纸在人类学、考古学、历史学、民族学、民俗学、美学、艺术学领域里，为我们提供了极为丰富的新课题。一幅传统的陇东民俗剪纸，不仅是一张剪纸，而且是凝聚中华民族几千年历史文化传统的结晶”。

12. 洮砚

洮砚全称为“洮河石砚”或“洮河绿石”，是中国四大名砚之一。因砚材产自洮河，洮河源于古时洮州，故名“洮河石砚”，简称“洮砚”。用洮河之石制作的洮砚，发墨快、研墨细、不伤笔毫。洮砚之名贵除了石质优良和色彩绚丽的优点外，还在于砚形繁多、雕刻精细。洮砚的砚式端庄厚重，古朴典雅，在工艺上有不同于其他石砚的独特风格。在所刻粗细得当的线条内填上黑色，这是洮砚不同于其他石砚的一大特点。

任务实施

根据日本游客的特征和要求，旅行社为他们安排了一条具有西域文化特色的丝绸之路，该线路为丝绸之路的西线，地跨三省九市，线路安排是：西安—天水—兰州—武威—张掖—嘉峪关—敦煌—吐鲁番—天山天池—乌鲁木齐。丝绸之路是指西汉时期，由张骞出使西域开辟的以长安（今西安）为起点，经甘肃、新疆，到中亚、西亚，并联结地中海各国的陆上通道，因为由这条路西运的货物中以丝绸制品的影响最大，故得此名。丝绸之路旅游线路是西北最主要的旅游线路，该线路以丝路文化为主体，依托古丝路沿途重要中心城市，将历史遗迹、石窟艺术、山水风光、大漠景观和少数民族风情等旅游资源有机地整合在了一起，构成一条涵盖资源众多、历史积淀深厚、文化多元、自然景观丰富的跨地域旅游线路。十日的行程，通过参观历史遗迹，让日本游客深入地探寻昔日古丝绸之路的文明；通过观看歌舞表演、骑骆驼、进毡房，让日本游客体验中国文化和少数民族风情，突出体现“西域文化”这一主题。具体行程见表 5-2。

表 5-2　　丝绸之路——体验西域文化十日游

日期	行程安排	餐	宿
D1	早上乘飞机抵达西安，乘车前往临潼（约 2 小时）游览世界第八大奇迹——秦始皇兵马俑（90 元，游览约 2 小时）一、二、三号坑及铜车马展厅。其再现了二千多年前秦朝威武雄壮的军阵，是世界人类文化艺术宝库中的奇葩，阵容气势宏大，使人为之震撼 乘车赴临潼寻访华夏五千年悠久的历史，游览华清池，这里曾是演绎唐明皇与杨贵妃千古爱情绝唱之地（游览约 1.5 小时） 参观御汤博物馆、九龙湖、远望骊山兵谏亭和烽火台、追忆震惊中外的西安事变发生地；参观千古之谜秦始皇的地下宫殿——秦陵地宫（游览约 40 分钟） 安排购物时间，欣赏蓝田美玉，并购买西安土特产 晚餐后欣赏大型秦腔交响诗画歌舞表演《梦回长安》	中晚	西安

续　表

日期	行程安排	餐	宿
D2	乘T116/117次列车赴天水，午饭后参观中国四大石窟之一并有东方雕塑博物馆之称的“麦积山石窟”（乘景区环保车，参观2小时） 然后驱车到天水市区参观华夏第一庙——中华民族祭祖圣地“伏羲庙”（30元/人，参观1.5小时）。它是目前我国规模最宏大、保存最完整的纪念上古“三皇”之一伏羲氏的明代建筑群 晚饭后，乘旅游大巴车从天水到兰州，住宿兰州	早中晚	兰州
D3	兰州是黄河流域唯一黄河穿城而过的城市，已有两千年的历史。市区依山傍水，山静水动，是古丝绸之路上的重镇。早上参观兰州百里黄河风情线，欣赏“黄河母亲雕像”。该雕像象征着哺育中华民族生生不息、不屈不挠的黄河母亲 游览“兰州水车园”（参观1小时）。兰州水车又叫“天车”，历史悠久，外形奇特，起源于明朝，是古代黄河沿岸最古老的提灌工具。乘黄河缆车登“白塔山”观兰州全景，山上因一元代白塔寺而闻名。白塔山山势巍峨起伏，蟠结城郊，有拱抱金城之势 下山参观有天下黄河第一桥之称的“中山铁桥”。自费乘羊皮筏子或者游艇感受黄河漂流 晚餐品尝正宗风味兰州拉面（配有风味小吃：灰豆子、甜醅子、酿皮子、椒盐酥饼和各种小菜）	早中晚	兰州
D4	早上乘旅游大巴车从兰州到武威（303千米，3.5小时），参观全国三大孔庙之一的武威文庙，它被誉为陇右学宫之冠；并参观西夏博物馆、西夏碑，了解西夏文化的精髓 参观武威雷台，此为东汉晚期的大型砖石墓葬，因出土了文物珍宝、中国旅游标志铜奔马而著名。雷台是古代祭祀雷神的地方，因在一高约10米的土台上建有明朝中期建造的雷祖观而得名，包括雷台公园、雷台汉墓、雷台观等 参观全国第三大葡萄酒生产基地——威龙葡萄酒庄园，饮美酒，吟诗文“葡萄美酒夜光杯，醉饮琵琶马上催”，感受西域文化特色 后乘旅游大巴车赴张掖（250千米，行车约3小时），晚入住酒店	早中晚	张掖
D5	张掖为古丝绸之路重镇，因其繁荣，被誉为“金张掖”。参观张掖大佛寺，该寺始建于西夏永安元年（公元1098年），是西夏王朝迄今仅存的一座宏大佛寺，堪称国宝。马可·波罗也曾留居此处一年。参观位于张掖市中心的万寿木塔 后参观中国最美的丹霞地貌“张掖丹霞地貌”。它是我国干旱地区最典型和面积最大的丹霞地貌景观，具有很高的科考价值和旅游观赏价值。张掖的丹霞地貌具有造型奇特、色彩斑斓和气势磅礴等特点，景观以孤立的山峰和陡峭的奇岩怪石为主。此地也是张艺谋导演的电影《三枪拍案惊奇》的外景地。这里既有塞北风情又有南国风韵，所以张掖就有了这样一句话“不望祁连山顶雪，错把张掖当江南” 后参观张掖马蹄寺石窟，马蹄寺位于肃南裕固族自治县境内，是集石窟艺术、祁连山风光和裕固族风情于一体的旅游区 后乘旅游大巴车赴嘉峪关（226千米，行车3小时），晚入住酒店	早中晚	嘉峪关

续 表

日期	行程安排	餐	宿
D6	参观举世闻名的万里长城最西端的险要关隘——嘉峪关城楼（参观约 1.5 小时），嘉峪关因地势险要、建筑雄伟而有“天下第一雄关”之称 后参观嘉峪关悬壁长城（参观约 40 分钟），古称“断壁长城”。因城墙自山上陡跌而下，在山脊上似长城倒挂，铁壁悬空，从山上陡跌而下，封锁了石关峡口，俗称“悬壁长城” 参观嘉峪关天下长城第一墩（参观约 40 分钟），又名讨赖河墩，沿戈壁滩至讨赖河陡壁的北岸连上，与祁连雪峰隔河相望，以河为险，是明代长城上西端第一个台墩起点 参观魏晋壁画墓，它位于嘉峪关市东北 20 千米处的一片广阔无垠的大漠上，散布着 1400 多座魏晋时期的地下壁画砖墓群，是著名的魏晋古墓群，被誉为“世界最大的地下画廊” 下午乘旅游大巴赴敦煌（385 千米，行车约 5 小时），沿途可欣赏到历代古城烽燧、赤地千里的戈壁风光、似海市蜃楼般的沙漠幻影	早中晚	敦煌
D7	早餐后游沙漠奇观鸣沙山、月牙泉（参观约 3 小时）。鸣沙山、月牙泉古往今来以“山泉共处，沙水共生”的奇妙景观著称于世，被誉为“塞外风光之一绝”。它以沙泉共处、妙造天成著称于世。游客乘骆驼伴着驼铃声在碧天黄沙中信步，漫游纵情游乐。（自费项目：鸣沙山骑骆驼 80 元/人；滑沙 10 元/人；电瓶车 10 元/人；鞋套 10 元/双；购物店：1 个/40 分钟） 参观世界闻名艺术宝库的莫高窟（参观约 3 小时）。它是我国著名的四大石窟之一，也是世界上现存规模最宏大、保存最完好的“世界艺术宝库”，又名“千佛洞”。它至今保留有从十六国、北魏至元朝等十个朝代历时一千多年的多种类型洞窟千余个，现存 492 个，壁画 45000 多平方米，彩塑像 2000 身。洞窟鳞次栉比，形如蜂房鸽舍，壮观异常，壁画构图精细，栩栩如生。莫高窟是当今世界规模最宏大、内容最丰富、艺术最精湛、保存最完整的佛教石窟寺，1987 年被联合国教科文组织列为世界文化遗产 晚从柳园乘 1067 次火车赴吐鲁番	早中晚	吐鲁番
D8	早上抵达吐鲁番。吐鲁番历史悠久、美丽神奇，自两汉以来一直是我国西域地区政治、经济、文化中心，丝绸之路上的重镇 早餐后参观游览有中国古代三大水利工程美誉的“坎儿井”（参观 45 分钟）。坎儿井是古代新疆人创造的地下水利灌溉工程，早在 2000 年前的汉代就已经初现雏形。吐鲁番地区共有坎儿井 1100 多道，年径流量达 2.94 亿立方米，它是绿洲的生命之源 游览闻名遐迩的“葡萄沟”（参观 3 小时）。这是一条南北长约 7 千米、东西宽约 2 千米的峡谷，依山傍水，安静幽雅，可远眺《西游记》中三百年烈火不灭的火焰山。整条沟里家家户户的葡萄园连成一片，到处郁郁葱葱，犹如绿色的海洋。夏天这里风景优美，凉风习习，是火洲避暑的天堂 到维吾尔族家体验民族风情，参观“交河故城”（参观 1 小时）。故城为车师人开建，建筑年代距今 2000～2300 年，是从天然生土中挖掘而成的 游览“维吾尔古村”（参观 45 分钟）。它以吐鲁番厚重的历史文化底蕴和浓郁的民俗风情为背景，是维吾尔族传统民族风情和交河故城历史文化、自然景观的浓缩，是吐鲁番市现有的古老维吾尔自然村落之一。（自费项目：骑驴车 20 元/人；哈萨克毡房 15 元/人） 游览“火焰山”（参观 30 分钟）。火焰山山体表面寸草不生，每当夏天红日当头，地气蒸腾，赭红色的山体如同飞腾的火龙，十分壮观 乘旅游大巴车赴乌鲁木齐（240 千米，3 小时），经大小盐湖、达坂城湿地、白水涧道、黑戈壁、亚洲最大的风力发电站——“达坂城风力发电站”，途观乌拉泊水库	早中晚	乌鲁木齐

续　表

日期	行程安排	餐	宿
D9	早餐后乘大巴车（120千米，2小时）赴“天山天池风景区”（参观约3.5小时，游船费用自理）。这是一座在两百余万年以前第四纪大冰川活动中形成的高山冰碛湖，海拔1980米，湖面呈半月形。它是世界著名的高山湖泊，古称“瑶池”。“天池”一名来自清代，极言此地风光之美 之后返回乌鲁木齐，晚上前往乌鲁木齐最大的“五一星光夜市”。这里有新疆水果、烤全羊、烤肉、拌面、抓饭、那仁、烤包子、骨头汤等，让游客在欣赏少数民族风情的同时饱尝西域美食	早中晚	乌鲁木齐
D10	早餐后游览具有浓郁伊斯兰民族特色的商业街——“新疆国际大巴扎”（游览时间2小时左右）。新疆国际大巴扎建筑面积近10万平方米，拥有3000个民族手工艺品商铺、80米高的观光塔、气势宏伟的清真寺等，占地面积、硬件设施、文化氛围大大超过伊斯坦布尔大巴扎，堪称“世界第一大巴扎”。采购新疆民族特色的旅游纪念品赠送亲朋好友 最后乘飞机经西安转日航飞机返回东京（具体时间参考航班）	早	

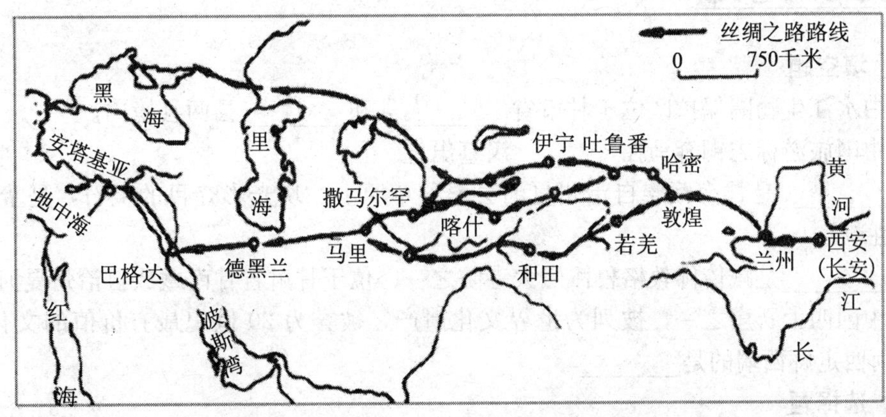

图5-4　丝绸之路

任务总结

对于日本游客，要充分地了解游客的需求和动机，为他们设计出能够满足他们旅游需求的线路方案，综合考虑食、住、行、游、购、娱等多方面的因素，合理整合旅游景区。丝绸之路贯穿西北五省，是西北旅游资源和文化的精华，因此线路设计中既要突出各省市的特点，也要照顾到整条线路的布局合理性。

实训项目

西部探险之旅

【实训目标】

1. 使学生进一步熟悉并掌握甘肃省主要旅游景点。

2. 培养学生综合运用知识、编制甘肃省内旅游及连线周边省市景区游览线路的能力。

3. 培养学生团队合作的能力。

【实训内容】

请为来自福建的“驴友”们设计一条以“探险”为主题的西部旅游线路。分析旅游团成员的旅游动机及特征，为其编制旅游路线。

【实训步骤】

1. 调整优化学习小组；完善团队沟通协调机制，合理分配任务，团队成员共同参与、协作完成任务；各项目团队成员就实训内容互相进行交流、讨论，并给予点评。

2. 各项目团队提交纸质行程安排，每组选派一名代表用 PPT 向全班展示设计的旅游线路，要求图文并茂；由教师和其他团队成员对本团队展示的旅游线路做出现场点评。小组内对个人表现进行总结，以鼓励为主。

复习思考题

一、填空题

1. 白水江生物圈保护区位于甘肃省________县和________县两县境内。

2. 中国旅游标志铜奔马在________汉墓出土。

3. ________是甘南藏族自治州夏河县桑科草原上一块光彩夺目的宝石，是蜚声中外的旅游胜地。

4. ________是藏传佛教格鲁派六大寺院之一，位于甘肃省甘南藏族自治州夏河县。

5. 中国四大石窟之一，被列为世界文化遗产，被誉为 20 世纪最有价值的文化发现，坐落在河西走廊西端的是________。

二、选择题

1. 藏传佛教格鲁派六大寺院之一，位于甘肃省甘南藏族自治州夏河县的寺院是（　　）。

A. 郎木寺　B. 拉卜楞寺　C. 马蹄寺　D. 大佛寺

2. 四大石窟有两个位于甘肃，它们分别是（　　）。

A. 麦积山石窟　B. 龙门石窟　C. 云岗石窟　D. 莫高窟

三、思考题

请设计一条兰州一日游旅游线路。

任务三　新疆景点及线路

任务引入

某市摄影协会准备举行一次以新疆自然风光和民族风情为主题的摄影展，计划在6月初组织会员到新疆进行摄影采风活动，并参加在新疆伊犁那拉提景区举办的天马旅游节，请为他们设计一条旅游线路。

任务分析

此团队为专业摄影人员，他们此次的目的是到新疆进行采风，为他们设计的线路要充分的考虑到他们的动机，尽量为他们设计一条景观形态丰富、自然景色怡人的旅游线路，让他们能够拍摄到茫茫的草原、辽阔的牧场、壮丽的高山湖泊、淳朴牧民和他们的生活。在时间安排上要尽可能的宽松，在行程的设计上要尽可能科学。考虑到摄影者要参加天马旅游节，应提前联系活动主办方，并了解其活动安排。针对他们的特点，设计旅游线路时应注意以下几点：

(1) 应选择景观丰富、游客较少的景点。

(2) 行程安排宜松不宜紧，给摄影师充分的选景拍摄。

(3) 提前联系活动主办方，了解其活动安排。

(4) 注意天气和气候的变换，尽可能安排最好的时间段进行拍摄。

知识准备

新疆维吾尔自治区位于中国的西北部，简称新，古称西域，面积166万平方千米，约占中国总面积的1/6，是我国行政面积最大的省区。边界线长达5600千米，它是我国边界线最长的省区，也是中国拥有民航站最多航线最长的省区。人口1747.35万，有47个民族，少数民族人口占总人口的61.42%，自治区行政区包括13个地州、17个市。新疆素有“歌舞之乡”、“瓜果之乡”之称。新疆幅员辽阔，地大物博，山川壮丽，瀚海无垠，古迹遍地，民族众多，民俗奇异。旅游资源极为丰富，全国旅游资源共有68种，而新疆就有56种，占全国旅游资源类型的83%。全疆共有景点1100余处。新疆是多宗教地区，主要宗教有伊斯兰教、喇嘛教（藏传佛教）、佛教、基督教、天主教、东正教和萨满教。中国最干、最热、最冷的地方都在新疆。中国最长的内陆河、最低的洼地、最大的沙漠也在新疆。新疆主要旅游景点见图5-5。

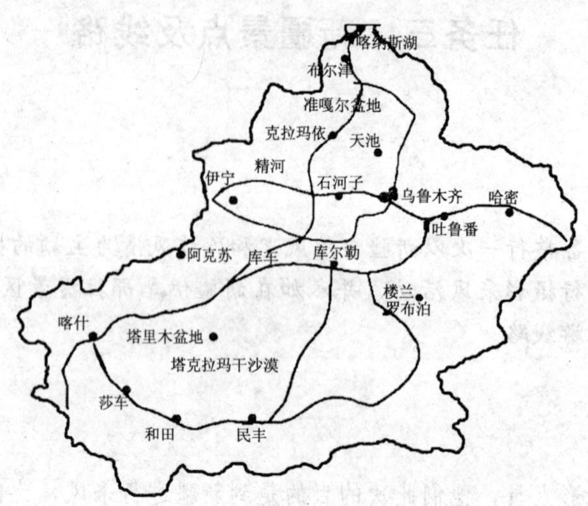

图 5-5　新疆主要旅游景点

（一）主要景点

1. 天山天池风景名胜区

天山天池风景名胜区位于新疆维吾尔自治区阜康县境内，是以高山湖泊为中心的自然风景区。天山博格达峰海拔 5445 米，终年积雪，冰川延绵。天池在天山北坡三工河上游，湖面海拔 1900 多米。湖畔森林茂密，绿草如茵。随着海拔高度不同新疆天山天池风景名胜区可分为冰川积雪带、高山亚高山带、山地针叶林带和低山带四个自然景观带。在天池同时可观赏雪山、森林、碧水、草坪、繁花的景色。附近还有小天池、灯杆山、石峡等景点。天池古称“瑶池”，清乾隆时始以“天镜”、“神池”之意命名为天池。

2. 五彩湾

千彩古堡五彩湾位于昌吉州吉木萨尔县城北，在一片戈壁荒漠中有一个五彩缤纷的世界，那就是以怪异、神秘、壮美而著称的五彩湾。这是一幅大自然的杰作。千百年来，由于地壳的运动，在这里形成极厚的煤层，后几经沧桑，覆盖地表的沙石被风雨剥蚀，使煤层暴露，在雷电和阳光的作用下燃烧殆尽，就形成了这光怪陆离的自然景观。

3. 喀纳斯湖风景名胜区

喀纳斯是蒙古语，意为“美丽富饶、神秘莫测”。喀纳斯湖位于布尔津县境北部，距县城 180 千米，湖面海拔 1374 米，面积 44.78 平方千米，是一个坐落在阿尔泰深山密林中的高山湖泊，比著名的博格达天池整整大 10 倍，湖水最深处达 180 米左右。湖面碧波万顷，群峰倒影，湖面还会随着季节和天气的变化而时时变换颜色，是有名的“变色湖”。

4. 火焰山

火焰山是吐鲁番最出名的景点，位于吐鲁番盆地的北缘、古丝绸之路北道，呈东西走向。火焰山，维吾尔语称“克孜尔塔格”，意为“红山”，唐人以其炎热曾名为“火山”。海拔 500 米左右。火焰山童山秃岭，寸草不生，飞鸟匿踪。每当盛夏，七月流火，红日当空，赤褐色的山体在烈日照射下，砂岩灼灼闪光，炽热的气流翻滚上升，就像烈焰熊熊，火舌燎天，故又名火焰山。火焰山是中国最热的地方，夏季最高气温高达 47.8℃，地表最高温度高达 70℃以上，沙窝里可烤熟鸡蛋。由于地壳运动断裂与河水切割，山腹中留下许

多沟谷，主要有桃儿沟、木头沟、吐峪沟、连木沁沟、苏伯沟等。

5. 葡萄沟

吐鲁番的葡萄沟坐落于吐鲁番市东北，沟内有布依鲁克河流过，主要水源为高山融雪，因盛产葡萄而得名，是新疆吐鲁番地区的旅游胜地。葡萄沟系火焰山西侧的一个峡谷，南北长8千米，东西宽0.6～2.0千米，沟谷狭长平缓。沟谷西岸，悬崖对峙，崖壁陡峭，犹如屏障。沟内，溪流环绕，水质纯净。溪流两侧，葡萄架遍布，葡萄藤蔓层层叠叠，绿意葱葱。四周是茂密的白杨林，花草果树点缀其间，农家村舍错落有致地排列在缓坡上。

6. 那拉提草原风景区

那拉提草原风景区，位于伊犁州新源县境内。那拉提草原风景区是世界四大草原之一的亚高山草甸植物区。自古以来就是著名的牧场，交错的河道、平展的河谷、高峻的山峰、茂密的森林交相辉映。每年6—9月，草原上各种野花开遍山冈草坡，红、黄、蓝、紫五颜六色，将草原点缀得绚丽多姿。优美的草原风光与当地哈萨克民俗风情结合在一起，成为新疆著名的旅游观光度假区。

7. 可可托海

可可托海镇位于新疆维吾尔自治区北部富蕴县城东北48千米的阿尔泰山间。额尔齐斯河刚好从镇中穿流而过，便是镇名的来历。可可托海，哈萨克语的意思为“绿色的丛林”。蒙古语意为“蓝色的河湾”。在距可可托海镇10千米处有1931年8月11日地震遗留下的一条规模宏大的地震断裂带，它是世界上最罕见、最完好的断裂带之一；有申报国家级含几十种矿物质的3号矿坑地质遗迹；额尔齐斯河水源头自然风光；伊雷木湖湖水清澈透明，夏季气候凉爽宜人，是度假的好去处；独特的冬季冰雪资源，有神钟山、大石门、小石门、温泉、神泉、仙人洞、奇山怪石等，也是寻找碧玺、海兰、水晶、雪莲、冬虫夏草等的宝地。

8. 乌尔禾魔鬼城

魔鬼城又称乌尔禾风城，位于准噶尔盆地西北边缘的佳木河下游乌尔禾矿区，西南距克拉玛依市100千米。有一处独特的风蚀地貌，形状怪异。当地蒙古人将此城称为“苏鲁木哈克”，哈萨克人将其称为“沙依坦克尔西”，意为魔鬼城。其实，这里是典型的雅丹地貌区域。“雅丹”是维吾尔语“陡壁的小丘”之意。雅丹地貌以新疆塔里木盆地罗布泊附近的雅丹地区最为典型而得名，是在干旱、大风环境下形成的一种风蚀地貌类型。山丘被风吹成了各式各样的“建筑物”，有的像北京的天坛，有的像埃及的金字塔，有的像柬埔寨的吴哥窟，有的像雄鹰展翅。由于这里景致独特，许多电影都把魔鬼城当做了外景地，比如奥斯卡大奖影片《卧虎藏龙》就在此拍摄。近年越来越多的游客来此地区旅游、探险。

9. 赛里木湖

赛里木湖，古称“净海”，是一个风光秀美的高山湖泊，位于新疆维吾尔自治区西部伊宁市西面、丝绸之路的北道，以神奇秀丽的自然风光享誉古今中外。赛里木湖湖面海拔2073米，水域面积455～460平方千米，呈椭圆形，最大水深92米，蓄水总量210亿立方米，是新疆海拔最高、面积最大的高山冷水湖。湖水除周围一些小河注入外，主要靠地下水补给。由于所处位置较高，蒸发量较小，湖水矿化度为3克/升左右，略带咸味，属微咸湖。

10. 塔克拉玛干沙漠

塔克拉玛干沙漠位于中国新疆的塔里木盆地中央，是中国最大的沙漠，也是世界第二大沙漠，同时还是世界最大的流动性沙漠。整个沙漠东西长约1000千米，南北宽约400千米，面积达33万平方千米。平均年降水不超过100毫米，最低只有四五毫米；而平均蒸发量高达2500～3400毫米。这里，金字塔形的沙丘屹立于平原以上300米。狂风能将沙墙吹起，高度可达其3倍。沙漠里沙丘绵延，受风的影响，沙丘时常移动。沙漠里亦有少量的植物，其根系异常发达，超过地上部分的几十倍乃至上百倍，以便汲取地下的水分；那里的动物有夏眠的现象。

11. 巴音布鲁克草原

巴音布鲁克草原，蒙古语意为“泉源丰富”，位于中天山南麓，海拔约2500米，面积22000平方千米，是我国第二大草原，仅次于内蒙古鄂尔多斯草原。这里地势平坦，水草丰盛，是典型的禾草草甸草原，也是天山南麓最肥美的夏牧场。这里幅员辽阔，地势平坦，水草丰美，遍地是优质的“酥油草”。巴音布鲁克草原居住着蒙、汉、藏、哈等9个民族，民族风情灿烂多彩。蒙古族牧民每年举行的“那达慕”盛会尤为精彩。每当盛夏来临，巴音布鲁克草原层峦叠翠，绿野无限，湖沼广布，牛羊遍野，一片兴旺景象。著名的天鹅湖就坐落在草原东南部。境内有旅游避暑胜地巩乃斯林区，区内林木葱郁，繁花似锦，溪流潺潺，怪石青苔遍布，景色极为优美。

12. 香妃墓

香妃墓又名“阿帕霍回墓”。它坐落在喀什市东郊5千米处的浩罕村，系自治区的重点文物保护单位。这是一座典型的伊斯兰古建筑群，也是伊斯兰教圣裔的陵墓，占地2公顷。阿帕克霍加墓整个陵园是一组构筑得十分精美宏伟的古建筑，四角各立一座半嵌在墙内的巨大砖砌圆柱，柱顶各建一座精致的圆筒形“邦克楼”，楼顶各有一根铁柱群，由门楼、大礼拜、小礼拜寺、教经堂和主墓室五部分组成。

13. 楼兰古城遗址

楼兰古城位于新疆罗布泊西北岸。楼兰古城四周的墙垣，多处已经坍塌，只剩下断断续续的墙垣孤零零地站立着。城区呈正方形，面积约10万平方米。楼兰遗址全景旷古凝重，城内破败的建筑遗迹了无生机，显得格外苍凉、悲壮。俯瞰楼兰古城，城中东北角有一座烽燧，虽然经过历代不同时期的补修，但依然从它身上可以看出最早汉代建筑的风格。烽燧的西南是“三间房”遗址。这座100平方米的房屋，建筑在一块高台上，三间房正中的一间要比东西两间显得宽大。相形之下，大宅院南面的房舍多数是单间，矮小、散杂而破败不堪。根据出土文书，专家推测三间房毗邻的框架结构房屋是楼兰古城的官署遗迹。

14. 克孜尔石窟

克孜尔石窟位于新疆拜城县，属于龟兹古国的疆域范围，是龟兹石窟艺术的发祥地之一。其石窟建筑艺术、雕塑艺术和壁画艺术，在中亚和中东佛教艺术中占极其重要的地位。这里绿树成荫、环境幽雅，是新疆著名的古代文物遗迹的旅游胜地。克孜尔石窟和敦煌莫高窟同享中国“四大石窟”之美誉，坐落于悬崖峭壁之上，绵延数千公里。其中保存壁画的洞窟有80多个，壁画总面积约1万平方米。它是我国开凿最早、地理位置最西的大型石窟群，大约开凿于公元3世纪，在公元八九世纪逐渐停建，延续时间之长在世界各国也是绝无仅有的。

15. 艾提尕尔清真寺

艾提尕尔清真寺坐落于新疆维吾尔自治区喀什市的艾提尕尔广场西侧，占地25.22亩，艾提尕大清真寺始建于1442年。它不仅是新疆规模最大的清真寺，也是全疆乃至全国最大的一座伊斯兰教礼拜寺，在国内外宗教界均具有一定影响。这是一个有着浓郁民族风格和宗教色彩的伊斯兰教古建筑群，坐西朝东，由寺门塔楼、庭园、经堂和礼拜殿四大部分组成。艾提尕尔清真寺，又译为“艾提尕”、“艾提卡尔”。南北长140米，东西宽120米，占地总面积为1.68万平方米，分为“正殿”、“外殿”、“教经堂”、“院落”、“拱拜孜”、“宣礼塔”、“大门”等七部分。

16. 高昌古城

高昌古城维吾尔语称亦都护城，即“王城”之意，曾是高昌王国的都城，位于吐鲁番市东面40多千米的三堡乡。高昌古城规模宏大，十分壮观。总面积200万平方米，是古代西域留存至今最大的故城遗址。1961年高昌古城被列为国家重点文物保护单位。高昌古城位于吐鲁番市东27千米处火焰山南麓木头沟河三角洲，始建于公元前1世纪汉代，是世界宗教文化荟萃的宝地之一。高昌古城呈长方形，周长5.4千米，分外城、内城、宫城三部分。外墙基宽12米，墙高11.5米，夯土筑成。全城有九个城门，西面北边的城门保存最好。高昌城在13世纪末的战乱中废弃，大部分建筑物消失无存，目前保留较好的外城西南和东南角保存两处寺院遗址。内城北部正中有一座不规则的方形小城堡，当地人称“可汗堡”。

17. 库车王府

库车王府位于新疆库车县城，是1759年清朝乾隆皇帝为表彰当地维吾尔族首领鄂对协助平定大小和卓叛乱的功绩，专门派遣内地汉族工匠建造而成。20世纪初，原“库车王府”仅存部分房屋和城墙，因而，2004年库车县政府投资1300万元，根据达吾提·买合苏提的回忆，在原址重建“库车王府”。王府游览区占地面积4万平方米，主要有王府展区、龟兹博物馆展区、古城墙等展区组成。王府内还有“王府客栈”、“王府家访”、“篝火互动晚会”、“宴艺厅”、“旅游购物”、“王府歌舞团”等配套设施和部门。库车王府历经十一代亲王扩建，既有中原汉文化风格建筑，又有新疆维吾尔族特色建筑，还有俄罗斯式建筑。

18. 坎儿井

坎儿井，为荒漠地区一特殊灌溉系统，遍布于新疆吐鲁番地区。坎儿井与万里长城、京杭大运河并称为中国古代三大工程。吐鲁番的坎儿井总数近千条，全长约5000千米。“坎儿井”是“井穴”的意思，其结构是由竖井、暗渠、明渠、涝坝四部分组成。在高山雪水潜流处，寻其水源，在一定间隔打一深浅不等的竖井，然后再依地势高下在井底修通暗渠，沟通各井，引水下流。地下渠道的出水口与地面渠道相连接，把地下水引至地面灌溉桑田。正是因为有了这独特的地下水利工程——坎儿井，把地下水引向地面，灌溉盆地数十万亩良田，才孕育了吐鲁番各族人民，使沙漠变成了绿洲。

（二）典型线路

1. 自然风光之旅：天山—巴音布鲁克—赛里木湖—喀纳斯—魔鬼城—五彩城

这条旅游线路主要包括：以高山湖泊为中心的天山天池，这里湖水清澈、群山环抱，有“天山明珠”的美誉；有“富饶的泉水”之意的巴音布鲁克草原是典型的禾草草甸草原，著名的天鹅湖就坐落在草原上；新疆海拔最高、面积最大的高山湖泊——赛里木湖；

“变色湖”喀纳斯是集秀丽的高山、河流、森林、湖泊、草原等奇异的自然景观、成吉思汗西征军点将台、古代岩画等历史文化遗迹与蒙古族图瓦人独特的民俗风情于一体的景观；乌尔禾魔鬼城是罕见的风蚀地貌，山丘被风吹成了各式各样的“建筑物”；荒芜戈壁中的五彩湾温泉是7亿年前的古海沉积水，沙漠腹地的五彩城。

2. 丝绸之路民俗风情游：哈密—吐鲁番—库车—喀什

这条线路主要包括：有“西域咽喉，东西孔道”之称的新疆东大门——哈密，这里除了有哈密瓜外，还有回王陵、盖斯墓等人文景观；古代丝绸之路上的重镇——吐鲁番，被人们称为“葡萄之乡”，这里有火焰山、交河故城、葡萄沟、最古老的水里工程——坎儿井、高昌古城、阿斯塔那古墓群、柏孜克里克千佛洞等；素有“西域乐都”之称的库车，这里有库车大寺、龟兹古城、赤沙山·大小龙池、库木土千佛洞等景观；中国最西端的一座城市——喀什，喀什自然风光奇特，人文景观众多，民族色彩浓郁，是南疆最重要的旅游地区，例如：艾提尕尔清真寺、阿帕霍加墓等景观。

拓展阅读

吐鲁番葡萄节与纳吾鲁孜节

中国丝绸之路吐鲁番葡萄节，是为纪念丝绸之路开通2100年而举办的。丝绸之路在中国境内长达4000多千米，仅在新疆境内就2000千米长，南、北、中三线横贯新疆全境。吐鲁番位居丝绸中路要冲，是名闻遐迩的历史重镇，自两汉以来，长期是我国西域地区政治、经济和文化的中心之一。从1990年起，每年8月20日在吐鲁番举办中国丝绸之路吐鲁番葡萄节。葡萄节集旅游、经贸、文化为一体，以团结、友好、合作、发展为主题，广交国内外经贸工商、旅游文化等各界朋友，扩大对外交流，进一步宣传新疆，宣传吐鲁番，提高吐鲁番的知名度。

每年阳历三月二十二日前后，在新疆哈萨克族地区举行纳吾鲁孜节。按照传统习惯，在纳吾鲁孜节这天，草原上的男女老少，要穿上节日的盛装，互相问候和祝愿。为了辞旧迎新，预示丰收，各家各户都要做纳吾鲁孜饭。哈萨克族在做这种饭的时候有许多讲究，至少要用七种原料，如小麦、大麦、米、面粉、肉、奶疙瘩、奶子等，把这混合之物加水煮成稠粥一样的“纳吾鲁孜饭”。做这种饭时不宰杀牲畜，要用往年剩余的粮食和冬宰后储藏了一个冬天的熏肉，并尽可能做得丰盛些，以示年年富足有余。在这一天，人们成群结队，从一个“阿吾勒”到另一个“阿吾勒”，唱纳吾鲁孜歌，吃纳吾鲁孜饭，开展集体性的节日活动。

资料库

新疆特色美食与特产

1. 新疆大盘鸡

新疆大盘鸡起源于20世纪90年代初期，主要是由鸡块和土豆块，配皮带面烹饪而成。新疆大盘鸡色彩鲜艳，有爽滑麻辣的鸡肉和软糯甜润的土豆，辣中有香，粗中带细，

而且经济实惠，适合亲朋聚会食用。

2. 新疆烤羊肉串

羊肉串不用说是新疆民族特色的风味小吃。据古书记载，烤羊肉串在我国已有1800多年的历史。新疆烤羊肉串风味独具，肥香热辣，驰名全国。新疆的其他风味小吃菜肴还有手抓饭、酿皮子、烤馕、烤全羊以及各种奶制品等。烤羊肉串在吐鲁番是最有名的民族风味小吃。来吐鲁番旅游观光的中外宾客，几乎没有不吃烤羊肉串的。

3. 油馓子

油馓子是信仰伊斯兰教少数民族的的风味名点之一。在古尔邦节和肉孜节，家家户户的餐桌上，都有一盘黄澄澄的多层的圆柱形的油馓子。当客人来到的时候，宾主互致节日问候。客人入座后，笑容可掬的主人首先掰下一束油馓子递到客人面前，然后斟上香喷喷的奶茶或茯茶，殷勤地给客人泡上主人喜欢食用的新疆石河子产的方块糖。油馓子色泽黄亮，香脆味甘。现在过春节，有的汉族人家也请少数民族邻里巧手帮做油馓子，用以招待兄弟民族客人。可见油馓子亦成为各族人民共同喜爱的名点美食了。

4. 包尔萨克

在哈萨克族牧民招待客人喝茶时，一定要拿出一种油炸的面制品。这种面制品就叫"包尔萨克"。包尔萨克用发面做，面稍发后，在面板上擀成薄片，并切成小菱形，在锅里用油炸黄即成。哈萨克族一天要喝六七次奶茶，来了客人还要烧茶，每次喝茶都离不开包尔萨克。所以包尔萨克要经常做，使之保持新鲜。包尔萨克除了供客人喝茶时食用外，另外在搞"恰秀"（一种祝福的形式）时，也要用。它同酸奶疙瘩、糖果等食品一起撒向人群，向人们表示祝福。

5. 米肠子和面肺子

新疆盛产牛羊，是我国主要畜牧业基地之一。信仰伊斯兰教的民族以食牛羊肉为主。牛羊肉风味小吃名类繁多自不待言，就是以羊的内脏作原料，也能烹制出鲜香异常的美味来。米肠子与面肺子便是其中的代表。米肠子与面肺子，肠糯鲜，肺软嫩，羊肚、面筋有嚼劲，香喷可口，风味独特，不愧为新疆民族风味之佳品。

6. 葡萄干

葡萄干是在日光下晒干或在阴影下晾干的葡萄的果实。做葡萄干的果实必须是成熟的果实，葡萄干内的含水量只有15%～25%，其果糖的含量高达60%。因此它非常甜。中国新疆吐鲁番的无核葡萄制成的葡萄干最有名。吐鲁番气候炎热而干燥，用砖搭成的阴干房四面墙上有许多墙洞，中间是木棍搭成的支架。将成熟的无核葡萄搭上，经过热风一吹，很快就能得到高质量的葡萄干。

7. 巴旦木

巴旦木尤富特色。按植物分类，巴旦木归入桃属，它的花像杏花而略大，叶似桃叶而狭小，果似桃却呈扁形，故又称扁桃。巴旦木果肉干涩不能吃，可吃的是它那香甜适口、别有风味的果仁。巴旦木以新疆巴旦木尤富特色。维吾尔族人视巴旦木为珍果，凡是体弱有病的人，都要想方设法找一些巴旦木来吃。按民间说法，日嚼十余粒巴旦木，坚持一月，精神倍增，夜眠不梦，强身祛病。因此巴旦木是维吾尔族传统的健身滋补品。

8. 哈密大枣

哈密大枣：个大、皮薄、核小、肉厚、色泽光鲜、含糖量高，历史上哈密王曾把大枣作为贡品送进清宫。哈密大枣，干、鲜食皆宜，还可煮食、泡汤、加工罐头、制作枣羹。

大枣亦果亦药，历来深受人们的钟爱，被列为“五果之王”。并能入药，中药称“白益红”，有“主治心腹邪气、安中养脾、平胃、通九窍、久服轻身延年”之功能。哈密是新疆著名的瓜果之乡，这里不仅因盛产哈密瓜驰名中外，而且还以盛产哈密大枣誉满天下。哈密大枣是红枣家庭中一个相对独立的优良品系，是在新疆哈密山南平原戈壁特定气候条件下经长期驯化生成的果中珍品。该果个大饱满、色泽红润、核小肉厚、甘甜爽口。

9. 新疆哈密瓜

哈密瓜有“瓜中之王”的美称，含糖量在15%左右。形态各异，风味独特。有的带奶油味，有的含柠檬香，但都味甘如密，奇香袭人，饮誉国内外。在诸多哈密瓜品种中，以“红心脆”、“黄金龙”品质最佳。哈密瓜不但好吃，而且营养丰富，药用价值高。哈密瓜有180多个品种及类型，又有早熟夏瓜和晚熟冬瓜之分。冬瓜耐储存，可以放到来年春天，味道仍然新鲜。

任务实施

根据摄影协会的需求，旅行社为他们安排了一条自然风光与民族风情相融合的生态旅游线路，线路安排是：乌鲁木齐—天山天池—五彩池—可可托海—白哈巴—喀纳斯—乌尔禾魔鬼城—那拉提草原。在这条线路上摄影团队既可以拍摄到日出日落时五彩滩绚烂的色彩和诡异的形态，又可以来到最古老的自然生态与传统文化共融的村落——白哈巴村，拍摄这里图瓦族人和哈萨克族人的原始生活状态；走进乌尔禾魔鬼城，去感叹大自然的鬼斧神工，那些裸露风蚀的岩石、被狂风雕琢得奇形怪状的城堡，都会让镜头停驻。根据要求安排摄影团参加6月20日在那拉提草原举行的新疆伊犁天马之乡国际旅游节，观看少数名族表演，参与赛马、叼羊、姑娘追等民俗活动，并在晚上参加大型篝火晚会，与当地少数民族一起庆祝这个特殊的日子。具体行程见表5-3。

表5-3　新疆摄影七日游

日期	行程安排	用餐	住宿
D1	早餐后从乌鲁木齐驱车前往天山天池，游石门一线、西小天池、大天池、定海神针、悬泉飞瀑、东小天池；南山望雪，西山观松，参观西王母大药房。午餐后乘车前往五彩湾，沿途经过中国唯一的普世野马养殖基地，后乘车前往五彩城，在那片五彩的土地，在黄昏下，可以看到层次分明的彩色山峦迭转回环、古林化石透迤百里 拍摄重点：五彩湾日落、五彩湾	早中晚	五彩湾
D2	早餐后经火烧山前往可可托海。可可托海旅游景区是融阿尔泰山地特有的集山景、水景、草原奇特象形山石、淘金、温泉等奇观于一体的丰富自然景观组合区。区内的美度、景观差异度大，在生物景观上与喀纳斯有部分相似性，但其地貌景观有很大的差异性 拍摄重点：五彩湾日出、可可托海日落	早中晚	可可托海

续 表

日期	行程安排	用餐	住宿
D3	早餐后继续拍摄可可托海美景，后乘车赴白哈巴。白哈巴村是一个原始自然生态与古老传统文化共融的村落，由于处于我国西北的边界地带，这里又被称为“西北第一村”，距哈萨克斯坦仅一河之隔。这里一直保存着几百年来固有的原始风貌，村民由图瓦族人和哈萨克族人共同组成。村里的房屋均是“人”字形的尖顶木屋。参观西北第一哨——白哈巴哨所，参观原始的图瓦村落，领略图瓦人民俗风情 拍摄重点：可可托海日出、白哈巴村落	早中晚	白哈巴
D4	早起后乘车赴有“东方小瑞士”之称的喀纳斯，途观“金山”——阿尔泰山的雄伟与秀丽、“银水”——额尔齐斯河的自然风光。经美丽迷人的月亮湾、神仙湾、卧龙湾，进入湖区欣赏碧波万顷，群峰倒影、雪岭、原始森林、青山绿水浑然一体的湖区风光 拍摄重点：白哈巴日出、喀纳斯晨曦	早中晚	喀纳斯
D5	喀纳斯河谷春夏浓绿如墨，秋季则层林尽染，五彩斑斓，喀纳斯河如玉带穿绕其间，美不胜收。后赶赴乌尔禾拍摄著名的乌尔禾“雅丹地貌”——魔鬼城。亿万年以前，由于风雨剥蚀，地面形成深浅不一的沟谷，高低错落的山丘，裸露的石层被狂风雕琢得奇形怪状、千姿百态。有的呲牙咧嘴，状如怪兽；有的危台高耸，形似古堡，或似亭台楼阁，檐顶宛然；有的像宏大宫殿，傲然挺立；有的像耸入云霄的摩天大楼或像平地突起的压形牌坊；有的好似尖顶教堂或似圆顶庙寺；有的山丘像一峰昂首跋涉的骆驼；有的峰顶巨石像猴儿戴帽，属千古杰作神秘壮观，景色美丽的让人震撼 拍摄重点：乌尔禾魔鬼城日落	早中晚	乌尔禾
D6	拍摄乌尔禾魔鬼城日出后，乘车前往那拉提草原。那拉提草原名列世界四大河谷草原之一，地势由东南向西北倾斜。原野上山泉密布，溪流似网，河道交错，森林繁茂，被人们誉为“空中草原”。那拉提草原是发育在第3纪古洪积层上的中山地草场，东南接那拉提高岭，势如屏障，西北沿巩乃斯河上游谷地断落，地势大面积倾斜，山泉密布，溪流纵横。缘山脚冲沟深切，河道交错，森林茂密，莽原展缓起伏，松塔沿沟擎柱，还有毡房点点，畜群云移，是巩乃斯草原的重要夏牧场 拍摄重点：那拉提草原日落	早中晚	那拉提
D7	参加新疆伊犁天马之乡国际旅游节开幕式，观看大型哈萨克族民俗风情演绎《伊犁河》、乌孙王迎娶汉家公主仪式、大型民族歌舞表演，参与赛马、叼羊、姑娘追等民俗活动。晚上参加大型篝火晚会，晚会以多民族歌舞节目为主，穿插极富民族特色的互动游戏，体现风俗民情，突出互动性、观赏性，营造和谐快乐的节日联欢气氛，表达热情好客的哈萨克民族对四方宾朋的诚挚欢迎	早中晚	那拉提
D8	返回乌鲁木齐		

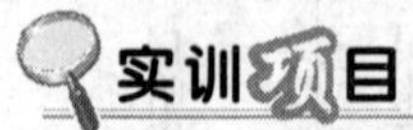

任务总结

新疆是一个旅游资源丰富的地区。以喀纳斯、那拉提草原和伊利草原为代表的生态旅游，以维吾尔族、哈萨克族的民族风情和丝路文化为核心的文化旅游，是这里旅游的两大优势产品。

实训项目

会后参观考察乌鲁木齐

【实训目标】

1. 使学生进一步熟悉并掌握新疆的主要景点。
2. 培养学生综合运用知识、为散客编制旅游路线的能力。
3. 培养学生团队合作的能力。

【实训内容】

今年五月，矿业发展研究中心将在新疆乌鲁木齐召开会议，会议结束后预安排 2～3 天的参观考察，请设计一条周边游览线路。分析旅游团成员的旅游动机及特征，尝试为其编制旅游路线。

【实训步骤】

1. 调整优化学习小组；完善团队沟通协调机制，合理分配任务，团队成员共同参与、协作完成任务；各项目团队成员就实训内容互相进行交流、讨论，并给予点评。

2. 各项目团队提交纸质行程安排，每组选派一名代表用 PPT 向全班展示设计的旅游线路，要求图文并茂；由教师和其他团队成员对本团队展示的旅游线路做出现场点评。小组内对个人表现进行总结，以鼓励为主。

复习思考题

一、填空题

1. 《西游记》里孙悟空三借芭蕉扇扑灭火焰山烈火的故事发生在________。

2. 位于中国新疆的塔里木盆地中央，是中国最大的沙漠，也是世界第二大沙漠，同时还是世界最大的流动性沙漠的是________。

3. 新疆规模最大的清真寺，是全国最大的一座伊斯兰教礼拜寺，它是________。

4. 楼兰古城位于新疆________，楼兰古城四周的墙垣多处已经坍塌，只剩下断断续续的墙垣孤零零地站立着。

5. 新疆有中国最长的冰川________，中国最大的沙漠________，中国最大的内陆河________，最大的内陆淡水湖________。

二、选择题

1. 与万里长城、京杭大运河并称为中国古代三大工程的景观是（　　）。

A. 莫高窟　　B. 都江堰　　C. 坎儿井　　D. 车箱渠

2. 以下属于新疆节庆活动的是（　　）。

A. 吐鲁番葡萄节　　B. 纳吾鲁孜节　　C. 宰牲节　　D. 努肉孜节

三、思考题

请设计一条自驾车去草原、沙漠深度游线路。

项目六　华东旅游区景点及线路

学习目标

- **知识目标**

　　1. 熟悉华东地区各省市特色旅游景点。

　　2. 熟悉华东地区省内旅游线路及跨省连线游旅游线路。

- **能力目标**

　　1. 能够对学生、退休干部、企业优秀员工等进行游客分析。

　　2. 能够根据游客要求，为游客设计华东游旅游线路。

任务一　苏—浙—沪主要景点及线路

任务引入

2011年3月，某职业高中旅游服务与管理专业的学生欲前往华东进行教学实践活动。其带队老师向旅行社提出要安排一条经济、适合学生特点的旅游线路，整个行程5～7天。该教师特别指出学生在校已经学习了北京旅游基础及全国旅游基础的相关知识，要求此线路必须包括苏州园林、上海外滩等著名景点。此外，因为学生外出的目的是教学实践活动，所以要求旅行社派优秀导游员为团队服务，以便学生学习导游带团业务。如何为这些职高生设计旅游线路？

任务分析

此团的游客身份比较特殊：16～18岁的高中生，但又不是普通的高中生，而是学习过旅游专业知识的职高生。他们外出旅游的目的主要是进行教学实践，即把在课堂上学习的旅游基础知识和导游业务理论知识转化成实践内容。游客的性格特点活泼、好动，对新事物有较强好奇心，喜欢探索，富于冒险，但纪律意识不是太强，管理难度稍大。综合分析他们的特点，在设计线路时应注意以下几个方面：

(1) 在景点安排上应尽量考虑安排学生学习过的内容，这一点可以向带队老师询问；此外，在游览的同时也不能忽视了对学生的爱国主义教育，因此，还可选取一些有教育意义的景点。

(2) 线路设计要考虑学生年龄特点，注意安排一些适合学生的活动。

(3) 购物安排要考虑学生的经济承受能力，购物店不宜过多，以体现当地特色为主。

(4) 不宜安排娱乐活动。

(5) 行程标准应定位为经济型，住宿安排经济型酒店，但就餐安排应注意学生年龄特点及对营养的要求。

一、江苏省旅游资源及主要景点

江苏，简称“苏”，地处美丽富饶的长江三角洲，东濒黄海，北接山东，西连安徽，东南与上海、浙江接壤，省会城市为南京。江苏境内平原辽阔，土地肥沃，物产丰富，江河湖泊密布，历史上素有“鱼米之乡”的美誉。江苏旅游资源丰富，境内山明水秀，名胜众多，目前全省共有3个国家级森林公园、5个省级森林生态自然保护区、2个国家级野生动物自然保护区、4个国家级风景名胜区、9个省级名胜区和29个全国重点保护单位。美丽的自然风光和灿烂悠久的文化造就了江苏独特的旅游魅力，以长江、大运河、海滨为主的风光，构成了江苏独具风格的旅游景点：六朝古都南京、烟波浩瀚的太湖、碧波万顷的洪泽湖、纵贯南北的京杭大运河、气势恢弘的西汉楚王陵、庄严肃穆的中山陵、小巧精致的苏州园林、“中国第一水乡”的周庄等都是闻名遐迩的旅游胜地，吸引着来自全世界的游客们流连忘返。江苏省主要旅游景点见图6-1。

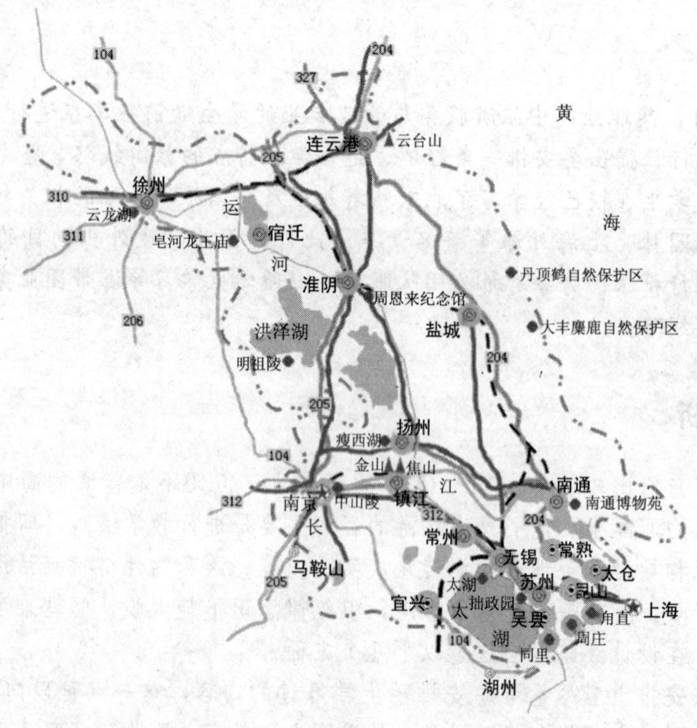

图6-1　江苏省主要旅游景点

（一）主要景点

1. 中山陵

中山陵位于南京市东郊钟山风景名胜区内、紫金山南麓，是中国近代伟大的政治家、伟大的革命先行者孙中山先生（1866—1925年）的陵墓及其附属纪念建筑群。中山陵依山而筑，坐北朝南，西邻明孝陵，东毗灵谷寺，气势磅礴，雄伟壮观，被誉为“中国近代建筑史上的第一陵”。特色景观有祭堂、碑亭、孙中山纪念馆、中山书院、流徽榭等。

2. 夫子庙

南京夫子庙始建于宋代，位于秦淮河北岸的贡院街旁，是供奉和祭祀中国古代著名的大思想家、教育家孔子的庙宇。人们通常所说的夫子庙，实际包括夫子庙、学宫和贡院主建筑群，是秦淮风光的精华，集古迹、园林、画舫、市街、楼阁和民俗民风于一体。特色景观有照壁、石栏、大成门、中心庙院、大成殿等。

3. 周庄

被誉为“中国第一水乡”的古镇周庄，位于上海、苏州、杭州之间，以其灵秀的水乡风貌、独特的人文景观、质朴的民俗风情，成为东方文化的瑰宝。2003年周庄被评为中国历史文化名镇，成为国家首批AAAAA级旅游景区，获得“最受外国人喜欢的50个地方”的美誉。周庄特色旅游景观有天孝德民间收藏馆、沈万山故居、周庄欢乐世界、全福晓钟、指归春望、永庆庵、蚬江渔唱、南湖秋月、庄田落雁、急水扬帆、东庄积雪等。特色旅游项目有打田财、摇快船、吃“阿婆茶”等。此外，独具水乡风采的当地农村妇女的传统服饰也是吸引旅游者的特色之一。

4. 狮子林

狮子林为苏州四大名园之一，位于苏州市市城东北园林路，至今已有650多年的历史。因园内“林有竹万，竹下多怪石，状如狻猊（狮子）者”，又因天如禅师维则得法于浙江天目山狮子岩普应国师中峰，为纪念佛徒衣钵、师承关系，取佛经中狮子座之意，故名“狮子林”。狮子林的古建筑大都保留了元代风格，为元代园林代表作。

5. 拙政园

拙政园位于苏州市东北街178号，是江南园林的代表，也是苏州园林中面积最大的古典山水园林、中国四大名园之一、全国重点文物保护单位、国家5A级旅游景区，1997年被联合国教科文组织（UNESCO）列为世界文化遗产。拙政园分为东园、西园和中区三大区域，东园面积约31亩，中为涵青池，池北为主要建筑兰雪堂；西园以池水为中心，有塔影亭、留听阁、浮翠阁、笠亭、与谁同坐轩、宜两亭等景观，建筑以南侧的鸳鸯厅为最大。中部部分为全园精华之所在。主厅远香堂为原园主宴饮宾客之所，四面长窗通透，可环览园中景色。

6. 留园

留园位于苏州市阊门外，占地30余亩。全园用建筑来划分空间，可分中、东、西、北四个景区：中部以山水见长，东部以建筑为主，西部环境僻静，北部颇有乡村田园风味。特色景观有楠木殿、涵碧山房、小蓬莱、曲溪楼、五峰仙馆、林泉耆硕之馆、待云庵、冠云楼、盛家祠堂等，特色看点为冠云峰、鱼化石。

7. 寒山寺

“姑苏城外寒山寺，夜半钟声到客船。”因唐代诗人张继的《枫桥夜泊》而声名远扬的寒山寺，位于苏州城西阊门外5千米外的枫桥镇，距今已有1400多年，原名“妙利普明

塔院”。唐代贞观年间，传说当时的名僧寒山和拾得曾由天台山来此住持，改名寒山寺。寺内主要建筑有大雄宝殿、庑殿（偏殿）、藏经楼、碑廊、钟楼、枫江楼等。特色景观有藏经楼、钟楼、大雄宝殿，特色看点为寒山诗碑。

8. 明孝陵

明孝陵，坐落在南京市东郊紫金山南麓独龙阜玩珠峰下，为明代开国皇帝朱元璋和皇后马氏的合葬陵墓。因皇后谥“孝慈”，故名孝陵。虽经历600多年的沧桑，陵寝的格局仍保留了恢弘的气派，地下墓宫完好如初。特色景观有四方城、下马坊、神烈山碑、大金门、神道石刻、文武方门、享殿、方城等。特色看点有蹲狮、治隆唐宋碑和石象生等。

9. 锦溪古镇

锦溪古镇位于昆山市西南隅，被誉为苏南的“四颗明珠”之一。沈从文喻她为“睡梦中的少女”，刘海粟大师更赞誉她为“江南之最”。特色景观有十眼长桥、古董馆、鸳鸯滩、水上一线天、海归石、中国古砖瓦博物馆等。

10. 同里古镇

同里古镇隶属于江苏省吴江市，位于太湖之畔，自宋代建镇距今已有一千多年历史，历来以“小桥、流水、人家”著称，2005年被中央电视台评为“2005中国魅力名镇前10佳”，2010年成为全国5A级旅游区。同里古镇素有“东方小威尼斯”之誉，特色景观有思本桥、独步桥、富观桥、明清街、南园茶社、退思园、罗星洲、三桥（长庆、吉利、太平）等。同里古镇的特色看点为砖雕，特色旅游项目有端午竞龙舟、廿三闸水龙、烧地香、放水灯、铜铜鼓等。

11. 角直古镇

神州水乡第一镇——角直，位于江苏省昆山市，历来享有江南“桥都”的美称。1平方千米的古镇区原有宋、元、明、清时代的石拱桥72座半，现存41座，造型各异、各具特色，古色古香。特色景观有王韬纪念馆、万成恒米行、沈宅、萧宅等。古桥、古银杏、农村妇女传统服饰成为角直的特色看点。

12. 木渎古镇

有“吴中第一镇”之称的木渎古镇位于苏州西郊灵岩山麓，苏州城西南15千米处，是江南唯一的中国园林古镇。特色景观有古松园、明月寺、灵岩山、严家花园、虹饮山房、榜眼府第、灵岩牡丹园、明清古瓷馆等。特色旅游项目有欢乐木渎年、踏青文化节、快乐童玩节、园林古镇木渎旅游节等。

13. 雨花台

雨花台位于南京市中华门城堡南，是中国新民主主义革命的纪念圣地、全国重点文物保护单位、全国爱国主义教育示范基地、国家首批AAAA级旅游区和百家红色旅游经典景区。它是一个集教育、旅游、休闲、娱乐为一体的江苏省级纪念性风景名胜区。区内的“雨花说法”和“木末风高”分别被列为“金陵十八景”之一。

14. 鼋头渚

来无锡必游太湖，游太湖必至鼋头。鼋头渚是横卧太湖西北岸的一个半岛，因巨石突入湖中形状酷似神龟昂首而得名，有“太湖第一名胜”之称。区内有充山隐秀、鹿顶迎晖、鼋渚春涛、横云山庄、广福寺、太湖仙岛、江南兰苑、中日樱花友谊林等众多景观。

15. 瘦西湖

瘦西湖，位于扬州市北郊，有“园林之盛，甲于天下”之誉，是全国AAAAA级景

区。瘦西湖的美占得一个恰如其分的“瘦”字。窈窕曲折的湖道，串以长堤春柳、荷蒲薰风、四桥烟雨、徐园、小金山、吹台、水云胜概、五亭桥、白塔晴云、二十四桥景区，俨然一幅天然而成的国画长卷。特色景观有虹桥、五亭桥、钓鱼台、望春楼、熙春台、白塔、徐园等。

16. 灵山景区

灵山景区位于无锡马山的太湖之滨，为难得之佛国宝地。景区包括著名的灵山大佛、祥符禅寺、小灵山、灵山文化园等景点。古人有云：“佛在灵山莫求远，灵山只在我心头。”

（二）典型线路

1. 南京六朝古都之旅：夫子庙—中华门—玄武湖—鸡鸣寺—总统府—明故宫—美龄宫—中山陵—明孝陵—灵谷寺

2. 苏州园林艺术之旅：拙政园—留园—网师园—沧浪亭—狮子林

3. 江南水乡古镇之旅：周庄—同里—角直

4. 湖光山色之旅：扬州瘦西湖—无锡太湖

二、浙江省主要景点及典型线路

浙江省地处中国东南沿海长江三角洲南翼，东临东海，南接福建，西与江西、安徽相连，北与上海、江苏接壤，省会为杭州市。浙江历史悠久，文化灿烂，人文荟萃，名人辈出。“青山绿水、丝府茶乡、书圣佛国、文物之邦”这十六个字是对浙江省最好的概括。浙江山川秀丽，自然风光与人文景观交相辉映，是名副其实的旅游胜地。全省现有西湖、两江一湖（富春江－新安江－千岛湖），温州雁荡山、永嘉楠溪江、舟山普陀山、嵊泗列岛等16处国家级风景名胜区；东钱湖、大佛寺等省级风景名胜区42个；杭州、宁波、绍兴等6座国家级历史文化名城，省级历史文化名城12座；此外，还有全国重点文物保护单位134处、省级重点文物保护单位279个、国家级自然保护区7个、国家森林公园20个。浙江省主要旅游景点见图6－2。

（一）主要景点

1. 西湖

杭州西湖，位于杭州市龙井路1号，以秀丽的湖光山色和众多的名胜古迹闻名中外，是我国著名的旅游胜地，被誉为人间天堂。西湖十景：苏堤春晓、柳浪闻莺、花港观鱼、三潭印月、断桥残雪、曲院风荷、平湖秋月、雷峰夕照、双峰插云、南屏晚钟；“新西湖十景”为：灵隐禅踪、岳墓栖霞、六和听涛、湖滨晴雨、钱祠表忠、万松书缘、杨堤景行、三台云水、梅坞春早、北街梦寻。

2. 西塘

西塘是江南六大古镇之一，位于浙江省嘉兴市嘉善县。西塘的特色景观有西园、醉园、廊棚、石皮弄、尊闻堂、方宅等。特色活动为每年的农历四月初三为七老爷庆祝生日。西塘特产有黄酒、荷叶粉蒸肉、八珍糕、臭豆腐、汾湖蟹、粽子、麦芽塌饼、鲜肉烧卖、薰青豆、蜜汁大头菜、白水鱼、蝉衣包肉、一口粽、芡实糕、橘红糕等。

图 6-2　浙江省主要旅游景点图

3. 乌镇

乌镇位于浙江省嘉兴桐乡市，被称为“中国最后的枕水人家”。整个乌镇分为东栅景区和西栅景区。东栅景区包括汇源当铺、修真观、古戏台、茅盾故居、木雕馆、蓝印花布染坊、乌镇民俗风情馆、江南百床馆、传统作坊区等 17 处旅游景点；西栅景区包括昭明书院、草木本色染坊、水阁、公埠石碑、水上戏台、评书场、乌将军庙、月老庙、元宝湖等景点。乌镇著名的土特产有乌锦（丝织锦缎）、丝棉、布鞋、篦梳、湖笔、白水鱼、手工酱品、三白酒、姑嫂饼、杭白菊、桐乡橘李、蓝印花布、木雕竹刻、臭豆干、三珍酱鸡、红烧羊肉等。

4. 南浔古镇

南浔古镇位于浙江和江苏的交界处，是中国近代史上罕见的一个巨富之镇，更是一座外美内秀的著名古镇。特色景观有百间楼、小莲庄、广惠宫、崇德堂、南浔史馆、求恕里、张石铭旧居等。南浔旅游的首选特产是楫里湖丝，另外还有湖笔、刺绣、针织和竹编工艺品等地方特产。

5. 普陀山

国家重点风景名胜区普陀山位于浙江省舟山岛东侧，与山西五台山、四川峨眉山、安徽九华山并称为中国佛教四大名山。景区包括普陀山、洛迦山、朱家尖。普陀山有三大寺：普济禅寺、法雨禅寺及慧济禅寺；三宝：多宝塔、杨枝观音碑、九龙藻井；三石：磐陀石、心字石、二龟听法石；三洞：朝阳洞、潮音洞、梵音洞。特色景观有：莲洋午渡、

短姑圣迹、磐陀夕照、莲池夜月、法华灵洞、古洞潮声、朝阳涌日、千步金沙、茶山夙雾、天门清梵等。

6. 千岛湖

千岛湖即新安江水库，位于杭州淳安境内，系1959年新安江水电站建成后所形成的巨型人工湖泊，因湖内拥有1078座翠岛而得名。主要岛屿有猴岛、孔雀岛、清心岛、锁岛、鸟岛、奇石岛、三潭岛，特色景观有千岛湖石林和千岛湖森林氧吧等。清蒸桂鱼、葱油白花、清汤鱼圆、椒盐野猪排、千岛玉鳖、银鱼羹等当地特色美食。

7. 雁荡山

雁荡山位于浙江省乐清市东西25千米，因南北雁荡均山顶有湖，芦苇丛生，常有秋雁宿之，因而得名。雁荡山是中国十大名山之一，也是世界地质公园、首批国家重点风景名胜区、国家5A级旅游区、国家森林公园。灵峰、灵岩、大龙湫三个景区被称为“雁荡三绝”。雁荡山土产丰富，毛峰茶、石斛、香鱼、雪梨、观音竹是久负盛名的“雁荡五珍”。特色景观有：观音洞、接客僧、北斗洞、石门潭、三折瀑、万象嶂、紫庭嶂、仙姑洞等。

8. 楠溪江

楠溪江位于浙江省温州市北部永嘉县境内，是国家重点风景名胜区，被誉为“中国山水画摇篮”。楠溪江盛产弥猴桃、荆州板粟、碧莲香柚、岩头西瓜、湾里葡萄、澄田杨梅、沙岗粉干、乌牛早茶等著名土特产，并有黄杨木雕，竹丝盆景、竹丝画帘等特色工艺品。特色旅游项目为楠溪江漂流。

9. 富春江

富春江为钱塘江自建德梅城至萧山闻堰段的别称，流经建德、桐庐、富阳、萧山等四县（市、区），属富春江——新安江风景名胜区。富春江“奇山异水，天下独绝”，沿途著名景点有建德的灵栖洞、大慈岩、七里扬帆，桐庐的桐君山、严子陵钓台、瑶琳仙境、大奇山和富阳的鹳山等。

（二）典型线路

（1）湖光十色之旅：西湖十景—千岛湖—普陀山—雁荡山—天台山—楠溪江

（2）江南古镇之旅：绍兴—溪口—南浔—乌镇—西塘—俞源—诸葛村—龙口—郭洞—安昌

（3）名人故居：黄宾虹故居—潘天寿故居—王国维故居—丰子恺故居—矛盾故居—吴昌硕故居—陈元龙故居

（4）博物馆之旅：中国茶叶博物馆—中国丝绸博物馆—杭州南宋官窑博物馆—胡庆余堂中药博物馆

三、上海市旅游资源及主要景点概况

上海地处长江三角洲前沿，东濒东海，南临杭州湾，西接江苏、浙江两省，北靠长江入海口，交通便利，是中国最大的经济中心和贸易港口、全国最大的综合性工业城市，也是全国重要的科技中心、贸易中心、金融和信息中心，素有“美食之都”、“购物天堂”之称。上海是一座历史悠久的文化城市，迄今仍保留着我国唐、宋、元、明、清以来的若干古迹和富有特色的园林。上海拥有世界各国的饮食文化、经典时尚的购物激情和浓郁的商业气息。上海的著名景点有外滩、豫园、人民广场、上海博物馆、上海大剧院、多伦路文化名人街；人文古迹有枫泾古镇、朱家角镇、老城隍庙、玉佛寺、大观园、七宝古镇等。外滩晨钟、豫园雅韵、摩天览胜、旧里新辉、十里霓虹、佘山拾翠、枫泾寻画、淀湖环秀被誉为沪上八景。21 世纪的上海是现代化、国际化、时尚化的标本，繁荣与开放在这里播种，光荣与梦想在这里汇合。上海，热情地欢迎着世界各国朋友们的到来！上海主要旅游景点见图 6-3。

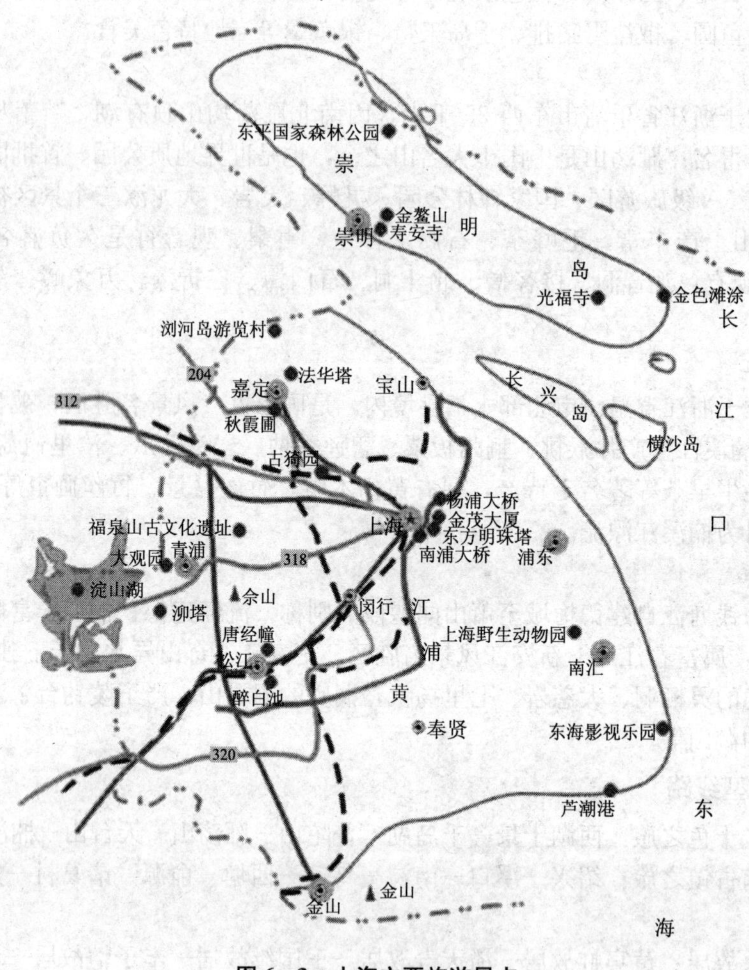

图 6-3　上海主要旅游景点

(一) 主要景点

1. 城隍庙

上海城隍庙，始建于宋代，至今已有 800 余年的历史。城隍庙历史悠久，名扬天下，是上海道教正一派主要道观之一。它由大殿、中殿、寝宫、星宿殿、阎王殿、财神殿、文昌殿、许真君殿、玉清宫等许多殿堂组成。每年的“三巡日”，即城隍神出巡的日子，上海城隍庙内包括庙附近的商家全部张灯结彩，为城隍神欢庆圣诞，庙内香火旺盛，煞是热闹。

2. 外滩

外滩，又名中山东一路，位于上海市中心区的黄浦江畔。它东起中山一路，北起外白

渡桥，南至金陵东路，全长约 1.5 千米，东临黄浦江，西面为哥特式、罗马式、巴洛克式、中西合壁式等 52 幢风格各异的大楼，堪称“万国建筑博览”。特色景观有外白渡桥、十六铺、外滩城市雕塑群、陈毅广场、外滩观光隧道、红石纪念碑、常胜军纪念碑、赫德铜像、欧战纪念碑等。

3. 世博园

上海世博园位于南浦大桥和卢浦大桥之间，沿着上海城区黄浦江两岸进行布局。园内有中国馆、主题馆、世博中心、演艺中心、世博轴等永久性建筑。

4. 东方明珠塔

东方明珠塔位于上海黄浦江畔，11 个大小不一、错落有致的球体晶莹夺目，犹如一串从天而降的明珠，散落在如茵的草地上。263 米高的上体观光层和 350 米处太空舱是游人鸟瞰全市景色的最佳处所。267 米处是亚洲最高的旋转餐厅，可容纳 350 位来宾用餐。底层的上海城市历史发展陈列馆再现了老上海的生活场景，浓缩了上海从开埠以来的历史。

5. 金茂大厦

金茂大厦，又称金茂大楼，位于上海浦东新区黄浦江畔的陆家嘴金融贸易区，是中国大陆第 3 高楼、世界第 8 高楼。已成为上海的一座地标，是集现代化办公楼、五星级酒店、会展中心、娱乐、商场等设施于一体，融汇中国塔型风格与西方建筑技术的多功能型摩天大楼。

6. 上海新天地

上海新天地是一个具有上海历史文化风貌的都市旅游景点，是由石库门建筑与现代建筑组成的时尚休闲步行街。新天地分为南里和北里两个部分，南里以现代建筑为主，石库门旧建筑为辅。北部地块以保留石库门旧建筑为主。漫步上海新天地，一幢幢老房子矗立在眼前，仿佛时光倒流，有如置身于 20 世纪二三十年代的上海。

7. 豫园

豫园位于上海老城厢东北部，北靠福佑路，东临安仁街，西南与老城隍庙、豫园商城相连。特色景观有三穗堂、大假山、萃秀堂、点春堂、玉玲珑、积玉水廊、织亭、浣云假山、静观大厅、观涛楼、古戏台等。特色旅游项目有花展和灯会。

(二) 典型线路

(1) 新与旧之旅：一大会址—新天地—东台路—浏河路—大境阁关帝庙—上海老街—老城隍庙、豫园—外滩东方明珠塔—南京路

(2) 人文与时尚之旅：多伦路—山阴路—鲁迅公园—静安寺—人民广场（上海博物馆、上海大剧院、上海美术馆）—衡山路—徐家汇

(3) 美食之旅：云南南路—乍浦路乍黄河路—泸清平公路—浙江中路—老城隍庙—崇明岛—青浦

(4) 购物之旅：南京路—淮海路—四川北路—豫园—迪美购物

(5) 周边之旅：昆山—嵊泗—朱家角—练塘—金泽—罗店—嘉定古城—枫泾—南翔

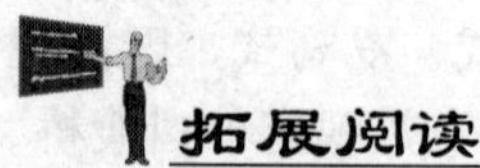
拓展阅读

华东五市常规旅游线路

——华东五市双卧七日游（宁进沪出）

D1：北京—南京

北京站乘火车硬卧前往南京（全天不含餐）。

D2：南京

抵南京。游览南京最具历史、文化代表的标志性景点【中山陵，周一闭馆，1.5～2小时】（参观博爱坊墓道、陵门、碑亭、祭堂、墓室等）。【夫子庙商业街，自由活动，1～2.5小时】沿途欣赏：乌衣巷、文德桥、秦淮河美丽风光、神州第一照壁、自费品尝特色风味小吃；随餐品尝：南京盐水鸭。

D3：无锡—苏州

早餐后，车赴无锡（车程约2.5小时），游无锡第一名胜【鼋头渚，1.5～2小时】——鼋渚春涛、灯塔、船游三山仙岛畅游太湖。参观无锡紫砂茶艺（50～80分钟）。车赴周庄（车程约2小时），游览水乡【周庄，1.5～2小时】：游张厅、沈厅、双桥，逛明清古街，欣赏小桥、流水、人家的意境。可自费游苏州游船（门票自理100元/人）或苏州七里山塘（门票自理120元/人），游览1.5～2小时；随餐品尝：无锡酱排骨。

D4：苏州—杭州

早餐后，游苏州四大名园之一【狮子林，40～60分钟】，观清乾隆游园时题的“真趣亭”，巨型假山群。参观苏州珍珠购物中心（50～80分钟）。驱车赴杭州（车程约2小时），沿途品尝杭白菊（50～80分钟）。【船游西湖，40～60分钟】：游【花港观鱼】：红鱼池、孔雀园、御碑亭、牡丹园。杭州龙井问茶（50～80分钟）。晚可自费游“给我一天，还你千年”明清上河图的真实再现的宋城（门票自理，现付导游，普通席240元/人，移动席和贵宾席260元/人、尊宾席280元/人，2～3.5小时）。随餐品尝：杭州西湖醋鱼。

D5：杭州—上海

早餐后，参观杭州丝绸（60～90分钟）。车赴嘉善游览千年水乡古镇【西塘，1.5～2小时】：让您亲身体验“人家在水中，水上架小桥，桥上行人走，小舟行桥下，桥头立商铺，水中有倒影”地不断变幻的水乡风情画。乘车赴上海（车程约2.5小时），参观上海刀具或上海哈亚斯水晶世界（50～80分钟）。晚可自费参观上海夜景（自理220元/人，现付导游，含：浦江游船、登金茂大厦88层及超千米费用，游览2～2.5小时）。

D6：上海

早餐后，参观上海世博主题馆【中国馆】（游览约1小时，如遇闭馆日不能参观导游现退门票20元/人）。游“万国建筑博览”的【外滩】、“中华第一商业街”的【南京路】、随后游览小吃王国【城隍庙】：上海老街（外滩＋南京路＋城隍庙：导游讲解约20分钟，根据返程火车和飞机时间，自由活动2～6小时）。

D7：北京

抵达北京结束愉快行程！（全天不含餐）

资料库

华东特色美食

1. 南京

南京旅游小吃很多，主要有：小笼包、煮干丝、牛肉锅贴、鸭血粉丝、象糯米藕、桂花糖芋苗、梅花糕、牛肉粉丝汤、炒螺丝、如意回卤干、什锦豆腐涝、状元豆、五香蛋、盐水鸭、蒸饺等。南京的鸭肴闻名全国，有金陵烤鸭、板鸭、盐水鸭、烧鸭、金陵酱鸭、香酥鸭、八宝珍珠鸭、咸鸭肫等。南京大排档、夫子庙美食街都是人们了解当地饮食文化，品尝特色美食的好地方。

2. 苏州

苏州的饮食文化历史悠久、源远流长，著名的苏式招牌菜有：松鼠桂鱼、清汤鱼翅、响油鳝糊、西瓜鸡、太湖莼菜汤、翡翠虾斗、荷花集锦炖等。苏州小吃亦闻名天下：蜜汁豆腐干、松子糖、玫瑰瓜子、枣泥麻饼、猪油年糕等都是脍炙人口的美食，不可不尝。苏州的主要美食街有太监弄、十全街、学士街、嘉馀坊、凤凰街、干将路和石路金门商市美食街等。

3. 扬州

红楼宴、三头宴、全藕宴是扬州菜肴三绝。扬州的“十大名点”有三丁包子、千层油糕、双麻酥饼、翡翠烧卖、干菜包子、野鸭菜包、糯米烧卖、蟹黄蒸饺、车螯烧卖、鸡丝卷子；“十佳特色小吃”为：四喜汤团、生肉藕夹、豆腐卷、笋肉小烧卖、赤豆元宵、五仁糕、葱油酥饼、黄桥烧饼、虾籽饺面、笋肉馄饨。

4. 周庄、同里

水乡周庄，珍馐水产四时不绝，特色小吃有西瓜鸡、鲃肺汤、白汁鼋菜、碧螺虾仁、松鼠桂鱼。特色菜有：万三蹄、三味汤圆、清蒸鳜鱼、蒸焖鳝筒、莼菜鲈鱼羹、姜汁田螺、百叶包肉、炖豆腐干等。同里古镇最有名的美食是同里状元蹄、糕里虾仁、三丝春卷、响油鳝糊，小吃有袜底酥、百果蜜糕、茨宝糕、青团、闵饼、猪油年糕、鸡米头、大肉馒头、酒酿饼、麦芽塌饼、小熏鱼等。

5. 杭州

杭州著名的菜肴及特色小吃有：西湖醋鱼、杭州酱鸭、干炸响铃、东坡肉、龙井虾仁、叫化童鸡、鲜肉小笼、幸福双、糯米素烧鹅、葱包桧儿、定胜糕、笋干老鸭煲、蛋黄青蟹、稻草鸭、明珠香芋饼、莲藕炝腰花、手撕鸡、钱江肉丝、金牌扣肉等。杭州著名的美食街有：高银巷美食街、河坊街（清河坊）、保俶路美食街、竞舟路美食街、河东路美食街、近江海鲜美食街、黄龙海鲜大排档等。品特色小吃，观民间绝活，这些美食街已成为人们就餐、休闲、观光的好去处。

6. 宁波

宁波菜又叫“甬帮菜”，擅长烹制海鲜。十大名菜有：冰糖甲鱼、锅烧河鳗、腐皮包黄鱼、苔菜小方烤、火臆金鸡、荷叶粉蒸肉、彩熘全黄鱼、网油包鹅肝、黄鱼鱼肚、苔菜拖黄鱼。宁波十大名点：猪油汤团、龙凤金团、水晶油包、豆沙八宝饭、猪油洋酥块、三丝宴面、鲜肉小笼包子、烧卖、鲜肉馄饨、酒酿圆子等。在宁波，品尝小吃要到城隍庙，品尝海鲜最好的去处是石浦新华路海鲜一条街、石浦海鲜长廊等。

7. 上海

上海人本帮菜的特色可用浓油赤酱（油多味浓、糖重、色艳）概括。常用的烹调方法以红烧、煨为主，品味咸中带甜，油而不腻。本帮炒菜中，特色菜有响油鳝糊、油爆河虾、油酱毛蟹、锅烧河鳗、红烧圈子、佛手肚膛、红烧回鱼、黄焖栗子鸡等。特色小吃有南翔小笼包、排骨年糕、蟹壳黄、城隍庙梨膏糖、奶油五香豆、鸽蛋圆子、鸡鸭血汤、小绍兴鸡粥、开洋葱油面、丰裕生煎、桂花甜酒酿等。

任务实施

根据旅游团的特殊要求，旅行社安排了一条针对学生的经济型线路。考虑到学生管理难度较大、经济承受能力有限等情况，整个行程在安排上减少了购物和自费项目，以有组织的旅游活动为主。首先，选取了华东部分著名景点：中山陵、南京大屠杀纪念馆、瘦西湖、个园、拙政园、寒山寺、乌镇、西湖、东方明珠塔、世博园、外滩、豫园，夫子庙商业街和城隍庙商业街自由活动。这些景点既能满足旅游者对于知识的要求，又具有教育意义，自由活动的安排则给学生提供了购物和品尝当地小吃的机会。在交通安排上，有火车（动车组）、空调旅游车和磁悬浮列车，综合考虑了游程的舒适、方便、快捷和学生追求新奇的心理。全程购物安排两次，分别是品杭白菊和龙井问茶，满足了旅游者对当地特色产品的购物需求。自费项目为游览杭州主题公园——宋城，时间为晚上，不影响正常的行程安排（见表 6－1、图 6－4）。

表 6－1　　华东五市双卧七日游（宁进沪出）

日期	行程安排	用餐	住宿
D1	北京站乘火车硬卧赴南京【参考车次：K161 次硬卧（16：23—07：39）、T65 次硬卧（22：54—09：31）旺季不保证车次，如改成临客/动车组，现付差价!】	无	火车
D2	早餐后，游【中山陵（游览约 1.5 小时）】中山陵主轴陵园区：太阳广场—博爱坊—墓道—陵门—碑亭—祭堂—墓室】；【灵谷寺（游览 40～60 分钟）】；赠送游览【南京大屠杀纪念馆（游览 40～60 分钟）】（如遇闭馆则取消）车游明故宫遗址，世界第一城墙——明城墙，【夫子庙商业街】自由活动时间为 1～2.5 小时（自费品尝小吃），观秦淮风光、文德桥、乌衣巷	早中晚	南京
D3	早餐后乘车赴历史悠久的扬州，游览湖面秀丽似西湖但形略显瘦而得名、“两堤花柳全依水，一路楼台直到山”的【瘦西湖（游览 1～1.5 小时）】虹桥、五亭桥、白塔晴云、二十四桥等景点。游览【个园（游览 1～1.5 小时）】，个园以假山堆叠精巧著名。假山采取分峰叠石的手法，运用不同的石头，表现春夏秋冬四季景色，号称“四季假山”，游园一周如历春夏秋冬四季。乘车赴苏州	早中晚	苏州

续　表

日期	行程安排	用餐	住宿
D4	游览苏州四大名园之一【拙政园（游览1～1.5小时）】；游览“姑苏城外寒山寺，夜半钟声到客船”的【寒山寺（游览40～60分钟）】乘车赴水乡游览“中国最美的村镇”【乌镇（游览1～2小时）】（AAAA级景区）体验江南水乡风情，游览林家铺子、百床馆、茅盾故居等主要景点；乘车往杭州（车程约2.5小时），途中经桐乡品菊中心品当地特产杭白菊（50～80分钟）；车游钱塘江滨江大道，远观六合塔外景。晚游览杭州规模最大的主题公园宋城【门票自理，自愿参加、现付导游】：观“给我一天还你千年”——清明上河图真实再现歌舞表演	早中晚	杭州
D5	【船游西湖（游览40～60分钟）】——观三潭印月、阮墩环碧、湖心亭、孤山烟雨、雷峰塔影……西湖南线游——花港观鱼（西湖十景之一，含红鱼池、孔雀园、御碑亭等），杭州问茶楼食品行问茶（50～80分钟），乘车赴上海（车程约2.5小时），途中远观杭州湾跨海大桥。登亚洲第一高塔【东方明珠塔】	早中晚	上海
D6	乘车游浦东新区，远观中华第一高楼——金茂大厦，世界第一拱——南浦大桥。参观被誉为上海世博会的核心建筑与点睛之笔的上海世博会永久性场馆【中国馆】（游览40～60分钟）；搭乘【磁悬浮列车】，观赏金融中心上海的美景。游有“万国博物馆”之称【外滩】（游览40～60分钟），观黄浦公园、上海人民英雄纪念塔、黄浦江陈毅塑像、万国建筑博览群等。【城隍庙商业街】自由活动，观光购物1.5小时。游览江南园林艺术的瑰宝【豫园】（游览40～60分钟）。于指定时间集合，乘空调火车硬卧返回北京。【参考车次T110次硬卧（22：04～11：23）、T104次硬卧（21：58～11：17）或动车组硬座。旺季不保证车次，如改补差价】或因火车票紧张，从其他城市返回北京	早中晚	火车
D7	抵达北京，结束愉快行程		

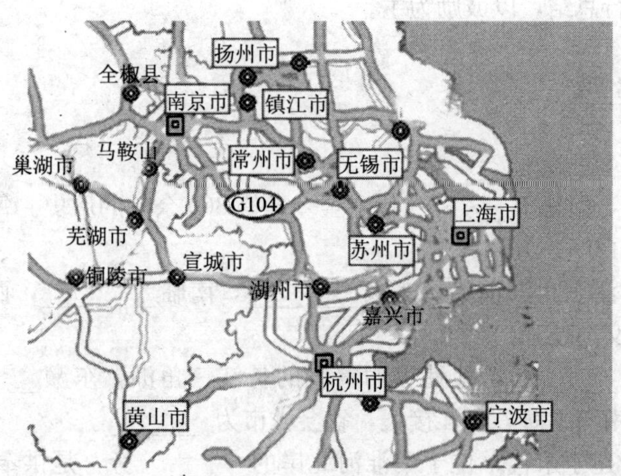

图6-4　华东旅游景点

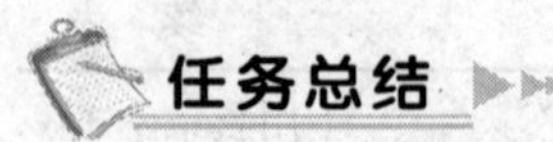

旅游行程的安排要综合考虑景点、交通、购物、娱乐、住宿、用餐等多方面的因素，遵循经济原则、市场原则、生态效益原则、点间距离适中原则，全程不走回头路。对游客的特殊要求一定要重视并尽量满足，进行游客分析是设计好行程的重要前提条件。

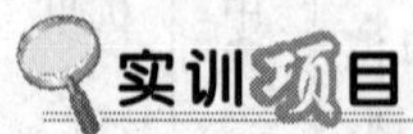

华东亲子游

【实训目标】

1. 使学生进一步熟悉并掌握苏—浙—沪旅游板块的主要景点。
2. 培养学生综合运用知识，编制国内旅游路线的能力。
3. 培养学生团队合作的能力。

【实训内容】

时值暑假，西安某旅行社组织了一个亲子游系列团，欲前往华东。孩子们的年龄从4～16岁不等，均由其父母带领。请为这个亲子游系列团队设计旅游线路。分析旅游团成员的旅游动机及特征，尝试为其编制旅游路线。

【实训步骤】

1. 以项目团队为学习小组，小组规模一般是5～8人。
2. 建立团队沟通协调机制，合理分配任务，团队成员共同参与、协作完成任务；各项目团队成员就实训内容互相进行交流、讨论，并给予点评。
3. 各项目团队提交纸质行程安排，每组选派一名代表用PPT向全班展示设计的旅游线路，要求图文并茂。
4. 评价与总结：由教师和其他团队成员对本团队展示的旅游线路做出现场点评。小组内对个人表现进行总结，以鼓励为主。

一、填空题

1. 上海城隍庙，始建于________代，至今已有800余年的历史。每年的________，是城隍庙最热闹的日子。
2. 上海地处长江三角洲前沿，东濒________，南临________，西接________两省，北靠长江入海口，交通便利。
3. 江苏，简称________，地处美丽富饶的长江三角洲，东濒________，北接山东，西连________，东南与上海、浙江接壤，省会城市为________。
4. ________始建于宋代，位于秦淮河北岸的________旁，是供奉和祭祀中国古代著名的大思想家、教育家孔子的庙宇。
5. ________位于浙江省嘉兴桐乡市，被称为“中国最后的枕水人家”。

二、单项选择题

1. 下列不是上海特色小吃的是（　　）。

A. 南翔小笼包　　B. 小绍兴鸡粥　　C. 城隍庙梨膏糖　　D. 粽子糖

2.（　　）是江南唯一的中国园林古镇。

A. 周庄　　B. 木渎　　C. 同里　　D. 锦溪

3. 五亭桥是（　　）的特色景观。

A. 西湖　　B. 瘦西湖　　C. 太湖　　D. 个园

4. 下列不是“雁荡三绝”的为（　　）。

A. 灵峰　　B. 灵岩　　C. 大龙湫　　D. 温泉

5.（　　）的古建筑大都保留了元代风格，为元代园林代表作。

A. 拙政园　　B. 留园　　C. 狮子林　　D. 个园

三、判断题

1. 上海港是世界第一大海港和第一大航空港，拥有虹桥国际机场和浦东国际机场两座机场。（　　）

2. 东方明珠塔坐落在黄浦江畔，263 米高的上体观光层和 350 米处的太空舱是游人鸟瞰全市景色的最佳处所。267 米处是亚洲最高的旋转餐厅，可容纳 350 位来宾用餐。（　　）

3. 留园位于苏州市东北街 178 号，是江南园林的代表，也是苏州园林中面积最大的古典山水园林。（　　）

4. 神州水乡第一镇——南浔，位于江苏省昆山市，历来享有江南“桥都”的美称。（　　）

5. 宁波天一阁是我国现存最古老私家藏书楼，始建于明代嘉靖四十年。（　　）

四、多项选择题

1. 上海博物馆是一座大型的中国古代艺术博物馆，以（　　）为特色。

A. 青铜器　　B. 陶瓷器　　C. 书法　　D. 绘画　　E. 西洋钟表

2.（　　）等都是周庄的特色旅游项目。

A. 打田财　　B. 吃“阿婆茶”　　C. 烧地香　　D. 放水灯　　E. 摇快船

3. 下列属于旧西湖十景的有（　　）。

A. 三潭印月　　B. 梅坞春早　　C. 花港观鱼　　D. 柳浪闻莺　　E. 苏堤春晓

4. 杭州著名的菜肴有（　　）。

A. 东坡肉　　B. 龙井虾仁　　C. 红楼宴　　D. 全藕宴　　E. 西湖醋鱼

5. 扬州十大名点有（　　）。

A. 猪油年糕　　B. 三丁包子　　C. 千层油糕　　D. 双麻酥饼　　E. 翡翠烧卖

任务二　江西主要景点及线路

北京某大机关工会欲安排离退休老干部 30 余人前往江西进行一次红色之旅。如何为他们安排旅游线路？

任务分析

此旅游团成员为离退休老干部，他们大都经历了新中国的成立、建设，对新中国的革命历程有着特殊的情结。他们的年龄介于60～80岁，身体状况不一，经济条件不错。针对他们的特点，设计旅游线路时应注意以下几点：

（1）景点安排以红色旅游景点为主，补充其他当地特色景观。

（2）行程安排宜松不宜紧，给老人充分的休息时间。

（3）适当安排购物和自费项目。

（4）交通安排以舒适为主。

知识准备

江西省，简称赣，地处中国东南长江中下游南岸，东邻浙江、福建，南连广东，西靠湖南，北毗湖北、安徽而共接长江。“物华天宝，人杰地灵”是唐代诗人王勃在《滕王阁序》中赞美江西的名句。江西历史悠久，人才辈出，文化璀璨，山川秀丽，名胜古迹众多。全省有4处世界遗产、2处世界地质公园、11个国家级风景名胜区、25个省级风景名胜区、8个国家级自然保护区、22个省级自然保护区、39个国家级森林公园、60个省级森林公园。江西拥有全国最大的淡水湖鄱阳湖和风景如画的柘林湖、浓淡相宜的仙女湖，南昌、景德镇、赣州3座国家级历史文化名城。著名的旅游景点有庐山、井冈山、三清山、婺源、龙虎山等，其中庐山作为“世界文化景观”被列入世界遗产名录，三清山作为“世界自然景观”被列入世界遗产名录。江西旅游被誉为“红色摇篮，绿色家园”。江西省主要旅游景点见图6-5。

图6-5 江西省主要旅游景点

(一）主要景点

1. 庐山

庐山位于九江市南 36 千米处。传说殷周时期有匡氏兄弟七人结庐隐居于此，后成仙而去，其所居之庐幻化为山，故而得名。庐山是我国著名的旅游风景区和避暑疗养胜地，于 1996 年被列入世界遗产名录。庐山景区可分为山上和山下两部分，山上部分是庐山牯岭景区，山下部分分为庐山山南景区和沙河景区。景区内气候宜人，植被葱茂，以仙人洞、九十九盘、三叠泉、白鹿洞、天池、庐山云海等景点景观最为出名。特色景观为庐山三绝：瀑布、云海、绝壁。

2. 婺源

婺源位于江西省东北部，与安徽、浙江两省交界，被称为“中国最美丽的乡村”，也是我国古建筑保存得最完整的地方之一。特色景观有油菜花海、婺源四古（古建筑、古溶洞、古树、古文化）等。婺源的物产中外驰名。“四色”（红、绿、白、黑）：红是“水中瑰宝”——荷包红鲤鱼，绿是婺源绿茶，黑是“砚国名珠”龙尾砚，白是江湾雪梨。此外还有甲路工艺伞、竹编、刺绣、木雕、根雕等民间工艺品，清华婺酒、赋春酒糟鱼、香菇、笋干、干蕨等特色山珍食品。

3. 三清山

三清山位于上饶地区的玉山和德兴两县交界处，是国家重点风景名胜区，因玉京、玉虚、玉华三峰“如三清列坐其巅”而得名。三清山旅游资源丰富，梯云岭、南清园、万寿园、西海岸、玉京峰、阳光海岸、三清宫、玉零观等十大景区引人入胜。特色景观有司春女神、巨蟒出山、猴王献宝、玉女开怀、老道拜月、观音赏曲、葛洪献丹、神龙戏松、三龙出海、蒲牢鸣天等。

4. 景德镇陶瓷文化博览区

景德镇陶瓷历史博览区位于西市区风景秀丽的枫树山蟠龙岗，它由景德镇陶瓷历史博物馆和古窑组成。景区主要景观有古代制瓷作坊、镇窑、佑陶灵祠（风火仙师庙）、致美轩、宫廷御瓷、四大传统名瓷、瓷行、陶瓷民俗陈列、玉华堂、古窑群、天后宫、祖师庙等。主要节庆活动有“瓷都风情”大型文艺晚会、“祭窑神”、女子瓷乐队演奏、外国陶艺家表演以及拉坯、画坯等古代制瓷工序表演。

5. 滕王阁

滕王阁坐落于赣江与抚河故道的汇合处，与黄鹤楼、岳阳楼并称为江南三大名楼。滕王阁在古代被人们看做是吉祥风水建筑，被古人誉为“水笔”，也是古代储藏经史典籍的地方。

6. 龙虎山

龙虎山原名云锦山，是国家重点风景名胜区、道教发祥地，位于江西省鹰潭市郊西南 20 千米处。龙虎山景区有 99 峰、24 岩、108 个景物。源远流长的道教文化、独具特色的碧水丹山和规模宏大的崖墓群构成了龙虎山风景旅游区自然景观和人文景观的“三绝”。特色景观有上清宫、泸溪河、悬棺、无蚊村等。

7. 武功山

武功山位于萍乡市东南边缘、罗霄山脉北段。武功山风光旖旎，景色秀丽，其资源类型与特色被专家概括为“山景雄秀、瀑布独特、草甸奇观、生态优良、天象称奇、人文荟萃”。距今 1700 多年的“江南古祭坛群”，被专家誉为“华夏一绝”。特色景观有穿云石笋、武功山神、巨型灵芝、古祭坛群等。

8. 井冈山

井冈山位于湘赣边界的罗霄山脉中段，集革命人文景观与旖旎的自然风光为一体，革命胜迹与壮丽河山交相辉映。井冈景观分为八大类：峰峦、山石、瀑布、气象、溶洞、温泉、珍稀动植物及高山田园风光，具有雄、险、秀、幽、奇的特色。特色景观有十里杜鹃长廊、十里台湾松、凌空看日出、观十里云海、水口彩虹瀑等。

9. 上饶集中营

上饶集中营景区坐落于江西上饶市城区南部（今茅家岭街道境内），是“皖南事变”的历史产物。现在，上饶集中营名胜区是全国重点文物和革命烈士纪念建筑物重点保护单位、全国爱国主义教育示范基地、全国十大红色旅游基地、全国红色旅游经典景区、国家4A级旅游景区。

（二）典型线路

（1）历史人文之旅：南昌—庐山—九江—鄱阳湖

（2）瓷都名胜游：景德镇—三清山—婺源—圭峰—龙虎山—井冈山

（3）江西六日游：井冈山革命博物馆—革命旧址群—井冈山烈士陵园—八一南昌起义纪念塔

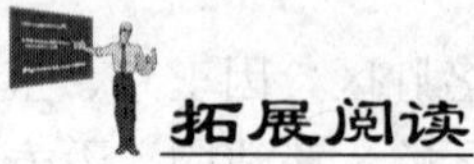

拓展阅读

江西经典旅游行程——庐山、景德镇、婺源、三清山、南昌双卧七日游

D1：北京—九江

D2：九江—庐山

早抵九江，乘车赴【庐山】（约1小时），早餐后游览花径、如琴湖、锦绣谷、天桥、仙人洞、险峰、御碑亭、庐山会议旧址外景等，可自费游览老别墅的故事（30元）或美庐（25元），（全天游览时间约4小时）；晚上可以到牯岭街自费品尝庐山特色美食。

D3：庐山—景德镇—婺源

游览【含鄱口、望鄱亭】（约40分钟）；中国唯一的亚热带高山植物园——【庐山植物园】（30分钟）；远观庐山最著名的山峰——领袖峰五老峰；乘车赴景德镇（约1.5小时），自费游览古窑址瓷器博物馆（65元/人），您可以发挥您的想象力，做出自己想要的瓷器（约1小时）；亲临陶瓷大市场，欣赏扬名世界的“白如玉、薄如纸”的景德镇瓷器（约1.5小时）。

D4：景德镇—婺源—上饶

早餐后乘车赴婺源（车程约1小时），游览古文化生态绿洲【晓起】（游览时间约1小时）；小桥流水人家【李坑】（游览时间约90分钟）；古色古香的村落【汪口】（游览时间约1小时）；乘车赴三清山（约40分钟）。

D5：三清山—南昌

乘车赴三清山（约30分钟），乘金沙索道上山（自费125元），游览素有“华东明珠”之称的江南第一仙山【三清山】；游览南清园景区：一线天、神龙戏松、司春女神、巨蟒

出山、万笏朝天、仙苑秀峰、逍遥唐僧等，远眺最高峰玉京峰（游览时间约3小时）；游览完毕后乘车赴南昌（约5小时）。

D6：南昌—北京

早上睡到自然醒，充分休息；自由活动；中午12：00集合，午餐后游览江南三大名楼之首【滕王阁】（约60分钟）；【八一广场、八一纪念碑】（约30分钟）；乘火车返北京（飞机当天抵京）。

D7：抵达北京，结束愉快旅行程！

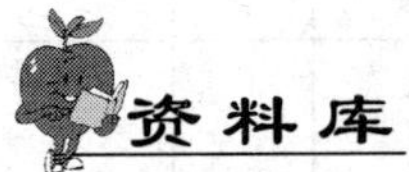

资料库

江西省特色美食

江西菜简称赣菜，特色菜有赣味乳狗肉、匡庐石鸡腿、藜蒿炒腊肉、酿冬瓜圈、鄱阳湖狮子头、三杯狗肉、三杯脚鱼、五元龙凤汤、豫章酥鸭、竹筒粉蒸肠等。南昌风味小吃有家乡锅巴、麻辣烫、南昌米粉、石头街麻花、油炸小品、风味烤卤等，孺子路是人们品尝风味小吃的好去处。景德镇风味小吃以面点品种较多，如：饺子粑、碱水粑、油炸馄饨等。特色菜主要有：粉蒸肉、瓷泥煨鸡等。在景德镇，品尝风味小吃和特色菜的最好去处是戴家弄，在那里还可以买到景德镇的特色旅游纪念品。

任务实施

考虑到老人团的特色和要求，旅行社为他们安排了一条“追寻红色足迹，探访革命旅程”的双卧九日游。游览景点的选择上，安排了庐山、南昌八一广场、井冈山等在中国革命关键时刻起过重要作用的地方，又有中国最美的乡村——婺源，那里有保存完整的明清古建筑；笔架山则让老人们领略大自然的美丽风光。八天的旅程，行程安排舒适、方便，景点各具特色，让老人们放松心情，尽情休闲，突出了“红色”这一主题。具体行程见表6-2。

表6-2　庐山、婺源、南昌、井冈山夕阳红双卧八日游

日期	行程安排	用餐	住宿
D1	北京西站20：30乘Z67次火车硬卧赴九江	无	火车
D2	06：42抵九江。早餐后，乘车赴世界文化景观【庐山（36千米，约40分钟）】。游览“花开山寺，咏留诗人”唐代诗人白居易寻径赏花处——花径公园，云雾弥漫、山水环抱的白居易草堂，体味诗人“长恨春归无觅处，不知转入此中来”的心声；游碧波荡漾、形如提琴的如琴湖，充满神秘色彩的天桥，因花开似锦绣而得名的锦绣谷、险峰；游蒋介石与美国上将马歇尔秘密谈判处访仙亭，悬崖绝壁上一天生石洞仙人洞、劲松，庐山保存最完好、历史最悠久的御碑亭；游全面反映庐山历史变迁的庐山博物馆（又称芦林1号），景似油画的芦林湖，明代修建的黄龙寺、古老葱郁的三宝树；观赏1600多年的银杏及柳杉，水清姿秀、深不见底的黄龙潭，西游记水帘洞外景拍摄地乌龙潭；观政治风云变幻莫测庐山会议会址外景、国共两党领导人共同居住过的别墅美庐别墅（25元/人自理）	早 中 晚	庐山

续 表

日期	行程安排	用餐	住宿
D3	游览含【鄱口、望鄱亭】（约 40 分钟）、中国唯一的亚热带高山植物园【庐山植物园】（约 30 分钟）；远观庐山最著名的山峰——领袖峰五老峰；乘车赴景德镇（约 1.5 小时），自费游览古窑址瓷器博物馆（65 元/人），您可以发挥您的想象力，做出自己想要的瓷器（约 1 小时）；亲临陶瓷大市场，欣赏扬名世界的“白如玉、薄如纸”的景德镇瓷器（约 1.5 小时），乘车赴中国最美的乡村——婺源（车程约 1 小时）	早中晚	婺源
D4	早餐后，游小桥流水人家【李坑】（游览时间约 1.5 小时），李坑是一个以李姓聚居为主的古村落，距婺源县城 12 千米。李坑自古文风鼎盛、人才辈出。村落群山环抱，山清水秀，风光旖旎。村中明清古建遍布、民居宅院沿溪而建，依山而立，粉墙黛瓦、参差错落，是婺源精品线上的一颗灿烂的明珠：石牌坊、魁星楼、李翼高商宅、大夫第、申明亭、鱼塘屋。游古文化生态村【晓起】（游览时间约 1 小时），“古树高低屋，斜阳远近山，林梢烟似带，村外水如环。”晓起村始建于公元 787 年，村中保持 600 余年的房屋有几十幢，风格鲜明，气势非凡：水口双瀑、石碣、水车、晓川牌楼、嵩年茶楼、晓和亭、金坞、继序堂、礼耕堂、进士第、大夫第、荣禄第、江氏宗祠。游徽州古商埠标“草鞋码头”、古埠名祠【汪口】（游览时间约 1 小时）：“江南第一祠”、“木雕艺术博物馆”——俞氏宗祠（占地面积 1000 多平方米，建筑为清代中轴歇山式，气势雄伟，布局严谨，工艺精湛，风格独特，被古建筑专家誉为“艺术宝库”），游汪口老街——官路正街、婺源“四大古建”之一曲尺堰。游钟灵毓秀之地、伟人故里——江湾：荷花池，萧江宗祠——永思堂，牌坊，南关亭，清代同治年户部主持江桂高的府宅“宗宪第”，清末民初教育家江谦的故居——三省堂，滕家巷，明代爱国名臣江一麟纪念馆，“一府六院”遗址，徽商江仁庆宅，三步金阶，经学家、音韵学家江永的故居，培心堂。午餐后，车赴中国人民解放军摇篮——南昌（339 千米，约 5.5 小时）	早中晚	南昌
D5	早餐后，游江南三大名楼之一【滕王阁】（游览时间 40～60 分钟）、【八一广场】（游览时间约 30 分钟）、【八一起义纪念馆】（周一闭馆，游览时间 40～60 分钟）。午餐后，乘 K8703 次列车赴革命胜地、红色摇篮【井冈山】（列车运行时间 3 小时 51 分）	早中晚	井冈山
D6	早餐后游【北山烈士陵园】（游览约 1 小时）：占地面积为 400 余亩。由井冈山革命烈士纪念堂、井冈山碑林、井冈山雕塑园、井冈山革命烈士纪念碑组成，参观碑林（140 多块书法碑刻）、雕塑园（由 20 位井冈山革命斗争期间的革命人物的塑像组成，如毛主席、朱德、贺子珍等人），参观革命纪念碑（看井冈山茨坪最佳位置，能够看到茨坪全景），赴【笔架山景区】乘索道上山（索道 152 元自理、游览约 3 小时）：参观七大山峰（古柏峰、望指峰、松涛峰、杨眉峰、观岛峰、石笋峰、孔雀峰等）、五大奇观（十里栈道、十里杜鹃长廊、十里台湾松等）、十大美景（弹指一挥间、金鸡报晓、天烛峰、蛤蟆叫天、群猴听训等），乘索道下山，参观江西土特产超市（约 50 分钟），晚上可自费参观大型实景演出《井冈山》（198 元，约 150 分钟）或情景歌舞《井冈山》（160 元，约 90 分钟）	早中晚	井冈山

续　表

日期	行程安排	用餐	住宿
D7	早餐后参观游览【黄洋界】（五大哨口之一，1928 年 8 月敌军四团攻击该地，我军兵力只有 1 个营，以少胜多的著名战役。毛主席专门写了《西江月·井冈山》纪念，游览约 30 分钟），参观峡谷深幽、奇峰险峻、林翠花香、飞瀑成群的【五龙潭瀑布群】（龙潭上下索道 62 元自理，游览约 1.5 小时），【大井朱毛旧居】（游览约 0.5 小时）：1927 年 10 月 24 日毛主席来到井冈山第一个住所，房前有“读书石”，房后有两棵“神奇树”，同中国的命运荣辱与共。【井冈山革命博物馆】（游览约 1 小时）：馆内陈列了井冈山革命根据地的建立、发展以及红军主力部队的转移图片。午餐后参观井冈山井缘茶庄（约 50 分钟）或南昌佳焰水晶工艺品展示中心（约 50 分钟）。16：53 乘 Z134 返回北京	早中晚	火车
D8	07：55 抵达北京，结束愉快行程		

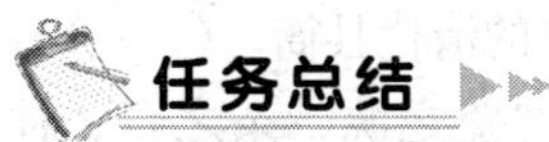

任务总结

为老人团设计线路，一定要注意行程的舒适性，游览安排宜松不宜紧，要尽量考虑老年人的特殊要求。当然，更重要的是，为老人们提供优质的服务。想游客所想，急游客所急，这样才能说是一个真正完美的行程。

实训项目

“五一”从苏州自驾车到江西婺源

【实训目标】

1. 使学生进一步熟悉并掌握江西省主要旅游景点。
2. 培养学生综合运用知识、解决游客问题的能力。

【实训内容】

“五一”打算自驾车带女朋友去婺源玩，有以下疑问：①住宿是否需要提前预订？②除了门票，其他东西的消费水平如何？③“五一”去，肯定没有油菜花了，那还有什么重点推荐的？④有无值得去的饭店推荐？婺源周边的还有哪些景点？

【实训步骤】

1. 认真阅读游客疑问，通过网络、图书馆进行查询。
2. 同学之间相互交流并提交纸质作业。

复习思考题

一、填空题

1. 江西是旅游资源大省，全省拥有的风景名胜区众多，其中国家级________个，省级________个。

2. 举世闻名的________铁路纵贯江西南北，将一千五百里的山湖城郭织作一条奇秀无比的风景线。

3. ________是中国人民解放军的诞生地，1927 年 8 月 1 日，中国共产党在此举行起义。

4. 庐山是国家级名胜风景区，位于________市南，于________年被列入世界遗产名录。

5. 婺源位于江西省东北部，与________两省交界，被称为“________”。

二、判断题

1. 滕王阁坐落于赣江与抚河故道的汇合处，与黄鹤楼、岳阳楼和蓬莱阁并称为江南四大名楼。（　　）

2. 被专家誉为“华夏一绝”、距今 1700 多年的“江南古祭坛群”位于著名的道教名山龙虎山。（　　）

3. 洞庭湖位于长江南岸、江西省北部，是全国最大的淡水湖泊，也是著名的国家候鸟保护区、国际重要湿地之一。（　　）

4. 浮梁古县衙景区位于瓷都景德镇的北部，为全国唯一保存完整的清代县衙。（　　）

5. 瑶里位于举世文明的瓷都东北端，皖赣两省交界处，素有“瓷之源、茶之乡、林之海”的美称。（　　）

三、单项选择题

1.（　　）原名云锦山，是国家重点风景名胜区、道教发祥地。

A. 庐山　　B. 井冈山　　C. 三清山　　D. 龙虎山

2. 下列不属于婺源四古的是（　　）。

A. 古建筑　　B. 古溶洞　　C. 古树　　D. 古桥

3. 被古人誉为“水笔”，储藏经史典籍的地方是（　　）。

A. 黄鹤楼　　B. 蓬莱阁　　C. 滕王阁　　D. 岳阳楼

4. 江西省的四个机场中，国际机场是（　　）。

A. 南昌　　B. 九江　　C. 赣州　　D. 景德镇

5. 下列是井冈山特色景观的是（　　）。

A. 泸溪河　　B. 十里杜鹃长廊　　C. 悬棺　　D. 无蚊村

四、多项选择题

1. 庐山三绝是指（　　）。

A. 奇松　　B. 瀑布　　C. 云海　　D. 怪石　　E. 绝壁

2. 下列是江西特色名菜的有（　　）。

A. 绝壁赣味乳狗肉　　B. 匡庐石鸡腿　　C. 鄱阳湖狮子头

D. 臭鳜鱼　　E. 藜蒿炒腊肉

3. 江西省被列入世界遗产名录的著名景点有（　　）。

A. 庐山　　B. 井冈山　　C. 三清山　　D. 婺源　　E. 龙虎山

4. 江西省交通发达，全省铁路以（　　）5 条铁路为骨干。

A. 京九　　B. 浙赣　　C. 皖赣　　D. 鹰厦　　E. 武九

5. 江西省的国家级历史文化名城包括（　　）。

A. 南昌　　B. 九江　　C. 上饶　　D. 景德镇　　E. 赣州

任务三　安徽主要景点及线路

任务引入

某国际知名化妆品公司北京分公司准备利用春节黄金周的时间为本公司优秀员工 60 余人安排一次奖励旅游，目的地为安徽及周边省市。经理要求游览安徽著名景点黄山，参观明清古村落西递或宏村，并要求旅行社安排周边省市其他著名景点，时间控制在7日之内。因为是一年一度优秀员工的奖励活动，所以公司经理要求旅行社安排的行程要舒适、方便、安全，要够档次。同时，行程中需要安排一次会议，以召开颁奖大会。

任务分析

奖励旅游是作为一种管理手段，为奖励员工完成明确的商业任务，进而提供的免费旅游。其目的是协助企业达到特定的目标，并对达到该目标的参与人士，给予一个尽情享受、难以忘怀的旅游假期作为奖励。其种类包括：商务会议旅游、海外教育训练、奖励对公司运营及业绩增长有功人员。需要指出的是，奖励旅游并非一般的员工旅游，而是企业业主提供一定的经费，委托专业旅游业者精心设计的“非比寻常”的旅游活动。奖励旅游通常标准较高，旅行社在安排行程时要注意到这一点。

知识准备

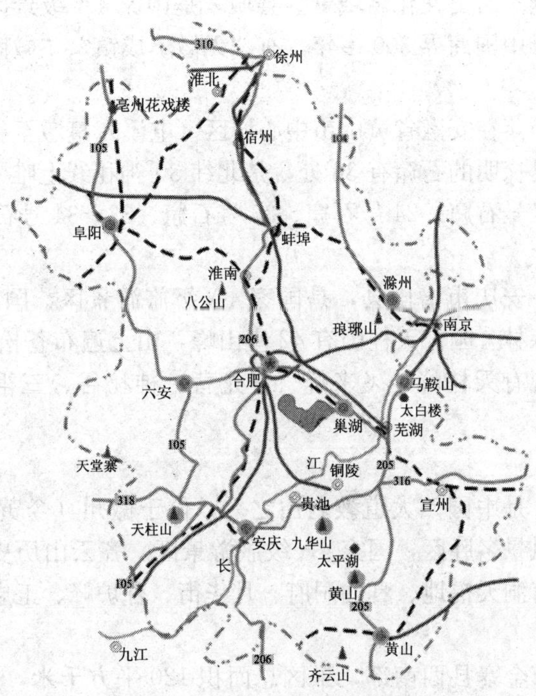

图 6－6　安徽省主要旅游景点

1. 黄山风景区

黄山风景区位于安徽省南部黄山市，是国家 AAAAA 级旅游景区、世界地质公园、世界文化与自然遗产、全国十大重点风景名胜区、国家森林公园、国家级自然保护区。特色景观有黄山五绝——奇松、怪石、云海、温泉和冬雪，黄山三瀑——“人字瀑”、“百丈泉”、“九龙瀑”和雾凇雨凇等。

2. 九华山风景区

九华山位于安徽省池州市青阳县境内，与山西五台山、浙江普陀山、四川峨眉山并称为中国佛教四大名山，是国家 AAAAA 级旅游景区。九华山因有九峰形似莲花而得名，著名的寺庙有甘露寺、化城寺、只园寺、旃檀林、百岁宫、上禅堂、慧居寺。山中还有金钱树、叮当鸟、娃娃鱼等珍稀动植物。特色景观有九华街、十王峰、天台等，特色旅游项目有九华河漂流。

3. 宏村

宏村位于徽州（今黄山市）县城西北角，距屯溪 65 千米。古宏村人规划并建造了堪称“中华一绝”的牛形村落和人工水系，被誉为“中国画里乡村”，1999 年被列入世界遗产名录。著名景点有南湖风光、南湖书院、月沼春晓、牛肠水圳、双溪映碧、亭前大树、雷岗夕照、树人堂、明代祠堂乐叙堂等。

4. 西递

西递位于黄山市黟县东南部的西递镇中心，目前整理开放有凌云阁、胡文光刺史牌坊、瑞玉庭、桃李园、东园、西园、大夫第、敬爱堂、履福堂、青云轩、膺福堂、笃敬堂、仰高堂、尚德堂、枕石小筑、仁堂、追慕堂等民居古建筑。特色景观有西递牌楼、走马楼、桃李园和西园、青云轩、天井、大夫第与绣楼等。

5. 徽州古城

徽州古城坐落在国家历史文化名城歙县县城，是国家 4A 级景区。徽州是徽商的发祥地，明清时期徽商称雄中国商界 300 多年，有“无徽不成镇”、“徽商遍天下”之说。

6. 花山迷窟

花山迷窟风景区坐落在安徽省黄山市中心城区（屯溪）篁墩至歙县雄村之间。景区以石窟特色为品牌，现已探明的石窟有 36 处，是北纬 30°神秘线上唯一一处石窟群奇观。最具特色的为地下长廊 2 号石窟、24 号石窟、35 号石窟、33－34 号石窟。

7. 天柱山风景区

天柱山风景区位于安庆市潜山县，是国家 4A 级旅游景区、国家级重点风景名胜区、国家地质公园、国家森林公园。天柱山有 42 座山峰，山上遍布苍松、翠竹、怪石、奇洞、飞瀑、深潭。特色景观有天柱峰、飞来峰、青龙背、神秘谷、三祖寺、炼丹湖、皖公神像等。

8. 齐云山

齐云山古称白岳，是中国四大道教名山之一，位于徽州（今黄山市）休宁县城西 15 千米处，为国家重点风景名胜区，国家 4A 级旅游景区。齐云山历史上有“黄山白岳甲江南”之称。特色景观有洞天福地、真仙洞府、月华街、香炉峰、玉虚宫等。

9. 天堂寨风景区

天堂寨位于六安市金寨县西南部，景区总面积 120 平方千米，是国家 AAAA 级旅游景区、国家森林公园、国家地质公园、国家级自然保护区，还是中国七大基因库之一，被

誉为“华东最后一片原始森林”、“安徽省五个最美的地方”之一。特色看点为瀑布群、龙井河溪、圣水的世界、奇峰怪石、大鲵故乡、古寨遗风。

拓展阅读

表 6-3　　安徽旅游常规行程——黄山名胜双卧 6 日游

日期	行程安排
D1	行程：北京—黄山 北京站 11：45 乘 K45 次空调火车前往安徽黄山
D2	行程：屯溪—黄山—屯溪（140 千米，2 小时） 07：33 抵达黄山站（屯溪）。乘车赴“世界自然与文化遗产”【黄山风景区】（69 千米，1 小时），至黄山南大门汤口，换乘景区交通车（已含车票 26 元）至慈光阁，乘玉屏缆车上山（自理缆车费 80 元）。游览玉屏楼景区、天海景区、光明顶景区、西海景区、北海景区、始信峰景区。缆车下山（自理缆车费 80 元）。游黄山野生动物园，观茶艺表演，品黄山名茶（太平猴魁、黄山毛峰）。乘车返屯溪（69 千米，1 小时），晚上游览“活动着的清明上河图”【屯溪宋代老街】，观古徽商通往杭州的黄金水道【新安江夜色胜景】
D3	行程：屯溪—黟县西递宏村（60 千米，1 小时） 早餐后赴“桃花源里人家”黟县（60 千米，1 小时），途中车览古徽州乡村美景、“中国明清民居博物馆”【西递】；乘车赴“中国画里的乡村”——《卧虎藏龙》的拍摄基地牛形村落【宏村】
D4	行程：黟县—九华山（180 千米，3 小时） 乘车赴中国四大佛教名山之一、“莲花佛国”【九华山】（180 千米，3 小时）。参观地藏宝殿，朝拜供奉着地藏菩萨化身的金地藏肉身、香火之盛甲九华的肉身宝殿（大愿金地藏菩萨肉身塔殿），游九华街区，晚餐后参观佛事活动，品尝九华素食
D5	行程：九华山—合肥（240 千米，约 3 小时） 游上禅堂、九华山开山祖寺【化成寺】（门票 8 元自理）、九华山四大丛林之首【祇圆禅寺】（门票 8 元自理），到九华街区自由参加佛事活动。乘车返合肥（240 千米，3 小时），合肥站 21. 08乘 Z74 次火车返京
D6	北京。抵达北京站，结束愉快的旅行

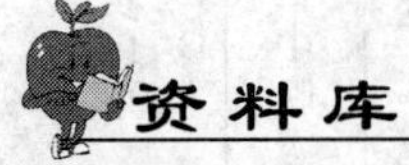

资料库

安徽省特色美食

徽菜为全国八大菜系之一，在省会合肥，人们能品尝到正宗的徽菜有曹操鸡、包公鱼、庐州烤鸭、李鸿章大杂烩、怀胎鱼、油爆虾、油淋鸡、御笔鳝丝等；合肥的特色小吃有麻饼、烘糕、寸金、白切、鸭油烧饼、庐阳汤包、三河米饺、冬菇鸡饺等，其中麻饼、烘糕、寸金、白切被称为合肥四大名点。著名的美食街有人民巷、宁国路龙虾一条街、阜南路餐饮一条街等。

黄山名菜有：问政山笋、李鸿章杂碎、红烧划水、火腿炖甲鱼、虎皮毛豆腐、臭鳜鱼、馄饨鸭子、屯溪醉蟹、菊花锅等；著名的小吃名点有：毛豆腐、蟹壳黄烧饼、五城豆腐干、葛粉圆子、芙蓉糕、徽州裹粽、绿豆兜、绩溪米粉等。黄山市品尝美食最著名的地方就要数屯溪老街了，“老街第一楼”是旅游者品尝地道徽菜的好去处。

任务实施

根据游客的要求，旅行社为他们安排了一条九华山、黄山、千岛湖、杭州单飞六日游的旅游线路。景点安排上除了客户提出的黄山、九华山、宏村外，还选择了中国最大的人工水库——千岛湖，浪漫之都——杭州。整个行程既包括瑰丽的自然风光，又有充满着独特文化气息的人文旅游景点。交通的安排包括飞机、火车、大巴、游船，形式多样，方便舒适。全程住宿四星级酒店，并提高就餐标准，满足了客户“够档次”的要求。黄山南大门汤口镇入住宾馆颁奖大会的安排，更给奖励活动增添了别样的味道。具体行程见表6-4。

表6-4　　九华山、黄山、千岛湖、杭州单飞六日游

日期	行程安排	用餐	住宿
D1	早7：55自首都国际机场乘中国国际航空的CA1835飞赴合肥，9：45抵达合肥机场，乘车赴中国四大佛教名山之一、莲花佛国【九华山】（220千米，约3小时）。午餐后，游开山祖寺（九华山历史文物馆）【化城寺】，赴凤凰松索道站，索道上行（已含上下山索道联票140元，门票140元），游古拜经台、地藏菩萨大脚印、金龟朝北斗、大鹏听经石、蜡烛峰、天台正顶、一线天等，索道下行，游天下第一松——凤凰松，合影留念，车返九华街，晚餐后大悲殿夜观佛事（视寺庙佛事活动待定）	中晚	九华山
D2	早餐后，上山（缆车55元，费用自理）游万年禅寺——百岁宫、明代无暇禅师真身、五百罗汉堂、东崖禅寺、天然卧佛、幽冥钟亭、圆通殿。参观精丹堂，游肉身宝殿（地藏王金乔觉肉身塔）、地藏禅寺（慈明法师真身）、转轮宝殿等，乘车赴汤口（约3小时）。晚上入住酒店召开隆重的颁奖大会	早中晚	汤口
D3	乘景区交通车（已含车票26元）至慈光阁，乘玉屏缆车上山（自理缆车费80元，已含门票202元），【玉屏楼景区】：玉屏卧佛，观著名的迎客松、莲花峰，远眺天都峰、百步云梯；天海景区：鳌鱼峰、鳌鱼吃海螺、鳌鱼驮金龟；光明顶景区：登黄山第二高峰——光明顶，飞来石；游览【排云亭景区】：排云亭巧石、仙女弹琴、仙人踩高跷等。游览【西海景区，北海景区】：清凉台、猪八戒吃西瓜、神猴观海、梦笔生花。游览【始信峰景区】：黄山松代表——有黄山九大明松之黑虎松、连理松、龙爪松、探海松、神琴松等。缆车下山（自理缆车费80元），换乘景区交通车至停车场。观茶艺表演，品黄山名茶（太平猴魁、黄山毛峰，时间约50分钟），翠林苑（医药保健品）或御风堂按摩（时间约50分钟）。车赴屯溪（69千米，约1小时），晚上游览“活动着的清明上河图”屯溪宋代老街，自费品尝风味小吃，观古徽商通往杭州的黄金水道——新安江夜色胜景	早中晚	黄山市

续 表

日期	行程安排	用餐	住宿
D4	早餐后乘车赴歙县（约 1 小时），游“中国画里的乡村”——《卧虎藏龙》的拍摄基地牛形村落【宏村】（游览约 2 小时，已含门票 80 元）、“牛肚”——南湖、南湖书院、“牛肠”——水圳、“牛胃”——月沼风荷、汪氏总祠——乐叙堂，“民间故宫”承志堂、承德堂、德义堂、碧园、树人堂、“牛角”——400 余年树龄的村口两株古树。乘车赴【千岛湖】（车程约 70 千米，约 1 小时），深渡码头乘船（已含门票 120 元，游船 80 元，港口建设费 11 元），船上午餐，游千岛湖风光及中心 3～4 个岛（真趣园、奇石岛、五龙岛、龙山岛、鸟岛、锁岛、峰观岛等，根据游船安排游 3～4 个岛）。淳安码头上岸	早中晚	淳安
D5	早餐后，乘车赴杭州（车程约 160 千米，约 2.5 小时）。船游【西湖】，观三潭印月、阮墩环碧、湖心亭、孤山烟雨、雷峰塔影、花港观鱼（西湖十景之一，含红鱼池、孔雀园、御碑亭等）；午餐后龙井问茶（约 50 分钟），参观“中国丝绸博物馆”杭州丝绸时装表演（约 50 分钟），远观雷峰塔重现人间。自由活动，游览杭州市容，规定时间集合，22：56 乘 T32（其他参考车次：K102、Z10、T282）返回北京	早中晚	火车
D6	13：57 抵达北京站，结束愉快的旅行		

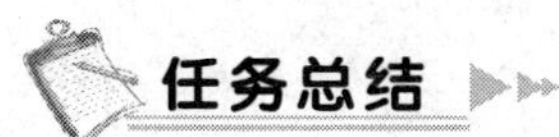

任务总结

安徽是一个灵秀之地，黄山、九华山等集瑰丽的自然风光和独特的人文气息于一身，而徽州文化——徽商、徽菜，白墙黑瓦、马头高墙的徽式建筑，更是吸引人们来此旅游的要素。

实训项目

小李一家的安徽之旅

【实训目标】

1. 使学生进一步熟悉并掌握安徽省的主要景点。
2. 培养学生综合运用知识，为散客编制旅游路线的能力。
3. 培养学生团队合作的能力。

【实训内容】

广州市某公司的小李准备休年假，为了犒劳劳累了一辈子的父母，他准备和妻子带双方父母到安徽旅游。小李及家人都不太喜欢跟着团队走，觉得那样走马观花的游览时间太仓促。他们对古徽州的文化和明清建筑非常感兴趣，而且小李的父母对佛教文化很感兴趣。请为他们设计一条 4～5 天的游览线路。分析旅游团成员的旅游动机及特征，尝试为其编制旅游路线。

【实训步骤】

1. 调整学习小组，进一步优化团队沟通协调机制。

2. 各项目团队提交纸质行程安排，每组选派一名代表用 PPT 向全班展示设计的旅游线路，要求图文并茂，讲解清楚明白，避免线路重复。

3. 评价与总结：由教师和其他团队成员对本团队展示的旅游线路做出现场点评。小组内对个人表现进行总结，以鼓励为主。

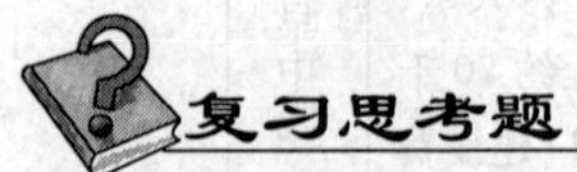

复习思考题

一、填空题

1. 安徽简称________，省会为________。东连__________，西接湖北、河南，南邻________，北靠山东。

2. ________位于安庆市潜山县，是国家 AAAA 级旅游景区、国家级重点风景名胜区、国家地质公园、国家森林公园。

3. 巢湖，又称________，位于安徽省________，是安徽省内最大的湖泊，我国________大淡水湖。

4. 采石矶风景区位于________市区西南，古称牛渚矶。它和________、________，合称“长江三矶”。

5. 齐云山古称________，是中国四大道教名山之一，位于________休宁县城西 15 千米处。

二、单项选择题

1. 下列是四大佛教圣地之一的为（　　）。

A. 黄山　　B. 齐云山　　C. 天柱山　　D. 九华山

2.（　　）是四大道教名山之一。

A. 黄山　　B. 齐云山　　C. 天柱山　　D. 九华山

3. 有“华东最后一片原始森林”之美誉的景区是（　　）。

A. 黄山风景区　　B. 天堂寨风景区　　C. 采石矶风景区　　D. 九华山风景区

4. “月沼春晓”是（　　）的特色景观。

A. 西递　　B. 宏村　　C. 徽州古城　　D. 花山迷窟

5. 下列没有被列入世界遗产名录的是（　　）。

A. 黄山　　B. 徽州古城　　C. 西递　　D. 宏村

三、判断题

1. 西递位于黄山市黟县东南部的西递镇中心，其“牛形村落”和人工水系堪称中华一绝。（　　）

2. 合肥市著名的美食街有人民巷、宁国路龙虾一条街、阜南路餐饮一条街等。（　　）

3. 天堂寨风景区、采石矶风景区、大别山、天柱山都是国家地质公园。（　　）

4. 花山迷窟风景区坐落在安徽省黄山市中心城区（屯溪）篁墩至歙县雄村之间，是北纬 30°神秘线上唯一一处石窟群奇观。（　　）

5. 毛豆腐、蟹壳黄烧饼、五城豆腐干、鸭血粉丝汤、葛粉圆子、芙蓉糕都是黄山市

的著名小吃。(　　)

四、多项选择题

1. 著名的黄山三瀑是（　　）。

A. 人字瀑　B. 三叠瀑　C. 百丈泉　D. 九龙瀑　E. 大龙湫

2. 下列是黄山名菜的有（　　）。

A. 问政山笋　B. 李鸿章杂碎　C. 红烧划水　D. 响油鳝糊　E. 虎皮毛豆腐

3. 合肥四大名点有（　　）。

A. 麻饼　B. 烘糕　C. 寸金　D. 白切　E. 蟹黄烧饼

4. 著名的巢湖四珍是指（　　）。

A. 湖蟹　B. 莲藕　C. 银鱼　D. 虾米　E. 珍珠

5. 下列属于国家 AAAAA 级旅游景区的有（　　）。

A. 黄山　B. 齐云山　C. 天柱山　D. 九华山　E. 天堂寨风景区

项目七　华中旅游区主要景点及线路

学习目标

● 知识目标

1. 熟悉巴蜀荆楚地区各省市旅游景点。

2. 熟悉巴蜀荆楚地区省内典型旅游线路及跨省连线旅游线路。

● 能力目标

1. 能够根据游客特征和旅游动机进行游客分析。

2. 能够根据旅游线路的编制原则和游客需求，为不同类型的游客设计具有华中、西南特色的典型旅游线路。

任务一　四川景点及线路

任务引入

2010 年 4 月，大学生自发在网络上组织起“走进震后四川”的旅游活动，大家通过微博组织了近 40 名各个地方的大学生，将他们聚集在成都。该旅游团队旨在参观曾在 2008 年汶川大地震中受到严重影响的各个景区，参观重建后的都江堰、汶川、九寨沟等地，并且计划旅游者向当地的学生举行捐书活动。请为该旅游团队设计一条行程线路。

任务分析

四川山川秀美、人杰地灵，自古就被誉为“天府之国”，拥有丰富的自然人文旅游资源。2008 年 5 月 12 日，里氏 8.2 级的汶川大地震让这片古老的土地经历了最痛苦的时刻，顷刻间山石翻滚、房屋倒塌、生死两重，一切化为乌有。全国 13 亿人民与四川人民站在了一起，物资捐款从天南海北运到了四川，重建的规划列入了国家的计划。两年过去了，还是有很多的人关注着四川、关注着汶川、关注着这个曾经经历创伤的城市，于是越来越多的人走进了四川，发展震后旅游业也成为四川旅游局的发展重点。

知识准备

四川省位于长江上游，省会成都，总面积 48.5 万多平方千米。西有青藏高原相扼，东有三峡险峰重叠，北有巴山秦岭屏障，南有云贵高原拱卫，形成了闻名于世的四川盆地。四川地大物博，人杰地灵，历史悠久，自古享有“天府之国”之美誉。地形可分为四川盆地和川西高原两大地域。四川盆地因多紫色、红色沙砾、页岩，故又叫“红色盆地”，四周为大凉山、邛崃山、岷山、大巴山、巫山和大娄山等山脉环绕。川西高原山地峡谷纵列，雪山重重，又是另一番景象。气候特征为东部盆地冬暖夏热，川西高原寒冷干燥、日照强烈。四川省主要旅游景点见图 7－1。

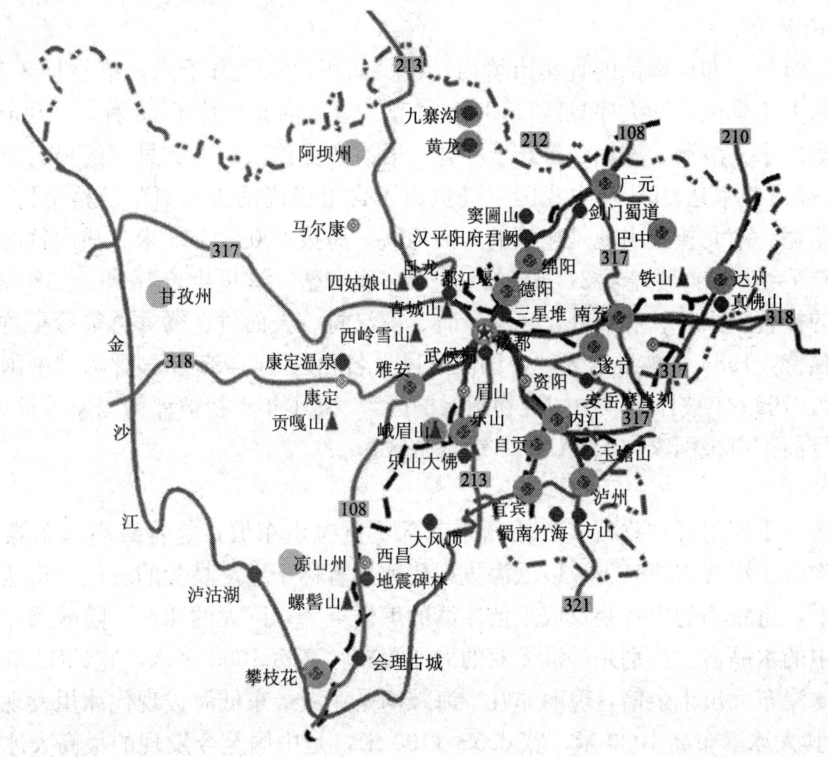

图 7－1　四川省主要旅游景点

(一) 主要景点

1. 九寨沟

九寨沟位于四川省阿坝藏族羌族自治州九寨沟县境内，是白水沟上游白河的支沟，以有九个藏族村寨而得名。九寨沟海拔在 2000 米以上，遍布原始森林，沟内分布 108 个湖泊，有“童话世界”之誉；九寨沟为全国重点风景名胜区，并被列入世界遗产名录。阿坝藏族羌族自治州九寨沟的山水形成于第四纪古冰川时期，现保存着大量第四纪古冰川遗迹。九寨沟的地下水富含大量的碳酸钙质，湖底、湖堤、湖畔水边均可见乳白色碳酸钙形成的结晶体，来自雪山、森林。九寨沟旅游景区经国家旅游局正式批准为国家 5A 级旅游景区。

2. 黄龙名胜风景区

黄龙名胜风景区位于四川省阿坝藏族羌族自治州松潘县境内，西距松潘县城 56 千米，东离平武县122千米，总面积4万公顷。主景区黄龙沟位于岷山主峰雪宝顶下。获得世界生物圈保护区、绿色环球21、国家地质公园、国家4A级旅游区、梅利娜·迈尔库里世界文化景观保护与管理国际荣誉奖。面积700平方千米，由黄龙本部和牟尼沟两部分组成。黄龙本部主要由黄龙沟、丹云峡、雪宝顶等景区构成，牟尼沟部分主要是扎嘎瀑布和二道海两个景区。主要因佛门名刹黄龙寺而得名，以彩池、雪山、峡谷、森林“四绝”著称于世，是中国唯一的保护完好的高原湿地，它是一条长约7千米，宽约300米的钙化山峡。这里山势如龙，又称“藏龙山”。这一地区还生存着许多濒临灭绝的动物，包括大熊猫和四川疣鼻金丝猴。黄龙名胜风景区于1982年被国务院列为全国重点风景名胜地。1983年被列为四川省自然保护区。1991年被联合国列入世界自然遗产名录。1992年被联合国教科文组织列为世界自然遗产。

3. 蜀南竹海

蜀南竹海位于四川南部的宜宾市境内，幅员面积120平方千米，核心景区44平方千米，共有八大主景区、两大序景区、134处景点。景区内共有竹子58种，7万余亩，是我国最大的集山水、溶洞、湖泊、瀑布于一体，兼有历史悠久的人文景观的最大原始“绿竹公园”；植被覆盖率达87%，为我国空气负离子含量极高的天然氧吧。整个竹海成“之”字形，东西宽、南北狭。山地是典型的丹霞地貌，海拔600～1000米。蜀南竹海可谓是竹的海洋，7万余亩翠竹覆盖了27条峻岭、500多座峰峦。这里生长着15属58种竹子，除盛产常见的楠竹、水竹、慈竹外，还有紫竹、罗汉竹、人面竹、鸳鸯竹等珍稀竹种。蜀南竹海景观独特，1988年被批准为“中国国家风景名胜区”，1991年被评为“中国旅游目的地四十佳”，1999年被评为“中国生物圈保护区”，2001年年初被评为国家首批AAAA级旅游区。目前正申报国家“AAAAA”级旅游区。

4. 海螺沟

海螺沟位于四川省甘孜藏族自治州东南部、贡嘎山东坡，是青藏高原东缘的极高山地。海螺沟位于贡嘎雪峰脚下，以低海拔现代冰川著称于世。晶莹的现代冰川从高峻的山谷铺泻而下，将寂静的山谷装点成玉洁冰清的琼楼玉宇；巨大的冰洞、险峻的冰桥，使人如入神话中的水晶宫。特别是举世无双的大冰瀑布，高达1000多米，宽约1100米，比著名的黄果树瀑布大出十余倍，瑰丽非凡。海螺沟是亚洲最东低海拔现代冰川发现地，海拔2850米。其大冰瀑布高1080米，宽0.5～1100米，是中国至今发现的最高大冰瀑布。沟内蕴藏有大流量沸热温冷矿泉、大面积原始森林和特高的冰蚀山峰、大量的珍稀动植物资源，金山、银山交相辉映，蔚为壮观。贡嘎山主峰脊线以东为陡峻的高山峡谷，地势起伏明显，大渡河咆哮奔流，谷窄水深，崖陡壁立。在水平距离不足30千米达6500余米的高差形成举世罕见的大峡谷。海螺沟景区就位于峡谷之间。这里地形复杂，气候类型特殊，山下长春无夏，郁郁葱葱，气候宜人，年平均气温在15摄氏度左右。山顶终年积雪，年平均气温在－9摄氏度左右。

5. 四姑娘山

四姑娘山位于四川省阿坝藏族羌族自治州小金县与汶川县交界处，是横断山脉东部边缘邛崃山系的最高峰。四姑娘山由四座连绵不断的山峰组成，它们从北到南一字排开，其高度分别为6250米、5664米、5454米、5355米。四姑娘山的地表主要由中生代和古生代的砂岩、板岩、大理石、石灰岩与结晶灰岩组成。这些岩石大多耐风化剥蚀，山峰尖削陡峭，直插云天。四姑娘山周围还有20多座被冰雪覆盖着的4000～5000米高的山峰。四姑

娘山的东面有奔腾急泻的岷江纵贯而过，西有“天险”之称的大渡河。山谷地带气候温和、雨量充沛，山花遍野、溪流清澈；山腰冰川环绕；山顶地势险峻，白雪皑皑。四姑娘山一带森林茂盛，气候宜人，为丰富多彩的动植物提供了生存环境。在海拔2500米以上地段有原始森林分布，以高山针叶林、针阔叶混交林为主体。这里出产的红杉、红豆杉、连香树等是四川特有的珍贵树种。在海拔3700米以上地段还有高山草甸分布。每当春夏之交，这里绿草如茵，繁花似锦，是良好的夏季牧场。山上还盛产天麻、贝母、虫草等名贵中药材。这里的兽类约有五六十种，鸟类约300种。其中属国家保护的珍稀动物有：大熊猫、小熊猫、金丝猴、白唇鹿以及红腹角雉、血雉等。举世闻名的卧龙大熊猫自然保护区就坐落在四姑娘山东坡。

6. 卧龙大熊猫自然保护区

卧龙大熊猫自然保护区位于四川省阿坝藏族、羌族自治州汶川县西南部、邛崃山脉东南坡，距四川省会成都130千米，交通便利。保护区始建于1963年，面积20万公顷，是中国最早建立的综合性国家级保护区之一，是国家和四川省命名的“科普教育基地”、“爱国主义教育基地”。卧龙自然保护区以“熊猫之乡”、“宝贵的生物基因库”、“天然动植物园”响誉中外，有着丰富的动植物资源和矿产资源。区内共分布着100多只大熊猫，约占全国总数的10%。被列为国家级重点保护的其他珍稀濒危动物金丝猴、羚牛等共有56种，其中属于国家一级重点保护的野生动物共有12种，二类保护动物有44种。卧龙自然保护区地理条件独特、地貌类型复杂，风景秀丽、景型多样、气候宜人，集山、水、林、洞、险、峻、奇、秀于一体，还有浓郁的藏、羌民族文化。区内建有相当规模的大熊猫、小熊猫、金丝猴等国家保护动物繁殖场，有世界著名的“五一棚”大熊猫野外观测站，有国内迄今为止以单一生物物种为主建立的大熊猫博物馆。

7. 峨眉山

峨眉山位于中国四川峨眉山市境内，景区面积154平方千米，最高峰万佛顶海拔3099米。地势陡峭，风景秀丽，有“秀甲天下”之美誉。气候多样，植被丰富，共有3000多种植物，其中包括世界上稀有的树种。山路沿途有较多猴群，常结队向游人讨食，成为峨眉一大特色。它是中国四大佛教名山之一，有寺庙约26座，重要的有八大寺庙，佛事频繁。1996年12月6日，峨眉山乐山大佛作为文化与自然双重遗产被联合国教科文组织列入世界遗产名录。峨眉山与山西五台山、浙江普陀山、安徽九华山并称为中国佛教四大名山，是举世闻名的普贤菩萨道场。这里有“日出”、“云海”、“佛光”和“圣灯”四大绝景，佛光是峨眉山最壮美的奇观。峨眉山佳景概括为十种：“金顶祥光”、“象池月夜”、“九老仙府”、“洪椿晓雨”、“白水秋风”、“双桥清音”、“大坪霁雪”、“灵岩叠翠”、“罗峰晴云”、“圣积晚钟”。

8. 乐山大佛

乐山大佛位于四川省乐山市南岷江东岸，濒大渡河、青衣江、岷江三江汇流处。大佛为弥勒佛坐像，通高71米，脚背宽8.5米，脚面可围坐百人以上，是我国现存最大的一尊摩崖石刻造像。大佛为唐代开元名僧海通和尚倡议建造，开凿于唐代开元元年（713年），完成于贞元十九年（803年），历时约90年。佛像雍容大度，气魄雄伟，被誉为“山是一尊佛，佛是一座山。”大佛两侧断崖和登山道上，有许多石龛造像，多是盛唐作品。乐山大佛景区由凌云山、麻浩岩墓、乌尤山、巨形卧佛景观等组成，面积约8平方千米。景区属峨眉山风景名胜区范围，是国家级风景名胜区、闻名遐迩的风景旅游胜地。古有

"上朝峨眉、下朝凌云"之说。凌云山紧傍岷江，上有凌云寺，建于唐代。凌云寺右灵宝峰上，现存一座砖塔，塔高13层，造型与西安小雁塔相似。

9. 青城山—都江堰景区

该景区坐落于四川省都江堰市，以青城山、都江堰为主体，是融山水风光与人文景观为一体的著名景区。2000年作为世界文化遗产被列入世界遗产名录。

青城山为中国道教发源地之一，属道教名山，位于四川省都江堰市西南，古称"丈人山"，东距成都市68千米。主峰老霄顶海拔1600米。在四川名山中与剑门之险、峨嵋之秀、夔门之雄齐名，有"青城天下幽"之美誉。青城山是中国著名的历史名山和国家重点风景名胜区。青城山分前、后山。前山是青城山风景名胜区的主体部分，约15平方千米，景色优美，文物古迹众多，主要景点有建福宫、天然图画、天师洞、朝阳洞、祖师殿、上清宫等；后山总面积100平方千米，水秀、林幽、山雄，高不可攀，直上而去，冬天则寒气逼人，夏天则凉爽无比，蔚为奇观。主要景点有金壁天仓、圣母洞、山泉雾潭、白云群洞、天桥奇景等。自古以来，人们以"幽"字来概括青城山的特色。青城山空翠四合，峰峦、溪谷、宫观皆掩映于繁茂苍翠的林木之中。道观亭阁取材自然，不加雕饰，与山林岩泉融为一体，体现出道家崇尚朴素自然的风格。堪称青城山特色的还有日出、云海、圣灯三大自然奇观。

都江堰坐落在成都平原西部的岷江上，位于四川省都江堰市城西。都江堰不仅是举世闻名的中国古代水利工程，也是著名的风景名胜区。都江堰附近景色秀丽，文物古迹众多，主要有伏龙观、二王庙、安澜索桥、玉垒关、离堆公园、玉垒山公园、玉女峰、灵岩寺、普照寺、翠月湖、都江堰水利等工程。都江堰是中国古代建设并使用至今的大型水利工程，被誉为"世界水利文化的鼻祖"。都江堰水利工程由鱼嘴分水堤、飞沙堰溢洪道、宝瓶口引水口三大主体工程和百丈堤、人字堤等附属工程构成。它科学地解决了江水分流、自动排沙等问题，消除了水患，使川西平原成为"天府之国"。

10. 成都武侯祠

成都武侯祠位于四川成都市南门武侯祠大街，由刘备、诸葛亮蜀汉君臣合祀祠宇及惠陵组成，又名"汉昭烈庙"，是纪念中国古代三国时期蜀汉皇帝刘备和丞相诸葛亮以及其他蜀汉英雄的君臣合祀祠宇，是中国唯一的君臣合祀祠庙。武侯祠（指诸葛亮的专祠）建于唐以前，初与祭祀刘备的（汉昭烈帝）昭烈庙相邻。明朝初年重建时将武侯祠并入了"汉昭烈庙"，形成现存武侯祠君臣合庙。现存祠庙的主体建筑是在清朝康熙年间（清康熙十一年）公元1672年重建的。成都武侯祠现分文物区（三国历史遗迹区）、园林区（三国文化体验区）和锦里（锦里民俗区）三部分，面积约15万平方米。成都武侯祠是国内纪念蜀汉丞相诸葛亮的主要胜迹，是成都市一个主要的旅游参观点。成都武侯祠是中国影响最大的三国遗迹博物馆，以文、书、刻号称"三绝"的《蜀丞相诸葛武侯祠堂碑》最为知名。

11. 杜甫草堂

杜甫草堂位于四川省成都市，现今是成都杜甫草堂博物馆，是为了纪念中国唐代伟大现实主义诗人杜甫的博物馆，是当年杜甫流寓成都时的居所，是由后人重建得以保存并成为纪念杜甫的场所。公元759年冬天，杜甫为避"安史之乱"，携家入蜀，在成都营建茅屋而居，称"成都草堂"。草堂完整保留着清代嘉庆重建时的格局，总面积近300亩。园林是非常独特的"混合式"中国古典园林。博物馆按功能区分为：文物景点游览区（草堂

旧址）、园林景点游览区（梅园）和服务区（草堂寺）。草堂旧址内，照壁、正门、大廨、诗史堂、柴门、工部祠排列在一条中轴线上，两旁配以对称的回廊与其他附属建筑。其间有流水萦回，小桥勾连，竹树掩映，显得既庄严肃穆、古朴典雅而又幽深静谧、秀丽清朗。工部祠东侧是“少陵草堂”碑亭，象征着杜甫的茅屋，令人遐想，已成为杜甫草堂的标志性景点和成都的著名景观。

12. 三星堆

三星堆遗址属全国重点文物保护单位，是中国西南地区的青铜时代遗址，位于四川广汉南兴镇、成都平原。1980 年起发掘，因有三座突兀在成都平原上的黄土堆而得名。三星堆文明上承古蜀宝墩文化，下启金沙文化、古巴国，前后历时约 2000 年，是我国长江流域早期文明的代表，也是迄今为止我国信史中已知的最早的文明。现已清理出房屋基址、灰坑、墓葬、祭祀坑等。房基有圆形、方形、长方形 3 种，多为地面木构建筑。自 1931 年以后在这里曾多次发现祭祀坑，坑内大多埋放玉石器和青铜器。1986 年发现的两座大型祭祀坑，出土有大量青铜器、玉石器、象牙、贝、陶器和金器等。金器中的金杖和金面罩制作精美。青铜器除罍、尊、盘、戈外，还有大小人头像、立人像、爬龙柱形器和铜鸟、铜鹿等。其中，青铜人头像形象夸张，极富地方特色；立人像连座高 2.62 米，大眼直鼻，方颐大耳，戴冠，穿左衽长袍，佩脚镯，是难得的研究蜀人体质与服饰的资料。祭祀坑的年代约当商末周初，被认为是蜀人祭祀天地山川诸自然神祇的遗迹。

13. 自贡恐龙博物馆

自贡是世界闻名的侏罗纪“恐龙之乡”，素以恐龙化石埋藏点多、面广、数量巨大、种类众多、保存完好、层序连续等特点著称于世。自 1915 年以来，在其所辖的 4373 平方千米的土地上，已累计发现化石埋藏点近 200 处。其中尤以自贡恐龙博物馆所在的“大山铺恐龙化石群”遗址体现出极其难得的古生物多样性、完整性、珍贵性，为国之瑰宝。自贡恐龙博物馆位于四川省自贡市的东北部，距市中心 9 千米。自贡恐龙博物馆是在世界著名的“大山铺恐龙化石群遗址”上，就地兴建的一座大型遗址类博物馆，也是我国第一座专门性恐龙博物馆，是世界三大恐龙遗址博物馆之一。博物馆占地面积 6.6 万多平方米，馆藏化石标本几乎囊括了距今 2.05～1.35 亿年前侏罗纪时期所有已知恐龙种类，是世界上收藏和展示侏罗纪恐龙化石最多的地方之一，被美国《全球地理杂志》评价为“世界上最好的恐龙博物馆”。

（二）典型线路

1. 山岳景观游：西岭雪山—青城山—峨眉山—乐山大佛—贡嘎山—四姑娘山

这条旅游线路包括：西岭雪山——位于成都市西大邑县，这里可以登观景台望成都平原千里沃野；青城山——有“青城天下幽”的美誉，是中国道教的重要发祥地，包括天师洞、建福宫、上清宫、祖师殿、圆月宫、老君阁、玉清官等 10 余座殿宇；峨眉山——是著名的旅游胜地和佛教名山，素有“峨肩天下秀”之英誉；乐山大佛——真正体现了“佛是一座山，山是一尊佛”；贡嘎山——以冰川闻名，是世界上海洋性冰川最早发育地区之一；四姑娘山——位于阿坝藏族羌族自治州，这四座山峰长年冰雪覆盖，如同姿容俊俏的四位少女。

2. 风景名胜游：武侯祠—九寨沟—黄龙—卧龙—都汇堰

这条旅游线路包括：武侯祠——纪念三国蜀汉丞相诸葛亮的祠堂；“九寨沟”——因

九个藏族村寨坐落在这深山峡谷中而得名，沟中分布有多处湖泊、瀑布群和钙华滩流等；黄龙——瀑布旋流，壮观的梯状彩池群，好似瑶池仙境；卧龙熊猫自然保护区，这里设有大熊猫研究中心和大熊猫野外生态观察站；都江堰——秦国蜀郡太守李冰兴建的水利工程，让成都成为“天府之国”。

拓展阅读

放水节与赶花会

每年清明时节，都江堰市便迎来了从公元978年开始的一年一度的清明放水节大型旅游活动，以纪念率众修建都江堰水利工程、造福成都平原的李冰父子。古时，每到冬季，人们便用杩槎筑成临时围堰，使岷江水或入内江，或入外江，然后淘修河床，加固河堤，这就是岁修。到了清明时节，举行既隆重又热烈的仪式，祭祀李冰父子，祈求五谷丰登、国泰民安，然后拆除杩槎，滚滚岷江水直入内江，灌溉成都平原千里阔野。1957年以后，都江堰渠道修建了外江节制闸，可以随时启闭，不再用杩槎断水，以往砍杩槎的放水仪式也不再举行。1990年起都江堰市恢复了清明放水节，举行模拟杩槎放水仪式和传统的祭祀活动，还举办灯会、大型街头文艺表演、花卉和物资交流会活动，每年吸引了大量的国内外游客。

青羊宫赶花会是成都地区沿袭1000多年的风俗习惯。相传每年农历二月十五日是百花的生日。在这天，俗称花朝节，亦是道教始祖老子的生日。在这天道教信徒都要到青羊宫进香朝拜。故自唐五代以来，每年农历二月二十一日前后，到青羊宫一带逛花市、赶庙会已相沿成俗，成为成都一年一度的传统盛会，并且历年有所发展。花会、庙会与物资交易会三者合一，构成成都花会的独特风格。如今，成都万届花会均在与青羊宫一墙之隔的文化公园举办。是时，百花争艳，北语莺歌，游客不但可以赏花，还可以品尝上百种地方风味小吃，欣赏精彩纷呈的民间艺术表演。

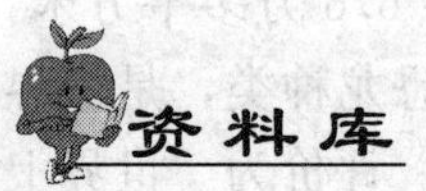

资料库

四川美食明星

1. 龙抄手

它创始于20世纪40年代，当时春熙路“浓花茶社”的张光武等几位伙计商量合资开一个抄手店，取店名时就谐“浓”字音，也取“龙凤呈祥”之意，定名为“龙抄手”。龙抄手的主要特色是：皮薄、馅嫩、汤鲜。抄手皮用的是特级面粉加少许配料，细搓慢揉，擀制成“如纸、细如绸”的透明状。肉馅细滑爽，香醇可口。龙抄手的原汤是用鸡、鸭和猪身上几个部位肉，经慢煨而成。原汤又白、又浓、又香。

2. 钟水饺

钟水饺创始人钟少白，原店名叫“协森茂”，1931年开始挂出了“荔枝巷钟水饺”的招牌。钟水饺与北方水饺的主要区别是全用猪肉馅，不加其他鲜菜，上桌时淋上特制的红油，微甜带咸，兼有辛辣，风味独特。

3. 夫妻肺片

创始人郭朝华。相传夫妻俩推着小车沿街叫卖凉拌牛肉片，因调制得法，味道鲜美，被赞誉为“车行半边路，肉香一条街”。夫妻肺片的成分里边没有肺，而是牛肉、牛舌、牛心和牛头皮，切成很薄的片杂烩在一起，人们称之为“烩片”。据说是好事的学生用硬纸板写个招牌挂在车上，把“烩”字写成了“肺”字，因此“夫妻肺片”就慢慢出名了。它的特色是：肉料精选，香料精配，厚薄均匀，搅拌入味。

4. 赖汤圆

赖汤圆迄今已有百年历史。老板赖源鑫从 1894 年起就在成都沿街煮卖汤圆，他制作的汤圆煮时不烂皮、不露馅、不浑汤，吃时不黏筷、不黏牙、不腻口，滋润香甜，爽滑软糯，成为成都最负盛名的小吃。现在的赖汤圆，保持了老字号名优小吃的质量，其色滑洁白，皮粑绵糯，甜香油重，营养丰富。

5. 灯影牛肉

灯影牛肉是四川达县的传统名食。牛肉片薄如纸，色红亮，味麻辣鲜脆，细嚼之，回味无究。据传说，1000 多年以前，任朝廷监察御史的唐代诗人元稹因得罪宦官及守旧官僚，被贬至通州任司马。一日元稹到一酒店小酌，下酒菜中的牛肉片薄味香，入口无渣，他颇为叹赏，当即名之曰“灯影牛肉”。灯影，即皮影戏，用灯光把兽皮或纸板做成的人物剪影投射到幕布上。用“灯影”来称这种牛肉，足见其肉片之薄，薄到在灯光下可透出物像，如同皮影戏中的幕布。清光绪年间，四川梁平县有个姓刘的人流落到达县，以烧腊、卤肉为业。最初，他制作的五香牛肉片厚肉硬，吃时难嚼，且易塞牙，销路不畅。后来，刘氏日思夜想，逐步加以改进，将牛肉切得又大又薄，先腌渍入味，再上火烘烤，卖时还淋上香油。这样制作出的牛肉酥香可口，在市场上大受欢迎。刘姓商人生意兴隆，并因此而发家致富。其他人见有利可图，纷纷仿制，灯影牛肉逐渐成为四川一大名产。

任务实施

大学生组织的“走进震后四川”的旅游活动，主题意义明确，应在安排景区景点参观的同时，安排部分震后重建学校的参观，了解当地学生的安置和上课情况，并提前和当地学校联系，组织相应的捐书活动。安排参观成都市、都江堰市、汶川和九寨沟，旅游行程的安排要充分考虑到大学生的要求，通过参观让他们了解到震后四川的发展现状和汶川的重建状况。

日期	行程安排
D1	在成都集合，驱车到都江堰市参观中华第一古堰——被列为“世界文化遗产”的都江堰水利工程，远观重建中的二王庙，祭祀李冰父子。过安澜索桥观鱼嘴分水堤、飞沙堰泄洪坝、宝瓶口引水口，进离堆公园观碑亭、离堆、伏龙观、堰功道、川西第一名园——清溪园，出景区，到青城山脚午餐。午餐后，游览被列为“世界文化遗产”素有“青城天下幽”之美称的道教发祥地，途步到月城湖（或乘船）经湖边栈道至索道站，乘索道至步云廊索道上站，步行经慈云阁到上清宫游览，结束后乘车返回成都。晚上可自行逛成都的春熙路、天府广场等成都文化较集中的地方
D2	早上从成都出发驱车到汶川，中午在汶川吃饭，饭后去安排好的当地重建小学，到学校参观、了解学生的学习及生活情况，并举行捐书活动。下午到汶川地震博物馆参观。这里有汶川大地震遗址博物（纪念）馆、纪念地及地震文物，大学生在这里为在地震中的遇难者哀悼，讲解员为同学讲解汶川的重建情况和当地居民的安置情况。晚上住在汶川
D3	早餐后，驱车前往牟尼沟风景区游览。牟尼沟风景区位于松潘县牟尼乡，占地面积 160 平方千米，海拔约 2800 米，沟内山、洞、海子相应成辉，林木遍野。此日主要游览享有“中华第一钙化瀑布”之美誉的扎嘎瀑布，游览时间 1.5 小时左右，后乘车赴九寨沟口，晚餐后可自费参加走进藏家烤羊篝火晚会品尝烤羊、手抓肉及爽口的青稞酒、酥油茶
D4	早餐后乘车前往被誉为“童话世界”的九寨沟风景区。它集翠海、叠溪、彩林、雪峰和藏族风情于一体，以其自成天成、美丽绝伦的自然风光而成为中国著名的风景名胜区。它以则查洼沟（长海、五彩池、季节海等）、日则沟（原始森林、箭竹海、熊猫海、五花海、珍珠滩瀑布、镜海、诺日朗瀑布等）、树正沟（犀牛海、老虎海、树正瀑布、树正群海、卧龙海、芦苇海、盆景滩）等景点，构成了一个五彩斑斓、绚丽奇绝的瑶池玉盆，一个原始古朴、神奇梦幻的人间仙境，一个不见纤尘、自然纯净的“童话世界”。晚餐后可自费参加藏羌风情歌舞晚会
D5	早餐后从九寨沟口出发前往川主寺黄龙机场，途中参观九寨沟土特产店（参观时间 45 分钟左右）后乘机返回成都，在成都解散。

任务总结

四川丰富而独特的旅游资源使旅游业成为四川省的优势产业。汶川地震对四川旅游业产生巨大的影响，从景区景观、旅游服务设施、交通、游客心理方面都产生了一定的影响，使四川作为旅游安全目的地的形象受损。发展震后旅游业，推出地震灾难主题的旅游线路，带动相关景区的发展，将地震遗址与传统旅游资源进行有机整合，推动当地旅游业的再一次腾飞。

实训项目

中学教职工暑期游四川

【实训目标】

1. 使学生进一步熟悉并掌握四川的主要旅游景点。
2. 培养学生综合运用知识、编制四川省内旅游及连线周边省市景区游览线路的能力。

3. 培养学生团队合作的能力。

【实训内容】

暑假，某中学组织全校教职员工到四川旅游，请为他们设计一条7天的旅游线路。分析旅游团成员的旅游动机及特征，尝试为其编制旅游路线。

【实训步骤】

1. 以项目团队为学习小组，小组规模一般是5～8人。

2. 建立团队沟通协调机制，合理分配任务，团队成员共同参与、协作完成任务；各项目团队成员就实训内容互相进行交流、讨论，并给予点评。

3. 各项目团队提交纸质行程安排，每组选派一名代表用PPT向全班展示设计的旅游线路，要求图文并茂。

4. 评价与总结：由教师和其他团队成员对本团队展示的旅游线路做出现场点评。小组内对个人表现进行总结，以鼓励为主。

一、填空题

1. 四川的著名景点，素有“________天下奇、________天下险、________天下秀、________天下幽”之称。

2. ________是中国至今发现的最高大冰瀑布。

3. ________是世界闻名的侏罗纪“恐龙之乡”，素以恐龙化石埋藏点多、面广、数量巨大、种类众多、保存完好、层序连续等特点著称于世。

4. 我国现存最大的一尊摩崖石刻造像位于________省________市。

5. 有“蜀山之王”的山是________，海拔________米。

二、选择题

1. 成都武侯祠是纪念（　　）与（　　）合祀祠宇。

A. 刘备和关羽　　B. 张飞和刘备　　C. 诸葛亮和关羽　　D. 刘备和诸葛亮

2. 都江堰水利工程由鱼嘴分水堤、飞沙堰溢洪道、宝瓶口引水口三大主体工程和百丈堤、人字堤等附属工程构成，它是由（　　）朝代（　　）主持修建的。

A. 战国　李冰　　B. 三国　刘靖　　C. 东汉　张堪　　D. 东汉　刘建

三、思考题

请设计三条成都周边2日游旅游线路。

任务二　重庆—湖北景点及线路

深圳某老年大学欲组织本校老年同学130余人于今年四月游览“新三峡”。这些老年同学的平均年龄是65岁，他们中有些人曾经参观过三峡，他们想看看三峡的变化，参观中国最大的水利工程“三峡大坝”以及沿途的红色遗迹。

任务分析

此旅游团的成员都为60岁以上的老年人，他们的健康状况不一，而人员又较多，应考虑随团配备专业医生或护理人员；有些人曾经参观过三峡，所以在景点设置和行程安排上应避免重复，注重展现新三峡的风貌；老年人经济条件较好，但消费理性，应适当安排购物和自费项目。针对他们的特点，设计旅游线路时应注意以下几点：

(1) 随时关注老人的身体状况，随团配备专业医生或护理人员。

(2) 根据老人的身体情况安排行程，应尽可能宽松，保证足够的休息。

(3) 全团为老人，在住宿方面应考虑安静、舒适。

(4) 团餐要尽可能的符合老年人的要求，清淡软乎。

(5) 适当安排购物和自费项目。

知识准备

一、重庆旅游资源

重庆是中国四个直辖市之一，地处中国西南。重庆多雾，素有“雾都”之称，春夏之交夜雨尤甚，因此有“巴山夜雨”之说，有山水园林之风光。重庆山川巍峨，历史悠久，是著名的旅游名城。境内巴山绵延、渝水纵横，历史源远流长，文化积淀深厚。有3000年悠久历史的重庆旅游资源丰富，既有集山、水、林、泉、瀑、峡、洞等为一体的壮丽自然景色，又有融巴渝文化、民族文化、移民文化、三峡文化、陪都文化、都市文化于一体的浓郁文化景观。全市共有自然、人文景点300余处，其中世界文化遗产1个，世界自然遗产1个，国家5A级景区2处，国家级文物保护单位13个，国家重点风景名胜区6个。重庆还是川菜主要代表地域之一，发源自重庆的火锅更是闻名遐迩。雄伟壮阔的长江三峡、璀璨多彩的重庆夜景、秀丽宜人的芙蓉江、火暴刺激的重庆火锅都是重庆重要的旅游资源。重庆旅游景点见图7-2。

(一) 主要景点

1. 四面山自然风景名胜区

四面山位于江津区境内，距重庆市区140千米。四面山系地质学上所谓“倒置山”，因山脉四面围绕，故名。山势南高北低，占地240平方千米。景区景观以原始森林为基调，众多溪流、湖泊、瀑布点染于苍山绿树之间，丹霞地貌，目不暇接的动植物更为景区增添盎然生机。四面山的瀑布最为壮观。有大小瀑布100多处。瀑布倾泻激荡，掀起满天烟雾，轰然鸣响，数里之外也能感受到其威势。望乡台瀑布高152米，宽40米，居我国高瀑之首；水口寺瀑布高94米，悬挂在一个天然洞穴之下，景象奇特；鸳鸯瀑布比翼齐飞，撩人遐思。四面山原始绿阔叶林带在同纬度中保存较好，有植物1500多种、珍稀濒危植物19种，其中刺桫椤是3.5亿年前的史前残遗植物。景区有动物207种，其中属国家级重点保护动物16种、省级保护动物8种。四面山不愧为我国“物种基因的宝库”。主要景点有大窝铺、八角尖、坪山、吊桥、花果山、水帘洞、骆驼山、象鼻岭、猴子山、老虎嘴、倒流水、和尚山、摩天岭等。

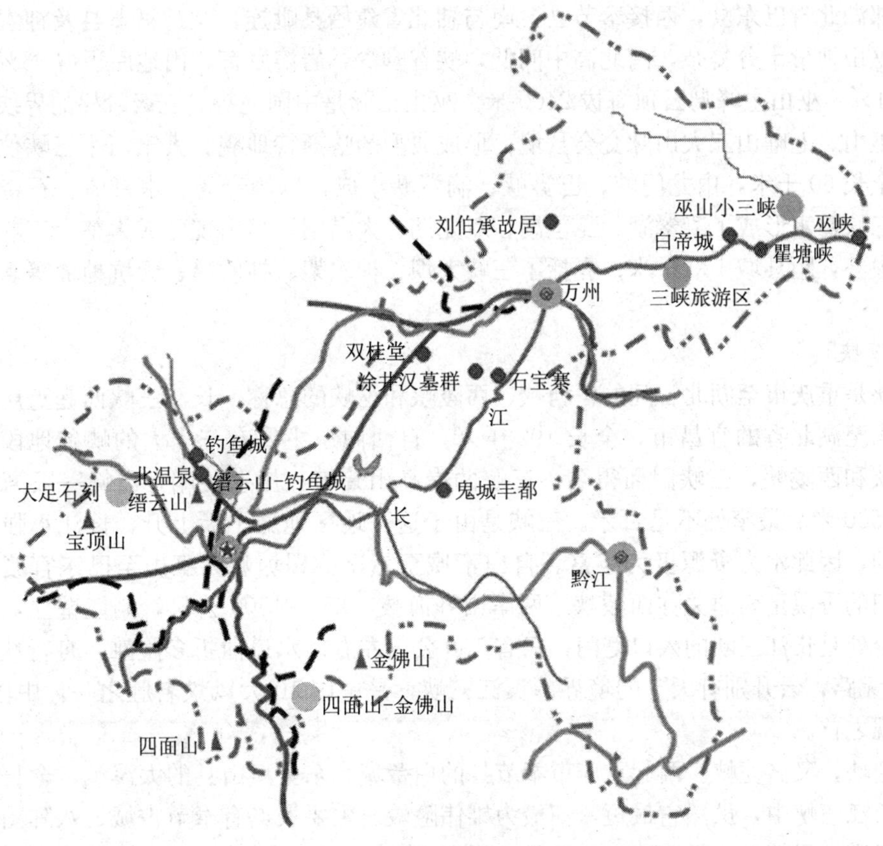

图 7-2　重庆旅游景点

2. 小寨天坑

小寨天坑位于重庆奉节县城，是构成地球第四纪演化史的重要例证，更是长江三峡成因的“活化石”，是喀斯特漏斗的俗称，属当今世界洞穴奇观之一。小寨天坑的底部有一条巨大的暗河，暗河的水来自一条被当地人称为“地缝”的神秘峡谷。据考察，地缝全长达 37 千米，最窄的地方只有 2 米，而峡谷的高度达 900 米，形成气势恢弘的“一线天”。被岩溶地质专家称做“世界喀斯特峡谷奇中之稀”，坑口地面标高 1331 米，深 666.2 米，坑口直径 622 米，坑底直径 522 米，是目前世界上发现的最大的“漏斗”。小寨天坑被国家建设部入选为首批《中国国家自然遗产、国家自然与文化双遗产预备名录》。

3. 武隆喀斯特

“重庆武隆喀斯特”世界自然遗产是“中国南方喀斯特”的重要组成部分，是深切型峡谷的杰出代表。它不仅是反映地球演化历史的杰出范例，而且还是重要的生命记录，包含了正在进行的地貌演化和重要的地貌形态或自然地理特征，被喻为解读长江三峡形成机理的一把钥匙，具有喀斯特特征的世界性意义。作为大自然数亿年来孕育的具有独特美学价值的世界自然遗产景观，作为大自然留给人类独一无二的瑰宝，它不仅是中国的，更是世界的，也是全人类的。

4. 巫山

巫山位于重庆市东北部，三峡库区腹心，素有“渝东门户”之称，地跨长江巫峡两

岸。东邻湖北省巴东县，西接奉节县，南与湖北省建始县毗连，北与巫溪县及神农架林区接壤。巫山地形十分复杂，南北高中间低，峡谷幽深，岩溶发育，山地面积占96%，丘陵平坝占4%。巫山主峰乌云顶海拔2400米。巫山山脉是中国地势二三级阶梯的界线，因大巴山、巫山、七曜山三大山脉交会县境，形成典型的喀斯特地貌。大宁河小三峡位于巫山之侧，全长60千米，由龙门峡、巴雾峡、滴翠峡组成，以峰奇秀、水奇清、石奇美闻名遐迩。三峡蓄水形成了凝翠湖、琵琶湖、双龙湖、大昌湖。巫山现已成为整个三峡风景区的几何中心，距县城130千米，囊括了三峡大坝、神农架、神农溪、天坑地缝等著名的风景名胜。

5. 三峡

三峡是重庆市至湖北省间的瞿塘峡、西陵峡和巫峡的总称。长江三峡西起重庆市的奉节县，东至湖北省的宜昌市，全长192千米。自西向东主要有三个大的峡谷地段：瞿塘峡、巫峡和西陵峡，三峡因而得名。三峡两岸高山耸峙，崖壁陡峭，山峰一般高出江面1000～1500米。最窄处不足百米。三峡是由于这一地区地壳不断上升，长江水强烈下切而形成的，因此水力资源极为丰富。自白帝城至黛溪称瞿塘峡，巫山至巴东官渡口称巫峡，秭归的香溪至南津关称西陵峡。两岸山峰海拔1000～1500公尺，峭崖壁立，江面紧束，最窄处是长江三峡的入口夔门，只有100公尺左右。水道曲折多险滩，舟行峡中，有“石出疑无路，云升别有天”的境界。长江三峡，是中国10大风景名胜之一，中国40佳旅游景观之首。

瞿塘峡，又名夔峡。西起重庆市奉节县的白帝城，东至巫山县的大溪镇，全长约8千米。在长江三峡中，虽然它最短，却最为雄伟险峻。主要景点有奉节古城、八阵图、鱼复塔、古栈道、风箱峡、粉壁墙、孟良梯、犀牛望月。

巫峡自巫山县城东大宁河起，至巴东县官渡口止，全长46千米，有大峡之称。巫峡绮丽幽深，以俊秀著称天下。它峡长谷深，奇峰突兀，层峦叠嶂，云腾雾绕，江流曲折，百转千回，船行其间，宛若进入奇丽的画廊，充满诗情画意。

西陵峡西起香溪口，东至南津关，历史上以其航道曲折、怪石林立、滩多水急、行舟惊险而闻名。主要景观，北岸有“兵书宝剑峡”、“牛肝马肺峡”，南岸有“灯影峡”等。

6. 解放碑

解放碑位于民权路、民族路和邹容路交汇处，它是抗战胜利和重庆解放的历史见证。它还是全国唯一的一座纪念中华民族抗日战争胜利的纪念碑。抗日战争全面爆发后，国民政府迁都重庆。为了动员民众抗日救国，于1941年12月31日在重庆市中区都邮街广场建成了一座碑形建筑，名为“精神堡垒”（意指坚决抗战的精神）。堡垒为四方形炮楼式木结构建筑，共5层，通高7丈7尺（象征“七・七”抗战），为防日机轰炸，外表涂成黑色。抗日战争胜利后，重庆市决定在原“精神堡垒”的旧址上，建立“抗战胜利纪功碑”，以纪念抗战胜利。1949年11月30日，重庆解放，西南军政委员会决定对“抗战胜利纪功碑”进行改建，由西南军政委员会主席刘伯承题字，将“抗战胜利纪功碑”改名为“人民解放纪念碑”（简称解放碑）。现在“解放碑”是解放碑中央商务区（CBD）的代名词。有“西部第一街”美誉的解放碑商贸中心区（CBD）有望跻身中国第三大商圈（仅次于北京王府井和上海南京路）。

7. 朝天门

朝天门位于重庆城东北长江、嘉陵江交汇处，襟带两江，壁垒三面，地势中高，两侧

渐次向下倾斜。明初戴鼎扩建重庆旧城，按九宫八卦之数造城门 17 座，其中规模最大的一座城门即朝天门。门上原书四个大字："古渝雄关"。因此门随东逝长江，面朝天子帝都南京，于此迎御差，接圣旨，故名"朝天门"。1891 年重庆辟为商埠，朝天门始设海关。1927 年因修建朝天门码头，将旧城门撤除。1949 年"九·二"火灾使朝天门附近 2 千米的区域化为一片废墟，从此，朝天门仅余城基墙垣。

今天的朝天门客运码头，新建宏伟的朝天门广场（江泽民题字），是俯看两江汇流、纵览沿江风光的绝佳去处。朝天门左侧嘉陵江纳细流汇小川，纵流 1119 千米，于此注入长江。每当初夏仲秋，碧绿的嘉陵江水与褐黄色的长江水激流撞击，漩涡滚滚，清浊分明，形成"夹马水"风景，其势如野马分鬃，十分壮观。右侧长江融汇嘉陵江水后，声势益发浩荡，穿三峡，通江汉，一泻千里，成为长江上的"黄金水段"。

8. 大足石刻

大足石刻是重庆市大足县境内主要表现为摩崖造像的石窟艺术的总称。大足石刻是唐末、宋初时期的宗教摩崖石刻，以佛教题材为主，有北山石刻、南山石刻和宝顶石刻 3 个区域。尤以北山摩崖造像和宝顶山摩崖造像最为著名，是中国著名的古代石刻艺术。北山摩崖造像位于重庆市大足县城北 1.5 千米的北山。北山摩崖造像长约 300 多米，是全国重点文物保护单位、世界文化遗产——大足石刻的重要组成部分。造像最初开凿于晚唐景福元年（892 年），历经后梁、后唐、后晋、后汉、后周五代至南宋 1162 年完成，历时 250 多年。现存雕刻造像 4600 多尊，其中造像 264 龛窟，阴刻图 1 幅，经幢 8 座，是中国晚期石窟艺术中的优秀代表。著名的"养鸡女"、"千手观音"等石刻艺术珍品就位于大足石刻。

9. 渣滓洞集中营

渣滓洞位于重庆市郊歌乐山下磁器口、五灵观一带，它三面环山，一面临沟，地形隐蔽，距白公馆 2.5 千米，原为人工采掘的小煤窑，因渣多煤少而得名。1939 年，军统特务逼死矿主，霸占煤窑及矿工住房，改设为集中营，作为国民党反动派囚禁、屠杀共产党员和进步人士的集中营。全名"渣滓洞中美特种技术合作所"。许多可歌可泣、英勇悲壮的事迹便发生在此。渣滓洞分内、外两院。内院有一楼一底的男牢 16 间，另有两间平房作女牢；外院为特务办公室和刑讯室。重庆解放前夕，国民党特务纵火焚烧了渣滓洞，仅逃出 15 位被囚禁的革命者，其余皆不幸牺牲。现在成为缅怀革命先烈的红色旅游胜地。

10. 白公馆

白公馆位于重庆沙坪坝郊区，原是四川军阀白驹的别墅，故名。1939 年国民党军统局将此地改建为监狱，1943 年中美合作所改为第一监所。监狱背靠歌乐山，四周高墙、电网密布，墙外制高点上有岗亭和碉堡。大门终年紧闭，只有侧面开一小门与外界相通。狱内有牢房 20 间。抗日爱国将领黄显声，同济大学校长周均时，爱国人士廖承志，共产党员宋绮云，徐林侠夫妇及幼子"小萝卜头"等都是被囚禁于此。著名的小说《红岩》便再现了监狱内部残酷恐怖的囚禁生涯，及革命党人矢志不渝的坚定信念。最多时曾有二百多名"政治犯"被关押于此。

11. 红岩革命纪念馆

红岩革命纪念馆，位于重庆市嘉陵江右岸的红岩村，1958 年建馆，占地总面积 74384 平方米，建筑总面积 7351 平方米。所属纪念地有：原中共中央南方局机关、八路军新四军重庆办事处红岩村 13 号，中共中央南方局办公处（俗称周公馆），中共代表团驻地中山三路263号，毛泽东在重庆谈判期间会见各方面人士和国共两党签署《会谈纪要》的中山四路桂园，新华日报馆址化龙桥化龙新村76号，新华日报营业部民生路208号等革命旧址。其中红岩村13号和曾家岩50号为全国重点文物保护单位，余则为省、市文物保护单位。馆藏文物922件。1970年在红岩村建立一个陈列室，陈列中共代表团、南方局的革命文物、文献资料、历史图片500余件，系统展示1938年10月—1947年3月期间中国共产党代表团、中共中央南方局在重庆的历史活动、新华日报及中国南部广大区域内共产党各级组织的活动。该馆年观众在65万人次以上。

馆内现有馆藏文物874件，重要历史资料（含历史文献、档案资料）1500余份，《新华日报》、《群众》周刊等当年的报刊20余种844本（含合订本和少量影印本），当年新华日报馆、三联书店等报馆、书店、出版社出版发行的进步书籍1119册，历史图片2600余幅。

12. 巴渝民俗文化村

巴渝民俗文化村坐落于渝北区两路镇。占地面积5公顷。村内主要景点有一馆、四院、一庙、一牌坊。巴渝民俗博物馆内藏有中国民间工艺品、服饰和其他生活用品实物1000余件，其中重点陈列了巴渝地区清末民初的家神龛、挂匾、雕花木床、桌、椅、案台等颇具民俗工艺特色的木雕精品250余件。“四院”是指四个风格不同、结构各异的民居大院，分别展出古代巴人“人生礼仪”系列中的“诞生礼”、“婚礼”、“寿礼”、“丧礼”、“节俗”以及农耕机具、手工作坊的生产工艺程序等。观音古庙展示了古代巴人的祈神活动与宗教观念。村内还可见到一块建于清光绪三十年（1904年）的节孝牌坊。此外，村内还有索桥、广场、湖泊、农舍、曲廊茶园与民俗风情街等景点及设施。

（二）典型线路

1. 山岳景观游：缙云山—万盛石林—金佛山—雨台山

这条旅游线路包括：缙云山——因山中有始建于南朝的缙云寺而得名，为古老佛教胜地；万盛石林——系我国第二大石林，是我国最古老的石林，属喀斯特地貌特征；金佛山——为蜀中四大名山之一，与峨眉、青城齐名，尤以金佛晓钟、云海苍松、绝壁玩猴为三绝；雨台山风景名胜区——是古代干旱时人们祈天下雨的地方，现在以祈雨文化为特色，集观光游览、养生度假、商务会议为一体。

2. 宗教朝圣游：大足石刻—老君洞—罗汉寺

这条旅游线路包括：大足石刻——是世界文化遗产，有石刻40多处，造像5万多尊；老君洞——是重庆的重要道观，始建于汉朝三国时期，道观内香烟氤氲缭绕；罗汉寺始建于北宋，这里有明代的“西方三圣”铜铸像、缅甸的“释迦牟尼成道玉佛”、临摹印度壁画“释迦牟尼离宫出家图”等，皆为国内稀有之物。

3. 名人故居游：孔公馆—老舍旧居—白宫馆—宋庆龄旧居—黄山蒋介石官邸

这条旅游线路包括：孔公馆——原国民党政府财政部长孔祥熙官邸；老舍旧居——著名作家老舍1943年6月—1946年2月寓此；白公馆原为四川军阀白驹的郊外别墅，后抗日爱国将领黄显声、同济大学校长周均时、徐林侠夫妇及幼子“小萝卜头”等都是被囚禁于此，白公馆是一处使后人缅怀英烈并为之扼腕叹息的革命遗迹；宋庆龄旧居——反映了宋庆龄1942—1945年在渝工作期间的生活场景；黄山蒋介石官邸——为躲避日机轰炸，蒋介石住所。

4. 水域风光游：长江三峡—万州青龙瀑布—璧山青龙湖

这条旅游线路包括：三峡水利枢纽工程为世界最大的水电站，所形成的高峡平湖亦以其宏阔而成为世界人工湖之最，形成奇峰与平湖交相辉映的奇观；万州青龙瀑布风景名胜区——它由青龙瀑布、甘宁湖、白云洞、贯峰书院和逍遥庄五大景区组成；璧山青龙湖国家森林公园——享有“川东小九寨”的美誉，这里有古老寨、铁围寨、天台寺遗址、宝田寺遗址、青龙宝塔等景观。

二、湖北旅游资源

湖北省简称鄂，省会武汉，人口6028万人。位于长江中游的洞庭湖以北，地形大致为东、西、北三面环山，中间低平，略呈向南敞开的不完整盆地状。长江自西向东，贯穿全省。湖北是我国湖泊最多的省份之一，境内湖泊多达1000多个，素有“千湖之省”之称。湖北为多民族省份之一，有土家、苗、回、侗、满、壮、蒙古等少数民族。湖北省旅游景点见图7-3。

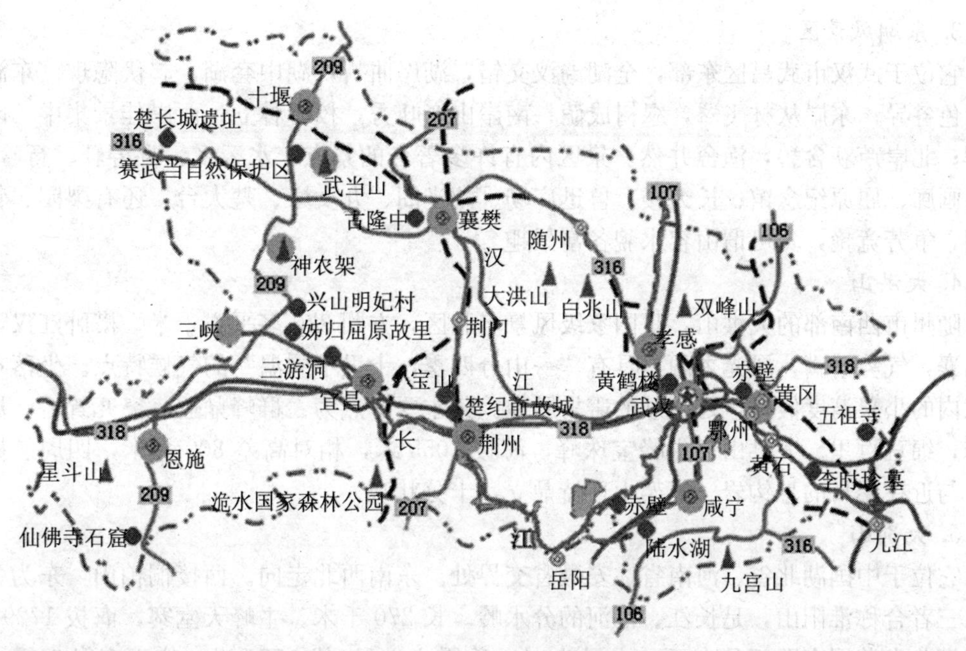

图7-3　湖北省旅游景点

(一) 主要景点

1. 神农架国家森林公园

神农架国家森林公园位于湖北省西北部，由房县、兴山、巴东三县边缘地带组成，面积3250平方千米，林地占85%以上，森林覆盖率69.5%，区内居住着汉、土家、回等民族，人口近8万。神农架最高峰神农顶海拔3105.4米，最低处海拔398米，平均海拔1700米，3000米以上山峰有6座，被誉为“华中屋脊”。神农架素有科学迷宫之称，除举世闻名的“野人”之谜外，还有神奇的白化动物，吸引着科学考察人员和海内外游客。神农架是我国国家级风景名胜区，主要景点有风景垭、板壁岩、大九湖、神农顶、植物园、炎帝祭坛、千年古杉、香溪源、天门垭、燕子垭、植物标本馆、红坪画廊、古犀牛洞等。

神农顶风景区位于神农架国家级自然保护区内。分为小龙潭、金猴岭、风景垭、瞭望塔和板壁岩五个景点。神农顶面积约2平方千米，海拔3105.4米，是名副其实的“华中第一峰”。神农顶终年雾霭茫茫，岩石裸露，长有苔藓和蕨类植物，山腰上则分布着箭竹林带、冷杉林带和高山杜鹃林等。

古犀牛洞是神农架古人类旧石器时代居住地，为一农民偶然发现。洞内发现了大熊猫、剑齿象、貘、古犀牛等30多种动物化石，及砍石器、雕刻器、刮削器、石核、石片、石斧、石锥等100多件旧石器。堪称人文与自然的典范结合。

2. 湖北恩施腾龙洞大峡谷地质公园

湖北恩施腾龙洞大峡谷地质公园位于利川市、恩施市境内，属于地质地貌类的地质公园，共计面积223.94平方千米。它是沿清江河谷东西方向延伸48.37千米，宽度以清江河谷和清江伏流为中轴线，南北向宽5～8千米，共分6个景区：腾龙洞园区、龙门园区、黑洞园区、雪照河园区、七星寨园区、恩施大峡谷园区，其中利川境内有4个，恩施市境内2个。

3. 东湖风景区

它位于武汉市武昌区东部，全湖港汊交错，湖岸曲折，湖中套湖，起伏隐现。东湖四周景色各异；东岸从林飞翠，绿树成荫；南岸山峦吐秀，校舍林立；西岸佳景集中。园林争辉；北岸芦荻含碧，渔舍井然。景区内有许多著名的景点：水云乡、听涛轩、行吟阁、濒湖画廊、屈原纪念馆、长天楼、鲁迅广场、湖光阁、九女墩、楚大台，还有梨园、竹园花圃，争芳竞艳，真可谓山容水貌各富景趣。

4. 大洪山

随州市西南部的大洪山，是国家级风景名胜区，方圆330多平方千米，横卧江汉，蜿蜒荆襄，气势磅礴，风光秀丽，具有“一山分四季，十里不同温”的气候特点。坐落在风景区内的小泉湾度假村，是绝妙的避暑胜地。其主要特点为：群峰鼎立，突兀耸峙，层峦叠翠，绵亘百里。大洪山色主峰宝珠峰，海拔1055米，相对高差800多米，四周悬崖峭壁，与近在咫尺的悬钩岩、笔架山环峙鼎立，十分壮观。

5. 大别山

它位于中国湖北省、河南省、安徽省交界处。东南西北走向。西接桐柏山，东为张八岭，三者合称淮阳山，是长江、淮河的分水岭。长270千米。主峰天堂寨，海拔1729米，位于湖北省黄冈市罗田县东面；白马尖（一称霍山），海拔1774米，位于安徽省霍山县南。山地被断层分割成许多菱形断块，东南侧黄梅到桐城一带，山麓线挺直，山坡陡到50度以上，是明显的断层崖。山地南北侧修建了许多水库，有梅山、佛子岭、白莲河等水库。原来森林葱郁，但遭长期破坏，覆盖率低，水土流失严重，水库淤塞严重。现存森林以马尾松、杉、栎为主。大别山区是中国茶叶主产区，其中皖西六安瓜片、豫南信阳毛尖、鄂东北的汉绿都是有名的品种，英山县茶叶年产量位居全国第四。板栗、油桐、油茶、乌桕、漆树等经济林木在低山丘陵区广布。

6. 三峡水利枢纽

坝址在宜昌市南津关上游三斗坪附近的中堡岛，是世界上最大的水利枢纽工程。大坝为混凝土重力坝，坝顶高为海拔185米，坝长3035米，坝高185米，正常蓄水位175米，目前，蓄水位为135米，已初具“高峡平湖”景观；2009年工程全面竣工，达到175米的

最高蓄水位时，形成宜昌至重庆绵延 650 千米长的“高峡平湖”。三峡水利枢纽工程还是世界最大水电站，总装机容量可达 1820 万千瓦，年发电 847 亿千瓦。

7. 黄鹤楼

它位于湖北省武汉市。冲决巴山群峰，接纳潇湘云水，浩荡长江在三楚腹地与其最长支流汉水交汇，造就了武汉隔两江而三镇互峙的伟姿。这里地处江汉平原东缘，鄂东南丘陵余脉起伏于平野湖沼之间，龟蛇两山相夹，江上舟楫如织，黄鹤楼天造地设于斯。楼共五层，高 50.4 米，攒尖顶，层层飞檐，四望如一。在主楼周围还建有胜象宝塔、碑廊、山门等建筑。整个建筑具有独特的民族风格。黄鹤楼内部，层层风格不相同。底层为一高大宽敞的大厅，其正中藻井高达 10 多米，正面壁上为一幅巨大的“白云黄鹤”陶瓷壁画，两旁立柱上悬挂着长达 7 米的楹联：爽气西来，云雾扫开天地撼；大江东去，波涛洗净古今愁。二楼大厅正面墙上，有用大理石镌刻的唐代阎伯理撰写的《黄鹤楼记》，它记述了黄鹤楼兴废沿革和名人轶事；楼记两侧为两幅壁画，一幅是“孙权筑城”，形象地说明黄鹤楼和武昌城相继诞生的历史；另一幅是“周瑜设宴”，反映三国名人在黄鹤楼的活动。三楼大厅的壁画为唐宋名人的“绣像画”，如崔颢、李白、白居易等，也摘录了他们吟咏黄鹤楼的名句。四楼大厅用屏风分割几个小厅，内置当代名人字画，供游客欣赏、选购。顶层大厅有《长江万里图》等长卷、壁画。

8. 古琴台

它位于汉阳区北部月湖南边，相传是战国时楚国的俞伯牙弹琴的地方。当时伯牙在此抚琴描述高山流水，听者钟子期会意知音。二人成为莫逆之交。子期死后，伯牙因痛失知音而从此不再弹琴，此谓“知音”佳话。

9. 归元寺

它坐落在武汉市汉阳区翠微路两侧。清顺治十五年（1658 年），由浙江僧人来此创建。现存建筑，系清同治三年（1864 年）、光绪二十一年（1895 年）及民国初年陆续所建。取名“归元”，出自佛经《楞严经》“归元无二路，方便有多门”。内有藏经阁、大雄宝殿和罗汉堂等三个主体建筑群。殿宫巍峨，树林葱秀，还有翠微峰、翠微井和翠微泉等名胜古迹。

10. 襄樊

它位于湖北省北部，周属樊国，战国时为楚国要邑，三国时置郡，后历代多为州、郡、府治。襄阳城墙始建于汉，自唐至清多次修整，现基本完好，樊城保存有两座城门和部分城墙。文物古迹有邓城、鹿门寺、夫人城、隆中诸葛亮故居、多宝佛塔、绿影壁、米公洞、杜甫墓等。

11. 隆中

它为襄樊最知名的文物古迹，是诸葛亮提出“隆中对”的地方。现存主要古迹有三顾堂、武侯祠、三义殿等，是三国旅游文化的重要组成，为国家重点风景名胜区。

12. 秭归屈原故里

它位于香溪口之西长江北岸的宜昌的秭归县城，建有楚国诗人屈原的墓和纪念馆、屈原庙等胜迹。沿风景优美的香溪河谷上行 15 千米的三间即屈原故里。楚国灭亡后，屈原怀着无限惆怅，抱石纵身投入汨罗江自尽。屈原死后，人们在他的忌日农历五月初五，即端午节这一天，以划龙舟、投粽子等仪式来纪念这位诗人。兴业县昭君村，为西汉出塞、胡汉和亲的王昭君故乡，现保存有昭君宅、井台和昭君纪念馆。

13. 三游洞

它位于西陵峡外，距宜昌10千米左右。三游洞的名字有两个典故。白居易、白行简、元稹三个人曾一同游过此洞，人称“前三游”；到宋代，苏洵、苏轼、苏辙父子三人也一同来游过此洞，人称为“后三游”。三游洞洞壁内刻有碑文，洞内还有塑像。

14. 武当山

它位于十堰市均县西南，为著名的道教名山，自然胜景72峰、36崖、24间、24洞、10池、10石、9井、9台、9泉、3潭。众多的道教建筑，规模宏大，雕琢细腻、精湛，均为世界所罕见。武当山是武当拳术的发源地。刚柔兼蓄、独具风格的武当拳与嵩山少林拳齐名。

(二) 典型线路

1. 山岳景观游：神农架—武当山—大洪山—大别山

这条旅游线路包括：神农架山脉为华中最高峰，动植物资源极其丰富，森林覆盖率达70%，是我国原始森林之一；武当山位于十堰市均县西南，为著名的道教名山，是武当拳术的发源地，独具风格的武当拳与嵩山少林拳齐名；大洪山具有“一山分四季，十里不同温”的气候特点；大别山位于中国湖北省、河南省、安徽省交界处，植被丰富。

2. 古文化游：黄鹤楼—古琴台—归元寺—襄樊—隆中—秭归屈原故里—三游洞

这条旅游线路包括：黄鹤楼位于武汉市，因《黄鹤楼记》而著称；古琴台，相传是战国时楚国的俞伯牙弹琴的地方；归元寺为佛教寺庙，因罗汉殿而著称；襄樊市文物古迹有邓城、鹿门寺、夫人城、隆中诸葛亮故居、多宝佛塔、绿影壁、米公洞、杜甫墓等；隆中为襄樊最知名的文物古迹，为诸葛亮提出“隆中对”的地方；秭归屈原故里建有楚国诗人屈原的墓和纪念馆、屈原庙等胜迹；三游洞位于西陵峡外，因名人题字著称。

3. 水体景观游：东湖风景区—三峡水利枢纽

这条旅游线路包括：东湖风景区——碧波荡漾、湖面宽广、亭台楼阁，可谓山容水貌各富景趣；三峡水利枢纽坝址在宜昌市南津关上游三斗坪，是世界上最大的水利枢纽工程。

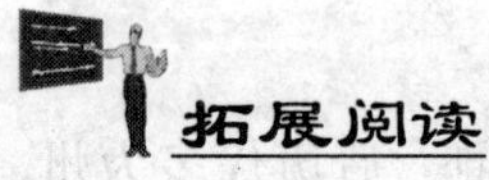

拓展阅读

打丧歌与丰都鬼城庙会

打丧歌在神农架是追悼亡人的一种特殊仪式。它又称为“孝歌”、“阴罗鼓”、“跳丧鼓”等。它主要用于亲友邻里代替死者眷属追思亡者生前的功德，祝亡人升天，为后代祝福的仪式歌，是一种常见的带有浓厚古老民族文化传统和迷信色彩的丧俗。在神农架山乡，凡遇亲友办丧事，左邻右舍纷纷来祭，并请歌者击鼓赛歌，整夜打丧鼓“伴灵”、“闹丧”。与其说是对死者的悼念，不如说是对亡灵的欢送。亡者的亲人也在这“闹丧”的气氛中，减轻了凄凉和悲哀。神农架的“丧鼓歌”历史悠久，它是一卷绚丽多彩的历史和神话的画卷，是神农架民间流传的《神曲》。

鬼城庙会，流行于重庆市丰都县一带，旧时，每至宇主神的诞辰，都要举行庙会。丰都鬼城寺庙林立，庙会众多，全年达35次。如正月初九玉皇殿办玉皇大帝圣诞庙会，二月初二天子殿为阎罗王天子圣诞并天子娘娘肉身成圣期举行天子会，四月初八大雄殿为释

迦牟尼圣诞办佛主会，九月初八丰都大帝对圣诞举办土地会，等等。中华人民共和国成立后，鬼城庙会曾一度中断。1988 年 4 月 18 日，丰都县举办首届鬼城庙会，在保留原有庙会特色的基础上，增加了经贸洽谈、物资交流等内容。

资料库

湖北—重庆特色美食

1. 麻洋糖心皮蛋

湖北天门麻洋蛋厂生产的糖心皮蛋品质优良，每年都生产将近一百多万只出口远销。蛋的表面褐色透明，呈松花纹状，蛋黄形如圆珠，软而不散。这种皮蛋，既好看又好吃，并具有夏秋解暑健胃、冬春温补健身的功效。

2. 孝感麻糖

湖北孝感麻糖生产历史悠久，相传在宋朝就负有盛名。封建社会曾用它作为贡品。它以精制糯米、优质芝麻、绵白糖为主要原料，并配上桂花、金钱橘饼等，经过十二道工艺流程，三十二个环节制成。吃起来不黏牙，香甜可口，具有润燥、暖肺、养胃等功效，对肝肾也有补益。

3. 青山麻烘糕

闻名长江中下游的传统糕点湖北青山麻烘糕，已有近百年的历史。它既有米烘糕香、松、脆、爽的特点，又有云片糕甜润易溶的风格。麻烘糕选料讲究，它采用应山县的糯米、咸宁市桂花、黄梅县的黑芝麻及上等绵白糖精制而成。吃起来具有麻仁、桂花的香味，又疏松、甜、脆、爽口。

4. 重庆美食

重庆饮食喜麻辣，亦是火锅的发源地。重庆有重庆火锅、渝菜（渝派川菜）、水煮鱼、泉水鸡、水煮肉片、老鸭汤、酸辣粉、鱼香肉丝、泡椒肥肠、粉蒸肉、烧白、重庆小面等特色美食。

任务实施

考虑到老人团的特殊需求，旅行社为他们安排了一条三峡游的旅游线路，在线路安排上考虑到一些老人已经游过三峡，于是新增了部分三峡景观：巫山小三峡、三峡大坝、神农架景区、三峡大瀑布等；并且考虑到很多老人参加过革命，安排老人参观具有革命意义的景点，并特别安排老人们在红岩革命博物馆举行缅怀先烈的仪式。在线路设计中注重劳逸结合，尽可能地在宽松的时间里让老人游得舒心、放松心情，尽情休闲。具体行程如下：

日期	行程安排
D1	从深圳乘飞机到重庆，中午在重庆吃午饭，午饭后参观歌乐山、渣滓洞、白公馆、红岩革命博物馆等革命烈士曾经流血牺牲的地方，并且安排在红岩革命馆前举行缅怀先烈的仪式，晚上观赏重庆夜景
D2	早餐后登船，在游船上欣赏长江风光，后游览被誉为“中国的神曲之乡”、闻名海外的著名鬼城——丰都的天子殿、奈何桥、阴阳界、三十三重天等，领略中国鬼文化的精髓（游览5小时左右）。在船上举行隆重的欢迎晚宴
D3	参观奉节新县城，随船穿越雄奇壮丽的瞿塘峡，欣赏天下闻名的夔门奇景，中午游览著名的巫山小三峡，也称大宁河小三峡。有人赞颂它“不是三峡，胜似三峡”。小三峡是龙门峡、巴雾峡和滴翠峡的统称，它是大宁河风景的精华所在——或游览巴东神农：溪绵竹峡、鹦鹉峡、龙昌峡三个各具特色的峡段。游船荡进峡内，又是一派世外桃源景象——两旁灌木植被葱茏，水里鱼翔浅底，山间猴群嬉戏，还有岩燕飞翔。人在船上，山野情趣却在此尽情释放（游览时间为3～4小时）。乘船观瞿塘峡、巫峡十二峰（游览景区的具体时间根据游船行进速度的时间来定）
D4	早餐后游览世界第一坝【三峡大坝】：三峡大坝旅游区占15.28平方千米，登上5A级旅游景区坛子岭观景点，你能鸟瞰三峡工程全貌，体会毛主席诗句“截断巫山云雨，高峡出平湖”的豪迈情怀；站在185米平台上向下俯看，感受华夏民族的伟大与自豪（游览时间约2小时）。在宜昌下船
D5	早餐后乘车赴神农架原始森林，沿途欣赏晓峰风景区秀丽风光、探悬棺之谜、观高岚睡佛山、途经古代四大美女之一王昭君故里，抵木鱼镇。前往神农架自然保护区（根据游客行速快慢，游览时间为4～5个小时）：神农顶景区，徒步穿越金猴岭原始森林、小龙潭、大龙潭，与金丝猴亲密接触（自费200元/人），风景垭观石林云海，板壁岩寻觅野人踪迹。游览结束后乘车返回木鱼镇（车程1小时左右），途中青天袍购物店自由购物（约20分钟），可观看香溪源篝火晚会（自费50元/人）
D6	早乘车（约20分钟车程）前往神农祭坛（游览1小时左右）：古老植物园，千年杉王，炎帝神农氏雕像等景点；游览结束后前往三峡大瀑布景区（车程约3小时，游览约1小时）：国家4A级旅游区，是“鄂西生态文化旅游圈”精品景区。寒武天书、四不像、巴人戌洞、晓峰大佛等20多个景点布满景区，三峡大瀑布主瀑高102米，宽80米，被广大游客誉为“华中第一瀑”。游览结束后乘车前往武汉
D7	参观武汉长江二桥，抵达中国内陆最大的人工湖——东湖景区，欣赏武汉的山湖美景；后参观楚文化瑰宝——湖北省博物馆（1.5小时）。中午在首义园特色小吃街用餐，品尝当地小吃。午餐后登天下第一楼——黄鹤楼，观武汉三镇全景，感受“滚滚长江东逝水”的壮丽景色

任务总结

长江是中国第一大河流，也是世界上最长的河流之一。长江三峡景色久负盛名，被喻为大自然造就的“天然画廊”、“人间仙境”。两岸众多的名胜古迹和优美动人的传说，令人神往。如今，三峡大坝修筑完成，三峡水面抬高，形成了新的独具特色的三峡景色。新

三峡游增加了巫山小三峡、三峡大瀑布、三峡大坝“高峡出平湖”景观和原始自然的神农架景区为主体，是一条重新设计的经典的旅游产品。

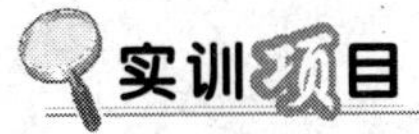

湖北武当山3日游

【实训目标】

1. 使学生进一步熟悉并掌握重庆、湖北的主要旅游景点。

2. 培养学生综合运用知识、编制重庆市内、湖北省内旅游及连线周边省市景区游览线路的能力。

3. 培养学生团队合作的能力。

【实训内容】

某公司在武汉举行产品推介大会，会议结束后预安排与会成员到湖北武当山参观。请为他们设计一条3天的旅游线路。分析旅游团成员的旅游动机及特征，尝试为其编制旅游路线。

【实训步骤】

1. 调整学习小组，进一步优化团队沟通协调机制。

2. 各项目团队提交纸质行程安排，每组选派一名代表用PPT向全班展示设计的旅游线路，要求图文并茂，讲解清楚明白，避免线路重复。

3. 评价与总结：由教师和其他团队成员对本团队展示的旅游线路做出现场点评，小组内对个人表现进行总结，以鼓励为主。

一、填空题

1. ________是唐末、宋初时期的宗教摩崖石刻，以佛教题材为主，有________石刻、________石刻和________石刻三个区域。

2. 鬼城庙会，流行于重庆市________县一带，旧时，每至宇主神的诞辰，都要举行庙会。

3. 大别山位于中国湖北省、________省、________省交界处。

4. ________是武当拳术的发源地，刚柔兼蓄、独具风格的武当拳与嵩山少林拳齐名。

5. 世界上最大的水利枢纽工程是________。

二、选择题

1. 三峡自西向东主要有三个大的峡谷地段，分别是（　　）。

A. 巫峡　西陵峡　瞿塘峡　　B. 巫峡　瞿塘峡　西陵峡

C. 西陵峡　巫峡　瞿塘峡　　D. 瞿塘峡　巫峡　西陵峡

2. 著名的小说《红岩》再现了（　　）监狱内部残酷恐怖的囚禁生涯。

A. 白公馆　　B. 渣滓洞　　C. 歌乐山　　D. 解放碑

三、思考题

请为少年儿童设计一条青少年革命教育旅游线路。

任务三　湖南景点及线路

任务引入

北京某外企的中层主管Simon准备休年假，他想利用这个假期带着自己的妻子和两个孩子好好的游览一下中国的山水。作为一个中国通，他已经游历了中国的很多地方，这次他的朋友向他介绍湖南张家界武林源旅游风景区，朋友告诉他这里有纵横的沟壑、茂密的树木、稀有的动植物和独具特色的湘西少数民族。请为他们一家四口设计一条7天的游览线路。

任务分析

在华工作的外国人对中国历史文化、民族习俗和具有特色的自然风光很感兴趣，湘西的旅游资源丰富，山水风光秀美奇特，历史文化底蕴深厚，民族风情多姿多彩，能够满足Simon一家的旅游需求。外企主管具有较好的经济基础，他们对旅游的要求较高，注重细节，应为他们提供个性化、高标准的豪华之旅。湖南地区的饮食偏辣，外国人不习惯，所以在餐饮安排上一定要注意搭配。综合分析他们的特点，在设计线路时应注意以下几个方面：

(1) 为他们配备文化素养较高的外语导游，能讲解当地的历史文化、民族习俗等方面内容，提供个性化的服务。

(2) 行程安排既要考虑到自然风光、民族风情等景点的代表性和多样性，又要注意劳逸结合，行程应较为宽松。

(3) 提供高标准的用车、餐饮、住宿，在餐饮中注意西、中餐的搭配和比例。

(4) 安排欣赏文艺演出和民族活动，让外国游客体验中国少数民族文化。

知识准备

湖南位于长江中游，因湘江贯穿全境，简称“湘”，古称“潇湘”、“湖湘”、“三湘”，省会长沙，人口6440万人。地貌以山地、丘陵为主。全省三面环山，北为洞庭湖平原，中为丘陵与河谷盆地相间。全省形成从东、南、西三面向北倾斜的马蹄形状。省内河湖密布，水网纵横，有全国第二大淡水湖——洞庭湖。湖南少数民族众多，有土家族、苗族、瑶族、侗族、白族、回族、维吾尔族等40个少数民族，因此少数民族风情成为旅游的一大特色。湖南旅游景点见图7-4。

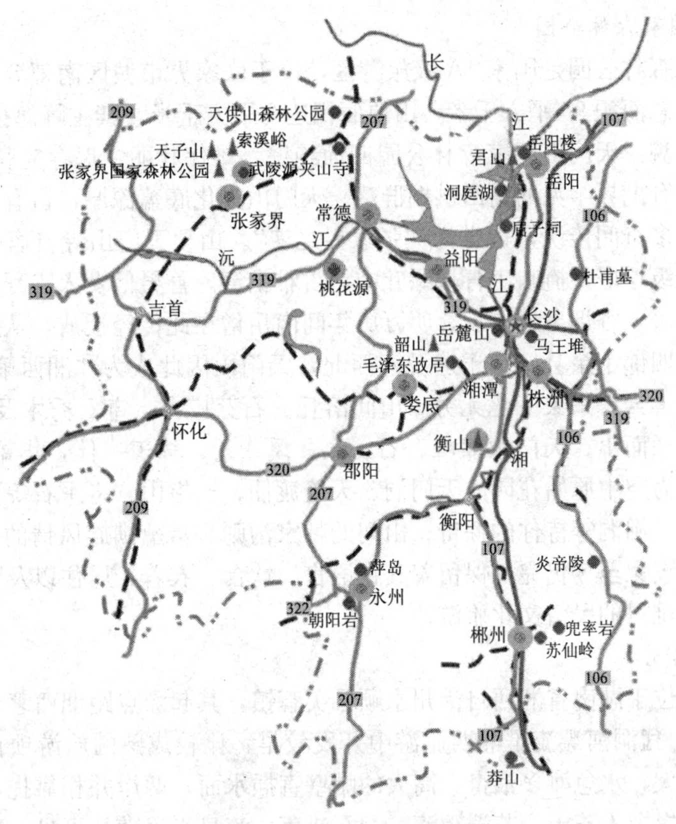

图 7-4　湖南省旅游景点

(一) 主要景点

1. 张家界武陵源风景名胜区

武陵源风景名胜区位于中国中部湖南省西北部，由张家界市的张家界森林公园、慈利县的索溪峪自然保护区和桑植县的天子山自然保护区组合而成，总面积约 500 平方千米。最近又发现了杨家界新景区。亿万年前，武陵源是一片汪洋大海，大自然不停地搬运、雕琢，变幻出今日武陵源砂岩峰林峡谷的地貌。这里遍地奇花异草，苍松翠柏，蔽日遮天；奇峰异石，突兀耸立；溪绕云谷，绝壁生烟。武陵源的自然价值和浓郁的原始野性，将人们征服。武陵源以“五绝”：奇峰、怪石、幽谷、秀水、溶洞闻名于世。这里的风景没有经过任何的人工雕凿，到处是石柱石峰、断崖绝壁、古树名木、云气烟雾、流泉飞瀑、珍禽异兽。置身其间，犹如到了一个神奇的世界和趣味天成的艺术山水长廊。武陵源独特的石英砂岩峰林均属国内外罕见，在 360 多平方千米的面积中，目前所知有山峰 3000 多座。这些突兀的岩壁峰石，连绵万顷，层峦叠嶂。每当雨过天晴或阴雨连绵天气，山谷中生出的云雾缭绕在层峦叠嶂之间，云海时浓时淡，石峰若隐若现，景象变幻万千。武陵源水绕山转，据称仅张家界就有“秀水八百”，众多的瀑、泉、溪、潭、湖各呈其妙。金鞭溪是一条从张家界沿溪一直可以走到索溪峪的溪流，两岸峡谷对峙，山水倒映溪间，别具风味。

武陵源的溶洞数量多、规模大，极富特色，其中最为著名的是索溪峪的“黄龙洞”。黄龙洞全长 7.5 千米，洞内分为四层，景观奇异，是武陵源最为著名的游览胜地之一。

2. 天门山国家森林公园

天门山国家森林公园是国家4A级旅游区，位于张家界市城区南郊8千米，是山岳型自然景区。公园总面积96平方千米，山顶面积达2平方千米，其主峰海拔1518.6米，属典型的喀斯特地貌。天门山国家森林公园四面绝壁，雄伟壮丽，保存完整的原始次生林，植物资源丰富，有世界罕见的高山珙桐群落。天门山文化底蕴深厚，留有大量赞咏天门山的诗词，更有众多奇闻传说，被誉为“张家界之魂”。山顶天门山寺自唐朝建成以来香火鼎盛，寺外有七级浮屠，掩映于青枝绿叶中，古雅幽清。善男信女入寺拜佛，撞钟响彻天际，击鼓震动山岳，香烟袅袅如云。明万历年间南岳僧在此传经授戒，从此闻名遐迩，朝山拜佛者达周边四郡十余县，信士遍及湘西北，天门山因此成为“湘西第一神山”。天门山终年云雾缭绕，云海景象变化无穷。山间溶丘、石芽广布，奇石秀木及珍禽异兽繁多，更有飞瀑流泉喷涌而出。天门山兼峰、石、泉、溪、云、林于一体，集雄、奇、秀、险、幽于一身，被誉为空中原始花园。天门洞、天缝渡仙、五指山、将军石等是有名的峰林景观，还有神秘的千佛洞等待你的探奇；山间的韩家沟则是富蕴满族风情的村落——这里久居的几十户满族农家至今仍完好保留着其在语言、饮食、衣着、居住以及婚庆殡葬等方面的满族风俗，是难得的民俗文化旅游地。

3. 猛洞河漂流

猛洞河漂流位于湖南省湘西自治州永顺县芙蓉镇，其起漂点距湘西著名的旅游景点芙蓉镇仅40千米。猛洞河漂流是湘西旅游中开发较早、比较成熟的旅游项目。猛洞河水量丰富，河流坡降大，水急滩多浪奇，高大的峭壁直插水面，两岸并相靠拢，形成幽深的峡谷景观。沿河两岸古木苍天，苍翠欲滴，奇石错落，流泉飞瀑随处可见，下游一路水碧山青，风光秀丽，野猴成群，溶洞奇特。猛洞河天下第一漂项目位于猛洞河支流，全长47千米，最精彩处位于哈妮宫至牛路河段，长约17千米。该景区两岸多为原始次森林，葱葱郁郁，水流湍急，碧绿清亮，有十里绝壁，十里瀑泉，十里画卷，十里洞天的美誉。其中有急流险滩108处、大小瀑布20处。漂流，穿急流，越险滩，闯峡谷，捕激浪，有惊无险，回味无穷。特别是哈妮宫、三角岩、鸡笼门、遇仙峡（捏土）、阎王滩、落水坑、梦思峡、鲤鱼剖肚、三大炮等景点，无不令人叫绝观止。

4. 湖南壶瓶山国家级自然保护区

湖南壶瓶山国家级自然保护区地处湖南省石门县境内，东、南、西三面分别与石门县太平镇、所街乡、罗坪乡及东山峰管理区、南北镇接壤，北与湖北省五峰县、鹤峰县毗邻，总面积66568公顷。该区于1982年经湖南省人民政府批准成立省级自然保护区，1994年经国务院批准晋升为国家级自然保护区，是以保护华南虎等濒危动物物种及其栖息地和珙桐等珍稀植物物种及群落为主的森林和野生动植物类型自然保护区。该区地处云贵高原向东部低山丘陵的过渡地带，区内保存有大量的古老珍稀濒危物种，被国外专家学者誉为“华中地区弥足珍贵的物种基因库”、“欧亚大陆同纬度带中物种谱系最完整的一块宝地”，具有极大的科学研究价值和全球性重要意义。

5. 莽山国家森林公园

莽山位于中国湖南省宜章县境内，南岭山脉北麓，总面积2万公顷，东、西、南与广东省乳源、连州、阳山相邻。莽山地形复杂，山峰尖削，沟壑纵横，境内1000米以上的山峰就有150多座，最高峰猛坑石海拔1902米，称“天南第一峰”。蜿蜒山间的长乐河是珠江的发源地之一。莽山气候温和，雨量充沛，资源丰富，风景壮丽，是湘粤边界上的绿

色明珠，也是生态旅游、避暑、休闲度假的胜地。

6. 太浮山

太浮山原名彰龙山，相传汉代浮邱子在此修行得道而闻名于世，故改名叫太浮山。它位于县城西南12千米。整个太浮山面积4300公顷，其“二十四景”闻名江南。太浮山历史渊远流长，属洞庭湖四十八福地之一，相传唐朝太子李直曾在此修行得道。典型侵蚀、剥蚀构造而成丘陵、山地地貌，区内400米以上峰12个，主峰高达604.5米，相对高差516米。山体如扇形向东南、东北展布，呈阶梯下降，谷深坡陡，最深谷沟350米。坡度25～35度，最陡45～60度。山上奇峰峻峭，白云缭绕；山下水库星罗棋布，湖光山色，素有“二十四景”之称。古人曾以“水如碧玉山如戴，云满黄庭月满天”的佳句描绘太浮山。群山共有99岭、33岔，第一峰（主峰）与顿笔峰（稻罗山）、山台峰（三角尖）三峰对品峙。秀削尖顿是组成“浮山二十四景”的中心景观。山中有饮马池、对奕台、龙头岩、八仙台、醉翁石、螃蟹洞、荷花泉、仙人洞等名胜。

7. 洞庭湖景区

洞庭湖位于中国湖南省北部、长江荆江河段以南，是中国第四大湖，仅次于青海湖、兴凯湖和鄱阳湖，也是中国第二大淡水湖（一说因湖面缩减，现次于鄱阳湖和太湖居于第三）。面积2820平方千米（1998年），它原为古云梦大泽的一部分。洞庭湖南纳湘、资、沅、澧四水汇入，北与长江相连，通过松滋、太平、藕池，调弦（1958年已封堵）“四口”吞纳长江洪水。湖水由东面的城陵矶附近注入长江，为长江最重要的调蓄湖泊。由于泥沙淤塞、围垦造田，洞庭湖现已分割为东洞庭湖、南洞庭湖、目平湖和七里湖等几部分。

8. 衡山

衡山是我国五岳之一，位于湖南省衡阳市南岳区，海拔1300.2米。由于气候条件较其他四岳为好，处处是茂林修竹，终年翠绿；奇花异草，四时飘香，自然景色十分秀丽，因而又有“南岳独秀”的美称。衡山七十二群峰，层峦迭嶂，气势磅礴。素以“五岳独秀”、“宗教圣地”、“文明奥区”、“中华寿岳”著称于世。南岳衡山现为国家级重点风景名胜区、国家级自然保护区、全国文明风景旅游区示范点和国家5A级旅游景区。著名寺庙有福严寺、南台寺、藏经殿、方广寺等。主要景点有：祝融峰、水帘洞、会仙桥、烟云。

9. 岳麓山风景名胜区

岳麓山风景名胜区系国家级重点风景名胜区，是南岳衡山72峰之一，位于古城长沙湘江两岸，由丘陵低山、江、河、湖泊、自然动植物以及文化古迹、近代名人墓葬、革命纪念遗址等组成，为城市山岳型风景名胜区。已开放的景区有麓山景区、橘子洲头景区。其中麓山景区系核心景区，景区内有岳麓书院、爱晚亭、麓山寺、云麓宫、新民主学会景点等。岳麓山海拔300.8米，连峦叠峰数十千米，有如一道天然屏障，横亘长沙市区西面。主峰云麓石骨苍秀，廊殿楼阁依山畔石。凭栏远眺，湘江如带，桔洲浮碧江心，双桥飞架东西，古城新廓尽在紫气青烟之中。岳麓山荟萃了湘楚文化的精华，名胜古迹众多，集儒、释、道为一体，革命圣迹遍布且植物资源丰富。白鹤泉、禹王碑、舍利塔、飞来石、自来钟、穿石坡等皆分布在山林岳壑之间；山中现有植物174科559属977种，其中晋朝的罗汉松、唐代银杏、宋时香樟、明清枫栗均系千年古树，老干虬枝，苍劲挺拔，高耸入云。枫梓、松栗，虬枝曲干，蓊郁青葱；山涧泉流终年不涸，颇有清幽之感。每到秋冬之交，红枫丛林尽染，红桔满挂枝头，麓山更加艳丽。

10. 天心阁

天心阁在长沙市中心地区东南角上，是长沙古城的一座城楼，为长沙重要名胜，也是长沙仅存的古城标志。具体方位为长沙市中心东南角、城南路与天心路交会之处的古城墙内。楼阁三层，建筑面积846平方米，碧瓦飞檐，朱梁画栋，阁与古城墙及天心公园其他建筑巧妙融为一体。基址占着城区最高地势，加之坐落在30多米高的城垣之上，近有妙高峰为伴。其名始见于明末俞仪《天心阁眺望》一诗中，至清乾隆年间重修天心阁，“极城南之盛概萃于斯阁”，盛名于世且成为文人墨客雅集吟咏之所。今与岳阳楼、黄鹤楼、滕王阁相媲美，被誉为古城长沙的标志。天心阁始建于明代，清乾隆时期重修过，1938年毁于“文夕大火”，1983年重建。现在的天心阁共有三层，总高17.5米，碧瓦飞檐，朱梁画栋，由60根木柱支撑，古色古香，造型别致。

11. 岳阳楼

岳阳楼耸立在湖南省岳阳市西门城头、紧靠洞庭湖畔。自古有“洞庭天下水，岳阳天下楼”之誉，与江西南昌的滕王阁、湖北武汉的黄鹤楼并称为江南三大名楼。北宋范仲淹脍炙人口的《岳阳楼记》更使岳阳楼著称于世。现在的岳阳楼为1984年重修，沿袭了清朝光绪六年（公元1880年）所建时的形制。1988年1月被国务院确定为全国重点文物保护单位，同年8月被列为国家重点风景名胜保护区。2001年元月被核准为首批国家4A级旅游景区。岳阳楼始建于公元220年前后，其前身相传为三国时期东吴大将鲁肃的“阅军楼”，西晋南北朝时称“巴陵城楼”，中唐李白赋诗之后，始称“岳阳楼”。此时的巴陵城已改为岳阳城，巴陵城楼也随之称为岳阳楼了。千百年来，无数文人墨客在此登览胜境，凭栏抒怀，并记之于文，咏之于诗，形之于画，工艺美术家亦多以岳阳楼为题材刻画洞庭景物，使岳阳楼成为艺术创作中被反复描摹、久写不衰的一个主题。登岳阳楼可浏览八百里洞庭湖的湖光山色。

12. 毛泽东故居

中国人民的伟大领袖毛泽东的故乡韶山市，位于湖南中部稍东，距长沙市近100千米，距湘潭市近40千米，距刘少奇故居花明楼仅30余千米。韶山河流不多，但多山多树，诸峰并峙，脉脉回环，景色特别险峻的当属韶峰。这里地处亚热带湿润季候区，冬冷夏热，年平均气温16～17摄氏度。韶山市是一个很小的城市，仅有10余万人口，但是韶山的名气很大，因为这里是一代伟人的诞生地，是红太阳升起的地方。到韶山旅游热早于新中国诞生不久即已开始，据有关部门估算，自20世纪50年代初开始至今，已约有3300万名游客来过韶山游览、瞻仰伟人旧迹。历朝历代以来，韶山一直处于“世外桃源”的状态，幽静中浸杂着寂寞，默默无闻里又溢出平静祥和。至清末这种状态开始变化，那就是受曾国藩影响，一批韶山人参加了湘军，从而在韶山鼓荡起一种尚武精神。这种尚武精神改变了韶山的民众心理，进而改变了韶山的社会状况。曾国藩是湖南湘乡人，湘乡距韶山仅20千米，此人曾受教于岳麓书院，进士及第，先后出任过工部、刑部、吏部、兵部、礼部侍郎。他的《曾文正公家书》广为流传，影响颇大。曾国藩曾建湘军，留下了“无湘不成军”的说法。尚武精神也影响到了毛氏家族及毛泽东本人，“枪杆子里面出政权”这句话，当是一个印证。

（二）典型线路

1. 楚湘文化游：马王堆—岳麓书院—岳阳楼—爱晚亭

这条旅游线路包括：马王堆汉墓位于长沙市东郊，是西汉时期墓葬，随葬品十分丰

富，墓葬的结构宏伟复杂；岳麓书院是我国古代四大书院之一；岳阳楼位于洞庭湖畔，自古有“洞庭天下水，岳阳天下楼”之誉，成为我国古建筑中的瑰宝；爱晚亭始建于清乾隆年间，与安徽滁县的醉翁亭、杭州西湖的湖心亭、北京陶然亭公园的陶然亭并称中国四大名亭。

2. 山水游：洞庭湖—韶山—索溪峪—天子山—猛洞河—九嶷山

这条旅游线路包括：洞庭湖为我国第二大淡水湖，因湖中心有座葱翠常绿的洞庭山，因此而得名；韶山是毛泽东的故乡，是国家四个革命纪念地和五个青少年传统教育基地之一；索溪峪，人称“十里画廊”；天子山有四大奇观：“峰林、云海、日出、冬雪”；猛洞河由王村、猛洞河、不二门、老司城四部分组成；九嶷山因舜帝南巡到此而死的传说和遗迹而得名。

3. 风景区游：张家界—衡山

这条旅游线路包括：张家界集“山奇、水奇、石奇、云奇、动物奇与植物奇”六奇于一体，汇秀丽、原始、幽静、齐全、清新五绝于一身；南岳衡山主要由花岗岩构成，山势雄伟，现存南岳庙、祝圣寺、福严寺、南台寺等寺庙景观。

拓展阅读

赶秋与打背节

传说在远古时代（神农取谷种母题神话的另一传说），苗族先祖神农，派一男一女去东方取谷种，教苗民种植，使人们有五谷食用。所以，湖南花垣县麻栗场至吉首市矮寨一带的苗民，每年立秋日到来前，要过赶秋节，把神农派去取谷种的一男一女称为秋公秋婆，以此纪念神农的恩德。因为农历立秋日到来之前，水田、旱地作物正在黄熟，由于神农的护佑，丰收已成为定局，因此，赶秋节如同动会一样，四面八方的苗民都去赶秋集会举行对歌、跳鼓、打秋千及其他娱乐活动，纪念神农先祖与秋公秋婆。后来，赶秋节插入英雄美女的爱情传说，使赶秋节具有祷念神农取谷种伟业和歌颂自由爱情意义的群众性娱乐节俗活动。近年来，花垣县麻栗场的赶秋节，每年参加的群众达七八万人之多。可见苗民对神农派人取谷种之崇拜。苗族节庆踩花山是境内苗族人民的盛大传统节日，一般在每年农历正月初一、初三、初六这几天举办。凡有苗族居住的各县，这几天都要立花杆，举行隆重的踩花山活动。这既是苗族男女青年谈情说爱的好时机，也是苗族人民开展文体娱乐活动的重要场所。苗家男女老少，穿金戴银，从四面八方赶到花杆脚下，吹芦笙、弹响篾、跳脚架、耍大刀、斗牛、摔跤、斗画眉、爬花杆。

打背节流行于境内富宁县的部分地区，于每年农历正月初三到十五这几天举行，是苗族男女青年的节日。节日中，男女青年欢聚在风景优美的山坡上，当打背开始时，男的蜂拥而出，冲到自己选中的姑娘面前，一手挽住姑娘的脖子，一手蒙住姑娘的眼睛，其他小伙子去打她的背。姑娘也不甘示弱，一边大笑，一边挣扎。挣脱时，捉住小伙子，以其人之道，还治其人之身。整个场地，男追女逐，欢蹦乱跳。打累了，男女双双即各找一个地方打土电话（即用两个竹筒，中间连一长线，各在一方对着竹筒讲话、唱歌都能听见），相互倾吐蜜语衷情，以祈结成伴侣。情投意合后，再告诉父母，择吉日成亲。

资料库

湖南美食与特产

1. 湖南美食：湘菜是全国八大菜系之一，油重、色浓，尤以酸、辣、香、鲜见长。长沙比较著名的风味湘菜主要有麻辣仔鸡、三层套鸡、长沙麻仁香酥鸭、花菇无黄蛋、口蘑汤泡肚、发丝百页、腊味合蒸等，您可以去火宫殿等地细细品尝。在张家界和凤凰也都有当地的特色美食。

2. 湖南特产：湖南特产丰富，主要有湘莲、湘茶、油茶、苎麻、柑桔、湘黄鸡、溆浦鹅、宁乡猪、湖粉、湖南米粉、干辣椒、卤豆腐、干豆腐、霉豆腐、臭豆腐、血丸子、红薯干、干竹笋、干腊肉等食品。此外，手工艺品首推湘绣，与苏、粤、蜀绣并称中国四大名绣，其他还有湘西土家锦、浏阳夏布、醴陵釉下彩瓷、邵阳竹雕、益阳水竹凉席、浏阳花炮、菊花石雕和羽绒制品等。

任务实施

根据 Simon 一家人的需求，旅行社为他们安排一条凤凰古城、张家界武陵源风景区、袁家界国家公园、田家老院子双飞五日游线路。景点安排上满足客户提出的既包括张家界武陵源自然风景，又能深入了解独具特色的湘西少数民族，观看民俗晚会，参与民俗活动。全程住宿五星级酒店，并提高就餐标准，注意中、西餐的搭配和比例。具体行程如下：

日期	行程安排
D1	从北京乘飞机到张家界荷花机场，乘大巴车前往凤凰，游览在沈从文笔下能读到、在黄永玉的画中能看到、在宋祖英歌里能听到、被新西兰著名作家路易·艾黎称赞为中国最美的小城——凤凰古城。游览凤凰城九景：沈从文故居、熊稀龄故居、杨家祠堂、东门城楼、沱江泛舟、虹桥风雨楼、万寿宫、崇德堂、古城博物馆以及观沱江风光、万名塔、夺翠楼、沙湾吊脚楼群等景点。夜晚漫步美丽的沱江，放许愿灯，为自己和亲人祈福
D2	乘空调车前往张家界森林公园（大约 5.5 小时车程），游著名的国家森林公园黄石寨风景区（徒步上山约 2 小时，山顶游览约 30 分钟，徒步下山 1.5 小时；客人可自费乘缆车单程 50 元/人），奇峰竞秀、美丽壮观，可游览六奇阁、雾海金龟、双门迎宾、五指峰、天然壁画等景点。黄石寨海拔 1200 米，占地面积 250 亩，为张家界森林公园最大、最集中的观景台，主要观景点有 20 余处，故有“不上黄石寨，枉到张家界”之说。有南北两条步行登寨游道，还有后山车道自老磨湾通寨后卡门，系砂石路面；从南面登寨，沿途欣赏绝佳景点。漫步“世界最美的峡谷”金鞭溪风景区（游览时间大约 1.5 小时），鸟语花香，溪水潺潺，一步一景，如诗如画；游金鞭岩、神鹰护鞭、母子峰、西游记外景地、劈山救母等景点。金鞭溪是天然形成的一条美丽的溪流，因金鞭岩而得名。溪水弯弯曲曲自西向东流去，即使久旱，也不会断流。走近金鞭溪，满目青翠，连衣服都映成了淡淡的绿色。流水潺潺，伴着声声鸟语，走着走着，忽然感到一阵清凉，才觉察有微风习习吹过，阵阵袭来的芬芳使你不由得驻足细细品味。晚上可自愿自费观看大型山水实景民俗晚会——梯玛神歌或大型民族篝火晚会。精彩纷呈的表演和轻松幽默的主持，会让您度过一个愉快的夜晚

续 表

日期	行程安排
D3	袁家界国家公园位于杉刀沟北麓，是以石英岩为主构成的一座巨大而较平缓的山岳，是张家界公园又一处风景集中地。自金鞭溪紫草潭左入杉刀沟可上袁家界，依岩峰山峦，面临幽谷群峰，自东向西延伸。乘景区环保车赴“峰林之王”天子山风景区（山顶游览约 1 小时，徒步下山约 2 小时），游贺龙公园、御笔峰、西海绝景、仙女献花、天子阁、采药老人、十里画廊等景点。天子山有云涛、月辉、霞日、冬雪四大奇观。山间云雾变幻无穷，仪态万千，时如江海翻波，涌涛逐浪，时若轻纱掩体，缥缈虚无。日出时辉映长空，日落处霞光无限，享有“谁人识得天子面，归来不看天下山”、“不游天子山，枉到武陵源”之美誉
D4	乘空调车前往张家界市区（大约 1 小时车程），参观田家老院子，这里是央视、湖南卫视、凤凰卫视、华谊兄弟等重要的影视拍摄基地。或者到土家风情园喝拦门酒，参观载入世界吉尼斯记录的“九重天一世袭堂”、土司城堡、土家山寨、土家歌舞、三棒鼓及婚嫁表演等。田家老院子是北宋仁宗时期统领西南各大土司王的钦差大臣田承满太师修建，至今已有 960 多年的历史，比故宫还早四百余年。该基地出产了《血色湘西》、《乌龙山剿匪记》、《湘西往事》等影视精品。国家文化部部长蔡武盛赞田家老院子是“美丽张家界的文化明珠”
D5	乘飞机到北京，结束旅程

任务总结

为外国人设计线路时要注意考虑如下因素：首先，配备文化素养较高的外语导游，能讲解当地的历史文化、民族习俗等方面内容，提供个性化的服务；其次，行程安排具有代表性和多样性，能让游客参与其中；提供高标准的用车、餐饮、住宿，在餐饮中注意西、中餐的搭配和比例；最后，安排欣赏文艺演出和民族活动，让外国游客体验中国少数民族文化。

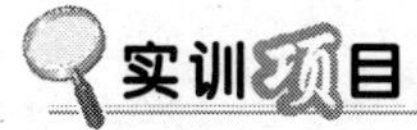

实训项目

“十一”湖南亲子游

【实训目标】

1. 使学生进一步熟悉并掌握湖南的主要旅游景点。
2. 培养学生综合运用知识、编制湖南旅游及连线周边省市景区游览线路的能力。
3. 培养学生团队合作的能力。

【实训内容】

四个家庭决定利用“十一”国庆假期带着孩子来湖南参观，希望能够带孩子登南岳衡山、上岳阳楼，游洞庭湖景区。请为他们设计亲子线路。分析旅游团成员的旅游动机及特征，尝试为其编制旅游路线。

【实训步骤】

1. 继续调整学习小组，进一步优化团队沟通协调机制。

2. 各项目团队提交纸质行程安排，每组选派一名代表用 PPT 向全班展示设计的旅游线路，要求图文并茂，讲解清楚明白，避免线路重复。

3. 评价与总结：由教师和其他团队成员对本团队展示的旅游线路做出现场点评，小组内对个人表现进行总结，以鼓励为主。

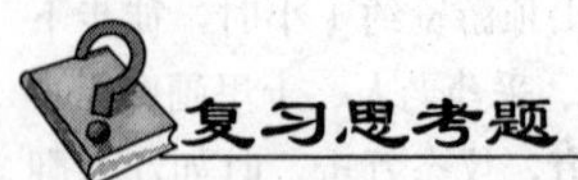

复习思考题

一、填空题

1. 武陵源以“五绝”闻名于世，它们分别是：奇峰、________、幽谷、________、溶洞。

2. ________是中国第四大湖，仅次于青海湖、兴凯湖和鄱阳湖，也是中国第二大淡水湖。

3. 被誉为“湘西第一神山”的山是________。

4. 被国外专家学者誉为“华中地区弥足珍贵的物种基因库”是________。

5. “极城南之盛概萃于斯阁”被誉为古城长沙的标志的是________。

二、选择题

1. 自古有“洞庭天下水，岳阳天下楼”之誉的岳阳楼与江西南昌的（ ）、湖北武汉的（ ）并称为江南三大名楼。

A. 滕王阁、黄鹤楼　　B. 黄鹤楼、滕王阁

C. 滕王阁、红楼　　D. 黄鹤楼、天心阁

2. 以下哪座山在湖南境内（ ）。

A. 莽山　　B. 衡山　　C. 太浮山　　D. 岳麓山

三、思考题

请为长沙商务客人设计一条周边 1～2 日游线路。

项目八　华南旅游区景点及线路

学习目标

● 知识目标

1. 了解华南旅游区主要景点概况及典型线路。

2. 熟悉华南旅游区各省市旅游景点。

3. 掌握美食旅游、奖励旅游、立体旅游的特点及方式。

● 能力目标

1. 能够对服务行业工作人员、企业骨干、社会精英等不同游客进行分析。

2. 能够根据游客要求，为游客修改、推荐、完善华南旅游区旅游线路。

任务一　广东景点及线路

任务引入

“食在广州”早已闻名海内外，外国人很早就有“食在广州”的专门介绍。

中世纪四大游历家之一的意大利天主教传教士鄂多立克，于1322年抵达广州。他在《东游录》中写道：“在这里，鹅比世上任何地方都要大……很多蛇被捉来当做美味食用”这是外国人介绍“食在广州”而又见诸文字的最早记录。利玛窦曾对中国人的宴会作过详尽的叙述：“宴会是友谊最高形式。中国菜肴烹调得很好，而且花式品种繁多。碟子堆得很高，简直使人觉得是在修建一个小型的城堡。甚至，正式宴会常常要举行一个通宵，直到破晓。”一位叫做威廉亨德的美国人在《广州番禺录》中介绍：当最后一道菜送上来后，大家都吃了一惊，原来瓦锅上盛着一只煮得香喷喷的小狗，这是地道的广东风味食品，客人吃过之后赞不绝口。

山西龙城五星级酒店的行政总厨杜宁，在接待广州来的客人时，发现广州的客人对饭菜的质量总是很挑剔，打算带领酒店餐饮部的骨干前往广州考察一番，请你为他们制定一个以美食为主题的旅游线路。

任务分析

以享受和体验美食为主体的具有社会和休闲等属性的旅游活动称为美食旅游，这种旅游活动到异地能寻求到审美和愉悦经历，是一种较为新颖的旅游形式。

中国幅员辽阔，地理环境、气候物产、政治经济、民族习惯与宗教信仰的不同，使得各地区、各民族的饮食特色千姿百态、异彩纷呈，使得美食具有一定的区域性。美食旅游资源的这种区域性特征，赋予一国或一地区对美食资源的垄断，使简单的仿制无法与本体旅游资源相比拟。美食旅游拥有一定的原创性。

由于美食旅游者生活在不同的文化背景下，因此其旅游需要自然要受到文化因素的影响，从而也影响美食旅游者对旅游资源的价值判断。生活在不同区域的旅游者，对美食的理解和追求各异。这往往使美食有了民族性的特征。

美食旅游者在不同时代需求是变化的，所以对美食的评价因时代的差异而有所不同。改革开放初期，人们求奇、求新的心理比较重，是口味上享受刺激、寻求差异的一种体现。20 世纪 90 年代开始追求营养、滋补及保健，求野、求洋、求补开始流行。非典之后，求绿、求土之风再次刮起。对美食的评价不一，各个时代主流的美食不一，则美食旅游的主题发生很大改变。

美食旅游的参与性相对于其他的旅游类型要强烈得多。首先美食旅游最主要的旅游经历是品尝，这种来自味觉的美感既是有形的，又是无形的。这种参与直接影响整个旅游时间的长短、旅游质量的高低，故旅游体验对于美食旅游者显得更为重要，对美食旅游本身也提出较高的要求。其次美食旅游其他的参与性活动，如观看烹任比赛、茶艺表演和学做中国菜等，都能激起美食旅游者强烈的模仿欲。这些操作性极强、丰富的旅游活动，极易延长美食旅游者兴趣的持续时间。

知识准备

广东省简称粤，是中国大陆南端沿海的一个省份。广东位于南岭以南、南海之滨。与香港、澳门、广西、湖南、江西和福建接壤，与海南隔海相望。省会广州（旧称 Canton），辖 21 个省辖市，其中副省级城市 2 个（广州、深圳），地级市 19 个。2009 年，广东省常住总人口为 9638 万人，全国 56 个民族中广东有 53 个。

广东省所处地理位置和气候条件优越，自然景观复杂多样，风景多姿多采，近现代历史胜迹众多，地位突出，旅游资源丰富，具有许多全国突出的特色和优势，地区分布各异开发潜力大。广东历史名胜丰富多彩，从林则徐禁烟到三元里人民的抗英斗争，从洪秀全至孙中山，都有很多活动遗址和业绩留传；自然景观方面，广东虽缺少雄伟高山巨川，但也有不少奇岩异洞，更兼濒临浩瀚的热带海洋，多海滩，多温泉。广东省旅游景点见图 8－1。

（一）主要旅游景点

1. 外伶仃岛

面积 4.23 平方千米，距香港长洲岛仅 6 海里，是唯一可见香港市中心的海岛。它天生丽质，优雅恬静，空气清新，名闻遐迩，是旅游度假、召开大小会议和举办各类培训的理想去处。外伶仃岛雄奇秀美，主峰伶仃峰高达311.8米。岛上四时花木葱茏，美不胜收。登高望远，可见群岛星罗棋布；逐浪飞舟，更觉波涛激荡，沧海横流。熏风丽日里，伶仃洋上蔚蓝相接，海天一色；薄雾黄昏时，霞绯映海，渔舟唱晚；云霓雨雾中，香江景物时隐时现，恍如梦幻中的海市蜃楼。

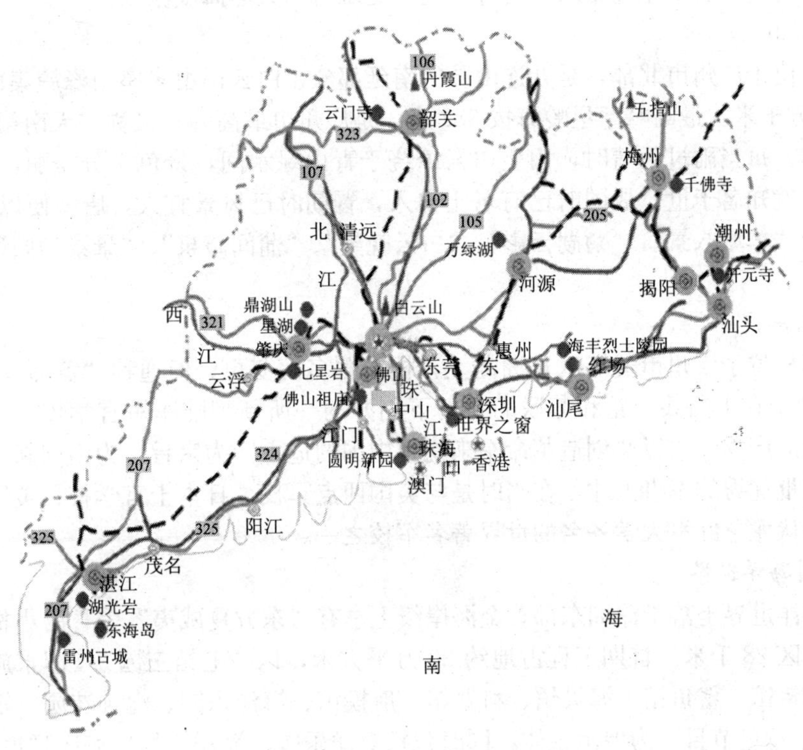

图8-1　广东省旅游景点

2. 东澳岛

它是万山群岛中的经典海岛，面积4.62平方千米。原始自然的生态环境、洁白的沙滩、湛蓝的海水、明媚的阳光与岛上浓绿的森林构成了东澳岛几近完美的生态旅游环境。斧担山登高、密月阁眺海、大竹听涛、东澳湾日出，构成了东澳岛绚丽的自然风光；南沙湾新石器时代遗址、海关遗址、铳城残墙、烽火台遗址、“万海平波，武当胜景”的石刻，舒展着东澳岛悠久的历史画卷；深海潜水、沙滩戏水、岸边垂钓、环岛畅游，展示了大海的瑰丽与亲和；直接取自大海的海鲜、具有海岛特色的酒店、海产品购物一条街和浓郁的渔村风情将使您的东澳之旅新奇、浪漫和舒适。

3. 白沥岛

白沥岛地处广东省珠江口万山海洋开发试验区，距珠海市区18海里，东北距香港29海里，北距广州81海里，西北距澳门16海里，北靠国际锚地和国际游艇垂钓区，南连国际水道；长3.8千米，宽3.2千米，面积8.026平方千米；主峰白沥顶高299.1米。是港、澳及珠江三角洲众多城市的出海航道必经之地，与东澳旅游开发试验区、万山岛、黄茅岛、竹洲岛等岛屿仅2海里左右。该岛历来为军事重地，无百姓居住，充满着神秘的色彩。

4. 荷包岛

荷包岛位于珠海市的西南端，地处黄茅海太平洋的交界，总面积约 13 平方千米，其海岸总长约 28 千米，海水清澈透明。岛内有大南湾、藏宝湾（宝石滩）、笼统湾等 8 个海湾，可以利用的沙滩有几处，其中大南湾沙滩，长度约有 4 千米，纵深达 200～500 米，沙质柔软、均匀，有“十里银滩”之称，是一处难得的天然海滨泳场。

5. 白云山

白云山位于广州市北部，是九连山脉的南延部分，白云山由多座山峰簇集而成，山区面积 28 平方千米。最高峰摩星岭海拔 382 米，是广州市最高峰，又称“天南第一峰”。据说每到秋季，每当雨过天晴时，山上白云缭绕于青山绿水间，景色十分秀丽，由此得名。白云山很早就知名于世。战国时已有名士出入，晋朝时已风景宜人，唐朝便以胜地著称。宋代以来的“羊城八景”，“菊湖云影”、“白云晚望”、“蒲间濂泉”、“景泰僧归”都在白云山里。

6. 黄埔军校

黄埔军校位于广州市黄埔区长洲岛上，校名曾多次变更，但通称“黄埔军校”。它是 1924 年孙中山在中国共产党和苏联的帮助下创办的一所新型陆军军官学校，是国共第一次合作时期的产物。它以“创造革命军来挽救中国的危亡”为宗旨，为中国新民主主义革命培养了大批优秀的军事人才，在当时是与美国西点军校、日本士官学校、英国皇家军官学校、苏联伏龙芝红军大学齐名的世界著名军校之一。

7. 深圳海洋世界

深圳海洋世界坐落于深圳东部黄金海岸线上享有“东方夏威夷”美誉的小梅沙海滨旅游区，距市区 28 千米。首期工程占地约 20 万平方米，以“七馆三园”（即水族馆、幻游海洋馆、鲸鲨馆、鲨鱼馆、海贝馆、科普馆、航模馆、海洋乐园、海神花园、嬉水乐园）、“十六套水中特色节目”为展示主体，同时包括海洋乐园、海洋广场、海底隧道、触摸池、海龟岛、钓虾池、情侣廊和内湖等景观。

8. 世界之窗

世界之窗位于深圳湾畔，以弘扬世界文化为宗旨，把世界奇观、历史遗迹、古今名胜、民间歌舞表演汇集一园，营造了一个精彩美妙的世界。世界之窗景区按五大洲划分，与世界广场、世界雕塑园、国际街、侏罗纪天地共同构成千姿万态、美妙绝仑、让人惊叹的人造主题公园。公园中的各个景点，都按不同比例自由仿建，精巧别致，惟妙惟肖。世界之窗的一个个景点都是一首首凝固的交响诗，那些异彩纷呈的民俗表演则是一幅幅活泼生动的风情画。

9. 民俗文化村

五十六个民族，五十六种风情。有着“天下第一村”美誉的中国民俗文化村，是一个荟萃民族民间艺术、民俗风情和民居建筑的大型文化旅游景区，于 1991 年 10 月 1 日建成开业。占地 20 公顷，选取全国 21 个民族的 24 个村寨景点按 1：1 比例建成。坐落在风光秀丽的深圳湾畔，毗邻著名的锦绣中华微缩景区。

（二）典型线路

（1）经典海岛游：东澳岛—外伶仃岛—荷包岛—白沥岛

（2）广深珠经典游：白云山—黄埔军校—深圳海洋世界—世界之窗—民俗文化村

（3）360°广州游：花城广场—广州歌剧院—图书馆—中轴线广场群—海心沙市民广

场—岭南印象园—黄埔军校—广州国际会展中心—广州塔—黄花岗

(4) 高夫旅游：富都温泉度假村（高尔夫球练习球）—飘雪温泉—宋元崖门海战

(5) 红色旅游：硝烟博物馆（林则徐纪念馆）—威远炮台—海战博物馆

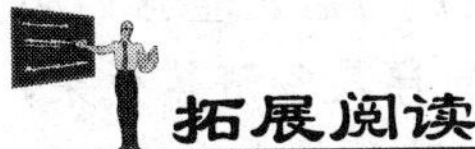

拓展阅读

物美价廉的粤菜老字号

粤菜为中国八大菜系之首，出了广东，无论去哪个城市，那些粤菜酒楼永远都是“贵夹唔饱”，但却是很多人用来宴客的首选。作为广东人，我觉得我们真是有福，随时可以在街边发现价廉而味美的粤菜餐厅。今天为大家介绍的这一家惠爱餐厅，正是个中之代表，据说广州以前红极一时的粤剧名伶红线女也十分钟爱这里的招牌鸡。

位于中山六路的惠爱餐厅，是有几十年历史的“老字号”店铺，很多老广州人应该都知道它。很多老字号现在给人的感觉都是残旧，服务质量差。这家惠爱，门面虽然很小，但内里重新装修过，看起来十分整洁。服务员的态度也出奇得好。那天是周二的中午，与朋友两人去到那里，竟然没有位置。这家餐厅占地两层，餐位不少，在平日的午市，竟然也爆满，可见其魅力非凡。

等了大约半个钟头，我们才有位。打开餐牌，发现这里有三种鸡的做法，均是注明获过美食大奖的招牌菜。我们点了半只招牌的“惠爱鲜味鸡”，35 元，价格算是适中。这个鲜味鸡其实是白切鸡的做法，但比起白切鸡多用了一些调味料，不用蘸酱也觉得够味了。也许现在是禽流感的多发时节，所以这次的鸡也做得熟些，肉质相对来说没有以前的白切鸡滑。但鸡味相当浓，十分好吃。

这里的小炒也很多，我们点了个鹅肝酱炒杂菌，25 元。这道菜卖相不怎么好看，但吃起来味道却相当好，我最喜欢里面的金针菇和鸡脚菇，味道鲜美。

像这种老式的粤菜餐厅里，会有很多婚宴菜式，如松子鱼、扒海参等，味道好，分量足。我本想点韭黄菇汁炒伊面的，但服务员说现在很繁忙，这道菜需时较久，因此我只好放弃了，下次有机会再去试。招牌捞肚尖，猪肚尖处理得十分好，没有膻味，而且伴菜十分香口。密制陈皮骨，十分有特色，酱汁美味，排骨也是精选的，肉质很嫩。鲈鱼卷外脆内软，很鲜美。干煸猪大肠带些辣辣的味道，推荐大家一定要点。

惠爱的茶点也是十分不错的，早上的茶市，很多公公婆婆来捧场，你迟点来都要等位。惠爱薄撑是大家来这里必选的美点，白云猪手、牛肉肠、叉烧酥、萨其马等，都充满小时候的广州味，非常好吃。

资料库

独具特色的广州饮食文化

说到美食，粤菜最具代表性。粤菜取百家之长，用料广博，选料精细，技艺精良，善于变化，品种多样。早在 1956 年，“广州名菜美点展览会”上介绍的菜品便有 5447 个，与菜品有渊源关系的点心 815 款，数百种小吃。粤菜在选料方面非常广博奇特，天上飞的、地上爬的、水中游的，几乎都在烹饪之列。粤菜讲究鲜嫩爽滑，夏秋清淡，冬春浓郁，使用独特风味的调料，采用煲、烤、泡、炒、熬和焗等技法，烹制出独具地方风味的佳肴。

广州人喜欢煲烫、喝凉茶。广州地处亚热带区域，这使得去湿清热成为居民生活的必需。除了最简单的喝凉茶外，还可以煲汤。但靓汤没有凉茶的苦味，同样具备清热效果，因此成为人们的至爱。广州人没有汤就吃不下饭，基本上天天都煲，广州人喜欢健脾胃的汤和滋润养颜汤。

另外，广州的茶市也是广州饮食最能吸引人的一大特色。以前广州只有“早茶”，现在已发展成早、午、夜三个茶市。几乎所有的酒家饭店都开设茶市，茶市供应各式咸甜干湿点心，价格也很实惠。

广州的美食吸引无数游客慕名而来，感受这独特的岭南饮食文化。来自辽宁的游客赵刚先生告诉记者：“广州文化也是很丰富的，和北方不一样的风格。粤菜还是不错的，吃比较丰富，做工比较精细。在广东这地方，其他菜式都有，东北菜、云南菜都很多。但还是比较喜欢粤菜。”

广州饮食把吃和烹调提高到艺术的境界上来，成为岭南文化的重要组成部分，并且大大丰富了岭南文化的内涵和特色，对中国以及亚太地区的饮食文化都产生深远的影响。广州地区饮食行业协会会长秦鉴洪接受记者电话采访时说：“粤菜有得天独厚的基础，有岭南特色的饮食文化，改革开放30年，粤菜始终引领中国饮食文化的发展潮流，食在广州‘响誉全国、走向世界’。在世界上，只要有华人的地方，都有粤菜的出现。”

任务实施

参考行程如下：

时间	行程安排
D1	接团后入住酒店，自由活动（不含餐）
D2	广州—深圳地王观光—海洋世界—黄金海岸 早上沿深南大道游览深圳市容市貌，途经深圳代表性的建筑物。然后进入中英街拍照留影后进入素有“一街两制”之称的“沙头角中英街”（办证费60元），感受特区中的特区。中午于指定餐厅享用港式自助餐，共有100余道菜品，50余道点心主食。午餐后游览【金色海岸深港环海】和【小梅沙海洋世界】。晚上入住五星级酒店，品尝酒店特色菜，餐后该酒店行政总厨带领参观后厨
D3	深圳—锦绣中华民俗文化村—世界之窗—欢乐谷 乘车前往游览中国第一个集各民族的民间艺术、民俗风情和民居建筑于一园的大型文化旅游景区【锦绣中华民俗文化村】，然后参观集世界奇观、历史、古迹、古今名胜、自然风光、民俗风情、民间歌舞于一体的【世界之窗】。中午于指定餐厅享用中式桌餐。下午游玩【欢乐谷】。晚上返回酒店享用酒店提供的潮州特色风味菜

续　表

时间	行程安排
D4	农科奇观—梅溪牌坊—环岛游 早沿广深高速，前往中国最具魅力的花园式海滨城市——珠海。途经世界跨度最大的斜拉吊桥——虎门大桥，途中饱览东莞、番禺、中山新农村新风貌和醉人的南国田园风光。前往无土基地——【农科奇观】。然后前往【梅溪牌坊旅游景区】。中午于指定餐厅享用午餐。下午参观“和信深海鱼油集团”，并可免费品尝到各种海产品。然后赴码头乘豪华游轮【澳门环岛游】，在舒适的游轮上欣赏充满葡国风情的澳门街景，领略到“东方蒙的卡罗”的风采。晚上在油轮上品尝葡式自助餐。18：30 游毕统一集合，全程高速公路前往广州，入住酒店
D5	广州歌剧院—海心沙—广州塔—南印象园—珠江夜游 早外观【广州歌剧院】，还可以看到亚运会开闭幕式场地【海心沙】。随后前往国营企业新景观——珠江—英博国际啤酒博物馆（自理 50 元），免费品尝鲜啤。然后前往游览广州新中轴线上又一亮点景点，世界第一高塔电视塔【小蛮腰】，中午在广州塔上旋转餐厅品尝东江风味自助餐。下午乘车前往位于广州大学城（小谷围岛）南部的最具岭南特色的岭南印象园景区。然后前往【越秀公园】参观。晚【珠江夜游】在油轮上享用特色岭南风味餐。晚上返回酒店。
D6	广州自由活动。游客可以在广州市内品尝各种当地美食，晚上返回山西。

任务总结

通过全面了解广东主要景点及线路，分析山西龙城五星级酒店后厨工作人员的出游目的和需求，特别为游客设计了旅游线路。在设计路线的过程中，全面考虑了对象饮食考察的目的，特别安排了品尝广州潮汕、东江、岭南等风味菜的活动，采取自助餐、桌餐等形式，兼顾了酒店、油轮及旋转餐厅等用餐环境的变化等，可谓线路安排用心良苦。同时，还注意到了美食与旅游的结合，扩大了游客的眼界，了解了饮食文化产生的背景，总之，线路安排考虑很全面，有一定的专业性。

实训项目

四晚五天美食之旅线路组合

【实训目标】

通过实训可以让学生熟悉广东主要景点及旅游线路；让学生具备线路组合、编制的能力；通过项目工作培养学生的沟通及合作能力；通过线路展示提高学生的表达能力。

【实训内容】

请根据下面提供的美食地点及行程为来粤旅游的游客编制一个四晚五天的行程，注意线路优化，风味差异。

1. 美食荔湾游

上午：参观荔湾博物馆（西关大屋）、古玩街；中午：参观广州美食园，品味最具岭南饮食文化特色的西关美食；下午：参观华林寺和玉器一条街。

2. 美食越秀游

上午：参观五仙观、一德路干果海味食品商业街；中午：参观禺山路—惠福东路休闲美食长廊，体验东南亚休闲美食；下午：参观中山纪念堂和北京路商业步行街。

3. 美食海珠游

上午：参观孙中山大元帅府；中午：参观太古仓滨水美食区，品尝岭南水乡美食；下午：参观珠啤博物馆。

4. 美食天河游

上午：参观华南植物园；中午：体验体育东商务美食街无国界美食；下午：参观科学城。

5. 美食白云游

上午：参观小石船旅游度假区（或神农草堂或帽峰山）；中午：白云大道美食长廊品尝农家生态美食；下午：参观白云区丰华霸王花基地。

6. 美食黄埔游

上午：参观长洲旅游文化风景区；中午：品尝具有浓郁地方特色的“黄埔宴”；下午：参观黄埔军校旧址。

7. 美食番禺游

上午：参观沙湾古镇和宝墨园；中午：番禺大道北美食区体验特色自助美食；下午：参观余荫山房。

8. 美食花都游

上午：参观圆玄道观、石头记矿物园；中午：参观花都喜来登饮食风情街，品特色香草宴；下午：游览花都香草世界（或芙蓉度假区）。

9. 美食南沙游

上午：参观百万葵园；中午：游览十九涌海鲜美食街，尝地道海（河）鲜；下午：参观南沙湿地游览区、南沙天后宫。

10. 美食萝岗游

上午：参观天鹿湖森林公园或丹水坑风景区；中午：萝岗美食街午餐；下午：参观广东凉茶博物馆芳草园（香雪制药厂内）。

11. 美食增城游

上午：体验增城绿道游；中午：增城生态美食园品增城迟菜心和农家菜；下午：参观正果湖心岛旅游景区。

12. 美食从化游

上午：参观石门国家森林公园；中午：参观从化温泉美食街，品“从化五道菜”；下午：参观大丘园农庄（火龙果）。

【实训步骤】

1. 以项目团队为学习小组，小组规模一般是 4～5 人；建立沟通协调机制，团队成员共同参与、协作完成线路推荐任务；各项目团队成员实训内容互相进行交流、讨论，并给予点评。

2. 各项目团队提交 PPT 文件，展示重新组合的旅游线路，并阐述选择理由。

3. 评价与总结：由教师和其他团队成员进行现场点评，教师点评以鼓励为主。

表 8-1　　四晚五天美食之旅

日期	行程	选择理由
D1		
D2		
D3		
D4		
D5		

复习思考题

一、单项选择题

1. 唯一可看见香港市中心的海岛是（　　）。

A. 海洋世界　　B. 荷包岛　　C. 白沥岛　　D. 外伶仃岛

2. 历来为军事重地，无百姓居住，充满着神秘的色彩的海岛是（　　）。

A. 海洋世界　　B. 荷包岛　　C. 白沥岛　　D. 外伶仃岛

3. 有"十里银滩"之称，是一处难得的天然海滨泳场是（　　）。

A. 海洋世界　　B. 荷包岛　　C. 白沥岛　　D. 外伶仃岛

4. 广州市最高峰，又称"天南第一峰"是指（　　）。

A. 伶仃峰　　B. 白云山　　C. 斧担山　　D. 万山

5. 五十六个民族，五十六种风情，有着"天下第一村"美誉的景点是（　　）。

A. 中国民俗文化村　B. 白云山　　C. 小梅沙　　D. 广州博物馆

二、简答题

1. 广东旅游景点的特色是什么?

2. 广东红色旅游线路中可以串联的景点有哪些?

3. 设计一条你家乡的美食之旅。

任务二　福建景点及线路

任务引入

北京某茶叶有限公司，以销售茶叶、茶制品以及茶具等茶衍生产品的专业公司，是国家商务部首批认定的"中华老字号"。公司现有 190 余家连锁店、一个配送中心、一个茶文化陈列馆、一个茶艺表演队和两个茶馆，连锁店目前分布于北京、天津以及华北的大中城市，店铺数量位居国内同行业之首，年销售额超过 4 亿元，经济效益在行业内名列前茅。公司决定对企业骨干进行奖励旅游，请你为公司推荐一条福建茶文化旅游线路。

任务分析

近年来，随着国内企业员工福利待遇条件的提高，以公司团队为主的“奖励”旅游逐渐升温，出游人数不断攀升。以2011年7月份为例，团队出游人数占该月总出游人数的15.2%左右，成为暑期旅游市场的重要组成部分。以“奖励旅游”为主的品质团队游近年来增幅明显，占到了整个旅游市场的15%左右，未来将会有更进一步增长的空间。因为团队游人数多、规模大，游客各方条件和需求较统一，比较便于安排，减少了游客差异化需求产生的纠纷。加之团队游的接待层次高，相对应的住宿和交通条件也较为高端，这样会避免硬件问题带来的旅途不快。基于以上原因，“奖励”旅游也将会是旅游行业以后的主推旅游方式之一。厦门市7月份的团队游占到了该月出游人数的10.3%以上，以永定土楼、武夷山、白水洋等为主的周边团队避暑游最受欢迎，华东、云南也颇受青睐。

知识准备

福建地处祖国东南部、东海之滨，东隔台湾海峡，与台湾省隔海相望，东北与浙江省毗邻，西北横贯武夷山脉与江西省交界，西南与广东省相连。福建属于中国华东地区。福建是中国著名侨乡，旅居世界各地的闽籍华人华侨1088万人。其中，菲律宾、马来西亚、印尼这三地的闽籍华人华侨最多。福建与台湾源远流长，关系最为密切，台湾同胞中80%祖籍福建。福建居于中国东海与南海的交通要冲，是中国距东南亚、西亚、东非和大洋洲最近的省份之一。

“山海一体，闽台同根，民俗奇异，宗教多元”是福建旅游的鲜明特色。武夷山是世界文化与自然遗产，泰宁是世界地质公园，迷人的武夷仙境、浪漫的鼓浪琴岛、神圣的妈祖朝觐、奇特的水上丹霞、动人的惠女风采、神奇的客家土楼、光辉的古田会址、悠久的昙石山文化、神秘的白水洋奇观、壮美的滨海火山构成了福建独具特色的十大旅游品牌。全省有4座国家历史文化名城、7座中国优秀旅游城市、13个国家重点风景名胜区、10个国家级自然保护区、19个国家森林公园、8个国家地质公园、2个国家旅游度假区、85个全国重点文物保护单位。自然保护区、森林公园、风景名胜区的面积占全省土地面积的8%，形成了人与自然和谐共处的良好环境。福建省旅游景点见图8-2。

（一）主要景点

1. 鼓浪屿

鼓浪屿位于厦门岛西南隅，与厦门市隔海相望，面积1.78平方千米，2万多人，为厦门市辖区。鼓浪屿原名圆沙洲、圆洲仔，因海西南有海蚀洞受浪潮冲击，声如擂鼓，明朝雅化为今名。由于历史原因，中外风格各异的建筑物在此地被完好地汇集、保留，有“万国建筑博览”之称。小岛还是音乐的沃土，人才辈出，钢琴拥有密度居全国之冠，又得美名“钢琴之岛”、“音乐之乡”。岛上气候宜人，四季如春，无车马喧嚣，有鸟语花香，素有“海上花园”之誉。主要观光景点有日光岩、菽庄花园、皓月园、毓园、环岛路、鼓浪石、博物馆、郑成功纪念馆、海底世界和天然海滨浴场等，融历史、人文和自然景观于一体，为国家级风景名胜区，居福建“十佳”风景区之首，是全国35个王牌景点之一。随着厦门经济特区的腾飞，鼓浪屿各种旅游配套服务设施日臻完善，成为观光、度假、旅

游、购物、休闲、娱乐为一体的综合性的海岛风景文化旅游区。

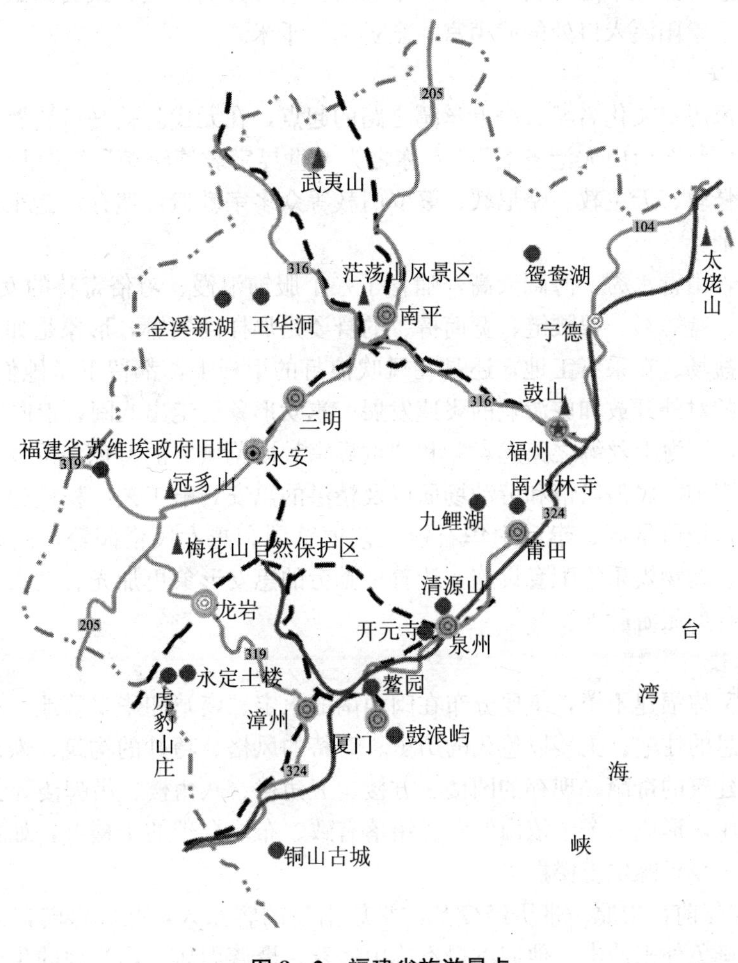

图 8-2 福建省旅游景点

2. 日月谷

日月谷温泉坐落于厦门市海沧区东孚镇汤岸，位于324国道与孚莲路交汇处，交通便捷，闹中取静，独享优越的地理环境。整体规划面积约26万平方米，包括日月谷温泉主题公园、日月谷温泉酒店以及日月谷温泉私人会所，是集观光度假、休闲疗养、商务会议、运动健身、生态教学与环保宣传等于一体的综合性旅游度假村。

3. 南普陀寺

南普陀景区位于厦门老城区的东面。从思明南路到胡里山海滨，沿途有鸿山公园、华侨博物馆、南普陀寺、胡里山炮台等游览点，连同厦门大学的鲁迅纪念馆、人类博物馆和陈嘉庚先生纪念堂，组成了南普陀游览区。这里山海映趣，一派南园风光。该景区风景妩媚动人，宗教文化气息浓厚。

4. 武夷山

武夷山游览胜地，一般是指位于福建省武夷山市西南15千米的小武夷山，它方圆百余里，自成一处胜地，被称为福建第一名山。武夷山风景区以丹霞地貌为特色，有“三三、六六”之胜。三三是指迂回曲折的九曲溪两岸的36座山峰。碧山丹水，一曲一个景，

曲曲景相异。游武夷山既可乘竹筏沿九曲溪观光，又可徒步登山探胜，二者也可在溪流中相互结合。在登山探胜中也可去天心岩一带探奇。放筏九曲，是游武夷山最独特之处，它起于星村，止于崇阳溪入口处的武夷宫，全长7.5千米。

5. 泉州惠安

泉州是国家历史文化名城、海上丝绸之路的起点，在元代就被马可波罗誉为“世界最大港口之一，可与亚历山大港齐名”。人称之为“世界宗教博物馆”，这里有佛教、道教、伊斯兰教、基督教、天主教、摩尼教、婆罗门教等众多宗教遗址遗存，是东西方经贸文化交流的历史见证。

泉州惠安，山青水秀，海阔天高，哺育了一个服饰浪漫、习俗奇特的女性群体。“黄斗笠、花头巾、蓝短衫、银腰链、宽筒裤”的身姿是那样的婀娜，形象是如此的鲜明，无论在田间、在盐场、在采石工地，还是在风吹浪打的甲板上，都留下了她们勤劳的身影。随着闽南地区的对外开放和旅游业的飞速发展，惠女形象已走出八闽，走向世界。

泉州将突出“海上丝绸之路起点”和“世界宗教博览城”的特色和侨乡优势，集中展示奇异的惠女服饰、民俗风情和劳动场面以及精湛的惠安石雕工艺，积极建设以惠女风情为品牌的崇武古城风景区、崇武中华石雕工艺博览园和惠女民俗园等，同时完善滨海休闲、商务会展、购物娱乐等配套设施，让善良勤劳的惠女形象更加光彩动人，让泉州惠安成为闻名海内外的旅游胜地。

6. 福建土楼

客家土楼又称福建土楼，主要分布在闽西南的永定、南靖和华安等地，是客家人世代相袭、繁衍生息的住宅。土楼以悠久的历史、奇特的风格、巧妙的构筑、恢宏的规模，被誉为世界民居建筑的奇葩。现存的圆楼、方楼、五角楼、八角楼、吊脚楼等各式土楼有30多种23000多座，形成一个个依山偎翠、错落有致、布局合理的土楼群，如：永定初溪土楼群、南靖书洋乡田螺坑土楼群等。

在1900多年前，中原一带历经变乱，举族南迁的客家人，几经辗转，来到闽西南一带的山区，为避免外来冲击，他们不得不恃山经营，聚族而居。用当地的生土、砂石、木片建成单屋，继而连成大屋，进而垒起厚重封闭的土楼。楼内凿有水井，备有粮仓，如遇战乱、匪盗，大门一关，自成一体，万一被围也可数月之内粮水不断。加上冬暖夏凉、防震抗风的特点，土楼成了客家人代代相袭、繁衍生息的住宅。

7. 泰宁金湖

泰宁金湖位于三明市，是国家重点风景名胜区、国家4A级旅游区、国家森林公园。以金湖水上丹霞景观为代表之一的泰宁地质公园于2005年2月获世界地质公园称号。与金湖相邻的泰宁古镇，不仅有江南保存最为完好的明代民居建筑珍品、全国重点文物保护单位尚书第建筑群，还有保存较为完好的明清街巷和民居。

大金湖丹霞地貌在同类地貌中具有分布面积大、类型全、奇峰异石多的特点，按成因可分为断裂崩塌型、流水侵蚀型等六大类型，形成了国内罕见的深切峡谷与深切曲流、独特的水上丹霞、中国东南最高最古老的丹霞地貌。大金湖丹霞地貌洞、穴、岩槽以其多、大、类型齐全、形态奇异而堪称丹霞地貌洞穴博物馆，以上清溪两岸及金湖沿岸最为发育。特大型的甘露岩洞，高80余米，宽、深各30多米，由风化—溶蚀—崩塌而成。宋绍兴十六年，于洞中建甘露寺，寺前仅由一根木柱撑起四幢重楼叠阁，一柱插地，不假片瓦。

8. 古田会议会址

古田，福建上杭县的一个小镇，地处“华南虎的故乡”梅花山自然保护区南麓。它既是一个充满田园情趣的小镇，又是一个非凡的革命会址。1929 年 12 月 28—29 日，中共红军第四军第九次代表大会在这个偏僻的小镇里召开。会议讨论通过了毛泽东主持起草的八个决议，即著名的古田会议决议案，从而确立了“党指挥枪”的中国共产党建军纲领，“在中国共产党领导的人民武装力量发展史上起了长期的指导作用”。这次会议史称“古田会议”，是我“党和军队建设史上的一个重要里程碑”。

古田会议会址，远靠遥远莽莽的彩眉岭，近伴碧水流欢的古田溪，背倚郁郁葱葱的社下山，正面是宽阔平整的农田。夏秋季节稻浪飘香。这是一座单层歇山式砖木结构的四合式庭院，建于 1848 年，原本是当地廖氏宗祠，辛亥革命后在此创办“和声小学”、“曙光小学”，现已被列为全国重点文物保护单位、全国爱国主义教育基地。会址场地“古田会议永放光芒”八个红色大字在浓阴映衬下闪闪发光。会址内一切都依照老同志的回忆原样陈列，完整地保留昔日的风貌。

9. 漳州滨海火山国家地质公园

该公园位于漳州市漳浦、龙海滨海一带，距漳州市区 80 千米，距漳浦县城 50 千米。地质公园北到镇海，南至前湖，西到鱼鳞石，东达南碇岛，面积 100 平方千米，是一处典型的第三纪火山地质公园，属金门—深土北东向玄武岩带上的一部分。

区内火山岩（玄武岩）是在距今 1700 万年前的喜马拉雅运动中岩浆喷发形成的，火山构造显现异常清楚，反映了西太平洋新生代惊心动魄的火山活动和地质构造历史进程。这里至今仍保留了中心式火山喷发构造形迹和后期风化侵蚀的地形地貌景观。其中，牛头山古火山口喷发机理完整、层次清楚、保存完好；林进屿拥有世界罕见的火山喷气口群；南碇岛和陆域上鱼鳞石坑的玄武岩柱状节理，雄伟壮观。南碇岛约 140 万根巨型石柱，展现在 20～50 米高的海岛崖壁上，美不胜收。

10. 白水洋

屏南白水洋又名仙耙溪，在鸳鸯溪上游，为鸳鸯溪四大奇观之一。白水洋三大水上万米广场经国家建设部组织专家证实，系目前世界已发现的稀有浅水广场，有“宇宙之谜，世界奇观”之称，2005 年 8 月被评为国家级地质公园。

白水洋平坦的岩石河床一石而就，净无沙砾。最使人称绝的为“十里水街”，它是由三块平坦的巨石铺于水底形成的浅水广场，最大的一块达 4 万平方米，最宽阔处达 150 米。河床布水均匀，水深没足，阳光下波光粼粼，一片白炽，故称白水洋。洋上可骑自行车，有宽近百米的折水弧瀑，有近百米的水上滑道，赤身冲浪不伤肌肤。白水洋下游与燕潭沙滩相连，既是天然的冲浪场所，又是天然的水上游乐场。屏南县每年 8 月均在此举办 2 万人参与的群众水上运动会。目前，景区的基础设施在不断完善，环白水洋步游道、景区旅游公路等设施都已建成，吸引着越来越多的省内外游客畅游白水洋。

11. 昙石山文化

昙石山文化距今已四五千年，以闽侯昙石山遗址为代表，以闽江中下游为中心，连接闽台两省，是福建古文化的摇篮、先秦闽族的发祥地。它的出现，惊现了不为人知的先秦闽族文化，将福建文明史由原来的 3000 年向远古大大推进了一步。昙石山文化作为福建的地域文化，与台湾岛的古代文化也有着一定的联系。经过专家考证，其中中层文化与台湾高雄的凤鼻头第三、第四期贝丘文化有不少相似之处，通过碳 14 测定的年代也大致相

当，而其中彩陶、有段石锛和拔牙习俗十分接近。这表明当时闽台两地的居民已经有了密切的往来和联系。昙石山文化的探索对两岸古代文化研究有非常重要的意义。昙石山遗址保护和博物馆建设工程总投资1亿多元，遗址已考古发掘8次，目前仍有2/3尚未挖掘。博物馆主馆区展示昙石山文化特色主题的遗址考古实物内容，南侧的古民居建筑修复后将陈列喜寿婚庆、家庭劳动等清至近代民俗文物，在模拟考古、陶器作坊、复原古屋区，观众可以参与考古实践。在馆区东北端、南端和昙石山山顶，设置标志性雕塑和艺术群雕，这些雕塑反映昙石山人的生活、劳作等场景。考古现场展示将再现考古发掘现场原貌。

12. 湄洲妈祖

湄洲岛位于湄洲湾湾口的北半部，在莆田市中心东南42千米，与宝岛台湾遥遥相望。因地处海陆之际，形如眉宇，故称湄洲，现辟为国家旅游度假区、国家4A级旅游区。湄洲湾岛上妈祖信仰闻名海内外。妈祖原名林默娘（公元960—987年），自幼聪明，8岁能诵经，10岁能释文，13岁学道，经常出海抢救遇险渔民。宋雍熙四年九月初九，林默娘28岁时在湄洲岛湄屿峰归化升天。为了纪念她，当年人们就在湄洲峰“升天古迹”旁立庙奉祀，尊她为海神灵女、龙女、神女等。宋徽宗时封妈祖为“顺济夫人”，这是朝廷对妈祖的首次褒封。以后历代朝廷还敕封她“天妃”、“天后”、“天上圣母”等尊号。

湄洲岛主要景点有妈祖庙、鹅尾山、黄金沙滩、莲池沙滩、日纹石景等景区，其中，妈祖庙被尊称为“天后宫湄洲祖庙”。此庙创建于宋雍熙四年（公元987年），即林默娘逝世的同年。湄洲岛妈祖祖庙后岩石上，有“升天古迹”、“观澜”等石刻。庙前岩岸海床有大片辉绿岩，受风涛冲蚀，形成天然凹槽。潮汐吞吐之声，由远而近，如管弦、钟鼓、龙吟虎啸，“湄屿潮音”因而驰名。

（二）典型线路

（1）蓝色滨海欢乐游：厦门—漳州—泉州—莆田—福州

（2）绿色生态休闲游：厦门—南靖—永定—龙岩—连城—将乐—泰宁—武夷山—永泰—福州

（3）八闽山海精华游：厦门—武夷山—泰宁—福州

（4）民俗文化探寻游：厦门—南靖—永定—泉州—莆田—宁德—福州—厦门

（5）闽台渊源寻根游：厦门—南靖—永定—连城—长汀—泉州—厦门

（6）闽东北亲水游：福州—蕉城—福鼎—霞浦—福安—周宁—屏南—福州

（7）宗教文化朝圣游：厦门—湄洲—泉州—东山—厦门

（8）茶文化养生游：福州—武夷山—厦门—漳浦—安溪—厦门

（9）闽台连线游：厦门—金门—台北—台中—嘉义—台南—高雄垦丁—台东—花莲—宜兰—台北—金门—厦门

（10）高尔夫温泉健身游：厦门—武夷山—长乐—福州

奖励旅游也是生产力

每次做员工激励计划，身为HR的小李都很头疼，奖金投入越来越多，员工的抱怨也越来越多。激励不到位，精英员工流失，辛辛苦苦做出的计划，付诸实施，结果是公司上

上下下骂声一片。特别是当年跟公司一起创业打天下的这批“老员工”，如今整天抱怨公司各种制度不合理，福利不如意，工作起来没激情，如何激发新老员工的激情，创造新的生产力。

一次偶然的机会，小李看到了“奖励旅游”这个新名词。抱着试试看的心理，组织公司 20 多名创业元老报团参加。没想到带着这批“劳苦功高”的创业元老们玩了一趟，他们重新迸发了工作激情，当年创业时那股拼劲儿又回来了！小李万万没想到，玩，也是生产力。

旅行社的计调为小李的公司量身订制了一套“海上邮轮之行”，尽管价格有些偏高，但是漂泊在一望无际的海上，观赏着沿途的美景，享受着星级的服务，员工心情愉快，大家坐在一起，回忆创业的往事，畅谈公司的战略与前景，轻松惬意。

特别值得一提的是旅行社的拓展教练，在船上还带着员工们一起做游戏。一片不足 1 平方米的“树叶”，不但要站上 20 位同伴，还要在规定时间内把“树叶”翻过来，40 只脚不能有 1 只踩到外面，踩到外面就算是掉入大海。这个似乎不可能实现的目标在团队共同努力下顺利完成。游戏中蕴涵着工作的方法论，也包括了团队的协作精神，目标管理、时间管理、项目管理的理论与实践，每一个游戏参与者都受益匪浅，员工们深刻地体会到只有团队的协作，才使大家完成不敢想象的目标。“我是部门 CEO”、“破冰”、“电话接线员”……各种精彩游戏接连不断。游戏使员工增加了对企业的认同感与团队凝聚力，一个个小小的游戏将公司精神、企业文化生动地传递到员工心里，这真是不一般的“海上盛会”。这次旅行，旅行社工作人员花费了不少心思。从餐布、椅套到引旗、团徽，处处都印着公司的 LOGO。拓展中，每个游戏都能听到响亮的公司名称，包括游戏成员的部门名称。

如果说公司以前组织的北戴河旅游，使员工们放松了身心，而这次邮轮之行，不仅疗养了员工的身心，还激发了员工的工作热情。企业文化的融入，使员工对企业产生新的认同感，产生了新的生产力。

资料库

奖励旅游

奖励旅游的目的是协助企业达到特定的目标，并对达到该目标的参与人士，给予一个尽情享受、难以忘怀的旅游假期作为奖励。其种类包括：商务会议旅游、海外教育训练、奖励对公司运营及业绩增长有功人员。需要指出的是，奖励旅游并非一般的员工旅游，而是企业业主提供一定的经费，委托专业旅游业者精心设计的“非比寻常”的旅游活动。用旅游这一形式作为对员工的奖励，会进一步调动员工的积极性，增强企业的凝聚力。

奖励旅游的历史可以追溯到 20 世纪二三十年代的美国，如今已有 50% 的美国公司采用该方法来奖励员工。在英国商业组织给员工的资金中，有 2/5 是以奖励旅游的方式支付给员工的。在法国和德国，一半以上资金是通过奖励旅游支付给员工。

一般奖励旅游包含了会议、旅游、颁奖典礼、主题晚宴或晚会等部分，企业的首脑人物会积极参与，和受奖者共商公司发展大计，这对于参加者来说无疑是一种殊荣。其活动安排也由有关旅游企业特别安排，融入企业文化的主题晚会具有增强员工荣誉感，加强企业团队建设的作用。更重要的是，常年连续进行的奖励旅游会使员工产生强烈的期待感，对于刺激业绩成长能够形成良性的循环。

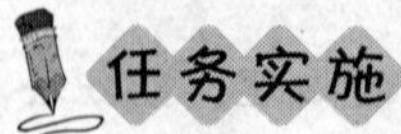

任务实施

根据游客出行的目的及奖励旅游的方式，设计行程见表 8－2。

表 8－2　　奖励旅游行程

日期	行程
D1	福州入境。火车赴世界双遗产地武夷山
D2	武夷山—厦门。考察大红袍景区、遇林亭窑址、万亩茶园基地，参观全国农业旅游示范点（永生）乌龙茶制作流程，考察晋南万里茶路起点的下梅，品饮大红袍，吃茶宴，赏茶文化表演
D3	游览天游景区，乘竹筏遨游九曲溪，参观武夷宫、仿宋一条街，晚上坐飞机赴厦门
D4	厦门—漳浦—安溪。赴漳浦考察茶博院，赴泉州安溪
D5	安溪—厦门。考察安溪铁观音发源地、中国茶都茶叶交易市场、凤山茶叶大观园，品饮铁观音，赏茶文化表演，乘车赴厦门
D6	厦门出境。早餐后游览鼓浪屿，返程

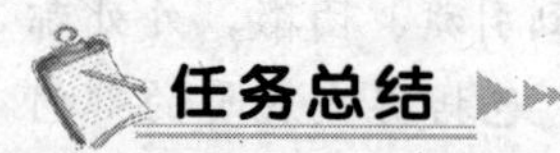

任务总结

在全面了解福建主要景点及线路、奖励旅游知识的基础之上，在旅游者需求分析的指导之下，为游客设计符合旅游者需求的旅游线路，突出福建特色的旅游的特色安排。线路是围绕茶的主题进行安排的。

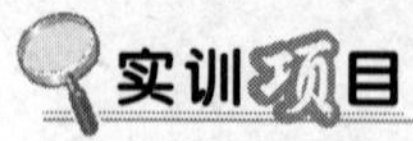

实训项目

福建民俗旅游游客温馨提示

【实训目标】

通过实训可以让学生熟悉福建主要景点及旅游线路；让学生具备市场意识，可以对特定的旅游者进行旅游需求分析；通过项目工作培养学生的沟通及合作能力。

【实训内容】

某旅行社为热爱福建民俗文化的旅游者推荐了下面的旅游行程（见表 8－3），行程中包含了客家建筑奇葩、闽南多彩民俗、畲乡独特风情等。深厚的闽文化神韵，将会令人震撼，使人沉醉。民俗旅游中涉及特定少数民族的特色及禁忌，请你将行程中涉及的少数民族禁忌，制定一份游客温馨提示。

表 8-3　福建民俗之旅

日期	行程
D1	厦门入境。游览富有闽南民俗特色的牛头山博饼文化馆等景点
D2	厦门—南靖—永定。乘车赴南靖和永定，参观福建土楼，观赏客家风情表演，感悟客家人淳朴的民风民情
D3	永定—泉州。上午乘车赴惠安崇武古城领略动人的惠女风情，午餐后乘车赴海上丝绸之路起点泉州，参观福建省最大的佛教寺院——开元寺、闽台缘博物馆、洛阳桥，夜赏南音、高甲戏、茶艺、提线木偶等独具特色的闽南民俗表演
D4	泉州—莆田—宁德。上午乘车赴湄洲岛，朝拜海上女神妈祖、妈祖故里，午餐后参观莆田工艺美术城，乘车赴宁德，夜赏畲族歌舞
D5	宁德。上午参观中华畲族宫，观赏畲族民俗文化艺术，游览天然良港三都澳，领略海上人家风情，午餐后乘车赴福州，游览浓缩福州千年古城历史和文化精髓的三坊七巷，品闽菜，夜赏民俗表演
D6	宁德—厦门。上午乘车赴厦门，游览翔安戏剧大观园、“千年古刹”南普陀寺、神威镇海的胡里山炮台
D7	厦门出境。早餐后车游风光旖旎的环岛路，返程
游客温馨提示	

【实训步骤】

1. 以项目团队为学习小组，小组规模一般是 4～5 人；建立沟通协调机制，团队成员共同参与、协作完成游客温馨提示的设计与撰写任务；各项目团队成员实训内容互相进行交流、讨论，并给予点评。

2. 各项目团队提交 PPT 文件，展示游客温馨提示。

3. 评价与总结：由教师和其他团队成员进行现场点评，教师点评以鼓励为主。

复习思考题

一、单项选择题

1. “钢琴之岛”、“音乐之乡”指的是（　　）。

A. 武夷山　　B. 鼓浪屿　　C. 泉州　　D. 白水洋

2. “碧山丹水”，“一曲一个景，曲曲景相异”指的是（　　）。

A. 武夷山　　B. 鼓浪屿　　C. 泉州　　D. 白水洋

3. 元代就被马可波罗誉为“世界最大港口之一，可与亚历山大港齐名”，人称之为“世界宗教博物馆”指的是（　　）。

A. 武夷山　　B. 鼓浪屿　　C. 泉州　　D. 白水洋

4. 目前世界已发现的稀有浅水广场，有“宇宙之谜，世界奇观”之称的是（　　）。

A. 武夷山　　B. 鼓浪屿　　C. 泉州　　D. 白水洋

5. 距今四五千年，以闽侯昙石山遗址为代表，以闽江中下游为中心，连接闽台两省，作为福建古文化的摇篮、先秦闽族的发祥地的是（　　）。

A. 昙石山文化　　B. 武夷山文化　　C. 泉州文化　　D. 白水洋文化

二、简答题

1. 福建旅游景点的特色是什么？
2. 蓝色旅游线路中重要景点有哪些？
3. 山海旅游线路中重点景点有哪些？

任务三　海南景点及线路

2011年1月28日上午，海口街头已是一片新春喜庆。停放在美源国际游艇码头广场的4架直升机，同时开启旋翼相继起飞，正式拉开海南低空空域管理改革试点。这是国内最大规模的一次低空空域试飞活动。按照设想，今年下半年，海南将会推出多条面向普通游客的航线。搭乘直升机观五指山、万泉河，看海上观音，将不再是梦想。2011年2月5日，首艘以海南命名的“海南皇后”号邮轮从三亚凤凰岛国际邮轮港出发，开始为时10个小时的首次环海南岛游工作考察活动。随后，邮轮还将组织多次考察，为今年正式推出环海南岛邮轮游做好准备。直升机旅游、邮轮旅游在海口和三亚齐齐亮相，它们带给游客的不仅是旅游新体验，更向世人展示了国际旅游岛未来构建陆、海、空立体旅游的美丽蓝图。

在天津经济研究所工作的南开大学博士杨凯，多年以前曾在海南工作。看到这则新闻令他心潮澎湃，加上《非诚勿扰2》的热映、故地亚龙湾的热带天堂森林公园的神秘，让他坚定了重游海南的决心。请你为杨凯制定一条海南海、陆、空立体旅游新路线。

任务分析

海南旅游正在转型升级，由原来的单一陆地旅游转向“海陆空”旅游立体化发展。旅游中所使用的邮轮，规格不尽相同，但基本上集娱乐、美食、休闲文艺活动于一体，是一座浮动的城市和酒店。旅游中所使用的飞机以直升机为主，直升机的一大特点是可以即走即停，航拍时离地面200米以下都可以飞行。海南有很多热带雨林，游客可以乘坐直升机近距离探索其中的奥秘。与常规的步行、车行等平面旅游方式相比，直升机旅游不会受到建筑物和高山等“障碍物”的束缚，能够把旅游者的视界从通常的平视和仰视中解脱出来，移位换景欣赏到不一样的风景。

知识准备

海南省，简称琼，位于中国的最南端，包括海南岛和中沙、西沙、南沙群岛及其周围广阔的海域。全省陆地总面积3.54万平方千米（其中海南岛陆地面积3.39万平方千米，海域面积约200万平方千米）。海南岛是我国仅次于台湾岛的第二大岛，海南省是中国最小的陆地省、最大的海洋省，省会为椰城海口市。

海南是中国唯一的热带岛屿省份，是中国最受欢迎的热带滨海度假胜地。这里四季无

冬，阳光充沛，空气清新，水质纯净，堪称人间天堂、南海明珠。2009 年年末全省常住人口为 860 万人，其中少数民族 140 多万人，是多民族聚居地和我国仅有的黎族分布地区，共有汉、黎、苗、回等 37 个民族，黎族占 114 万人。海南还是我国著名的侨乡之一。海南旅游景点见图 8－3。

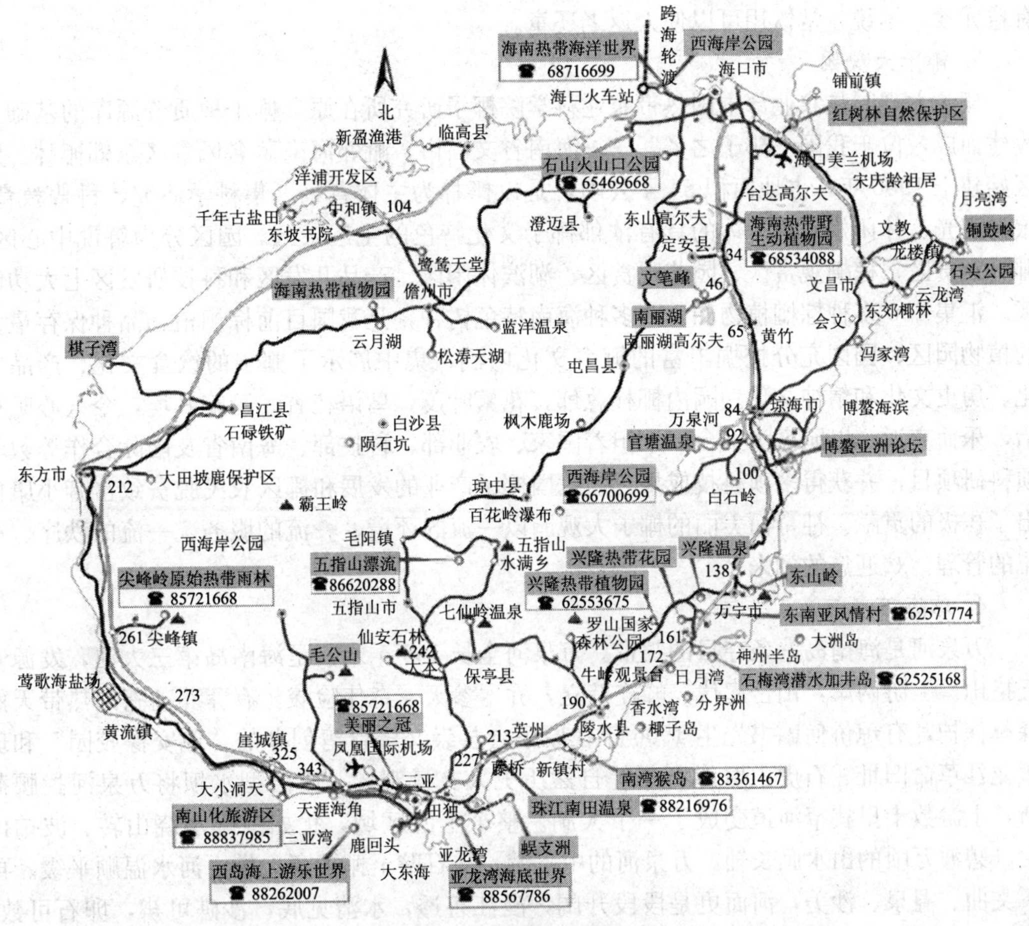

图 8－3　海南旅游景点

(一) 主要景点

1. 东寨港红树林

东寨港红树林位于海口市，占地 4000 公顷。这里的红树植物终年生长在海水之中，树冠硕大，树干形态奇特。这里现已成为游览胜地和国内外学者科学考察的基地。最近发现的海桑是中国最珍贵的植物稀有品种。红树林、阳光、海水、海滩、海鲜产品及明代古迹——海底村庄，构成了该区的奇物景观。红树林是热带亚热带海滨泥滩上特有的植物群落，是一种多功能、多效益的特种植物资源，品种奇特。因而，国际上成立了红树林学会，定期举行学术交流，促进红树林的保护和发展。东寨港红树林有 15 个科 29 个品种，因其树冠千姿百态，并生长在海边滩涂上，故有“海上绿洲，海上森林公园”之美称。自辟为旅游区后，前来参观、考察、观光的游客络绎不绝。

2. 东郊椰林

东郊椰林位于文昌市东郊镇海滨，从清澜港乘船过渡即到，是海南著名景区之一。这里椰树成片，椰姿百态，有红椰、青椰、良种矮椰、高椰、水椰等品种，共50多万株。当地农民能徒手飞快地爬上20多米高的椰树，摘下椰果，娴熟的技艺令您惊讶。在椰林里喝新鲜椰子水，您会感到通体舒畅。椰子水被当地农民称为天水，清甜甘美，含有多种有益元素。据说，常饮用可以使人返老还童。

3. 椰子大观园

椰子大观园是农业部中国热带农业科学院椰子研究所在原有椰子种质资源库的基础上改建而成，位于我国“椰子之乡”——海南省文昌市，毗邻海南著名风景区东郊椰林。园区始建于1980年，占地面积54.4公顷，是以椰林为主体背景，集科学研究、科普教育、旅游观光、休闲娱乐为一体的具有浓郁椰子文化特色的生态景区。园区分为解说中心区、椰林观赏区、棕榈观赏区、园艺观赏区、湖滨休闲区、产品开发区和科技研发区七大功能区。汇集200多种棕榈植物和130多种海南特色树种，是我国目前棕榈植物品种保存最多的植物园区；园区充分挖掘丰富的椰乡文化内涵，集中展示了椰子的饮食文化、产品文化、历史文化和精神文化。园内椰林葱郁，花繁叶茂，鸟语花香。身临其境，令人心旷神怡，乐而忘返。以园区为平台，承担着国家、农业部、科技部、海南省及国际合作等数十项科研项目，并获得多项科技成果，为我国椰子产业的发展和椰区农民脱贫致富奔小康作出了积极的贡献。神奇而美丽的椰子大观园以一流的环境、一流的服务、一流的秩序、一流的管理，欢迎您的到来！

4. 琼海万泉河

万泉河是海南岛一条夺目的锦带。万泉河全长163千米，是海南岛第三大河，发源于五指山。上游两岸，山峦起伏，峰连壁立，乔木参天，奇伟险峻。有莽莽苍苍的热带天然森林保护，有琼侨何麟书先生1906年在原乐会县崇文多台湾创办的“琼安橡胶园”和琼崖龙江革命旧址、石虎山摩崖石刻等自然历史人文景观。一座巨型水坝将万泉河拦腰截断，上游数十里狭窄河道变成了一个大湖。整个上游区域，犹如一幅水绕山转、波拍山尖、碧波万顷的山水画长轴。万泉河的中下游，从石壁至椰子寨一带，河水温顺平缓。再下文曲、温泉、沙美，河面更是段段开阔，漫江碧透，水清见底，沙礁可辨，卵石可数。两岸晨昏景色变幻神奇。清晨，晨曦喷洒，椰林村庄拨纱露面；黄昏来临，残阳撒金，河面倒影沉璧，薄雾织纱，晚风习习。此情此景，让人心醉。河水流经琼海市境内81千米，在流经市区时，在河心形成一个沙洲岛。河畔有著名的官塘温泉，有风光秀丽的白石岭风景区。万泉河出海口风光更为迷人。那里集三河（万泉河、龙滚河、九曲江）、三岛（东屿岛、沙坡岛、鸳鸯岛）、两港（博鳌港、潭门港）、一石（砥柱中流的圣公石）等风景精华于一体，既有海水、沙滩、红礁、林带，又有明媚阳光、新鲜空气、清柔流泉，是目前世界河流出海口自然风光保护最好的地区之一。万泉河出海口处的沙滩洁白、柔细。每当夕照，沙滩上人潮如涌，人山人海。此外，还建有大然海边浴场、度假村、博鳌国际高尔夫球场，是休闲度假的好去处。

5. 万宁东山岭

东山岭坐落在海南省东海岸，距万宁县城1.5千米，面积10平方千米，由三座山峰相依而成，海拔184米，自然风光秀丽，景物得天独厚，人文景观奇特。山上怪石嶙峋，异洞幽深，丹崖翠壁，泉丰林秀；春风长驻，四时花开；石景遍布，佳致叠出；奇岩异

洞，各具姿态。素有“海外桃源”、“海南第一山”之称。大自然的灵气给东山岭造就了雄奇俊致的美景。七峡巢云、正笏凌宵、仙舟系缆、蓬莱香窟、瑶台望海、冠盖飞霞、海眼流丹、碧水环龙，此八景驰名中外。登山一般从“云路初阶”开始，有山高路远之意。沿花岗石道拾级而上，但见峰峦屏立，怪石擎天。一路上，山花烂漫，峰回路转。山上古今石刻历历在目，尤以“海南第一山”、“南天斗宿”、“洞天福地”、“东山耸翠”等最为壮观。东山岭上有著名的佛教寺庙，最为有名的是潮音寺。此寺是为纪念南宋抗金名将李纲而修建的。一年四季游客络绎不绝，香火鼎盛。游览景点弥勒宫、李刚塑像、龙洞迷宫令游人啧啧称奇。东山岭已建有现代化豪华宾馆，其东山羊、和乐蟹、后安鲻鱼、港北对虾、东山烙饼等风味美食令游人大饱口福。在海南的山中，东山岭不高，也显不出多少幽峻来。然而从古至今，论名气之大，推崇者之多，没有哪座山可与之媲美。早在晋朝，文人墨客就在此地留下笔墨石刻。到明代，万州牧曾光祖题写了“海南第一山”几个大字，由工匠镌刻在东山岭上。至此这一名号便堂而皇之地成为东山岭的代名词。

6. 海南五指山

五指山是海南第一高山，是海南岛的象征，也是我国名山之一，被国际旅游组织列为A级旅游点。该山位于海南岛中部，峰峦起伏成锯齿状，形似五指，故得名。远眺五指山，只见林木苍翠，白云缭绕，绿山盘旋而上峰巅，顿觉云从脚下生，人在太空游。近看五指山，只见5个“指头”由西南向东北，先疏而后密地排列。跟前那座郁郁葱葱的山峰，便是五指山第一峰，海拔1300多米，峥嵘壁立，那顶峰倾斜指着天际。在五指山区公所的所在地朝山上看，整座山峰好像一座硕大的金字塔，那山巅则像喙食尖削的鸟嘴，但是登上去后，却是一大块近10多平方米面积的岩石。

7. 亚龙湾

亚龙湾国家旅游度假区是我国唯一具有热带风情的国家级旅游度假区，位于中国最南端的热带滨海旅游城市——三亚市东南面25千米处。度假区规划面积18.6平方千米，是一个拥有滨海公园、豪华别墅、会议中心、高星级宾馆、度假村、海底观光世界、海上运动中心、高尔夫球场、游艇俱乐部等国际一流水准的旅游度假区。亚龙湾气候温和，风景如画。这里不仅有蓝蓝的天空、明媚温暖的阳光、清新湿润的空气、连绵起伏的青山、千姿百态的岩石、原始幽静的红树林、波平浪静的海湾、清澈透明的海水、洁白细腻的沙滩以及五彩缤纷的海底景观等，而且8千米长的海岸线上椰影婆裟，生长着众多奇花异草和原始热带植被，各具特色的度假酒店错落有致地分布于此。它们恰似一颗颗璀璨的明珠，把亚龙湾装扮得风情万种、光彩照人。

亚龙湾集中了现代旅游的五大要素：海洋、沙滩、阳光、绿色、新鲜空气，呈现明显的热带海洋性气候，全年平均气温25.5摄氏度，冬季海水最低温度22摄氏度，适宜四季游泳和开展各类海上运动。这里海湾面积达66平方千米，可同时容纳十万人嬉水畅游、数千只游艇游弋追逐。如今，亚龙湾已经美名远扬，并成为国内外知名的旅游品牌。在国内，选择亚龙湾度假已是一种时尚。这里如诗如画的自然风光、舒适完善的旅游度假设施和独具特色的旅游项目已成为旅游者向往的度假天堂。

8. 天涯海角

天涯海角风景区（必游）出三亚市沿海滨西行26千米，到达了马岭山下，便是“天涯海角”奇景。游客至此，似乎到了天地之尽头。古时候交通闭塞，“鸟飞尚需半年程”

的琼岛，人烟稀少，荒芜凄凉，是封建王朝流放“逆臣”之地。来到这里的人，来去无路，望海兴叹，故谓之“天涯海角”。宋朝名臣胡铨哀叹“区区万里天涯路，野草若烟正断魂”。唐代宰相李德裕用“一去一万里，千之千不还”的诗句倾吐了遭受贬谪的际遇。这里记载着历史上贬官逆臣的悲剧人生，经历代文人墨客的题咏描绘，成为我国富有神奇色彩的著名游览胜地。这里碧水蓝天一色，烟波浩翰，帆影点点，椰林婆娑，奇石林立，那刻有:“天涯”、“海角”、“南天一柱”、“海南南天”等巨石雄峙海滨，使整个景区如诗如画，美不胜收。据记载，“天涯”题刻，是清代雍正年间崖州知府程哲所书。“南天一柱”据说是清代宣统年间崖州知州范云梯所书。“南天一柱”来历还有传说。相传很久以前，陵水黎族有两位仙女知道后偷偷下凡，立身于南海中，为当地渔家指航打渔。王母娘娘恼怒，派雷公雷母抓她们回去，二人不肯，化为双峰石，被劈为两截:一截掉在黎安附近的海中，一截飞到天涯之旁，成为今天的“南天一柱”。现在景区内还建有海水浴场、钓鱼台及海上游艇等设施，一座座由现代建筑和仿古典传统园林式建筑风格相结合的“天涯购物寨”、“天涯漫游区”、“天涯画廊”、“天涯民族风情园”、“天涯历史名人雕像”等屹立在海角景区，令人目不暇接，流连忘返。附近有“点火台”、“望海阁”、“怀苏亭”和曲径通幽组成的多层次游览胜地。

9. 蜈支洲岛

作为中、高端旅游者必选的海南旅游景点，蜈支洲岛集热带海岛旅游资源的丰富性和独特性于一体。岛上旖旎的自然风光，极具特色的各类度假别墅、木屋及酒吧、网球场、海鲜餐厅等配套设施，和已开展的包括潜水、半潜观光、海钓、滑水、帆船、帆板、摩托艇、香蕉船、独木舟、拖曳伞、蹦跳船、沙滩摩托车、水上降落伞、沙滩排球、沙滩足球等 30 余项海上和沙滩娱乐项目，给前来观光和度假的旅游者带来原始、静谧、浪漫和动感时尚的休闲体验。岛东、南、西三面漫山叠翠，85 科 2700 多种原生植物郁郁葱葱，不但有高大挺拔的乔木，也有繁茂葳蕤的灌木。其中不但有从恐龙时代流传下来的沙椤这样的奇异花木，还生长着迄今为止地球上留存下来最古老的植物，号称“地球植物老寿星”的龙血树。寄生、绞杀等热带植物景观随处可见。临海山石嶙峋陡峭，直插海底。惊涛拍岸，蔚为壮观。中部山林草地起伏逶迤，绿影婆娑。北部滩平浪静，沙质洁白细腻，恍若玉带天成。四周海域清澈透明，海水能见度 6～27 米，水域中盛产夜光螺、海参、龙虾、马鲛鱼、海胆、鲳鱼及五颜六色的热带鱼。南部水域海底有着保护很好的珊瑚礁，是世界上为数不多的唯一没有礁石或者鹅卵石混杂的海岛，是国内最佳潜水基地。极目远眺，烟波浩渺，海天一色。

10. 大东海

东海旅游区位于距三亚市区 3 千米的兔子尾和鹿回头两山之间。月牙形的海湾、辽阔的海面晶莹如镜。只见金沙融融，阳光、碧水、沙滩、绿树美丽如春。水暖沙平，冬季水温在 18℃～22℃。大东海是冬泳避寒胜地和度假休闲者进行潜海观光、海水浴、阳光浴的理想之地，被国家旅游局评为中国“四十佳”旅游景点之一。区内海滨度假旅游设施集中而配套，有嬉水乐园、旅游潜艇码头、潜水和跳水基地等，可常年进行多种水上活动和沙滩运动，是目前海南颇具规模的热带海滨旅游度假区。畅游大东海，沐浴着和煦的阳光，安然自在，人生的烦恼和纷繁的事务，统统被洗刷得干干净净。

11. 鹿回头风情园

鹿回头风情园是一个以民俗风情和爱情传说为主题的公园，是一个自然风光和人造景

观完美结合的景区。鹿回头风情园位于三亚市河东区鹿回头半岛西北侧鹿回头岭脚下。占地 210 亩，园境依山傍海，绿椰古木环抱，自然风光独好。鹿回头风情园拥有独特的黎族文化财富——美丽的“鹿回头”传说。风情园充分利用“鹿回头”传说这一优势，在“风情”二字上作“游乐”文章。先后请了著名雕塑家林毓豪、肖铁航，著名民俗风情作家张跃虎、蔡明康、黎兴汤、周德光等名家进行策划、论证，最终形成了土建、雕塑、园林、石刻、戏鹿、歌舞、娱乐交融一体的特色景观规划，实现了整体体现“鹿回头传说”主体的静态与动态的结合、神话传说与风情习俗的结合、旅游景点与旅游文化的结合。风情园主营内容包括：鹿回头传说展览大厅、黎族文化发展介绍、黎族歌舞、黎族婚礼、戏鹿乐园、钓鱼台、黎族风情联欢晚会、风味烧烤、休闲茶座。风情园整体规划已经专家和有关部门评审通过。景点建设已初具规模。著名书画家关山月为乐园“仙鹿园”题名。穆青为“相聚鹿回头”雕塑题词。在这里，游人可以饱览原始、粗犷、古朴的景色，可以观赏美丽吉祥的梅花鹿群，可以领略醇厚的民俗风情，可以尝试“逐鹿”之艰难，可以欣赏《鹿回头》大型歌舞剧，可以购买称心的鹿产品或其他旅游工艺品，可以度过难忘的鹿鸣庄之夜……畅游仙境，乐在其中。

（二）典型路线

1. 环海南岛热带滨海观光体验游：儋州—三亚—琼海—文昌

东有三江汇海，南有度假天堂，西有调声木偶，北有魅力之都；这里有瀑布、温泉、大海、古盐田、椰子园、钟乳石洞。环岛巡行，可享受视觉的饕餮盛宴；原始热带雨林负氧离子含量达 10 万个/立方厘米，完全符合现代人绿色环保、健康自然的养生需求；加进临高角、解放纪念公园看似与主题无关，其实恰恰是无数革命先烈的努力，才有了我们今天的美好生活。

2. 尊享海岸：三亚—石梅湾—南田温泉

感受纯正海景假期，畅享高端休闲生活。本产品专为钟爱休闲运动、富有生活激情的度假人群设计，创新采用多主题一日游线路组合，每天玩透一个与海有关的主题活动，每晚下榻一个私密海湾五星酒店。乘一次豪华游艇出海，打一场奢华的海景高尔夫球，泡一回神泉谷温泉，享一次康体 SPA，在人迹罕至的“西排岛”或“东排岛”做一次海底探秘。

3. 民俗文化之旅：定安—屯昌—琼中—五指山—保亭

品民俗大餐，享文化盛宴。深度体验海南中线民俗文化旅游资源之精髓：民族博物馆——全面了解海南民族文化发展历史；槟榔谷原住民文化村——触摸“雕题”、“离耳”，探访海南民族文化最后的守望者；呀诺达（海南话 123）热带雨林——发现藏在雨林深处的黎家欢歌；世外桃源“什栋村”——酸豆树下和孩子们荡起秋千，向绣面文身的黎家阿婆学织黎锦，聆听八音天籁，看钻木取火，观缝制树皮衣，品尝正宗的鱼茶、五脚猪、山岚酒等黎家风味……

4. 西线特色探奇游：东方—乐东—昌江—儋州—海口

本产品立足于“探奇”二字，四天探寻“海岸、雨林、火山”三大西线奇特的地貌奇观，可以在“中国最美森林”尖峰岭进行河谷溯溪；在有“海上沙漠”之称的棋子湾观夕阳西下，赏惊涛拍岸；从鲜见的火山现象“冷热泉”开始溯源，经由火山熔岩止步之地“龙门激浪”，到火山爆发之地——海口石山火山群地质公园，在其周边古村落的探访中揭开火山文化的神秘面纱……

5. 七洲列岛海洋探奇体验游

这是一条专为都市白领、海钓人群、摄影人群、户外爱好者及对海洋探奇有强烈愿望的人群设计的“海洋探奇”之旅。产品以探秘人迹罕至的七洲列岛为主题，让游客可在烟波浩渺的北峙岛上拍摄群鸟起舞奇观，观赏蓝色雾霭中的日出日落，穿越神秘罕见的海蚀隧道，体验海钓和浮潜，畅享蓝色海洋带给人们的视觉冲击以及原生态海岛的神秘和新奇。

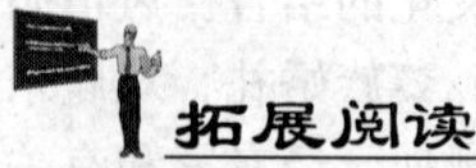

拓展阅读

给自己和给你的礼物（毕淑敏）

旅行，不仅仅指身体在地理空间的变换，更指心灵征程的跋涉。航海，就是在蔚蓝和天蓝之间移动，充满了挑战和未知。2008 年 5 月 13 日至 2008 年 9 月 4 日，我和儿子芦森，乘坐日本“和平号”邮轮，去完成绕地球一周的航行，整个旅程共计 114 天，共计 52248 千米，我们成为中国大陆首次环绕地球旅行的公民。

这是一趟充满了未知和挑战的航行，它的艰难和危险，远远超出了我的想象。如果我事先知道了需穿越的这一系列苦难，让我再次重新选择——去还是不去？在刚刚到家的一个月之内，我会非常坦率地向你说——“不去!”。好在我们终于平安回到了家。回家之后一个月，如果你再问我这个问题，我会改口说——“去!”你可能要惊奇，为什么会有这么大的变化？答案只有一个，万里海疆，艰苦卓绝。刚回来，惊魂未定，所以说“不去”。过了一段时间，苦难的创伤渐渐淡去，留下的是瑰丽无比的回忆，所以，就说“去”。

所有曾知晓我环球旅行的人，都有无数问题等着问我。从一张船票要多少钱，到需要办多少国家的签证，从船上如何洗衣服到语言不通怎么办，从会不会晕船到漫长的航海时间内你都干些什么，从你看没看见鲸鱼到是否遇过海盗，从饮食是否习惯到你给家人买了什么礼物……大大小小的问题，就像热带海域上的冰雹紧锣密鼓砸向甲板。我常常顾此失彼，回答了这个忘记了那个……

在海上的日子，每天晚上，只要没有大的风浪，我都会在船的左前舷看海。为什么一定要选这个地方呢？你要记得我们的船是自东向西航行，落日就在船的正前方。当落日最后熄灭了它的烁目光华之后，海平线上只有琥珀色的云线，好像是晚霞金色火焰的孑遗。这种时分，似黑非黑，忧郁万马奔腾般袭来，双目直视海洋，它带着一种永恒的苍凉，大智若愚。虽然几乎什么都看不见，但我深知，这苍凉中蕴涵着人类无以企及的勃勃生机，在深深的海底动荡不已。在大洋中央，人和天的比例根本就不能称之为比例。你关于这个世界的所有认识，都被动摇和颠覆。举目四望，你是如此的孤独。天空和水永远在目光的尽头缝缀在一起，包围着你，呈现出博大的哀伤。你知道自己是一定要灭亡的，而大海永远存在。人常常是置于死地而后生。当我如此深刻地体验到一己的微不足道和瞬忽即逝的宿命之后，我决定从现在开始，再不无谓地消耗一分钟，尽心尽意做自己喜欢的有价值有意义的事情，让沙芥般渺小的生命和一种广博的存续连接在一起，如同浪花在海洋中快乐嬉戏并生生不息。

搭乘邮轮及直升飞机的常识

一、邮轮

1. 因科技的进步，目前大型邮轮上均有平衡翼、事先得到精准的气象信息的能力，并配备了医药，搭乘邮轮一般不会晕船。

2. 搭乘邮轮时间较长，但并不会觉得无聊或封闭。邮轮就像是一座漂浮的度假圣地，游客可以自己决定要做什么，躺在泳池边的躺椅上，呼吸海上新鲜空气，享受美食，晒太阳，读本好书，观赏多变的景观。还可以参加一个运动课程、舞蹈课程或其他有组织的甲板活动、游泳，享受SPA等。船上活动千百样，绝对不会觉得无聊。

3. 船费包括船舱住宿费、海上运输费、所有餐点及船上提供的娱乐设施，除非有其他说明，皆包括在船费中。费用不包括医疗费用、小费及纯属个人消费的项目，如酒类、洗衣、电话、冲洗相片、SPA、SALON等费用。遵循国际环保原则，舱房里除沐浴拖鞋、牙刷牙膏、充电转换器须自备外，沐浴巾、沐浴液、洗发水、口杯、吹风机都有配备。

4. 船为移动式海上行宫，所有的船舶公司为了各地政府海关需求，以及控制登船人数，出发前2个月半就要付订金，以确保游客的船位。

5. 海上假期应该准备的衣物有三种：在船上或白天穿着的便服，岸上观光穿着的普通服装以及夜间的正式服装。船长欢迎酒会、晚宴和船长惜别晚宴等正式宴会，则要求男士和女士皆应穿着正式服装，例如女士穿着晚礼服或裙装，男士应穿着晚礼服或深色西装打领带。

6. 在船上可以办理和使用船卡消费，费用会自动转到您所登记的信用卡（VISA卡、万事达卡、美国运通卡、大来卡、OPTIMA卡、DISCOVER卡）机构。其中VISA卡、万事达卡、美国运通卡可以直接在船上的相片及相片冲洗店、免税商店使用，旅行支票也可以在旅客服务处兑现。

7. 每位旅客每晚要支付客舱及餐厅的服务费（包含：送进/送出行李、每日2次船舱整理、各个餐厅及客房送餐服务），小费将自动入账到您的签账卡系统，另外给酒吧侍者、酒保的15%服务费也会自动入账到您的签账卡系统。

8. 船上设有医疗中心，配备合格医师、护士及加护病房等医疗设施。各项医疗服务都是必须另外付费，如在航程中生病而医师无法在船上治疗时，需要送您上岸接受医疗。如您在船上需要特别的医疗装置或协助，请于订位时告知。建议您出门前投保旅游平安险，为了您的方便，也请随身携带习惯性用药如感冒药、胃肠药、心脏病药等。

二、直升飞机

1. 孕妇、心脏病人、患有传染性疾病人员及民航规定的特殊旅客及限乘旅客不能乘机。

2. 禁止携带易燃易爆物品登机。

3. 禁止携带武器等危险物品登机。

4. 登机前严禁在直升飞机前照相，系好安全带，待飞机起飞后方可开始摄影。

5. 服从机场服务人员指示，禁止擅自在指定搭乘区域外进行活动。

6. 直升飞机的螺旋桨旋转时，注意不要接近机头和机尾，请在指定通道内进行登机。
7. 机翼旋转时将产生强风，乘客要注意各自的帽子和围巾，女客要注意自己的裙摆。
8. 乘客登机时要注意头顶和脚下安全。
9. 登机时的坐席由机场服务人员根据直升机配载情况指定，请听从服务人员的安排。
10. 为保证飞行安全，登机后请立即系好安全带，在飞机降落前不可解开。
11. 乘客不可指定搭乘直升飞机的机型。
12. 在机舱内不可触摸机内的各种开关和机门把手，以保证飞行安全。
13. 飞行结束后，游客可在直升机前留影拍照，但只能由机场服务人员为游客拍照。

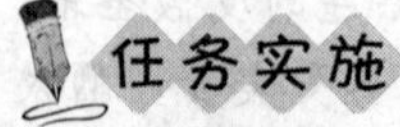

任务实施

参考行程如下：

日期	行程安排
D1	天津乘机前往风景如画美丽的热岛——三亚，入住酒店。
D2	早餐后，乘坐直升飞机空中观赏非诚勿扰拍摄地亚龙湾热带天堂森林公园，尽情欣赏海南独特的热带雨林景观，感受雨林深处的静谧和神奇，体会空中天道的震撼和新奇，尽享这海天仙境、热带天堂！飞机降落后徒步进入《非诚勿扰 2》的拍摄基地，用脚丈量和感受大自然的魅力
D3	早餐后，乘船前往蔚蓝大海中的一座苍翠岛屿、放逐心灵的世外桃园——分界洲岛，欣赏岛上绮丽的原始自然风光；前往鹿回头山顶公园（60 分钟），聆听古老爱情故事，俯瞰浩瀚的大海，远眺起伏的山峦，三亚市全景尽收眼底
D4	早餐后，前往石梅湾，参观艾美酒店，《非诚勿扰 2》的开机仪式也是选在这里。游客可以在这里看海鸥轻点海水捕食小鱼，看螃蟹爬上沙滩晒太阳，享受悠闲假期。晚间乘坐世界最先进的奥地利“空中客运”索道，登三亚市区最高峰——凤凰岭公园，这是三亚目前唯一能全览三亚城市全景的绝佳之处。漫步 360°悬挑式观光长廊，观三亚城市建筑和城市外貌，别有一番情趣
D5	睡到自然醒，白天在三亚湾潜泳和海底漫步，在湛蓝的海底观赏热带鱼和热带植物，夜游三亚湾。晚上在三亚港登上豪华油轮出海，观港口水上人家，经凤凰岛眺望人工填海而成的岛屿。穿过长虹卧波的三亚湾大桥，进入美丽的三亚湾，可在观海台上欣赏灯火阑珊处的美丽三亚夜景，观赏椰梦长廊。船上可提供免费啤酒、鲜果汁、俄罗斯风情舞蹈项目等
D6	返回温馨的家中

任务总结

通过对海南主要景点、线路及立体旅游的了解，在旅游者需求分析的指导之下，为游客设计符合旅游者需求的旅游线路，突出海南旅游的特色安排。

实训项目

海南之旅五日游

【实训目标】

1. 通过实训可以让学生熟悉海南主要景点及旅游线路。
2. 让学生具备市场意识，可以对特定的旅游者进行旅游需求分析。
3. 通过项目工作培养学生的沟通及合作能力。

【实训内容】

“浪漫天涯”海岛之旅五日度假游行程（见表 8－4）针对的是台北来琼的游客，请你为这个行程补充详细的景点介绍。

表 8－4　　海岛之旅

日期	行程
D1	机场—【马鞍岭火山遗址公园】（40 分钟，游览 1.5 小时）—印象海南岛秀（观看 90 分钟）
D2	酒店—【博鳌水城、亚洲论坛永久会址】—【玉带滩】（60 分钟）、艾美度假酒店，享受酒店设施或下海冲浪
D3	酒店—【槟榔谷】（1 小时，游览 1.5 小时）、—【天涯海角】（含电瓶车）、希尔顿逸林酒店 SPA
D4	出海巡游，海钓、潜水（费用自理），下午酒店自由活动
D5	【鹿回头山顶公园】（含电瓶车）（游览 1 小时）、免税商场（游览 1 小时）—送机

【实训步骤】

1. 以项目团队为学习小组，小组规模一般是 4～5 人；建立沟通协调机制，团队成员共同参与、协作完成景点介绍的撰写任务；各项目团队成员实训内容互相进行交流、讨论，并给予点评。
2. 各项目团队提交 PPT 文件，展示景点介绍。
3. 评价与总结：由教师和其他团队成员进行现场点评，教师点评以鼓励为主。

复习思考题

一、单项选择题

1. 有“海上绿洲，海上森林公园”之称的是（　　）。

A. 五指山　　B. 亚龙湾　　C. 蜈支洲岛　　D. 东寨港红树林

2. 海南岛的象征是（　　）。

A. 五指山　　B. 亚龙湾　　C. 蜈支洲岛　　D. 东寨港红树林

3. 集现代旅游五大要素：海洋、沙滩、阳光、绿色、新鲜空气于一体，呈现明显的热带海洋性气候，全年平均气温 25.5℃的景点是（　　）。

A. 五指山　　B. 亚龙湾　　C. 蜈支洲岛　　D. 东寨港红树林

4. 世界上为数不多的唯一没有礁石或者鹅卵石混杂的海岛，国内最佳潜水基地是（　　）。

A. 五指山　　B. 亚龙湾　　C. 蜈支洲岛　　D. 东寨港红树林

5. 冬泳避寒胜地和度假休闲者进行潜海观光、海水浴、阳光浴的理想之地是（　　）。

A. 大东海　　B. 亚龙湾　　C. 蜈支洲岛　　D. 东寨港红树林

二、简答题

1. 海南旅游资源的特色是什么？

2. 天涯海角景区有哪些著名的景观？

3. 你到海南最想看的景点是什么？为什么？

项目九　西南旅游区景点及线路

学习目标

- **知识目标**

  1. 熟悉西南旅游区各省市旅游景点；熟悉西南旅游区省内旅游线路。

  2. 掌握彩色旅游、生态旅游、夕阳红旅游的方式及特点。

- **能力目标**

  1. 能够对白领、老年游客进行分析。

  2. 能够根据白领、老年游客要求，为游客推荐设计出西南旅游区游旅线路。

任务一　广西景点及线路

任务引入

我们生活在一个五光十色、丰富多彩的世界。有了色彩，世界才显得格外生动；有了色彩，我们才能在社会生活中如此细致地传达出我们的真实感受。外研社的平面设计米粒是个地道的大美女，平时工作压力大，公司竞争激烈，更使她向往生活在彩色的世界里。这不春暖了，草绿了，花开了，她的心也要飞了。请你为她推荐一条可以看到“彩色”的广西之旅线路。

任务分析

“在山清水秀的风景中放松心情，舒缓压力”的旅游减压方式已经得到白领一族的认可。随着生活成本不断提高、就业压力日益增强，公司很多白领已不堪重负。有心理专家认为，在各种减压方式中，结伴同游是最佳的减压途径。在旅游线路设计中，如果能恰当运用色彩词，会提示线路的吸引力，会收到事半功倍的效果。色彩旅游线路正是使用各种各样的色彩词，对旅游线路进行定位和包装。蓝色旅游象征着海滨之旅，绿色旅游带你来到了大草原，红色旅游让你领略革命的风采，金色埃及之旅，凸显了非洲魅力。

知识准备

广西壮族自治区简称桂，位于我国大陆南部，云贵高原东南部。南临北部湾，享有沿海沿边有利的地理位置，全区土地总面积 23.67 万平方千米，2008 年广西总人口 5049 万人，境内有 11 个少数民族聚集区，其中以壮族为主，占全省人口的 1/3。旅游资源以桂林山水风光、少数民族风情为特色。桂林、北海为旅游中心城市。广西旅游景点见图 9－1。

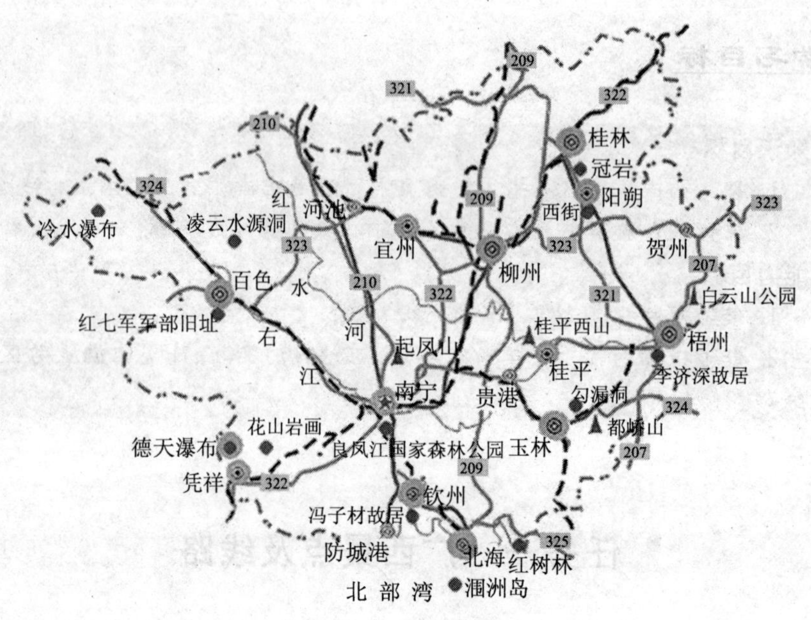

图 9－1　广西旅游景点

(一) 主要景点

1. 独秀峰

独秀峰位于桂林市区，孤峰突起，东麓有岩穴、月牙泉；西麓有太平岩、名人题刻多处；峰顶可以欣赏桂林市美丽的景色。独秀峰由 3.5 亿年前浅海生物化学沉积的石灰岩组成，主要有 3 组几乎垂直的裂隙切割，从山顶直劈山脚，通过水流作用，形成旁无坡阜的孤峰。独秀山体扁圆，东西宽，端庄雄伟，南北窄，峭拔峻秀，有“南天一柱”之誉。山上建有玄武阁、观音堂、三客庙、三神祠等，山下有月牙池。晨曦夕照，披上太阳的光辉，俨然一位紫袍玉带的王者，故又被称为“紫金山”。

2. 芦笛岩

芦笛岩位于桂林市西北光阴山南侧山腰上，岩洞多石钟乳、石笋、石幔遍布，千姿百态的石钟乳使人如置身仙境。芦笛岩主要以玲珑、瑰丽、虚幻著称。整个岩洞犹如一座用宝石、珊瑚、翡翠雕砌而成的宏伟、壮丽的地下宫殿，被称誉为“大自然艺术之宫”。洞内最高处 18 米，最宽处 93 米，游程 500 多米。洞中景物多姿多彩，千奇百怪，有从洞顶垂下的石乳，有从地上向上生长的石笋，还有石乳与石笋连接而成的石柱，也有被大自然雕琢成不同形状的石幔、石枝、石花、石瀑等。洞内神秘虚幻，仿佛是在神话世界里周游一般。

3. 漓江

漓江又名漓水，发源于桂林北面兴安县的猫儿山。景色最美的数桂林到阳朔一段 84 千米阳朔水程。境内奇特的秀峰有 2 万多座，沿江有象鼻山、穷山、牛鸡山、净瓶山、奇峰镇、大坪、龙门古榕、冠岩、绣山、兴坪等旅游景点。漓江蜿蜒于奇峰之间，沿江峭壁耸立，古塔倒影，画廊百里，风光旖旎。

4. 灵渠

灵渠位于桂林市兴安县附近，是秦代最著名的古代水利工程，长约 34 千米的人工运河沟通了湘江和漓江。主要工程建筑有铧嘴、大小天平、秦堤、陡门等。灵渠两岸，绿树成荫，风景俏丽，有纪念秦代工程主持人的四贤祠和指挥建堤的 3 个石匠的合葬墓“三将军”墓。灵渠是与万里长城、都江堰齐名的古建工程。

5. 阳朔古镇

阳朔古镇位于漓江西岸，距桂林东南约 60 千米。阳朔自然风光秀丽，素有“阳朔山水甲桂林”之称。主要旅游景点有漓汇岸边的碧莲峰、榕荫古渡、月亮山、明清步行街等。

6. 龙脊梯田

龙脊梯田位于桂林市龙胜县东南部和平乡境内，海拔 300～1100 米。梯田始建于元朝至清初，距今已有 650 多年历史。梯田线条行云流水，潇洒柔畅，如链似带，从山脚盘绕到山顶。龙脊梯田气势磅礴，层层叠叠，有“梯田世界之冠”的美誉。

7. 花山崖画

花山崖画位于南宁市西南宁明县 25 千米明江两岸石灰岩峭壁上。常见的崖画有褐色的各种图形，其中人物最多。已发现有岩画 80 多处，表现了武士出征誓师、庆祝丰收等情景。花山崖画为全国重点文物、国家重点风景名胜区。

8. 北海银滩

北海银滩位于北海市南部海滨，因沙滩银白色故名。这里沙滩平软，绵延数十里，海水清澈，水温适中，是著名的滨海休闲度假的胜地。

（二）典型线路

（1）环北部湾滨海休闲度假游：北海银滩北海—防城港（东兴）—钦州—南宁

（2）中越边境游：南宁—凭祥—越南谅山—凭祥—南宁

（3）壮、苗、瑶、侗、仫佬族风情游：南宁－金秀－柳州—宜州－罗城—融水—三江－龙胜－桂林六日游

（4）邓小平足迹游：南宁—龙州—大新—田东—百色—巴马—东兰—河池—大化—南宁

（5）孙中山北伐足迹游：广东肇庆—梧州—贺州—昭平—阳朔—桂林

（6）大石围天坑群探秘游：南宁—平果—百色—凌云—乐业—天峨—南丹—大化—南宁

（7）太平天国·宗教历史文化游：南宁—贵港—桂平—武宣—蒙山—梧州—容县—玉林—南宁

拓展阅读

广西龙脊梯田

龙脊梯田位于广西龙胜县东南部和平乡境内，高山、深谷、大落差，让龙脊梯田周边形成远有高山云雾，近有河谷急流的绝佳景观。龙脊梯田始建于元朝，完工于清初，距今已有650多年历史，是广西20个一级景点之一。梯田如链似带，把一座座山峰环绕成一只只巨大的螺蛳，有的则像巨扇一样半合半开，斜叠成一个个狭长的扇；有的则像天镜被分割，然后有层次地镶嵌成多种图形的碎块，在这个广袤的区域内，小路悠悠地蜿蜒在跌宕有致的梯田里，飘忽成一根根细绳；而袅袅地萦绕在它上空的龙脊壮族山歌，则变成一缕缕缭绕的云烟；那一幢幢被水光映照、被云影拂弄的壮族“麻烂”（木楼），则被如画的景色空灵成仙宫了。龙脊开山造田的祖先们当初绝没有想到，他们用血汗和生命开凿出来的梯田，竟是如此妩媚潇洒的曲线世界。在旅游已成为人们生活一部分的今天，壮族祖先们经手开出来的梯田，竟像艺术杰作一样愉悦着游人的情感，使众多的异国他乡的人，不远万里纷至沓来，欣赏它、品味它，并用心灵去感应它的魅力。

龙脊梯田的景色，还随着季节的变化而变化，时而春水融融，时而绿波荡漾，时而一片金黄。春、夏、秋在这里分别是三幅套色的版画，而把成熟和丰收交给晒楼和谷仓以后的冬天，龙脊梯田则是一幅色调分明的黑白版画。“春如层层银带，夏滚道道绿波，秋叠层层金塔，冬似群龙戏水，四季如诗如歌”。龙脊梯田集壮丽与秀美于一体，有“世界梯田之冠”的美称。

资料库

《印象·刘三姐》

2004年3月20日，由张艺谋总导演的《印象·刘三姐》在桂林阳朔正式对外演出，反响很大，颇受青睐。一般每晚要演出两场。《印象·刘三姐》是一部以全新概念编排的、规模宏大的山水实景演出。

一是剧场创新。它以阳朔城东漓江与田家河交汇处方圆两千米的漓江水域为舞台，以12座山峰和广袤天穹做背景，歌圩场地内的风雨桥、鼓楼、回廊、看戏台、水上舞台以及9座山峰全都安装了映照灯光系统，构成最有创意的大型山水实景剧场。

二是剧目创新。依托实景剧场反映当地少数民族传统文化，既是旅游项目，又是文化项目，是旅游与文化的天和之作。把广西举世闻名的两大旅游、文化资源——桂林山水和刘三姐的传说进行巧妙地嫁接和有机结合，壮族“歌仙”刘三姐的经典山歌、广西少数民族风情、漓江渔火等多元素创新组合，自然风光与人文景观交相辉映，融自然之美、渔火之美、人文之美、民风之美、服饰之美、灯光之美于一体，被评论家誉为“最完美、大气的视觉艺术”。

三是演出规模大、群众演员“本色演出”。参与演出的演职人员共600余人，其中有阳朔县沿江附近数个村庄的渔民、村民300多人。他们参加演出，使观众领略到当地最具

原生态的乡村生活场景。

四是经营运作创新。现已成为桂林旅游的一张名片和吸引游客的磁场，成为桂林旅游业与文化产业有机结合的典范，开创了挖掘景区文化内涵、展示景区形象与魅力的一种经营管理新形式。

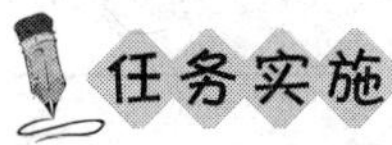

任务实施

舟行云流、鲤鱼挂壁、浪石烟雨、半边奇渡、九马画山、黄布倒影，五颜六色，琳琅满目，综合考虑白领减压需求，设计如下行程：

时间	行程安排
D1	桂林。抵桂林，游览象鼻山、伏波山、叠彩山、七星公园、骆驼山、芦笛岩、夜游“两江四湖”等。住桂林
D2	桂林—阳朔。乘船游览漓江至阳朔，游览阳朔西街，月亮山、遇龙河、大榕树公园等，晚上观看“印象·刘三姐”大型山水实景演出。住阳朔
D3	阳朔—荔浦—兴安。由阳朔乘车前往荔浦，游览丰鱼岩、银子岩、龙怀景区等；下午乘车返回桂林，途中游览世外桃源、愚自乐园。住当地度假酒店
D4	兴安—资源。游览兴安乐满地主题乐园、度假山庄、高尔夫球场、灵渠等，然后乘车前往资源。住资源
D5	资源—龙胜。游览资源资江和八角寨国家地质公园等，然后乘车前往龙胜，晚上享受温泉浴。住龙胜温泉度假酒店
D6	龙胜—桂林。游览龙胜龙脊梯田景区、壮族山寨、红瑶山寨；然后乘车返回桂林

任务总结

在全面了解广西主要景点及彩色旅游知识的基础之上，结合公司白领需求，为游客设计了贴近自然、色彩丰富的旅游线路。这样的旅游线路沁人心脾，极大地缓解了游客的内心压力。线路安排中，要遵照旅速游缓的要求，景点游览节奏要舒缓，避免追赶行程，否则与减压目的相悖。

实训项目

广西“刘三姐”风情之旅景点特色说明

【实训目标】

1. 通过实训可以让学生熟悉广西主要景点及旅游线路。
2. 让学生具备市场意识，可以对特定的旅游者进行旅游需求分析。
3. 通过项目工作培养学生的沟通及合作能力。

【实训内容】

刘三姐，是广西民间传说的壮族人物，聪慧机敏，歌如泉涌，优美动人，有“歌仙”之誉。下面是某旅行社为武汉音乐学院的老师们制定的广西“刘三姐”风情之旅行程安排。请你查询书籍、登录网站为旅行社撰写景点特色说明。

时间	行程安排
D1	桂林。抵桂林，参观刘三姐景观园、漓江民族风情园、象山景区、七星景区（象鼻山、伏波山、叠彩山）、骆驼山，夜游“两江四湖”等。住桂林
D2	桂林—阳朔。乘船游览漓江至阳朔，游览阳朔西街、遇龙河景区、大榕树公园（刘三姐抛绣球定情处），晚上观看“印象·刘三姐”大型山水实景演出。住阳朔
D3	阳朔—柳州。由阳朔乘车前往柳州，游览大龙潭风景区、鱼峰山（刘三姐对歌成仙处）、八桂奇石园等。住柳州
D4	柳州—河池宜州。由柳州乘车前往河池宜州，乘船游览下枧河壮族村寨、刘三姐故居，观看壮族风情表演。住宜州
D5	宜州—来宾忻城—柳州。由宜州乘车前往来宾忻城，参观有“壮族故宫”之称的忻城壮族“莫土司衙署”（《刘三姐》影片中财主莫老爷的故居），然后返回柳州

【实训步骤】

1. 以项目团队为学习小组，小组规模一般是 5～8 人，分组时以组内异质，组间同质的原则为指导，小组的各项工作由小组长负责指挥协调。

2. 建立沟通协调机制，团队成员共同参与、协作完成任务；各项目团队成员实训内容互相进行交流、讨论，并点评。

3. 各项目团队提交景点特色说明材料，并用 PPT 展示行程中涉及的每个景点的特色及旅游价值。

复习思考题

一、选择题

1. 位于桂林市区，孤峰突起，东麓有岩穴，月牙泉，西麓有太平岩，名人题刻多处的景点是（　　）。

A. 独秀峰　　B. 芦笛岩　　C. 漓江　　D. 灵渠

2. 位于桂林市西北光阴山南侧山腰上，有千姿百态的石钟乳的使人如置仙境的景点是（　　）。

A. 独秀峰　　B. 芦笛岩　　C. 漓江　　D. 灵渠

3. 位于桂林市兴安县附近、秦代最著名的古代水利工程是（　　）。

A. 独秀峰　　B. 芦笛岩　　C. 漓江　　D. 灵渠

4. 广西著名的滨海休闲度假的胜地是（　　）。

A. 北海　　B. 芦笛岩　　C. 漓江　　D. 百色

二、简答题

1. 邓小平足迹游中必到的城市有哪些?

2. 孙中山北伐足迹游中不可缺少的景点有哪些?

3. 太平天国·宗教历史文化游最精彩的景点是什么?

任务二　贵州景点及线路

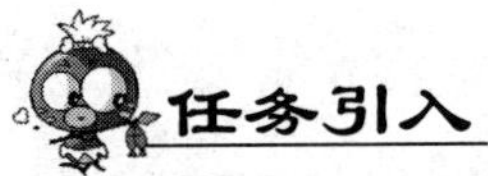

“江南千条水，云贵万重山，五百年后看，云贵胜江南。”这首诗，是明朝宰相刘伯温对贵州的预言。弹指一挥间，五百多年过去，“养在深闺人未识”的贵州，被世界旅游组织赞为“生态之省、歌舞之省、文化之省、欢乐之省”，请你为热爱旅游，同样热爱诗歌的石家庄日报社的秘小林推荐一条贵州生态之旅。

任务分析

生态旅游是一种“有目的的旅游活动”，其旅游地是“自然区域”或某些特定的“文化区域”，其旅游目的是“欣赏和研究自然景观、野生动植物及相关的文化特征”，并“了解当地环境的文化与自然历史知识”，而从事该项旅游活动的原则是“不改变生态系统的完整”，“保护自然资源并使当地居民在经济上受益”。2009 中国生态旅游年，为贵州生态旅游资源的开发、利用和保护提供了广阔的前景。

知识准备

贵州简称黔或贵，位于我国云贵高原东北部，土地面积 17.6 平方千米，人口 3710 万人，少数民族众多，是我国多民族省份之一。截至 2009 年底，全省设 4 个地级市，3 个自治州，2 个地区；9 个县级市，56 个县，11 个自治县，10 个市辖区，2 个特区。贵州有“迷人的天然公园”之美誉。贵州是世界上岩溶地貌发育最典型的地区之一，山、水、洞、林、石交相辉映，浑然一体；闻名世界的黄果树大瀑布、龙宫、织金洞、马岭河峡谷等国家级风景名胜区；铜仁梵净山，茂兰喀斯特森林、赤水桫椤、威宁草海等国家级自然保护区；以遵义会址和红军四渡赤水遗迹为代表的举世闻名的红军长征文化；多民族悠久灿烂的历史文化和浓郁神秘的民族风情等。独具魅力的旅游资源，令人目不暇接，流连忘返。贵州省旅游资源主要以奇山异洞、急流瀑布等山水风光与古朴、神秘的少数民族风情为特色。贵州旅游景点见图 9-2。

（一）主要景点

1. 黄果树大瀑布

黄果树大瀑布位于安顺市镇宁县白水河上，由 18 个地面瀑布和 4 个地下瀑布群组成。黄果树大瀑布是最高一级瀑布，宽 81 米，高 68 米，由悬崖直泻犀牛潭，蔚为大观，为我国第一大瀑布。

图 9-2　贵州旅游景点

2. 马岭河峡谷

马岭河峡谷位于贵州西南兴义市，峡谷全长 80 千米，宽 150 米，深 120～280 米。河水流量大，切割程度高。马岭河具有独特的峡谷风光，峡谷两岸万峰环绕，怪石倒悬。经风雨的侵蚀，江水的冲击，形成了百瀑、百帘、百泉、百画大自然奇景；集中于马岭河峡谷的万峰林面积大，形成气势磅礴的峰林景观。山下有苗族、布依村寨，呈现出一派诗情画意的山寨田园风光。

3. 草海

草海位于威宁县境内，是贵州高原最大的天然湖泊。在亚热带季风气候环境下，湖区水质良好，水草茂盛，鱼虾众多，生物资源丰富。每当冬季，这里齐集有 20 多万只候鸟，形成壮观的鸟的世界，现已开发有观鸟旅游活动。草海已被列入《世界重要湿地名册》，并被国际鹤类基金会评定为“世界十大观鸟基地”之一。

4. 杜鹃湖

杜鹃湖位于长顺县境内，距县城 19 千米，离贵阳 105 千米，全长 7.4 千米。湖面 88 万平方米，水深 15～40 米，库容 1339 万立方米，呈树枝状展布。港汊幽深，四周层峦叠翠，植被良好，杜鹃、杨梅、映山红林是景区的主要特色。每当春暖季节，沿湖两岸杜鹃盛开，遍地姹紫嫣红。杨梅叶绿繁茂，掩映着红果累累，清香四益。映山红怒放，与毛栗树、杂树交相斗艳。苍松蔽日，红绿相间。泛舟湖中观赏杜鹃、杨梅情趣盎然。秋天枫林似火，与湖水相映，有“霜叶红于二月花”的逸趣。

5. 镇远

镇远位于贵州省东部，是历史文化名城，素有“黔东门户”之称。㵲阳河穿城而过，

现保留部分城墙，城内基本保持原有风貌，四合院民居及沿河建筑富有地方特色。镇远城内有万寿宫、玉皇殿、大佛堂、藏经殿、望星楼等明清建筑群，宏伟壮观，是黔东地区最大的古建筑群。

6. 遵义会议旧址

遵义会议旧址位于遵义市，是一幢砖木结构的两层楼房。1935 年 1 月，中央红军突破乌江天险后，占领贵州遵义，在此召开了政治局会议，重新确立了毛泽东的领导地位，挽救了红军，抢救了党。当年会议在二楼客厅上举行，室内按当时原貌进行了布置。

7. 梵净山

梵净山位于铜仁市西北约 100 千米处。最高峰为凤凰山，海拔 2492 米，因山上多庙宇，故名梵净山。梵净山自古是佛教名山，风光秀丽，奇景众多，以石、风、云、佛光为梵净四绝。主要景点有红金顶、万卷书崖、金刀峡、九龙池等。山上有成片的古老树种珙桐，为全国重点自然保护区。

8. 织金洞

织金洞位于毕节市东南的织金县东北关寨乡，是中国溶洞景区中游程最长的溶洞群。目前已开放游览长度约 7 千米，有 47 个洞厅，大小 1500 个景点。其中规模最大的为打鸡洞，洞内石灰岩堆积物 40 多种，石笋高达 70 米。洞内石笋、石柱、石塔蔚然成林，景象万千，是中国目前发现的最大岩洞，被中外学者誉为“天下第一洞”。

（二）典型线路

（1）贵州东线：贵阳—杉木河—镇远古城—㵲阳河—郎得苗寨—贵阳

（2）贵州西线：贵阳—天龙屯堡—黄果树—龙宫—马岭河峡谷—贵阳

（3）贵州南线：贵阳—荔波樟江国家级风景名胜区—茂兰喀斯特国家级自然保护区—贵阳

（4）贵州北线：贵阳—息烽—遵义—桐梓—仁怀—赤水

（5）秀水游：花溪—㵲阳河三峡—黄果树大瀑布—马岭河峡谷—草海—杜鹃湖

（6）古镇旧址游：镇远—遵义—遵义会议旧址

（7）名山地质游：梵净山—织金洞—龙宫

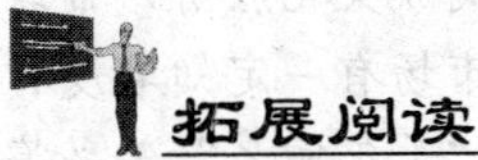

拓展阅读

也许是归程

出走那么多年，想得最多的还是那个老问题：“我从哪里来？又到哪里去？”直到后来，我在云贵高原深处发现了一些人迹，一些炊烟，一些歌声，才在心头隐隐自问：这里，也许是归程？

这是翠绿群山间的一个小盆地，盆地中间窝着一个几百户人家的村寨。村寨的房屋全是黑褐色的吊脚楼，此刻正朦胧着灰白色的雾气和炊烟。把雾气和炊烟当做宣纸勾出几笔的，是五座峭拔的鼓楼。鼓楼底层开放通透，已经拥挤着很多村民和过路客人，因为在鼓楼边的花桥上，另一些村民在唱歌，伴着芦笙。唱歌的村民一排排站在花桥的石阶上，唱出来的是多声部自然和声，沉着、柔和、悦耳。不错，我是在说一个侗族村寨，叫肇兴。地图上很难找得到，因此我一定要说一说它在地球上的准确方位：东经 109°10′，北纬 25°

50′。经纬交汇处，正是歌声飘出的地方。

离肇兴不远，有一个叫堂安的寨子。我过去一看便吃惊，虽然规模比肇兴的寨子小，但山势更加奇丽，屋舍更有风味。这还了得，我的兴头更高涨了，顺着当地朋友的建议，向西走很远很远的路，到榕江县，去看另一个有名的侗寨——三宝。一步踏入就站住了。三宝，实在太有气势。打眼还是一座鼓楼，但通向鼓楼的是一条华美的长廊，长廊两边的上沿，画出了侗族的历史和传说。村民们每天从长廊走过，也就把祖先的百代艰辛慰抚了，又把民族的千年脚力承接了。这个小小的村寨，一开门就开在史诗上，一下子抓住了自己的荷马。

鼓楼前面，隔着一个广场，有一排榕树，虬劲、苍郁、繁茂，像稀世巨人一般站立在江边。后面的背景，是连绵的青山，衬着透亮的云天。这排榕树，是力量和历史的扭结，天生要让世人在第一眼就领悟什么叫伟大。我简直要代表别的地方表达一点嫉妒之情了：别的地方的高矗物象，大多不存在历史的张力；别的地方的历史遗址，又全都失去了生命的绿色。

我还会继续寻找归程，走很远的路。但是，十分高兴，在云贵高原深处的村寨里，找到了一把帮我远行的伞。是鼓楼，是歌声，是寨老，是萨玛，全都乐呵呵地编织在一起了，编织得那么小巧朴实，足以挡风避雨，滤念清心，让我静静地走一阵子。

资料库

九山半水半分田

长期以来，人们对贵州省的认识停留在“一栋楼，一棵树，一个酒瓶”（遵义会议旧址、黄果树大瀑布、茅台酒）和“三无一穷一大”（三无：天无三日晴，地无三尺平，人无三分银；一穷：黔驴技穷；一大：夜郎自大）的层面上。其实，贵州生态旅游特色日益明显发展强劲。素有“森林之州、百节之乡”之称、以原生态民族文化为特色的黔东南苗族侗族自治州，就受到国内外游客的“热捧”。

黔东南州向国内外市场投放了以原生态民族文化为特色，以彩（民族文化旅游）带绿（自然生态旅游）、以彩带红（红色旅游）的系列旅游精品，形成了在市场有一定知名度和美誉度的“千户苗寨”西江、“千年古城”镇远、“枪手部落”岜沙、“千年侗乡”肇兴等系列文化体验和旅游产品。

黔东南州国内外旅游人数和旅游收入大幅上升。据初步统计，2010 年全州国内旅游人数达 1500 万人次以上，入境旅游人数达 10 万人次以上，同比分别增长 7.09%和 14.68%；国内旅游总收入达 110 亿元，入境旅游收入达 2402 万美元，同比分别增长 10%和 15.01%。

“九山半水半分田”的黔东南州旅游资源丰富，拥有众多以原生态民族文化形成的非物质文化遗产。目前，全州确定重点保护的民族文化村寨有 108 个，2010 年全州乡村旅游接待游客 600 万人次。乡村旅游已成为黔东南州改变农业发展方式、调整农业产业结构、实现农民增收的重要手段。

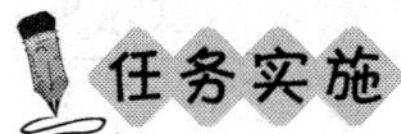

任务实施

参考行程：

时间	行程安排
D1	凯里接团，体味麻塘革家风情，参观民族博物馆。宿凯里
D2	凯里—雷山—剑河：游国家级重点文物保护单位郎德苗寨、雷公山森林，到苗族民间温泉做水疗。宿剑河温泉
D3	剑河—台江—镇远：游台江八郎古生物博物馆、苗族姊妹饭节、历史文化名城镇远、国家级重点文物保护单位青龙洞。宿镇远
D4	镇远—施秉：游国家级景区㵲阳河（上、下），到杉木河漂流。宿镇远
D5	施秉—黄平—凯里：游国家级景区云台山、飞云崖、野洞河或飞云大峡谷、重安江三朝桥。宿凯里

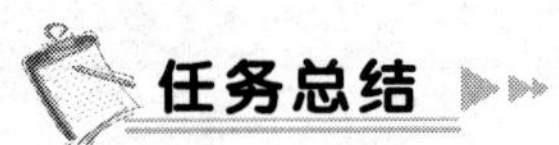

任务总结

在全面了解贵州主要景点、线路及生态旅游知识的基础之上，在旅游者需求分析的指导之下，为游客设计符合旅游者需求的旅游线路，突出贵州及生态旅游的特色安排。

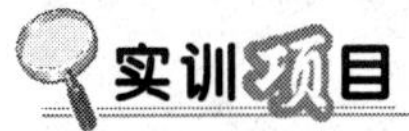

实训项目

贵州旅游方案选择

【实训目标】

1. 通过实训可以让学生熟悉陕西主要景点及旅游线路。
2. 让学生具备市场意识，可以对特定的旅游者进行旅游需求分析。
3. 通过项目工作培养学生的沟通及合作能力。

【实训内容】

表 9-1　　贵州旅游方案

方案 1	方案 2
D1：下午 14：39 到镇远，游㵲阳河，住镇远	D1：下午 14：39 到镇远，叫出租逛一下古镇，赶去凯里，住凯里
D2：镇远到凯里，去朗德上寨，住凯里	D2：凯里赶荔波，下午水春河漂流，住荔波
D3：到荔波，玩大七孔，住荔波	D3：玩大小七孔，住荔波
D4：玩小七孔，住荔波	D4：早上回贵阳，下午黔灵公园，住贵阳

续 表

方案 1	方案 2
D5：早上水春河漂流，下午回贵阳，住贵阳	D5：黄果树瀑布，赶兴义，住兴义
D6：黄果树瀑布，住贵阳	D6：马岭河大峡谷，住兴义
D7：机动（贵阳附近景点玩，如香纸沟、天河潭、黔灵公园、花溪公园）	D7：万峰林，下午回贵阳，住贵阳
D8：10 点左右回上海	D8：10 点左右回上海

请问哪套方案可行？第二方案有点赶，不如第一方案休闲，但是不去世界上最美的伤痕——马岭河大峡谷，是否又有点可惜？或者推荐一个更好的行程？

【实训步骤】

1. 调整学习小组，进一步优化团队沟通协调机制。

2. 各项目团队选派一名代表用 PPT 向全班展示推荐的旅游方案及线路，要求图文并茂，讲解清楚明白，避免线路重复。

3. 评价与总结：由教师和其他团队成员对本团队展示的旅游线路做出现场点评。小组内对个人表现进行总结，以鼓励为主。

复习思考题

一、单项选择题

1. 我国第一大瀑布是（　　）。

A. 黄果树　　B. 马岭河

C. 草海　　D. 杜鹃湖

2. 贵州高原最大的天然湖泊是（　　）。

A. 黄果树　　B. 马岭河

C. 草海　　D. 杜鹃湖

3. 具有独特的峡谷风光，峡谷两岸万峰环绕，怪石倒悬的景观是（　　）。

A. 黄果树　　B. 马岭河

C. 草海　　D. 杜鹃湖

4. 每当春暖季节，沿湖两岸杜鹃盛开，遍地姹紫嫣红，杨梅叶绿繁茂，掩映着红果累累，清香四溢，映山红怒放，与毛栗树、杂树交相斗艳，苍松蔽日的景观是（　　）。

A. 黄果树　　B. 马岭河

C. 草海　　D. 杜鹃湖

二、简答题

1. 贵州东线旅游中有哪些主要景点？

2. 贵州西线旅游中有哪些主要景点？

3. 贵州南线旅游中有哪些主要景点？

4. 贵州秀水游中有哪些主要景点？

任务三　云南景点及线路

任务引入

时光留不住，春去已无踪。青山依旧在，几度夕阳红。时光荏苒，不知不觉的，成都蜀锦厂的王中天夫妇就退休在家了。一对儿女都很出息，儿子留学日本，完成学业后，娶了日本媳妇，留在了异乡，女儿更是了不得，复旦大学毕业没过几年和女婿移民到美国。老两口先后前往日本、美国探亲，终究住不习惯，还是回到了四川。老两口想趁着身体还好，遍游祖国，请你为他们设计一条云南夕阳红之旅。

任务分析

在国外，老年游客所占整个旅游市场比例达到了60%。可以预见，我国老年游的市场份额亦会不断扩大。在老年旅游日益红火的形势下，一些有识之士开始着手为老年游菜单"变脸"，针对老年游客的特质，推出适销对路的新品。上海、广东、浙江等地一些旅行社针对老年人的特点，正在尝试推出"旅居团"的新概念。"旅居团"即根据旅游者个人的需要，联系游客心仪之地住个十天半个月，这种新鲜之举突破了原有的旅游模式，引起了众多老年人的兴趣。此外，一些旅行社利用地域气候差异推出的"候鸟康体游"线路也颇得老年游客的青睐。由于生活节奏的加快和社会竞争的日益激烈，晚辈越来越难抽出时间与长辈共享亲情，有的旅行社也不失时机地组织孝心旅游，以家庭为单位，全家老少齐出行，得到了市场的认可。

知识准备

云南简称滇或云，位于我国西南边疆。云南的东部与南部与缅甸、老挝、越南三国交界，东部、北部与广西、贵州、四川、西藏相邻。面积38万平方千米，人口4596.6万人，分布有20多个少数民族，是我国少数民族最多的地区之一。云南地处云贵高原。滇东四季如春，滇西北高山气候寒冷。旅游资源以高原风光、垂直气候、热带闹林、民族风情、文化古迹为特色。云南旅游景点见图9-3。

（一）主要景点

1. 大理

大理古城始建于明洪武十五年（公元1382年），又名叶榆城、紫禁城、中和镇，位于下关以北13千米，背靠苍山，面临洱海。据文献记载，它城墙高2丈5尺，厚2丈；东西南北各有一城门，上有城楼，分别叫做通海、苍山、承恩、安远。城的四角还有角楼，也各有名称为颖川、西平、孔明、长卿。城墙的外墙为砖，上列矩碟，下环城沟。城内市井俨然，布局呈棋盘状，从南到北有5条街，从东到西有8条巷。古城外有条护城河，城内街道都是南北、东西走向，是典型的棋盘式布局。古城的建筑为清一色的青瓦屋面，显得十分的古朴。另外，大理人爱花，每户都有花园，名贵的大理山茶花、杜鹃花、素馨兰争奇斗艳。苍山雪泉进城过街，向东直奔洱海。

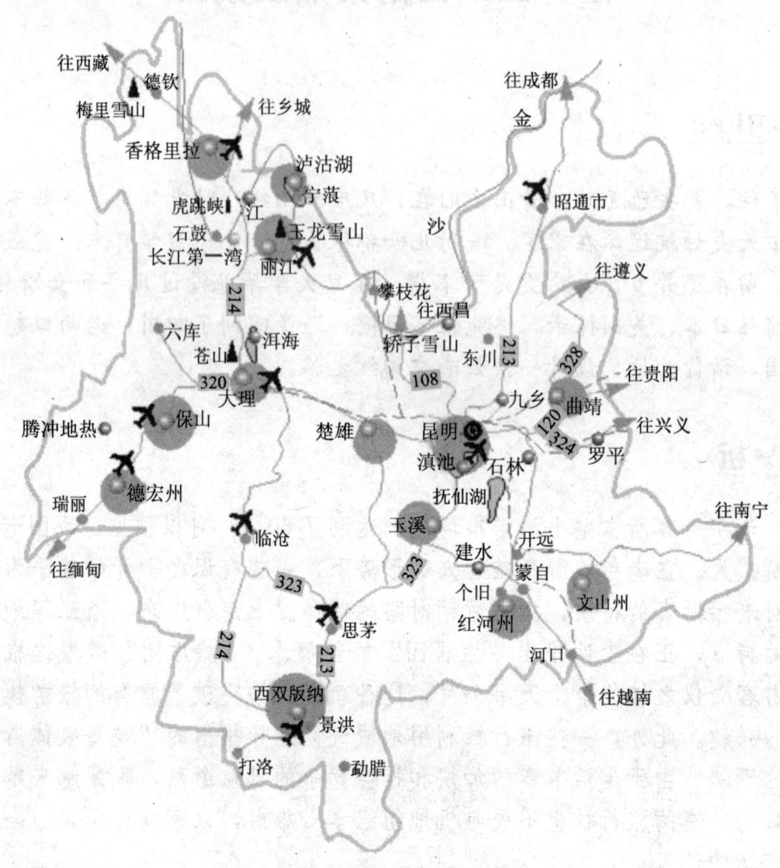

图 9－3　云南旅游景点图

2. 丽江古城

丽江古城又名大研镇，坐落在丽江坝中部，与四川阆中、山西平遥、安徽歙县并称为“保存最为完好的四大古城”，它是中国历史文化名城中唯一没有城墙的古城。丽江古城始建于宋末元初，海拔 2400 余米，全城面积达 3.8 平方千米，自古就是远近闻名的集市和重镇。古城内青石板路光滑洁净，小桥流水潺潺，人文气息浓郁。四方街是丽江古城的中心，街东大石桥引人注目。古城内的木府原为丽江世袭土司木氏的衙署，始建于元代，占地 46 亩，房 162 间，其内还悬挂有历代皇帝钦赐的匾额十一块，现为古城博物院。

3. 玉龙雪山

玉龙雪山南北长 35 千米，东西宽约 20 千米，它以高山冰雪风光、高原草甸风光、原始森林风光、雪山水域风光使世人惊叹，是丽江自然景观的核心区域，云岭山脉中最高的一列山地，是世界上北半球纬度最低的一座有现代冰川分布的极高山。13 座山峰组成，海拔均在 5000 米以上，主峰扇子陡海拔 5596 米，是云南第二高峰。它与丽江古城仅隔 15 千米，高差却达 3200 米，山上万年冰封，山腰森林密布，山下四季如春，构成世界上稀有的“阳春白雪”景观。冰期时，巨大的冰川从玉龙山上远远地伸向山麓和山谷，从而留下了大量的冰川侵蚀地形与不同时期的各种冰川堆积物。干海子一带，堪称天然冰川地质博物馆。

4. 虎跳峡

虎跳峡位于丽江城北55千米处的玉龙雪山和哈巴雪山之间，由金沙江切割而成。因江心多处巨石兀立，传说曾有老虎借助礁石跳过大峡，便留下了虎跳峡美名。关于虎跳峡的形成，当地民间流传着一个优美的故事：金沙江、怒江、澜沧江和玉龙山、哈巴山，原是五兄妹。三姐妹长大了，相约外出择婿，父母又急又气，要玉龙、哈巴去追赶。玉龙带着十三把剑，哈巴挎着十二张弓，抄小路来到丽江，面对面坐着轮流守候，并约定谁放过三姐妹，就要被砍头。轮到哈巴看守时，玉龙刚睡着，金沙姑娘就来了。去路被两个哥哥挡住了，怎么办呢？聪明的金沙姑娘想起了哈巴有爱打瞌睡的毛病，便边走边唱，一连唱了十八支歌。婉转动人的歌声果然使哈巴听得入了迷，渐渐睡着了。金沙姑娘瞅准这一机会，终于从两个哥哥的脚边猛冲过去，大声欢笑着飞奔而去。玉龙醒来见此情景，又气又悲，气的是金沙姑娘已经走远，悲的是哈巴兄弟要被砍头。他不能违反约法，抽出长剑砍下了哈巴的头，随即转过背去痛哭，两股泪水化成了白水和黑水，哈巴的十二张弓变成了虎跳峡西岸的二十四道湾，哈巴的头落在江中变成了虎跳石。

5. 滇池

滇池位于昆明市西南西山脚下，东西两岸金马、碧鸡二山相峙，地面烟波浩渺，碧波万顷：沿岸有观客山、白云山，海内第一佳长联闻名的大观楼、郑和公园、晋城古镇、会南民俗村等风景名胜。滇池是国家级风景名胜区。

6. 洱海

洱海位于大理城北，因地形似人耳故名。湖面开阔，碧水荡漾。有二岛、四洲、五湖、九曲等景区。东部的金校岛建有帝王避暑行宫。

7. 蝴蝶泉

蝴蝶泉位于大理老城北苍山云弄峰下，约三丈，底铺青石，围以石栏，泉水明澈，有一古树横卧泉面。每年农历四月，古树开花状如彩蝶，引来无数蝴蝶齐聚泉边，翩翩飞舞，五彩缤纷。有的蝴蝶栖息在倒垂水面的树枝上，首尾相衔，形成无数“彩带”和“花环”。人来不惊，投石则散，蔚为奇观。

8. 三江并流

三江并流位于云南省西北横断山脉的纵谷地区。南北纵列的高黎贡山、碧罗山和云岭山脉之间，奔涌着怒江、澜沧江、金沙江三条大江，在云南境内并靠奔流400多千米，最近处直线距离66千米，这种现象为世界所罕见。景区内梅里雪山连绵数百里，太子雪山为云南第一高峰，澜沧江石壁至怒江双腊瓦底峰谷等大峡谷具有雪山峡谷急流险滩、湖泊森林等近百种自然景观以及丰富的藏、纳西等少数民族风情，这里成为世人所向往的旅游胜地。该区被列入世界自然遗产名录。

9. 泸沽湖

泸沽湖位于云南省宁蒗县永宁乡与四川省盐源县左所乡之间，距宁蒗县城76千米。当地摩梭人称为谢纳米，意为母海，因湖的形状如曲颈葫芦，故名泸沽湖。泸沽湖是由断层陷落而形成的高原湖泊，水面海拔为5685米，是云南海拔最高的湖泊，湖水平均深度40余米，最深处达73.2米，仅次于抚仙湖，位居全省第二位。整个湖泊状如马蹄，南北长而东西窄。这里地处偏僻，交通不便，自然环境破坏较小，水质洁净。湖东有条山梁蜿蜒而下，下插湖心，似条苍龙俯卧湖中汲饮甘泉，形成泸沽湖上一个美丽的半岛，它几乎将广阔的湖面一分为二，半岛尖端与对岸相距仅2千米，成为湖面最狭窄的地方。泸沽湖

内，有5个海岛，属云南境内的3个，属四川境内的2个。它们像一只只绿色的船，漂浮在湖面，一般高出水面15～30米，大小各不相同。最小的里格岛，位于狮子山下，靠湖的北岸。岛北面坡下土地平坦，居住着8户摩梭人，全是木楞房，木房沿岛而筑，大门面对湖水，景色迷人。土司岛地处湖心，顶端高出水面36米，岛周长约700米，东西窄而南北宽，为狭长形。土司岛的得名，是因为它过去专为永宁土司消闲游乐之用，现在岛上所有建筑物荡然无存，只留下残砖断瓦。里无比岛，又名大堡岛，距土司岛3千米，处在一直线上。岛高43.4米，长450米，宽200米。里无比岛西南坡缓，藤树密布；东北方向山坡成台，下至海边，有小沙滩。

（二）典型线路

1. 西北线—香格里拉之旅：昆明—大理—丽江—泸沽湖—中甸—迪庆

从昆明至大理，经丽江，然后再抵达迪庆，这条线路需花上8～10天的时间。迪庆藏族自治州，地处青藏高原的东南边缘。走这条线，你可领略到大理苍山洱海的风光，可以在大理古城内漫步并品尝白族的三道茶；然后，你可以前往丽江和玉龙雪山，看看那些古老的建筑、了解一种人和自然的和谐，并且进入到徒步虎跳峡的乐趣中。最后，等待你的是香格里拉—迪庆所带来的巨大震撼。

2. 西南线—进入雨林：昆明—玉溪—思茅—西双版纳

这条线路的最大亮点，无疑就是西双版纳了，等待你的是真正的热带雨林美丽的景色，以及雨林深处的那些傣家竹楼。你可以由昆明经玉溪、思茅一直抵达西双版纳景洪市，这条线路需5天左右。

3. 西线—宝石般的边境：昆明—保山—腾冲—芒市—瑞丽—缅甸边境

美丽的瑞丽与缅甸接壤，这里拥有迷人的南亚热带田园景色，一直吸引着无数的旅行者。你可以从昆明经保山、腾冲、芒康至瑞丽，这条线路需8天左右。此外你还可以从瑞丽口岸出境，去参观中缅边境。

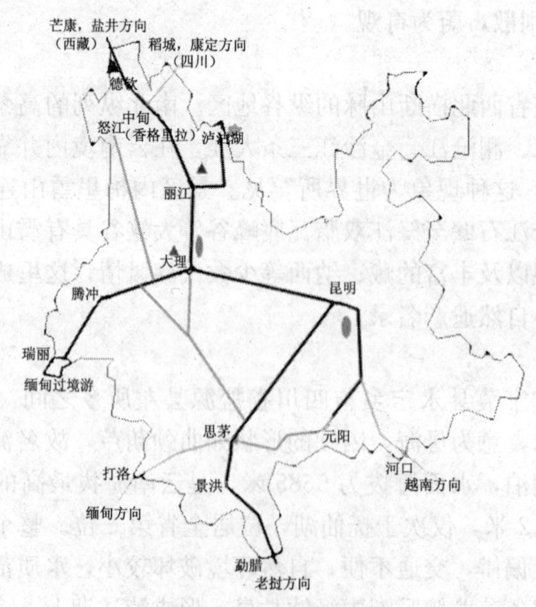

图9-4　云南旅游线路

拓展阅读

以案说法，避免陷阱

60岁的崔秀琴前段时间参加了云南旅游团，由于超过55岁，旅行社向她加收400元附加费，原因是“老人消费能力弱”。这令她非常不满，“享受的是同等的旅程，为啥要比别人多交钱?”但由于这是旅游界普遍存在的现象，崔秀琴只能无奈地接受这样不成文的“潜规则”。一般来说，年龄超过55岁要收400元附加费，21岁以下人员不占床加收600元/人，占床加收1200元/人。另外，记者、教师等职业的人群也被列入加收钱的行列。新规第23条明确指出，如果旅游者因拒绝旅游经营者安排的购物活动或者另行付费的项目，旅游经营者增收费用，旅游者可以要求其返还；在同一旅游行程中，旅游经营者提供相同服务，因旅游者的年龄、职业等差异而增收的费用，旅游者也可以要求返还。

从云南游玩回来的市民刘明告诉记者，旅行社给他们的宣传材料上，感觉游览的景点很丰富，如“远眺苍山”、“车观三塔”、“远望虎跳峡”等条文。但到了实地才发现，浏览的不过是车窗外匆匆而过的风景，让人有种上当受骗的感觉。新规第6条明确了“旅游者主张霸王条款无效的权利”，称旅游经营者以格式合同、通知、声明、告示等方式作出对旅游者不公平、不合理的规定，或者减轻、免除其损害旅游者合法权益的责任，旅游者请求依据《消费者权益保护法》第24条的规定认定该内容无效的，人民法院应予支持。

小刘说，在签订合同时在西双版纳的行程中有“热带植物园”这一项内容，但抵达西双版纳后，导游说植物园里的植物与他们在外面见到的大同小异，因此，带他们去了另外一个旅游景区，这样擅自更改行程是允许的吗？新规第17条指出，旅游经营者有擅自改变旅游行程、遗漏旅游景点、减少旅游服务项目、降低旅游服务标准等行为，旅游者请求旅游经营者赔偿未完成约定旅游服务项目等合理费用的，人民法院应予支持。旅游经营者提供服务时有欺诈行为，旅游者请求旅游经营者双倍赔偿其遭受的损失的，人民法院应予支持。

资料库

老年人旅游注意事项

老年人出游，无论随团还是自助旅游，难免因一时疏忽造成尴尬和烦恼，旅途中一定要留个心眼，做个事前“诸葛亮”。

1. 未雨绸缪，节省开支

如今各地景区门票价格普遍不低。比如，寒山寺听一次钟声，2009年票价380元，2010据说涨到420元。其他稍有点名气的景点动辄几十元甚至上百元，旅游一趟下来，门票费要比车船费高得多。而对离退休老同志，许多地方凭老年证有全免或半免的规定。一些人不知有此优待，忘带老年证，这时你在异地可打电话让家人“速”寄去。另外，有些景点过去曾游过，参加地方团时，不必交“全程费”。你不想旧地重游，可在门外溜达，买些喜欢的土特产，打发时间。

2. 车站前防“上钩”

不少旅游城镇的火车站前都有打着某某旅社小旗的导游员，以及“优惠”住宿的揽客者和“宰你没商量”的出租车。不管他们如何热情似火，甜言蜜语，“贴”你、“追”你、“拉”你，都别心软，别轻信，别理睬。最好在离旅游点较近的正规宾馆、招待所先住下，向服务员咨询，然后再作决定。倘若发现被出租司机“宰”了（绕行、不打表、打表做手脚），你一定要让他开发票并记下车号和监督电话，便于投诉。

3. 谨防“连环套”假导游

有的小旅行社与小酒店穿一条“连裆裤”，心地善良、以君子之腹度小人之心的老年人容易上当。笔者有一位见多识广、阅历丰富的朋友前些日子到苏州旅游，刚下大巴，一位胸挂某旅行社牌子，手捧旅游景点画册，看似老实憨厚的青年便向他“兜售”生意——苏州7个景点共收车费、服务费、门票费165元。他觉得一日游价不算贵又省事，于是先交了20元定金。可第二天上车时，导游小姐宣布因某种原因，虎丘门票40元自己买，朋友恼怒后悔也无济于事，因为只有口头协议，没有文字合同。

4. “定点”用膳有讲究

据笔者体验，旅行团队的“定点”餐馆一般是小、贵、脏、乱，虽可点菜，亦不划算。现如今私营餐馆多如牛毛，竞争激烈，多半注意饭菜质量、价格和服务，你可在景区附近餐馆吃点清淡可口的，一人花10块钱足够，又不耽误赶路。

5. “该出手时就出手”

出门旅游，谁都想玩得好又省钱，但体弱多病的老年人节省体能比节省金钱更重要。比如到太湖某景点旅游，门票有60元、50元两种，老年人最好买60元的，一来一回全坐“小火车”。如果想省10元钱买50元的，就要多跑6千米路、一个多小时，让你气喘吁吁，精疲力竭。

6. 学点“常识”辨真假

老年人在“定点”店购物，除了对人参、燕窝、药材等商品要有警惕性外，对有些诱人商品还要了解点“常识”。比如，苏杭一带，花几元钱就能买到一条“仿真丝”漂亮领带，没想到洗一次缩一次，“第一次自己戴，第二次儿子戴，第三次孙子戴”，不妨事先看点有关资料：丝分春蚕丝、秋蚕丝，苏州主要产春蚕丝，纤维长、韧性好、透气，适于做旗袍、衣物；而秋蚕丝主产杭州，适于做被面。

7. 四种常见的“闪失”

有些老年人脑子不如以前好使，经常丢三落四。出游因此发生的“闪失”大致有四种：

（1）把装有治心脏病、高血压、糖尿病等每天离不开的药品旅行包或塑料袋放在停靠景点附近的旅游车上。有时旅行社为了多拉客，利用游人进园出园这段时间到别的点拉客。一辆车上两拨儿人，难免拿错东西。

（2）俗话说：“有钱难买回头看。”退房时一定要仔细察看，有没有东西放在卫生间、抽屉里、枕头底下。

（3）照相时不要把包放在地上，有可能人多时，回头一看，不翼而飞了。

（4）出门最好带小型行李车。回来东西多，出站前自己保管，不要托不可信的人代劳。

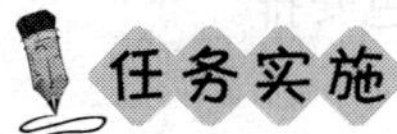

任务实施

时间	行程安排
D1	成都—昆明　全天不含餐宿：火车上 早上成都乘火车（途经简阳、资阳、内江、自贡、宜宾）前往春城—昆明
D2	昆明—大理　含：早中晚餐宿：楚雄/大理 早上 07：13 抵达昆明，早餐后游览民族村（约 2 小时，民族村内为云南的 26 个民族各建一个村，并配以民族团结广场、民族歌舞演出厅、民族博物馆、民族蜡像馆等）。后游览高原湖泊——滇池（约 30 分钟）。前往国贸中心品云南普洱茶（约 40 分钟）。乘车前往大理（预计车行 5 小时）
D3	大理—丽江　含：早中晚餐　宿：丽江 早餐后游览大理古城、洋人街（约 60 分钟）。午餐后游览苍山第一峰的上关花景区（约 60 分钟）、天龙洞、天龙寺（含天龙索道）。后游览喜洲白族民居（约 60 分钟，品一苦、二甜、三回味的白族三道茶，欣赏白族歌舞表演）。之后乘船游览洱海（约 2 小时）。参观密支那玉石加工厂（约 40 分钟），后乘车前往丽江（车程约 3 小时）。途中可自费游览边陲古寨 100 元/人（约 90 分钟）。参观新华民俗村（约 40 分钟）
D4	丽江　含：早餐　宿：丽江 早餐后全天丽江自由活动（世界文化遗产丽江古城，始建于南宋末年，距今有 800 多年历史，是元代丽江路宣抚司，明代丽江军民府和清代丽江府驻地，古城坐落在丽江坝子中部，面积约 3.8 平方千米）。客人可自行前往“形如官印，权镇四方”的丽江古城大研古镇—四方街，走入小桥流水的美丽画卷中，同时远眺玉龙雪山。品尝当地风味小吃，体验纳西风情。游束河古镇（19：00 以后），参观螺旋藻专卖店（约 40 分钟）
D5	丽江—楚雄　含：早中晚餐宿：楚雄 早餐后乘车 08：30 前往大理，预计车程约 3 小时。途中游览观音峡自费 80 元/人（约 120 分钟）。这里就是电影《五朵金花》里阿鹏与金花对歌谈情的地方。后参观大理石加工厂（约 40 分钟）。
D6	楚雄—昆明　含：早中晚餐　宿：昆明 返昆明 08：30 出发，预计车行 4 小时，沿途欣赏高原风光。参观云南特色鲜花市场（大家可以在这里买到最便宜、最美丽、最新鲜的花朵）。漫步于昆明南屏步行街，游览昆明市标志——金马碧姬坊。游览翠湖公园。在云南黄家医院免费足疗（时间约 40 分）
D7	昆明—成都　含：早餐宿：火车上 早餐后自由活动，上火车前参观赛博兴精油商场（时间约 40 分钟）、翠玺珠宝（时间约 40 分钟）。乘火车返回成都

任务总结

在全面了解云南主要景点及线路及老年人出游的特点的基础之上，在旅游者需求分析的指导之下，为游客设计符合旅游者需求的旅游线路，突出云南旅游的特色安排。

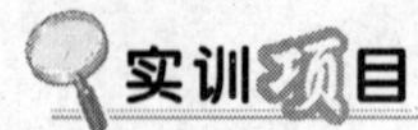

实训项目

石林、大理、丽江6天5晚高品质旅游线路行程安排分析

【实训目标】

通过实训可以让学生熟悉云南主要景点及旅游线路；让学生具备市场意识，可以对特定的旅游者进行旅游需求分析；通过项目工作培养学生的沟通及合作能力。

【实训内容】

阅读下面某旅行社的高品质旅游行程安排，分析其中有可能存在的旅游陷阱。

★特别服务：鲜花接团、每天一瓶矿泉水

★特别餐饮：行程中赠送丽江纳西喜宴，大理砂锅鱼，野生菌火锅

★特别景点：加赠东南亚颇具影响力的游览圣地【崇圣寺三塔】

★特别赠送：由张艺谋总导演的原生态大型演出【印象丽江】

★特别保障：享受滇西北安全救助基金，免除您收客的后顾之忧

时间	行程安排
D1	昆明鲜花接机，入住酒店，自由活动或自愿参加推荐景点（根据接机时间推荐景点：世博园120元/人，民族村90元/人，不含景区内电瓶车）
D2	旅游车大巴从昆明到大理，游览文献名邦【大理古城】，漫步驰名中外的洋人街，感受南昭古国的韵味（游览时间50分钟）；乘大巴至丽江，沿途欣赏高原风光，游览“高原姑苏”【丽江古城】、四方街。（因丽江古城为开放式古城，基本为自行游览，时间是根据客人自定）
D3	旅游车早餐后前往天然冰川博物馆——玉龙雪山风景区（整个景区游览时间240分钟左右）（含进山费，云杉坪索道、环保车），乘索道观玉龙雪山、甘海子牧场、白水河、雪山融化而成的蓝月谷（云杉坪及蓝月谷电瓶车费用自理：60元/人、游览时间：60分钟），赠送【印象丽江】（观赏时间90分钟）。纳西族中部东巴圣地，古城溯源——玉水寨（游览时间40分钟），赠送游览雪山倒影的标志景点——黑龙潭（游览时间30分钟）。参观螺旋藻店
D4	旅游车大巴返回大理，游览全国重点文物保护单位、全国优秀旅游城市——大理的标志和象征，国家4A级景区——崇圣寺·三塔（游览时间60分钟，不含景区内电瓶车），参观大理“六合同春”的梦幻白族民居，边品尝【白族三道茶】边观赏白族歌舞表演（游览及观赏时间40分钟）。BUS返回楚雄或昆明。
D5	早上乘旅游大巴至昆明，途中参观珠宝店（参观玉石展览馆“景兰珠宝”或“翠玺珠宝”、“玉满堂”，参观时间120分钟左右），体验芬芳植物精油馆“赛博兴”、“澳姿源”、“恒冠”（三选一，体验时间40分钟）。游览喀斯特地貌奇观——石林、阿诗玛化身石（游览时间120分钟左右），参观国际民间工艺美术大师寸发标坐镇的手工银器店：云南爂银（参观时间40分钟左右）、七彩云南（游览时间160分钟左右，含茶艺表演和用餐时间）
D6	早餐后结束愉快的旅程。送机返回快乐温馨的家

接待标准：

★吃：餐标 10 人一桌、九菜一汤（5 早 7 正餐）。

★住：昆明 2 晚、楚雄 1 晚、丽江 2 晚、每晚入住三星酒店，去洗漱不方便之烦恼。

★行：全程空调旅游车，全程导游陪同，实行衔接无缝隙的高品质服务，让你感受无微不至的关怀！

★游：行程所列各大景点门票全含，景点安排丰富多彩，游览时间充足！

★购：螺旋藻，玉店，精油，银店七彩云南，鲜花市场七彩和花市是旅游特色景点，不算购物店。

★不含费用：单房差、个人消费及自费项目。

其他说明：

从 2008 年 1 月 1 号开始，丽江政府推行大玉龙环线，其中进山套票费用 205 元/人。(已含：《印象・丽江》）放弃任何其中之一景点，及所有我公司赠送的景点、不退任何费用。我社在不减少景点的情况下可以更改线路顺序、客人在游览中临时取消行程我社不退任何费用。每地购物、歌舞表演、电瓶车属客人自愿消费，决不强迫消费行程内主要景点。

【实训步骤】

1. 继续调整学习小组，进一步优化团队沟通协调机制。

2. 各项目团队选派一名代表用 PPT 向全班展示设计的行程安排分析，要求有理有据，讲解清楚明白，避免雷同。

3. 评价与总结：由教师和其他团队成员对本团队展示的行程安排分析做出现场点评。小组内对个人表现进行总结，以鼓励为主。

复习思考题

一、单项选择题

1. 中国历史文化名城中唯一没有城墙的古城是（　　）。

A. 四川阆中　　B. 山西平遥　　C. 安徽歙县　　D. 云南丽江

2. 大研镇指的是下面哪个古城？（　　）

A. 四川阆中　　B. 山西平遥　　C. 安徽歙县　　D. 云南丽江

3. 下列古城中哪个不是我国“保存最为完好的四大古城”？（　　）

A. 四川阆中　　B. 山西平遥　　C. 大理古城　　D. 云南丽江

4. 背靠苍山，面临洱海，建筑为清一色的青瓦屋面，显得十分古朴的古城是(　　)。

A. 四川阆中　　B. 山西平遥　　C. 大理古城　　D. 云南丽江

5. 四方街是哪座古城的中心？（　　）

A. 四川阆中　　B. 山西平遥　　C. 大理古城　　D. 云南丽江

二、简答题

1. 香格里拉之旅的线路中有哪些主要景点？

2. 云南西南线旅游中有哪些主要景点？

3. 云南西线旅游中有哪些主要景点？

项目十　青藏旅游区景点及线路

学习目标

- 知识目标
  1. 熟悉青藏地区各省市特色旅游景点。
  2. 熟悉青藏地区省内旅游线路及跨省连线游旅游线路。
- 能力目标
  1. 能够进行游客分析。
  2. 能够根据游客要求，为不同类型的游客设计青藏游旅游线路。

任务　青藏景点及线路

任务引入

2010 年 7 月，北京某企业为答谢客户欲组织一次青藏风情体验游，向旅行社提出要安排一条既能领略高原风光又能体验民族风情的的旅游线路，整个行程 8～10 天，人员年龄在 25～45 岁，部分人员有户外旅游经验，但均无高原生活经历，请为该团设计旅游线路。

任务分析

青藏地区的自然风光、民族风情和宗教文化与国内其他地区有很大的差异，具有很强的吸引力，但是，这里地处高原，给线路设计和旅游本身带来不小的影响，在设计线路时应注意以下几个方面：

(1) 要事先说明有高血压、心脏病、感冒未愈的人员不宜参加此次活动。

(2) 先安排先在青海旅行，之后乘坐火车赴西藏，给游客一定时间来适应高原反应。

(3) 行程安排既要考虑到自然风光、民族风情和宗教文化等景点的代表性和多样性，又要注意劳逸结合，行程应较为宽松。

(4) 因为此次活动的目的是答谢客户，因此在用车和食宿方面的标准要适当提高。

(5) 青藏地区川菜比较普遍，但地方风味菜肴也很有特色，拉萨等地区的酒吧也是吸引游客的地方，可以适当考虑安排。

知识准备

一、青海省主要景点及线路

青海，简称青，位于我国西北地区中南部，省会西宁市是全省政治、经济、文化的中心。青海旅游资源丰富，类型繁多。大自然以其大手笔、大气魄，创造出以“大”为特征的山川地貌，构成了壮美奇绝的自然景观和人文风貌，被誉为“万山至祖”的昆仑山横贯青海全境，唐古拉山、巴颜喀拉山和祁连山横亘于南北两翼，烘托出一种无与伦比的雄伟气势。雪峰耸立，冰川广布，造就出“江河之源”，长江、黄河、澜沧江从这里奔腾而出，三江源头地域辽阔，地势高拔，河流纵横，野生动植物资源十分丰富。这里是中国湖泊最为密集的地方，也是高原野生动物的天堂。

江河是人类文明的摇篮，在青海不仅有雄奇壮丽的自然景观，还有多姿多彩的历史文化遗存及民俗风情。早在二三万年前的旧石器时代，青海就有人类繁衍生息，马家窑文化、齐家文化、乐都柳弯彩陶遗址及吐蕃墓葬群等的发掘，见证着青海自古就有多民族生活在这里、各民族文化交融并存。遍布于青海各地的数千座藏传佛教寺院和伊斯兰教清真寺是各民族文化与智慧的结晶。藏族史诗《格萨尔王传》、民歌“花儿”、热贡艺术、玉树藏族歌舞等驰名中外。汉、藏、回、蒙古、土、哈萨克、撒拉等民族都有着悠久的历史和优秀的文化传统，保持着独特的丰富多彩的民族风情和习俗。

截至2009年年底，全省共有A级景区（点）54处，其中：4A级13处，3A级35处，2A级6处；星级饭店119家，其中：5星级1家，4星级13家，3星级46家，2星级53家，1星级6家；旅行社198家，其中出境游组团社5家。青海旅游景点见图10－1。

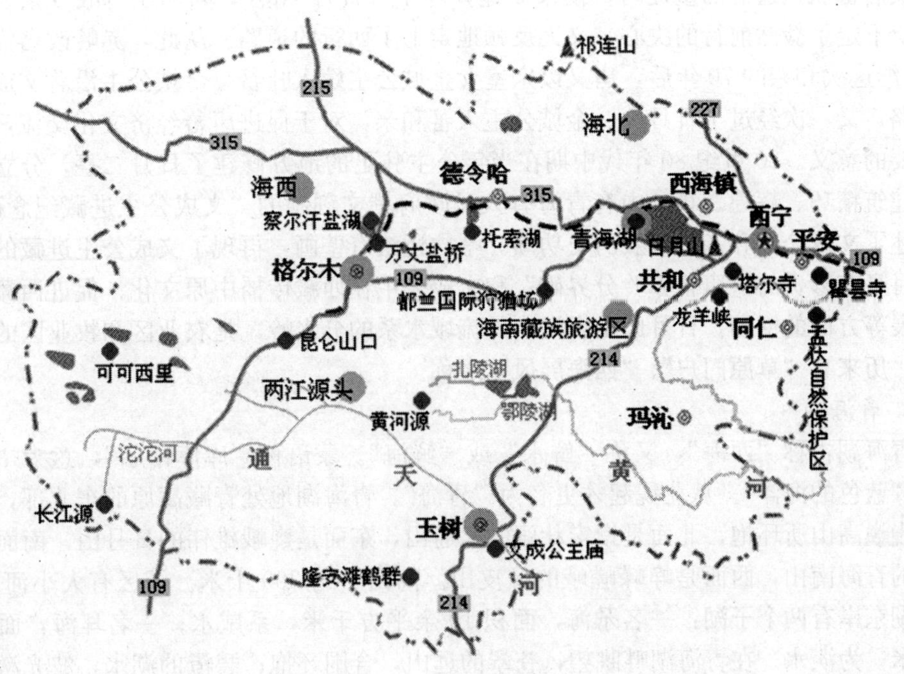

图10－1　青海旅游景点

（一）主要景点

1. 塔尔寺

塔尔寺位于青海省西宁市西南25千米处的湟中县城鲁沙尔镇，是我国藏传佛教格鲁派（俗称黄教）创始人宗喀巴大师的诞生地，是藏区黄教六大寺院之一，也是青海省首屈一指的名胜古迹和全国重点文物保护单位。塔尔寺是青海省藏传佛教中的第一大寺院，始建于公元1379年，距今已有600多年的历史，占地面积600余亩。塔尔寺又名塔儿寺，得名于大金瓦寺内为纪念黄教创始人宗喀巴而建的大银塔，藏语称为“衮本贤巴林”，意思是“十万狮子吼佛像的弥勒寺”。寺院建筑分布于莲花山的一沟两面坡上，殿宇高低错落，交相辉映，气势壮观。塔尔寺位于寺中心的大金瓦殿，绿墙金瓦，灿烂辉煌，是该寺的主建筑。它与小金瓦殿（护法神殿）、大经堂、弥勒殿、释迦殿、依诂殿、文殊菩萨殿、大拉让宫（吉祥宫）、四大经院（显宗经院、密宗经院、医明经院、十轮经院）酥油花院、跳神舞院、活佛府邸、如来八塔、菩提塔、过门塔、时轮塔、僧舍等建筑形成了错落有致、布局严谨、风格独特、集汉藏技术于一体的宏伟建筑群。殿内佛像造型生动优美，超然神圣。栩栩如生的酥油花、绚丽多彩的壁画和色彩绚烂的堆绣被誉为“塔尔寺艺术三绝”。寺内还珍藏了许多佛教典籍和历史、文学、哲学、医药、立法等方面的学术专著。每年举行的佛事活动“四大法会”更是热闹非凡，游人如潮。

2. 日月山

日月山坐落在青海省湟源县西南40千米，平均海拔4000米左右。属祁连山脉，古时为中原通向西南地区和西域等地的要冲。青海民间至今流传着这样的故事，当文成公主行至赤岭，将要离别唐朝管辖的土地，心中一片怆楚。向前西望吐蕃，天高云低，草原苍茫；回头东望长安，更加留恋故土。遂拿出皇后赐予的“日月宝镜”，从中照看长安景色和亲人，不禁伤心落泪，思乡的泪水汇集成了倒淌河，由东向西，流入青海湖。但当她想到身负唐蕃联姻通好的重任时，便果断地摔碎了“日月宝镜”，斩断了对故乡亲人的眷恋情丝，下定了毅然前行的决心，义无反顾地走上了西行的道路。从此，赤岭改名为“日月山”。继这次和亲的70年后，唐又以宗室女金城公主嫁入吐蕃，金城公主沿着文成公主走过的路，又一次经过了日月山。金城公主入蕃和亲，对于促进唐蕃经济文化交流，同样具有重要的意义。20世纪80年代中期在当年公主驻足的地方修建了日月二亭，分立垭口两侧，建筑精巧、辉煌。日亭内有青海省人民政府撰文刻制的“文成公主进藏纪念碑”。碑文记述了文成公主和亲始末及历史功绩。亭内还绘有壁画，再现了文成公主进藏的历史面貌；月亭有珍贵的“唐蕃赤岭分界碑”和文成公主在西藏传播中原文化、促进西藏文化艺术发展等方面的壁画。日月山是青海内外流域水系的分水岭，是农业区和牧业区的天然分界线，历来有“草原门户”、“西海屏风”之称。

3. 青海湖

青海湖古称“西海”，又称“鲜水”或“鲜海”。蒙语称“库库诺尔”，意为“青色的海”、“蓝色的海洋”。从北魏起才更名为“青海”。青海湖地处青藏高原的东北部，湖的四周被巍巍高山所环抱。北面是崇宏壮丽的大通山，东面是巍峨雄伟的日月山，南面是逶迤绵延的青海南山，西面是峥嵘嵯峨的橡皮山。离西宁约200千米。湖区有大小河流近30条。湖东岸有两个子湖：一名尕海，面积10余平方千米，系咸水；一名耳海，面积4平方千米，为淡水。在青海湖畔眺望，苍翠的远山，合围环抱；碧澄的湖水，波光潋滟；葱绿的草滩，羊群似云。一望无际的湖面上，碧波连天，雪山倒映，鱼群欢跃，万鸟翱翔。

青海湖周围是茫茫草原。湖滨地势开阔平坦，水源充足，气候比较温和，是水草丰美的天然牧场。夏秋季的大草原，绿茵如毯。金黄色的油菜，迎风飘香；牧民的帐篷，星罗棋布；成群的牛羊，飘动如云。日出日落的迷人景色，更充满了诗情画意，使人心旷神怡。

青海湖中的海心山和鸟岛都是游览胜地。海心山又称龙驹岛，面积约1平方千米。岛上岩石嶙峋，景色旖旎，以产龙驹而闻名。鸟岛位于青海湖西部，在流注湖内的第一大河布哈河附近。它的面积只有0.5平方千米，春夏季节栖息着斑头雁、鱼鸥、棕头鸥、鸬鹚等10多种近10万多只候鸟。

青海湖的美景吸引着成千上万游人，成为国内外旅游者云集的游览胜地。游客到此不仅可以观赏美丽的青海湖、成群的候鸟、金黄的油菜花，还可以领略高原牧区风光，乘马骑牦牛，漫游草原，攀登沙丘，或到牧民家里访问，领略藏族牧民风情。牧场还专门为游客扎下各式帐篷，备有奶茶、酥油、炒面和青稞美酒供游客品尝。

4. 金银滩

金银滩草原位于青海省海北州海晏县境内。它的西部同宝山与青海湖相临，北、东部是高山峻岭环绕，南部与海晏县三角城接壤（三角城是西海郡遗址，建于西汉王莽秉政时期），草原面积达1100平方千米，有麻皮河和哈利津河贯穿其中。这里矿产资源丰富、林茂粮丰，自古就有宝地之称。藏族人民世世代代生活在这块土地上，有30多万只牛羊在这里生息，是典型的牧区。金银滩的黄金季节是7、8、9三个月。鲜花盛开，百鸟飞翔，尤其是黄橙橙、金灿灿的油菜花香沁人心脾。王洛宾一首《在那遥远的地方》，更让金银滩草原名扬天下。

西海镇还是中国第一个核武器研制基地，这块鲜为人知的神秘禁区，孕育了新中国第一颗原子弹、氢弹。

5. 三江源

三江源地区位于青海省南部，西南部与西藏自治区接壤，东部与四川省毗邻，北部与青海省格尔木市、都兰县相接。三江源保护区的总面积为31.6万多平方千米，占青海省土地总面积的32.7%。三江源自然保护区是长江、黄河、澜沧江的发源地，被誉为“中华水塔”。三江源自然保护区是我国面积最大的自然保护区，保护区面积相当于两个山东省的面积。这里是我国海拔最高的天然湿地，平均海拔4000米左右。据科学家初步计算，长江总水量的25%、黄河总水量的49%和澜沧江总水量的15%都来自三江源地区。三江源也是世界高海拔地区生物多样性最集中的地区，分布珍稀野生动物70余种。

6. 百里油菜花海

百里油菜花海位于青海省门源县、祁连山与大坂山之间的盆地，宁张公路、217国道和民门公路可以通达景区，距西宁150千米，是自然风景旅游区。长约50千米，宽约12千米，面积535平方千米，是中国最大的北方小油菜基地。每年7月，一年一度的油菜花旅游节是观赏油菜花的最佳时机。7月的浩门川，是花的海洋，也是歌和舞的海洋，一片别具特色的高原田园风光。百里油菜花景区被评为西部开发创业奖，是农业生态旅游观光的绝佳去处。

7. 年宝玉则国家地质公园

年宝玉则总面积2238平方米，又称果洛山，位于班玛县东部，属巴颜喀拉山，是青海果洛草原的一座神山。长40千米，宽25千米，由无数海拔在4000米以上的山峰组成，主峰5369米，相传是果洛诸部落的发祥地，因而备受尊崇。主峰海拔5369米，冰川面积

7~8平方千米，360个冰川湖泊各具景观。

8. 同仁——“热贡艺术之乡”

同仁，藏语意为“梦想成真的金色谷地”，位于青海省东南部、黄南藏族自治州东北部。1994年同仁被国家文化部列为青海省唯一的国家级历史文化名城，有以隆务寺为代表的藏传佛教寺院36座。其中隆务寺及附属吾屯上寺、吾屯下寺、年都乎寺、郭么日寺5处寺院为国家级文物保护单位。同仁藏传氛围文化十分浓厚，是青海省藏族文化留存比较完整的地区。境内散布着新石器、青铜器等时期的古文化遗址170余处，有19处古建筑及古文化遗址被列入国家、省级和县级重点文物保护单位。同仁是驰名中外的“热贡艺术”的发祥地和安多地区的藏文化中心，藏文化源远流长，民间文化艺术内容丰富。“热贡艺术”是藏传佛教艺术的一个重要流派，绘画、雕塑、堆绣等艺术精巧绝伦，具有较强的装饰性和浓郁的民族风格，是我国民族艺术宝库中的瑰宝。同仁是集名城、名寺、名景、名人为一体的独有的旅游风景线。

9. 结古寺

结古寺是目前在玉树地区最大的一座萨迦派寺院。结古寺藏语称“结古东珠楞”，汉译意为众生义成洲。历史上因该寺的建筑宏伟、文物丰富、多名僧而闻名。整个寺院依山而建，宏伟壮观。主体建筑有桑周嘉措经堂、讲经院、弥勒殿大昭殿等，增设了因明（佛教哲学）等专修僧院。

10. 坎布拉风景区

它位于黄南藏族自治州尖扎县西北部，包括坎布拉国家森林公园、藏传佛教寺院、李家峡大坝、水库以及周边景点，距尖扎县城马克唐镇50千米，距省会西宁131千米。坎布拉森林公园与李家峡水库一起形成“碧水挟丹山，大坝锁黄河”的壮美景观。

该风景区处于拉脊山支脉，由山地、风蚀残丘、山间小盆地相间组成。地层构成以红色砂砾岩为主，最高峰为申保山，海拔4614米，有景点50多处。它是以丹霞地貌、佛教寺院为主体景观，并兼有宏大的李家峡水电工程，是一个以观光旅游为基础，休闲度假、宗教朝圣、消夏避暑和科学考察旅游兼备的著名景点。

（二）主要线路

1. 大美青海常规旅游：西宁—青海湖—坎布拉—塔尔寺
2. 宗教朝圣线：西宁—湟中—化隆—同仁—甘肃夏河
3. 丝绸之路：西宁—格尔木—甘肃敦煌—乌鲁木齐
4. 唐蕃古道线：西宁—日月山—通天河—玉树
5. 环湖：西宁—日月山—151基地—鸟岛—原子城—西宁
6. 助土族风情之旅：西宁—互助
7. 高原湖光山色之旅：西宁—青海湖—鸟岛
8. 循化撒拉族风情之旅：西宁—循化—孟达天池
9. 坎布拉国家森林公园之旅：西宁—坎布拉—参观丹霞地貌

二、西藏自治区

西藏自治区位于青藏高原西南部，简称“藏”，自治区首府设在拉萨。全区总人口为281万人（2006年年末数字）。西藏的旅游项目主要是以文化观光为主；同时还有登山、徒步、科学考察等特种旅游。全境可供旅游者游览的参观点有60多处，形成了以拉萨为中

心、日喀则、山南相结合，辐射那曲、阿里、林芝等地的旅游景点分布格局（见图 10-2）。

图 10-2　西藏旅游景点

（一）主要景点

1. 布达拉宫

布达拉宫屹立在西藏首府拉萨市区西北的红山上，在当地信仰藏传佛教的人们心中。它犹如观音菩萨居住的普陀山，因而藏语称之为布达拉（普陀之意）。海拔 3700 多米，占地 36 万余平方米，建筑面积 13 万余平方米，主楼高 117 米，共 13 层，近万间房屋，宫殿、灵塔殿、佛殿、经堂、僧舍、庭院等一应俱全，是世界海拔最高、规模最大的宫堡式建筑群。它始建于公元 7 世纪，原是藏王松赞干布为远嫁西藏的唐朝文成公主而建。清顺治二年（1645），达赖五世受清朝册封后，遂扩建宫室到现今规模。布达拉宫依山垒砌，群楼重叠，殿宇嵯峨，气势雄伟，有横空出世、气贯苍穹之势。坚实墩厚的花岗石墙体，松茸平展的白玛草墙，金碧辉煌的金顶，具有强烈装饰效果的巨大鎏金宝瓶、幢和经幡，交相辉映，红、白、黄三种色彩的鲜明对比，分部合筑、层层套接的建筑形体，都体现了藏族古建筑迷人的特色。布达拉宫是藏式建筑的杰出代表，也是中华民族古建筑的精华之作。从达赖五世起，重大宗教、政治仪式均在此举行，是原西藏地方统治者政教合一的统治中心。布达拉宫主体建筑为白宫和红宫，白宫是历代达赖喇嘛的冬宫，也是原西藏地方政府办事机构所在地；红宫主要是达赖喇嘛的灵塔殿和各类佛殿。布达拉宫也是藏族文化的巨大宝库，宫内珍藏的各类历史文物和工艺品数量繁多。据初步统计，现有玉器、瓷器、银器、铜器、绸缎、服饰、唐卡共 7 万余件，经书 6 万余函卷。1961 年，布达拉宫被中华人民共和国国务院公布为第一批全国重点文物保护单位之一。1994 年，布达拉宫被列为世界文化遗产。

2. 大昭寺

大昭寺位于拉萨老城区中心，始建于公元7世纪吐蕃王朝的鼎盛时期，距今已有1350年的历史。据说大昭寺是为供奉释迦牟尼8岁等身像而建。这尊像是松赞干布迎娶的尼泊尔尺尊公主从加德满都带来的。大昭寺寺址最早是一片湖，松赞干布曾在此湖边向尺尊公主许诺，随戒指所落之处修建佛殿，谁知道戒指恰好落入湖内，湖面顿时遍布光网，光网之中显现出一座九级白塔。于是，一场以千只白山羊驮土建寺的浩荡工程开始了。大昭寺共修建了三年有余，因藏语中称“山羊”为“惹”，称“土”为“萨”，为了纪念白山羊的功绩，佛殿最初名为“惹萨”，后改称“祖拉康”（经堂），又称“觉康”（佛堂）。现在大昭寺内供奉的是文成公主从大唐长安带去的释迦牟尼12岁等身像。而尼泊尔尺尊公主带去的释迦牟尼8岁等身像于8世纪被转供奉在小昭寺。1409年，格鲁派创始人宗喀巴大师为歌颂释迦牟尼的功德，召集藏传佛教各派僧众，在寺院举行了传昭大法会，后寺院改名为大昭寺。

大昭寺是西藏现存最辉煌的吐蕃时期的建筑，也是西藏最早的土木结构建筑。它融合了藏、汉、尼泊尔、印度的建筑风格，成为藏式宗教建筑的千古典范。经历代多次整修、增拓，遂形成了如今占地25100余平方米的宏伟规模。大昭寺的布局方位与汉地佛教的寺院不同，其主殿是坐东面西，主殿高四层，镏金铜瓦顶，辉煌壮观，两侧列有配殿，布局结构上再现了佛教中曼陀罗坛城的宇宙理想模式。寺院内的佛殿主要有释迦牟尼殿、宗喀巴大师殿、松赞干布殿、班旦拉姆殿（格鲁派的护法神）、神羊热姆杰姆殿、藏王殿等。寺内各种木雕、壁画精美绝伦，空气中弥漫着酥油香气，藏民们神情虔诚地参拜转经。

大昭寺是各教派共尊的神圣寺院，在藏传佛教中拥有至高无上的地位。许多重大的政治、宗教活动，如班禅、达赖活佛转世的“金瓶掣签”仪式历来在大昭寺进行。1995年，确定十世班禅转世灵童的金瓶掣签仪式也是在这里举行的。此外，在大昭寺门前广场上树立的唐蕃会盟碑见证了汉藏人民的深厚友情，种痘碑（为纪念清朝乾隆年间中央政府向西藏人民传授种痘方法以防治天花所立）则见证了中央政府对西藏人民的关怀。2000年11月，大昭寺作为布达拉宫的扩展项目被列为世界文化遗产。

3. 八角街手工艺品市场

八角街位于古城拉萨的中心，是拉萨老城区保留最完整的街道。八角街是六角环形街道，仿佛是一座巨大的时钟，辉煌壮丽的大昭寺就是钟轴。八角街并非以街道形状定名，而是藏语“八廓”的音译，意思是围绕大昭寺（建于7世纪中叶）的街道。按西藏佛教徒的说法，以大昭寺为中心绕一周称为“转经”，以示对供奉在大昭寺内的释迦牟尼佛之朝拜。

八角街也是拉萨最繁华的老商业街。它的历史和大昭寺一样悠久，长约1千米，大多是藏、汉、回族商人在此经商，也有尼泊尔、克什米尔等外商开设的店铺。街上店铺林立，店铺中各种藏族手工艺品琳琅满目，色泽鲜艳的江孜卡垫，独具特色的日喀则金花帽，古朴的木碗，各种质地的手镯、项链等令人爱不释手。近年来，西藏的边境贸易非常活跃，八角街上出售的外国货越来越多，有印度的佛珠和宝石、尼泊尔项链、不丹唇膏、西班牙的指甲油、法国香水等。现在，八角街的概念已经扩大，包含了围绕在大昭寺周围的一整片旧式的、有着浓郁藏族生活气息的街区。它是拉萨的宗教、经济、文化、民族手工艺乃至西藏的风土人情的集结地，也是旅游者到拉萨必去的购物地点。

4. 羊八井地热景区

羊八井地热位于拉萨市西北 90 千米的当雄县境内，温度保持在 47℃左右，是中国大陆上开发的第一个湿蒸汽田，面积 17.1 平方千米。这里建有我国目前最大的地热试验基地，也是当今世界唯一利用中温浅层热储资源进行工业性发电的电厂。羊八井有规模宏大的喷泉与间歇喷泉、温泉、热泉、沸泉、热水湖等。羊八井最美的时候是每天的清晨。由于空气比较冷，羊八井地热田一带总弥漫着白色雾气，地热田产生的巨大蒸汽团从湖面冒起，如人间仙境。如果运气好，碰上热水井喷发，更可一睹沸腾的温泉由泉眼直冲云霄的场面，十分壮观。沐浴的地点是一个露天的游泳池。由于水温太高，需要先经过 2 个露天水池的降温，才能供游客洗浴。融融热流的羊八井蒸汽田坐落在白雪皑皑的群山环抱之中，这一完美的契合，构成了世界屋脊上引人入胜的天然奇观。因而，羊八井地热已成为重要的旅游胜地。

5. 念青唐古拉山

念青唐古拉山山脉位于中国西藏自治区，“念青”藏语意为“次于”，即此山脉次于唐古拉山脉。它西接冈底斯山脉，东南延伸与横断山脉伯舒拉岭相接，中部略为向北凸出，同时将西藏划分成藏北、藏南、藏东南三大区域。长 700 千米，终年白雪皑皑，云雾缭绕。西北侧为藏北大湖区，其中最大的是纳木措湖。主峰南麓是景色秀丽的羊八井谷地。主峰念青唐古拉峰海拔 7111 米，山岭陡峻。念青唐古拉山在宗教上是全藏著名的护法神，也是北部草原众神山的主神，本教和佛教信徒都敬奉此山，认为此山是修得正果的诸持明者的修行净地和欢聚处。

在西藏古老的神话里，念青唐古拉山和纳木措不仅是西藏最引人注目的神山圣湖，而且是生死相依的情人和夫妇。念青唐古拉山因纳木措湖的衬托而显得更加英俊挺拔，纳木措湖因为念青唐古拉山的倒映而愈加绮丽动人，吸引着成千上万的信徒、香客、旅游者前来观瞻朝拜，成为世界屋脊上最大的宗教圣地和旅游景观。

6. 纳木措湖

纳木措湖是西藏最大的内陆湖，蒙语和满语称“腾格里诺尔”，藏语“纳木措”意为天湖。信徒们尊其为四大威猛湖之一，传为密宗本尊胜乐金刚的道场。它是藏传佛教的著名圣地，位于拉萨以北当雄县和那曲地区班戈县之间，距离拉萨 240 千米，是我国第二大咸水湖、世界海拔最高的咸水湖。湖泊形成和发育受地质构造控制，为断陷构造湖，并具冰川作用的痕迹。纳木措南面有终年积雪的念青唐古拉山，北侧和西侧有高原丘陵、广阔的湖滨，草原绕湖四周，水草丰美。湖水含盐量高，流域范围内野生动物资源丰富，有野牛、山羊等。湖中多野禽，产细鳞鱼和无鳞鱼。湖水清澈，与四周雪山相映，风景秀丽。纳木措生态旅游景区内主要景点有：迎宾石（夫妻石）、合掌石、善恶洞等。每个到过纳木措的人，整个灵魂都仿佛被纯净的湖水所洗涤。头顶深邃而疏朗的蓝天，与纯净的湖水浑然一体；远处雄奇皑皑的雪峰犹如琼楼玉宇，忽隐忽现；湖边的草地犹如一张巨大的绿毯，无边无际。清晨，湖面雾霭茫茫，太阳升起云消雾散，浩瀚无际的湖面在清风中泛起涟漪。在阳光下，念青唐古拉山的主峰格外清晰，如一个威武的战士守护着纳木措湖。高原的气候常常瞬息万变，时而狂风大作，时而乌云密布。风雪过后，湖面依然波光粼粼，透着一种别样情韵。到纳木措游览，除了观赏纳木措湖之外，另一大特色是一望无际的纳木措草原，让人感受至深的是藏北那种人迹罕至的壮阔雄浑。草原上动作敏捷的土拨鼠、悄然凝望的黄羊、活泼可爱的野兔，都让人感到一种大自然的亲切。散落在草地上的一顶

顶帐篷、升起的一缕缕青烟，都给人以无尽的遐想。此外，湖面很厚的冰至翌年5月开始融化时发出的巨大声响，声传数里，亦是一自然的奇景。

7. 羊卓雍措

羊卓雍措藏语意为“上面牧区的碧玉湖”，是西藏三大圣湖之一，位于雅鲁藏布江南岸、山南浪卡子县境内。湖面海拔4441米，湖岸线总长250千米，总面积638平方千米，湖水均深20～40米，最深处有60米，是喜玛拉雅山北麓最大的内陆湖。羊卓雍措风景秀丽，站在海拔4790米的岗巴拉山顶向南眺望，它像是一块镶嵌在群峰之中的蓝宝石，碧蓝的湖水平滑如镜，白云、雪峰清晰地倒映其上，湖光山色，相映成趣。湖滨水草丰美，牛羊成群，这里还是藏南最大的小鸟栖息地，有天鹅、黄鸭、水鸽、水鹰、鹭鸶和沙鸥等多种水鸟。每当产卵季节，湖里的十多个小岛便成了天然蛋场，场面极其壮观。微风拂过，湖水涟漪轻漾，浮光跃鱼，令人陶醉。湖中盛产高原裸鲤鱼，其肉细嫩鲜美。

8. 扎什伦布寺

扎什伦布寺意为“吉祥须弥寺”。扎什伦布寺是西藏日喀则地区最大的寺庙，是全国著名的六大黄教寺院之一，位于日喀则市城西的尼玛山东面山坡上。扎什伦布寺是四世之后历代班禅驻锡之地。错钦大殿为该寺最早的建筑，殿前有500平方米的讲经场，是班禅向全寺僧众讲经和僧人辩经的场所。大殿内同时可容2000多人诵经。供奉的佛像除释迦牟尼佛及其大弟子外，两边柱上还刻有建寺人根敦主与四世班禅的立像；周围有宗喀巴师徒和80位高僧造像等。该寺最宏伟的建筑是强巴勒殿和历世班禅灵塔殿。寺内有四扎仓（经院）和时轮殿、印经院、汉佛堂等也颇具规模，教学显密并重。

9. 强巴佛

强巴佛殿在扎什伦布寺西侧，内有强巴铜佛像一尊，最为引人注目。大殿建于1914年，由九世班禅曲吉尼玛主持修建。殿高30米，建筑面积862平方米。佛殿全为石垒砌，接缝密实，庄严肃穆。整个佛殿分四大阶梯状，层层收拢高出。每层顶角各卧雄狮一尊。上部殿檐系缀铜铃，殿堂以铜柱金顶装饰，气势雄伟壮阔。强巴佛跏趺在高达3.8米的莲花基座上，面部朝南，俯瞰着寺宇。佛像高26.2米，肩宽11.5米，脚板长4.2米，手长3.2米，中指周长1.2米，耳长2.8米，是巨型雕塑中的珍品，也是世界上最高最大的铜塑佛像。铸造这尊佛像，由110个工匠花费4年时间完成，共耗黄金6700两、黄铜23万多斤。佛像眉宇间白毫镶饰的大小钻石、珍珠、琥珀、珊瑚、松耳石有1400多颗，其他珍贵装饰为数更多。

10. 班禅灵塔

历世班禅灵塔大小不一，塔身都饰有珍珠和玉石。每座灵塔都燃点数量不等的大小酥油灯，终年不熄。塔内藏有历世班禅的舍利肉身，以四世班禅的灵塔最为豪华。“释颂南捷”是第十世班禅额尔德尼确吉坚赞大师灵塔祀殿。大师生前是我国一位伟大的爱国主义者、中国共产党的忠诚朋友、中国藏传佛教的杰出领袖、中国佛教协会名誉会长。1989年1月28日，他在日喀则视察期间圆寂。1990年9月20日，举行了灵塔开工奠基。国家拨出6424万元，黄金614千克，白银275千克。历经三年时间，1993年9月4日，第十班禅额尔德尼确吉坚赞大师灵塔祀殿开光盛典在扎什伦布寺隆重举行。总建筑面积为1933平方米，高35.25米。祀殿主体采用了现代建筑中的钢筋水泥框架结构，墙壁以花岗石砌筑，墙厚达1.83米，能防御八级地震。整个建筑以西藏古代宗教建筑风格为主，吸收了唐、清建筑艺术特色和佛教灵塔建筑形式。祀殿由红色和棕色两大建筑部分组成，在殿的

顶端，覆盖着具有民族、宗教特色的金顶。灵塔面积为 253 平方米，塔高 11.55 米，塔身以金皮包裹，遍镶珠宝，共安放宝石袋 818 个，共 24 种珠宝 6794 个。塔内装藏也十分丰富，按照宗教仪轨，整个灵塔内装藏分为上、中、下三层。下层装有青稞、小麦、大米、茶叶、盐、碱、各种干果和糖类、檀香木、各种药材、各种绸缎、金雕镶嵌的马鞍、鹿茸、犀牛角、银宝、珠宝、大师袈裟和藏装。中层装有大藏经和格鲁派三大祖师的经典著作、历代班禅的经典著作、历代班禅经师的著作、贝叶经、金汁书写的佛经等。在塔的上层装有佛经和佛像。十世班禅大师的法体完好地安放在众生福田的中央，周围放置了各种宗教用品，如袈裟、唐卡、佛像、经书等。

11. 白居寺

白居寺属全国重点文物保护单位，位于西藏江孜县境内。15 世纪初始建，是藏传佛教的萨迦派、噶当派、格鲁派三大教派共存的一座寺庙。白居寺是汉语名称，藏语简称“班廓德庆”，意为“吉祥轮大乐寺”。白居塔有九层，高达 32 米多，有 77 间佛殿、108 个门、神龛和经堂等。殿堂内绘有十余万佛像，因而得名十万佛塔。塔内另有千余尊泥、铜、金塑佛像，堪称佛像博物馆。它是一座塔寺结合的典型的藏传佛教寺院建筑，塔中有寺、寺中有塔，寺塔天然浑成，相得益彰，它的建筑充分代表了 13 世纪末至 15 世纪中叶后藏地区寺院建筑的典型样式。

12. 珠穆朗玛峰

藏语“珠穆朗玛”是“大地之母”的意思，是喜马拉雅山脉主峰，位于中华人民共和国西藏和尼泊尔交界处。山体呈巨型金字塔状，由结晶岩系构成。海拔 8844.43 米，并以 3.7 厘米/年的速度增高。为世界第一高峰，有“世界屋脊”之称。“珠穆朗玛”藏语意为女神第三。1989 年 3 月，珠穆朗玛峰国家自然保护区宣告成立。保护区面积 3.38 万平方千米。区内珍稀、濒危生物物种极为丰富。峰顶共有 600 多条冰川，面积 1600 平方千米，最长的 26 千米。每当旭日东升，巨大的山峰在红光照耀下，绚丽多彩。此外，还常出现许多奇特的自然景观，吸引了大量国内外游客。珠峰地区及其附近高峰的气候复杂多变，9 月初至 10 月末是雨季过渡至风季的秋季。在此期间，有可能出现较好的天气，是登山的最佳季节。

13. 桑耶寺

桑耶寺又名存想寺、无边寺，素有“西藏第一座寺庙”的美称，位于西藏山南地区的扎囊县桑耶镇境内、雅鲁藏布江北岸的哈布山下。它始建于公元 8 世纪吐蕃王朝时期，整个寺院的布局，是按照佛经中的“大千世界”的结构布局设计而成，是依照密宗的曼陀罗建造的：乌孜大殿代表世界中心须弥山，兼具藏族、汉族、印度三种风格。大殿周围的四大殿表示四咸海中的四大部洲和八小洲，太阳、月亮殿象征宇宙中的日、月两殿，寺庙围墙象征世界外围的铁围山；主殿四周又建红、白、绿、黑四塔，以镇服一切凶神邪魔，防止天灾人祸的发生。围墙四面各设一座大门，东大门为正门。寺院建成后，莲花生在这里剃度第一批藏人出家为僧，号称“七觉士”。此寺因而成为西藏第一座佛、法、僧三宝齐全的佛教寺院。1996 年，桑耶寺被中华人民共和国国务院公布为第四批中国重点文物保护单位之一。2005 年，桑耶寺被评定为中国 4A 级旅游景点。

14. 雍布拉康

雍布拉康，藏语意为“母子宫”，是西藏历史上第一座宫殿，也是西藏最早的建筑之一，位于山南地区泽当镇东南，高耸于雅砻河东岸扎西次日山顶。相传是苯教徒于公元前

2世纪为第一代藏王聂赤赞普建造，后来成为松赞干布和文成公主在山南的夏宫，五世达赖时改为黄教寺院。雍布拉康主要供奉释迦牟尼佛像。宫殿内的壁画上生动地描绘了西藏的第一位国王、第一座建筑、第一块耕地的历史故事。雍布拉康分为两部分：前部是一幢多层建筑，后部是一座方形高层碉堡望楼，与前部相连。

15. 南迦巴瓦峰

南迦巴瓦峰是中国西藏林芝地区最高的山，海拔7782米，高度排在世界最高峰行列的第15位。其巨大的三角形峰体终年积雪，云雾缭绕，从不轻易露出真面目，所以它也被称为“羞女峰”。南迦巴瓦在藏语中有多种解释：一是“雷电如火燃烧”，二是“直刺天空的长矛，三是“天山掉下来的石头”。后一个名字来源于《格萨尔王传》中的“门岭一战”，在这段中将南迦巴瓦峰描绘成状若“长矛直刺苍穹”。

16. 鲁朗林海

鲁朗林海位于距林芝地区八一镇80千米左右的川藏公路上，藏语意为“龙王谷”，也是“叫人不想家”的地方。这是一片典型高原山地草甸狭长地带，两侧青山由低往高分别由灌木丛和茂密的云杉、松树组成鲁朗林海。中间是整齐划一的草甸。草甸中，溪流蜿蜒，成千上万种野花竞相开放。木篱笆、木板屋和农牧民的村落星罗棋布，山间的云雾时聚时散，雪山、林海、田园勾画了一幅恬静、优美的“山居图”。

17. 巴松措

巴松措又名错高湖，是西藏东部最大的堰塞湖之一，“错高”在藏语中意为绿色的水，湖面海拔3469米。湖形状如镶嵌在高峡深谷中的一轮新月，长约12千米，湖宽几百至数千米不等。最深处66米多。总面积为37.5平方千米。湖水清澈见底，四周雪山倒映其中，黄鸭、沙鸥、白鹤等飞禽浮游湖面。小岛上有唐代的建筑“错宗工巴寺”，是西藏有名的红教宁玛派寺庙，距今已有1500多年的历史了。错宗寺为土木结构，上下两层，殿内主供莲花生、千手观音和金童玉女。巴松措景区集雪山、湖泊、森林、瀑布牧场、文物古迹、名胜古刹为一体，景色殊异，四时不同，名类野生珍稀植物汇集，实为人间天堂。

18. 古格王朝遗址

它位于阿里地区的一座土山上。公元10世纪前半期建立，前后世袭了16个国王。王宫城堡是从10～16世纪不断扩建的。古格王国遗址占地约18万平方米，从山麓到山顶高300余米，房屋建筑、佛塔和洞窟密布全山，达600余座，形成一座庞大的古建筑群。现存较好的有寺庙、殿堂5座。寺内残留有泥塑佛像和彩色壁画。该遗址是研究西藏历史和公元10世纪以来藏族建筑史的珍贵资料。

19. 托林寺

托林寺坐落于阿里地区扎达县城西北的象泉河畔，始建于北宋时期，是古格王国（公元10—17世纪）在阿里地区建造的第一座佛寺。1996年被列为“国家一级文物保护单位”。几百年以来，托林寺虽然历经各种自然和人为的破坏，但至今仍是殿宇林立，佛塔高耸。托林寺始建于公元996年，由古格王国国王益西沃和佛经翻译大师仁青桑布仿照前藏的桑耶寺设计建造。托林，意为飞翔空中永不坠落。由于古格王朝的大力兴佛，托林寺便逐渐成为当时的佛教中心。佛寺的建筑布局呈带形，包括殿堂、僧舍和塔林三部分，主要建筑有迦萨殿、白殿（尼姑殿）、佛塔、罗汉殿、弥勒佛殿、护法殿、集会殿（祖拉康殿）、色康殿、阿底峡传经殿以及转经房、拉让、僧舍等。主体建筑为迦萨殿；大殿分为内、外圈；内圈包括中心大殿和4座小殿；中心大殿呈四方形，供有主体坛城和如来佛

像，四周有回廊与4座分殿相连。外圈包括16座殿堂，中间殿堂有转经道。外圈的四角还建有4座高13米的红砖塔。白殿位于集会殿的东北部，殿内墙壁上绘有许多精美的壁画。塔林分为两组，每组塔群中各有3条长塔，每条长塔由数十座或上百座形制相同的小塔串连而成，极为壮观。托林寺融合了印度、尼泊尔以及西藏本地的建筑风格，是研究当地建筑、雕塑、绘画艺术等方面的珍贵实物资料。

（二）典型线路

西藏的旅游格局，是从拉萨向外辐射到日喀则、山南、那曲、阿里、林芝和昌都六个地区，形成了以下六条最常见的主要旅游线路（见图10－3）：

1. 拉萨—日喀则—拉孜—樟木线

从拉萨开始，至樟木出境去尼泊尔，需要8～12天的时间。

2. 拉萨—日喀则—拉孜—措勤—改则—革吉—狮泉河—普兰线

这条通往阿里地区的线路现在是西藏最热门的旅游路线，然而一路上条件比较艰苦，时间至少应该在3周以上（拉萨—阿里环线）。

3. 拉萨—江孜—日喀则—拉萨线

这是一条旅游环线。这条路线以展现西藏绚丽的历史和宗教文化为主，兼顾到了自然风光，而且时间比较短。不算在拉萨市内的游览，全程时间在2～4天。

4. 拉萨—林芝—山南（泽当）线

林芝被称为“西藏的江南”，山南是藏民族的发祥地。拉萨到泽当只有200千米的路途，算上当地的游览，4～6天就够了。而且这条线路还可以和拉萨—江孜—日喀则—拉萨的旅游环线结合起来走。

5. 拉萨—那曲—格尔木线

这是一条沿青藏公路、以草原雪域风光为主的线路。那曲是藏北的重镇，每年八月的羌塘赛马节远近闻名。拉萨到格尔木有直达班车，全程约1200千米。

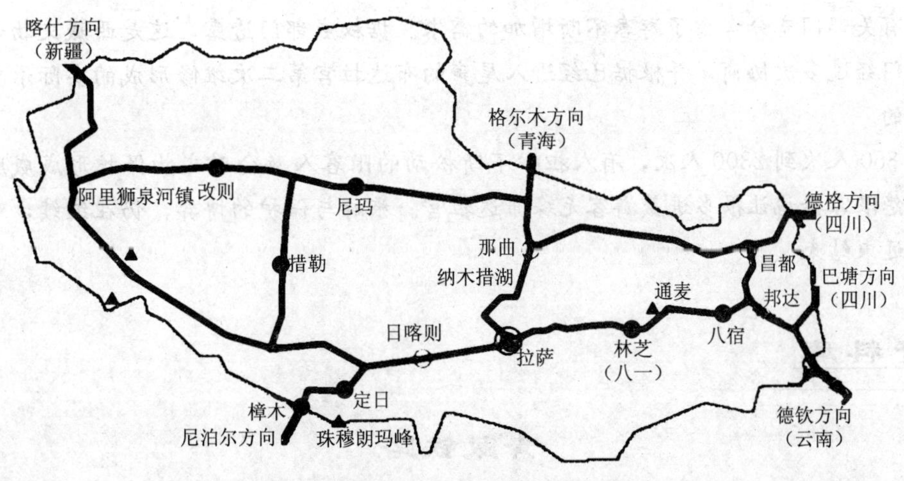

图10－3　西藏旅游线路

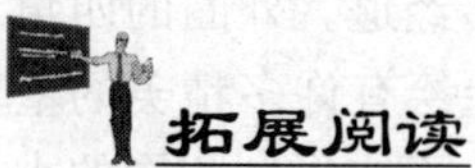

拓展阅读

布达拉宫限制客流

早在2003年，布达拉宫管理处宣布对游人和香客人数进行限制，以保护这座著名的古建筑。当时的管理办法规定，在上午开放的4个小时，平均每20分钟限客50人，而在下午开放的2.5个小时，平均每30分钟限客50人。这样，布达拉宫每天最多接待人数不超过850名。可是早在青藏铁路开通前，布达拉宫的每日限客数已增加到1500人次。铁路开通后，限客数再次攀升，达到2300人。

布达拉宫作为进藏游客的首选参观地点，必须面对日益增多的游客和建筑本身承重能力之间的矛盾。作为土木结构的古老建筑，布达拉宫过去几年内接待旅游者和香客50多万人次，日均约1500人次。按参观宫殿全景需要3小时、人均重量60千克计算，主体建筑在同一时间内需承受约45吨以上的重量。如此大的重量对于高115米、土木石结构的13层建筑来说，不但会造成椽子木下垂或开裂、折断，墙体下沉或鼓闪、松动等，而且对地基形成了不可忽视的威胁。

限客人次的增加与日益庞大的旅游人群是密不可分的。专家预测，青藏铁路开通后，每年进藏的游客人数增长速度将达到15%～20%，到2010年和2020年，每年通过铁路进藏的游客将达到250万人次和600万人次。如此庞大的旅游人群，几乎人人都有一睹布达拉宫真容的愿望，怎能不影响到布达拉宫游客数额的限定？

据西藏自治区党委政策研究室主任孙勇介绍，在青藏铁路开通前，关于布达拉宫接客的方案就在多个部门研讨，其中有许多不同意见和多个方案，令自治区难以下定论，方案迟迟不能出台。起初制定的限客人次是1800人次。显然，最后日接待2300人次上限的出台，是有关部门充分考虑了游客不断增加的需求。据权威部门透露，这是西藏文物部门和旅游部门经过多次协商，并根据已经进入尾声的布达拉宫第二次维修形成的实际承重能力而制定的。

从850人次到2300人次，有人担心不断松动的限客人数会对文物保护形成威胁，也有人抱怨限客措施让很多进藏游客无缘布达拉宫。旅游与保护的博弈，仍在继续，难断胜负，还远未结束。

资料库

青藏铁路

青藏铁路由青海省西宁市至西藏自治区拉萨市，全长1956千米。其中，西宁至格尔木段814千米，1984年建成运营。新开工修建的格尔木至拉萨段，自青海省格尔木市起，沿青藏公路南行，经纳赤台、五道梁、沱沱河、雁石坪，翻越唐古拉山，再经西藏自治区安多、那曲、当雄、羊八井，进入拉萨市，全长1142千米（新建1110千米，格尔木至南

山口既有线改造32千米)。建设工期为6年。设计年输送能力为客车8对，货流密度500万吨。新线于2001年6月29日开工，2002年开始从南山口向南铺轨，2004年在安多同时向南北两个方向铺轨，2005年铺轨通过唐古拉山，并提前实现全线铺通。2006年7月已投入试运营。(见图10-4)

青藏铁路是世界上海拔最高、线路最长的高原铁路。翻越唐古拉山的铁路最高点海拔为5072米，经过海拔4000米以上地段有960千米，连续多年冻土区550千米以上。沿线地质复杂，滑坡、泥石流、地震、雷击等灾害严重。多年冻土、高寒缺氧、生态脆弱是青藏铁路建设的“三大难题”。

青藏铁路被列为“十五”四大标志性工程之一，名列西部大开发12项重点工程之首。国外媒体评价青藏铁路“是有史以来最困难的铁路工程项目”,“它将成为世界上最壮观的铁路之一”。对中国而言，青藏铁路使最后一个不通铁路的自治区拥有了钢铁“大动脉”。就区域来说，它给西部大开发的一个重点工程画上了完美的句号，开启了“世界屋脊”——青藏高原的繁荣之路。在企业家眼中，这是一条商贸金桥、藏旅坦途、文化通衢——“天路”经过的地方均被视为“马可波罗之路”。

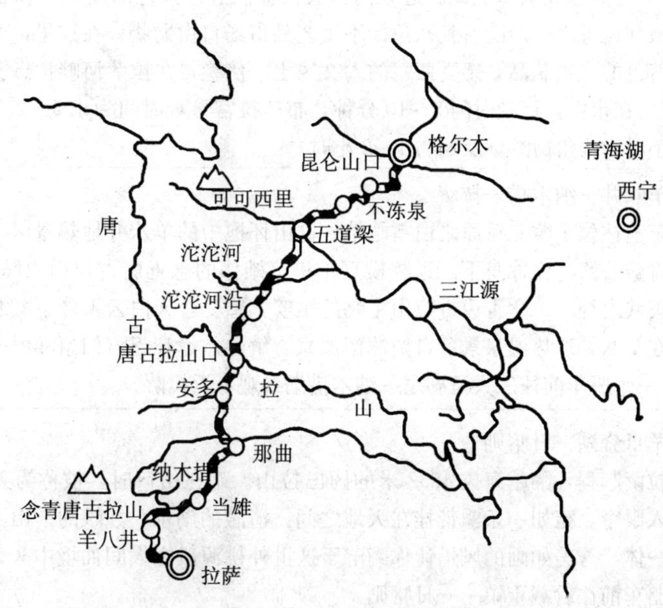

图10-4　青藏铁路图

任务实施

青藏高原由于地处高原，缺氧等高原反应会制约旅游活动的开展。25～45岁的人群身体状况较好，但也会因此麻痹大意，出现突发病症。另外此次活动是企业为答谢客户而组织的，经费支出应该比较宽松。综合考虑具体行程如下：

时间	行程安排
D1	北京飞西宁。接机，到宾馆稍事休息后前往格鲁派六大寺院之一的塔尔寺
D2	日月山、青海湖、金银滩 早餐后，途经以青海农业区与牧业区的天然分界线——日月山，聆听文成公主当年进藏的动人传说。抵达中国最美的最大的咸水湖——青海湖。青海湖面积 4500 多平方千米，湖畔芳草萋萋，每年六月至九月，湖畔大面积的油菜花盛开，金黄一片，蔚为壮观。在青海湖畔体验藏族风情。中餐后前往金银滩，这是著名西部歌王王洛宾先生曾经采风和生活过的地方。王洛宾就是在这里创作出脍炙人口的民歌《在那遥远的地方》。此地也是中国第一个核武器研制基地。参观结束后，返回西宁，晚乘坐火车赴拉萨。
D3	乘火车赴拉萨 在火车上欣赏青藏高原的美丽风景。晚抵拉萨。
D4	布达拉宫—大昭寺—八角街 上午游览世界上海拔最高的古代宫堡式建筑群——布达拉宫。公元 7 世纪中叶，藏王松藏干布迁都拉萨并建宫殿于红山之上。随着历史的变迁，17 世纪中叶重建后，布达拉宫成为历代达赖喇嘛的驻锡地和政教权力中心，以其极高的历史价值和旷世宝藏闻名于世。下午游览位于拉萨旧城中心、藏传佛教信徒心中的圣地——大昭寺。公元 7 世纪文成公主进藏时带来的一尊释迦牟尼 12 岁等身像被供奉于此。近距离体验信徒们五体投地的虔诚。寺庙金顶处是观赏布拉宫远景的最佳位置之一。随后到八角街手工艺品市场自由购物。在这里，可购买到各式具有浓郁的民族特色的手式制品，感受西藏的人文风土。傍晚，在拉萨河畔拍摄夕阳余辉下的布达拉宫。(景点均在市内，行驶时间 5～10 分钟，布达拉宫参观时间为 1.5～2.5 小时，大昭寺参观约需 1.5 小时，八角街游览及购物 1～2 小时)
D5	拉萨—羊八井—纳木措—拉萨 上午驱车前往位于藏北草原之白雪皑皑、群山怀抱中的羊八井地热景区。世界上海拔最高的公路——青藏公路将在你身下。远眺横亘千里、雄伟的念青唐古拉山山脉，一睹身披银铠、头戴冰冠的英武之神——念青唐古拉山主峰的雄姿。感受蓝天白云雪峰下藏北草原苍茫辽阔的自然风光。在羊八井地热温泉景区自费沐浴温泉，解除旅途疲乏（门票 40～60 元/人自理，请自备泳衣）。下午驱车前往三大圣湖之一纳木措湖参观，返拉萨
D6	拉萨—羊卓雍湖—日喀则 上午从拉萨起程，翻越海拔 4852 米的冈巴拉山。站在山口时，被称为天上圣湖之美誉的羊卓雍湖映入眼帘，宛如一条飘带挂在天地之间。清澈的湖水、巍峨的雪山、如洗的蓝天和朵朵白云融为一体，秀美如画的风景让你陶醉于这世外桃源般之人间仙境中久久不忍离去。随后经中尼公路驱车前往后藏重镇——日喀则。
D7	日喀则—扎什伦布寺—拉萨 上午游览修建于 1447 年的黄教六大寺之一、历代班禅额尔德尼驻锡地——扎什伦布寺，远眺整个寺院依山坡而筑，背负高山，殿宇毗连，群楼重叠，金顶红墙的主建筑群雄伟、浑厚、壮观、金碧辉煌。寺内香炉紫烟升腾供台灯火闪烁，众佛尊容各异。大殿里僧侣诵经井然；佛像前，信徒顶礼膜拜。五百多年来它强烈地吸引着国内外佛教信徒。游人在这里朝拜、观瞻。寺内供奉有高 26 米的世界上最大的室内铜像——强巴佛。瞻仰十世班禅大师灵塔后游览日喀则自由市场。下午沿雅鲁藏布江峡谷返回拉萨，途中欣赏峡谷风景。抵拉萨自由活动
D8	拉萨飞北京

任务总结

旅游行程的安排要综合考虑景点、交通、购物、娱乐、住宿、用餐等多方面的因素，遵循经济原则、市场原则、生态效益原则，全程不走回头路。根据目的地的特殊性和游客分析设计好行程是关键。

实训项目

超长线路超凡体验　西藏全览13天线路点评

【实训目标】

1. 使学生进一步熟悉并掌握青藏旅游板块的主要景点。

2. 培养学生综合运用知识，阅读审查设计青藏旅游路线的能力。

【实训内容】

这是某旅行社为团队客人设计的“超长线路超凡体验　西藏全览13天”行程路线，请你对此线路做出点评，后附路线图。（见图10－5）

D1：北京－拉萨。做适应性休息。宿拉萨。

D2：拉萨－林芝。参观巴松措。宿八一镇。

D3：八一镇－南伽巴瓦风景区。宿八一镇。

D4：八一镇－鲁朗林海－拉萨。宿拉萨。

D5：参观布达拉宫、大昭寺、八廓街。

D6：拉萨－江孜－日喀则。参观羊卓雍湖。宿日喀则。

D7：日喀则－拉孜。参观扎什伦布寺，下午乘车去拉孜。

D8：拉孜－珠峰大本营。宿大本营。

D9：珠峰大本营－定日。参观绒布寺。宿定日。

D10：定日－日喀则。宿日喀则。

D11：日喀则－纳木措。宿纳木措

D12：纳木措－羊八井－拉萨。

D13：拉萨－北京。

【实训步骤】

1. 以项目团队为学习小组，小组规模一般是2～3人。

2. 评价与总结：各项目团队提交线路点评文字说明，并根据报告进行评估。

复习思考题

一、单项选择题

1. 青海省藏传佛教中的第一大寺院是（　　）。

A. 结古寺　　B. 塔尔寺　　C. 大昭寺　　D. 扎什伦布寺

2. 西藏现存最辉煌的吐蕃时期的建筑，也是西藏最早的土木结构建筑是（　　）。

A. 结古寺　　B. 塔尔寺　　C. 大昭寺　　D. 扎什伦布寺

3. 西藏第一座寺庙是（　　）。

A. 结古寺　　B. 塔尔寺　　C. 大昭寺　　D. 桑耶寺

4. 西藏日喀则地区最大的寺庙、全国著名的六大黄教寺院之一是（　　）。

A. 结古寺　　B. 塔尔寺　　C. 大昭寺　　D. 扎什伦布寺

5. 玉树地区最大的一座萨迦派寺院是（　　）。

A. 结古寺　　B. 塔尔寺　　C. 大昭寺　　D. 扎什伦布寺

二、简答题

1. 青藏高原旅游行程安排要注意哪些事项？

2. 青海和西藏在旅游资源方面有哪些相似点？

3. 青藏铁路对旅游的贡献是什么？

项目十一　港澳台旅游区景点及线路

学习目标

● 知识目标

1. 了解港澳台旅游区旅游景点概况；熟悉港澳台旅游区主要旅游景点。

2. 熟悉港澳台旅游区典型旅游线路。

3. 掌握自由行，农业旅游的特点。

● 能力目标

1. 能够根据游客出游动机、职业特点等对游客进行分析。

2. 能够根据游客要求，为游客设计港澳自由行及台湾农业旅游线路。

任务一　港澳景点及线路

任务引入

王海是IT精英，和心仪的女友相恋四年，最近打算和女朋友港澳自由行并求婚。王海喜欢自由行给予游客极大的自由，但是对于他自己从没有去过港澳的人而言，没有专业人士的指导，要为自己安排一次称心如意的旅途并非易事。请你为王海设计一条港澳自由行线路。

任务分析

自由行产品是以度假和休闲为主要目的一种自助旅游形式，产品以机票＋酒店＋签证为核心，精心为游客打造的系列套餐产品。自由行为客户提供了很大的自由性，旅游者可根据时间、兴趣和经济情况自由选择希望游览的景点、入住的酒店以及出行的日期，在价格上一般要高于旅行社的跟团产品，但要比完全自己出行的散客的价格优惠许多。

自由行也分为两种：一种是完全自由行，按照自己的计划到旅行社预订机票、酒店。如果觉得行程可能有变动，则选择可更改的机票，由于旅行社与航空公司、酒店的长期合作关系，价格会比个人单独预订要便宜。另一种是“准自由行”，是跟着旅行团队一同登上飞机，到达目的地后，脱离大部队，自由行动，直到回程的那天，重新“收编”进团队，一起乘飞机回来。或者与其他自由行游客同一时间出发，返回相同目的地，由于机票是团队价格，这种套餐价格会更便宜。

知识准备

一、香港旅游区

香港的全称是中华人民共和国香港特别行政区（Hong Kong Special Administrative Region，HKSAR）。香港位处中国的东南端，由香港岛、大屿山、九龙半岛以及新界（包括262个离岛）组成，总面积1104平方千米。位于香港岛和九龙半岛之间的维多利亚港，是举世知名的深水海港。1997年7月1日中华人民共和国对香港恢复行使主权。中方承诺在香港实行一国两制，香港将保持资本主义制度和原有的生活方式，并享受外交及国防以外所有事务的高度自治权，也就是“港人治港、高度自治”。香港总人口709.76万人（截至2010年年初），包括约21万名流动居民，人口密度为每平方千米6420人，是世界上人口最稠密的城市之一，市区人口密度平均高达每平方千米21000人。香港旅游景点见图11－1。

图11－1　香港旅游景点

（一）主要景点

1. 黄大仙祠

黄大仙祠又名啬色园，建于1945年，是香港九龙有名的胜迹之一，也是香港最著名的庙宇之一，在本港及海外享负盛名。据传说，黄大仙又名赤松仙子，以行医济世为怀而广为人知。相传祠内所供奉的黄大仙是“有求必应”的，他的签文十分灵验。此外，该祠是香港唯一一所可以举行道教婚礼的道教庙宇。

2. 金紫荆广场

金紫荆雕像矗立于香港会议展览中心新翼海旁的博览海滨花园内。附近屹立着一座回归纪录碑，碑上刻有前国家主席江泽民的亲笔字迹。纪录碑顶部白环象征香港的主权归还中国，而上面的50个环代表香港特别行政区的生活方式保持50年不变。湾仔北部这朵紫荆花乃镀金雕像，是中央政府送给香港作为特区政府成立的礼物，别具纪念价值，不少旅客专程到此游览。这朵金紫荆已成为香港重要的地标及旅游胜地之一。

3. 太平山顶

太平山俗称山顶，雄居香港岛的西部，海拔554米，是港岛最高的山峰。游览太平山，可以乘车从公路盘旋而上太平山顶。不过，更多的游客喜欢选择登山缆车，因为它是前往山顶既快捷又极富游览价值的交通工具。当夜幕降临之际，站在太平山上放眼四望，只见在万千灯火的映照下，港岛和九龙宛如镶嵌在维多利亚港湾的两颗明珠，互相辉映。香港的心脏中环地区，更是高楼林立，显示着香港的繁华兴旺。太平山也因此成为观赏香港这颗“东方之珠”美妙夜景的最佳去处。太平山以其得天独厚的地理环境和人文景观，吸引着成千上万的海内外游客，成为人们到香港的必游之景点。

4. 湾仔码头及会展中心

湾仔由于它位于中环较低的位置，昔日又称为“下环”。在150年前，湾仔是港岛北岸的一个细小的海湾。随着时间的流逝，湾仔由一个小渔村，逐渐变成一个繁盛的商住中心。湾仔保存了很多独特的历史建筑物，同时，湾仔拥有多座世界级的摩天大楼与现代建筑物，其中具有代表性的是香港会议展览中心及中环广场。位于湾仔海旁的香港会议展览中心外貌雄伟，由两座建筑物组成。旧翼于1988年落成，新翼则于1997年扩建而成。新翼外形以流线形上盖为设计重心，犹如大鹏展翅，成了湾仔海旁的标记。香港会议展览中心是国际大型会议及展览会的首选场地，是1997年香港回归祖国中英两国移交主权仪式的地点。

5. 浅水湾沙滩

香港岛南部海岸线蜿蜒曲折，自然拥有很多美丽的海滩。浅水湾位于港岛南部，是香港最具代表性的泳滩。浅水湾水清沙细，海滩绵长，滩床宽阔，而且波平浪静。夏季是浅水湾最热闹的时候，大批泳客蜂拥而至做日光浴或畅泳，沙滩上人山人海，各式各样的泳装组成了一幅色彩斑斓的图画。

浅水湾东端的林荫下，是富有宗教色彩的镇海楼公园。园内面海矗立着两尊巨大塑像“天后娘娘”和“观音菩萨”，其旁则放置海龙王、河伯和福禄寿等吉祥人物塑像，栩栩如生。附近建有七色慈航灯塔，气势雄伟，吸引着众多游客在此留影。在沙滩周围有一些酒家、快餐店和超级市场。临海的茶座，则是欣赏日落及涛声拍岸的好地方。浅水湾的秀丽景色，使它成为港岛著名的高尚住宅区之一，区内遍布豪华住宅。这些依山傍水的建筑，构成了浅水湾独特的景区，令人流连忘返。

6. 星光大道

星光大道位于尖沙咀海滨长廊，毗邻香港艺术馆，向尖沙咀东部延伸，实为一座美丽的海滨栈桥。“星光大道”全长440米，路面镶嵌着为打造香港这座“东方好莱坞”而作出卓越贡献的电影工作者的手印或名字；道旁共设立9座红色的电影“里程碑”，用文字介绍了香港电影百年的发展历程；另有三座特别销售站，专售凸显香港电影特点的纪念品。

7. 迪士尼乐园

香港迪士尼乐园的面积126公顷，是全球面积最小的迪士尼乐园。不过，往后乐园还有多期的扩建工程，其中第一期扩建工程正在动工。乐园大致上包括四个主题区（美国加州8个，佛罗里达和东京各7个，巴黎5个），与其他迪士尼乐园相近，包括：美国小镇大街、探险世界、幻想世界和明日世界。香港迪士尼乐园是全球第五个以迪士尼乐园模式兴建的第十一个主题乐园，及首个根据加州迪士尼（包括睡公主城堡）为蓝本的主题乐园。到访香港迪士尼乐园的游客将会暂时远离现实世界，走进缤纷的童话故事王国，感受神秘奇幻的未来国度及惊险刺激的历险世界。

8. 海洋公园

海洋公园内游艺设施皆以海洋为主题，例如海洋馆、太平洋海岸、海洋剧场和鲨鱼馆等。其中鲨鱼馆是全东南亚最大的。到此游人可以发现鲨鱼并非想象中凶残，它们亦有温驯一面。海洋公园内除了海洋动物，还有蝴蝶、雀鸟和“恐龙”。“绿野公园”内，一串“恐龙”的大脚印将游人带进了一个远古的史前时代。最欢乐的地方是“雀鸟天堂”。经训练的优秀者每天还要登台献艺。到海洋公园游玩，千万不要错过一尝古国历险的滋味。步入仿照热带雨林设计的“古国历险迷程”探险径，会有意想不到的收获。

（二）典型路线

（1）香港购物游：湾仔会展中心—珠宝中心—百货免税店

（2）香港观光游：黄大仙祠—金紫荆广场—太平山—星光大道—迪士尼乐园—海洋公园

（3）香港文化游：黄大仙祠—香港历史博物馆—大屿山—天坛大佛—大澳渔村

（4）香港亲子游：海洋公园—迪士尼—香港科学馆—香港太空馆

（5）香港大自然游：大屿山—香港公园—太平山顶—香港湿地公园

二、澳门旅游区

澳门（Macau）是中国两个特别行政区之一，位于中国东南沿海的珠江三角洲西侧，由澳门半岛、氹仔岛、路环岛和路氹城四部分组成，在总面积共29.2平方千米，生活了50余万人，这也使澳门成为全球人口密度最高的地区。澳门北与广东省的珠海市拱北连接，西与同属珠海市的湾仔和横琴对望。东面则与另一个特别行政区——香港相距60千米，中间以珠江口相隔。澳门旅游景点见图11-2。

（一）主要景点

1. 妈阁庙

妈阁庙为澳门最著名的名胜古迹之一，初建于明弘治元年（1488年），距今已有五百多年的历史，原称妈祖阁，俗称天后庙，位于澳门的东南方。枕山临海，倚崖而建，周围古木参天，风光绮丽。主要建筑有大殿、弘仁殿、观音阁等殿堂。庙内主要供奉道教女仙妈祖，又称天后娘娘、天妃娘娘。人称其能预言吉凶，常于海上帮助商人和渔人化险为夷，消灾解难，于是福建人与当地人商议在现址立庙祀奉。

2. 金莲花广场

金莲花广场位于澳门新口岸高美士街、毕士达大马路及友谊大马路之间。为庆祝1999年澳门主权移交，中华人民共和国中央人民政府致送了一尊名为《盛世莲花》的雕塑。分

别大、小各一件：置于广场上的大型雕塑重 6.5 吨，高 6 米，花体部分最大直径 3.6 米；小型雕塑直径 1 米，高 0.9 米，于澳门回归纪念馆展出。

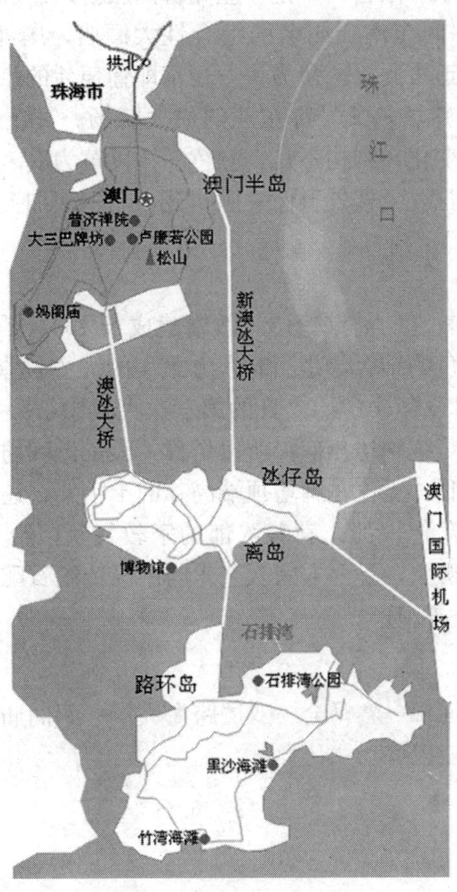

图 11－2　澳门旅游景点

3. 澳门观光塔

它位于南湾新填海区 D 区域 1 号地段，占地面积达 13363 平方米。澳门观光塔是澳门特别行政区著名的大型旅游设施，亦是澳门新的标志性建筑。该塔由澳门旅游娱乐有限公司分两期开发建设完成：第一期兴建一座高约 338 米的澳门观光塔，第二期兴建娱乐中心。观光塔的商业用途部分占地 3675 平方米，服务部分占 4370 平方米；娱乐中心总建筑面积为 42188 平方米，其中楼宇地库的第二层及第三层用做停车场。

4. 渔人码头

澳门渔人码头（Macau Fisherman's Wharf）是中国澳门首个主题公园和仿欧美渔人码头的购物中心。澳门渔人码头建于外港新填海区海岸，邻近港澳码头。由何鸿燊及周锦辉投资兴建，总投资约为澳门币 18.5 亿，经过 5 年时间筹备与兴建。2005 年 12 月 31 日由澳门行政长官何厚铧及渔人码头主席何鸿燊揭幕仪式及试业。试业一年后于 2006 年 12 月 23 日正式开幕。澳门渔人码头坐落于外港新填海区海岸，占地超过 111500 平方米，集娱乐、购物、饮食、酒店、游艇码头及会展设施于一体，结合不同建筑特色及中西文化，务求使游客突破地域界限，体验不同地区的感受。而区内多元化的娱乐设施必定能使澳门渔人码头成为举家同游的好去处。澳门渔人码头的落成相信将为本澳旅游业展现全新的旅游面貌。

5. 葡京

葡京属于澳门旅游娱乐有限公司，是一座完善的旅游娱乐和赌钱的综合体，地处交通要道，1970年落成，是一间东南亚闻名的综合性大酒店。屡经扩建，以赌场引人注目，许多游客不惜涉海过洋远道来此，一赌为快。葡京即葡萄牙的京城之意，是澳门娱乐公司下属六大娱乐场中最大的赌场，又号称东亚的最大赌场。其主楼和左右两翼楼，气势雄伟，造型多样，线条富于变化，结构不凡，颜色一律以黄为底、以白为间，给人一种雍容华丽又不乏轻松跳跃的感觉。主楼外形像一座雀笼，而主楼加上它的左翼楼，又像一艘航行的海船。

6. 大三巴牌坊

大三巴牌坊是圣保罗教堂的前壁遗迹。教堂建成于1637年，体现了欧洲文艺复兴时期建筑风格与东方建筑特色的结合，是当时东方最大的天主教堂。圣保罗教堂先后经历3次大火，屡焚屡建，在1835年10月26日的第三次大火中被毁后就仅存教堂正门大墙至今。因为它的形状与中国传统牌坊相似，所以俗称“大三巴牌坊”。精美绝伦的艺术雕刻，使大三巴牌坊显得古朴典雅。无论是牌坊顶端高耸的十字架，还是铜鸽下面的圣婴雕像和被天使、鲜花环绕的圣母塑像，都充满着浓郁的宗教气氛，给人以美的享受。最特别的是，大三巴牌坊的中国石狮头，是西方宗教艺术与中国传统石雕艺术相结合的精品，景点已于2005年7月被列入世界遗产。

（二）典型线路

澳门观光游路线：四面佛—赛马会—双层跨海大桥—妈阁庙—金莲花广场—澳门观光塔—渔人码头—葡京—大三巴牌坊

拓展阅读

柔情总留浅水湾　男女都作约会地

到香港我最想去的一个地方就是浅水湾，读过香港女作家亦舒小说的读者一定会知道这个著名的地方——那是亦舒小说中恋爱男女最常去的约会地。

到浅水湾去，你就在中环坐上巴士，一直开到赤柱，就经过最著名的浅水湾。在这里，香港向我展示了它最安静幽雅的一面。赤柱半岛位于香港的最南端，沿赤柱大街转弯就是一湾海滩，这就是浅水湾，沿海的街道全是小酒吧和餐厅，许多游客坐在靠窗的位置上喝酒吹海风，一派乐不思蜀痴迷忘返的样子。

就是这些面向大海的小酒吧，成了亦舒小说中恋爱男女约会的首选之地，亦舒曾在一部小说中说这里是全世界最优美的海滩，可是在我看来，浅水湾美是美，但女作家的这句话还是感情因素占了上风。我随着一行男女来到位于浅水湾半山腰的“影湾园”，这座建筑洋溢着浓郁的殖民色彩，不但亦舒小说中的男女常会在这里出现，而且最早的张爱玲小说《倾城之恋》里那一对貌离神合的范柳原与白流苏就是居住于此。多年以后大导演许鞍华在拍《倾城之恋》时，浅水湾大酒店还没拆，所以许导演就来个实地拍摄，尤其是那露台餐厅的柚木门窗和地板、雕花的木吊扇，原汁原味地再现了当年繁华一时的盛景。现在，我们又来到这里。浅水湾依旧动人，我们闲闲地坐下来喝下午茶，咖啡香浓爽滑浅斟

慢啜，想起前世今生一些的红尘往事，海风凉凉地吹过来，蓝天碧海一望无垠——在这样的情境下谈情说爱，那是怎样的一种享受？

在浅水湾最妙的景致就是看海，透过窗口望过去，一溜青山夹出一湾碧蓝明静的海水。沙滩上人如虫蚁般蠕动，远处海面上零散着青青小岛和点点帆影，大海一样碧蓝的天上点缀着片片白云。我想我明白了为什么言情女作家总是把恋爱的约会地放在这里，优美的爱情是需要优美的景色来陪衬，张爱玲不能免俗，亦舒亦是。

幻彩咏香江

幻彩咏香江已被列入《吉尼斯世界纪录》(港译:《健力士世界纪录》)，成为全球“最大型灯光音乐汇演”。每晚8点，维多利亚港两岸的建筑物即变身成为声光交织的表演舞台，缤纷跳跃的灯光、充满节奏感的音乐以及旁白互相配合，令香港的夜景更加璀璨耀目。现时，参与汇演的建筑物已增至超过40幢。这个多媒体灯光音乐汇演共有五个主题，先以“旭日初升”作序幕，然后是“活力澎湃”、“继往开来”和“共创辉煌”，最后以“普天同庆”为压轴。“幻彩咏香江”不设门票，免费供旅客和市民大众欣赏。此节目由旅游事务署倾力呈献。

资料库

港澳自由行

一、自由行的准备工作

(1) 订机票。最好提前安排出行时间，因为越早订折扣越大，价格越便宜。

(2) 订酒店。可以根据每人经济能力大小预订不同档次的酒店。住市区酒店交通方便但房间小，环境好的酒店要么远要么价格昂贵。

(3) 订门票。迪士尼公园三人套票和海洋公园三人套票相关旅游网上有订购。

(4) 订保险。出门在外，保险必不可少。特别是出境游，一定要保那种有24小时全球紧急援助的，万一有个闪失，身边家人和朋友都不在，唯有保险是依靠。

(5) 订送关服务。建议送关服务提前订，对方送关人员可以帮你把单子先做好，你人一到就可安排过关，不用等，节省时间。

二、港澳通行证须知

1. 请确保您持有有效的《往来港澳通行证》，并附有效签注。

2. 办证须本人至户籍所在地的出入境管理处提交申请，需带材料有：居民身份证和户口簿的原件及复印件（用A4纸复印，可复印在同一张纸上），2寸淡底色彩照3张。

3. 在办理《往来港澳通行证》同时，可分别申领赴香港、澳门的签注。

4. 一般申请往来港澳通行证及签注10个工作日内办结，再次申请签注10个工作日内办结。对于已持有效往来港澳通行证申请个人旅游签注的，须提交往来港澳通行证原件及身份证复印件，2寸淡底色彩照1张。特别注意当港澳通行证有效期不足三个月（含）时，出入境管理局不受理签注申请，签注过期则不予出境，证件持有人可自行前往出入境管理局办理通行证延期手续。

任务实施

1. 分析游客

表 11 - 1　　王海及女友分析

	分析项目	特点
出游动机	以求婚为目的的浪漫之旅	出游目的明确，要求行程浪漫，温馨
出游方式	自由行	选择此种旅游方式的游客，往往根据自己的兴趣爱好，能够按照自己的意志自行决定旅游行程和线路安排，他们在旅游地或旅游景区内逗留的时间或重游次数较多
游客年龄	28～35 岁	由于具有较稳定的社会地位、较高的经济收入、丰富的人生阅历，但要承受较大的社会压力。为了减轻身心的疲劳，他们非常愿意选择和自己身份、地位相称的旅游方式，以求精神上的放松、身心的调节以及审美情趣的陶冶。因此，这一组出游比较高
教育程度	高学历	受教育程度越高，对旅游的需求越大。学历越高知识越多，对外部世界了解的愿望就越强烈。因此，高学历者对自己的旅游行为有较明确的目的性
职业及经济收入	中等偏上	收入越高，可自由支配的收入越多，在选择产品时，更注重自己的兴趣而不在意产品的价格

2. 参考行程

D1：抵达香港机场后，可搭乘机场大巴或者机场快线抵达酒店，办理入住手续。放下行李后，即可开始购物之旅，充分享受素有“动感之都、购物天堂”的香港。

D2：梦幻迪士尼或海洋公园。

D3：香港市区之旅包括：黄大仙祠、金紫荆广场、体验太平山所带给您的东方之珠最壮观的全景，晚上欣赏幻彩咏香江。

D4：浅水湾订婚之旅。

D5：澳门大三巴牌坊，妈祖庙，观光塔，葡京大酒店。返回温馨家中。

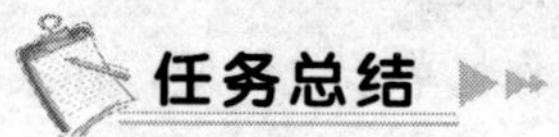

任务总结

通过全面了解港澳主要景点、线路及自由行旅游知识，分析王海的旅游需求，为游客设计的线路特别强调了购物、游乐项目。考虑到订婚的要求，线路中特别安排了幻彩咏香江和浅水湾，使线路的浪漫气息倍增。本线路同时考虑到游客首次来到香港，所以线路中保留了香港和澳门最为典型和标志性建筑。

实训项目

港澳亲子六日游行程设计

【实训目标】

通过实训可以让学生熟悉港澳主要景点及旅游线路；分析亲子游旅游者需求，使学生

具备市场意识；通过项目工作培养学生的团队沟通及合作能力。

【实训内容】

陈师霖是西安黄河小学 6 年级的学生，聪明可爱，学习优秀，妈妈打算好好奖励他，带他到港澳来个亲子六日游，请你为陈师霖制定一个快乐暑假亲子自由行（见表 11－2）。

【实训步骤】

1. 以项目团队为学习小组，小组规模一般是 5～8 人。

2. 建立团队沟通协调机制，合理分配任务，团队成员共同参与、协作完成任务；各项目团队成员就实训内容互相进行交流、讨论，并点评。

3. 各项目团队提交纸质行程安排，每组选派一名代表用 PPT 向全班展示设计的旅游线路，要求图文并茂。

表 11－2　　港澳亲子游六日游行程（小组）

日期	行程	住宿	交通	用餐
D1				
D2				
……				
线路特色说明				

4. 评价与总结：由教师和其他团队成员对本团队的展示的旅游线路做出现场点评。小组内对个人表现进行总结，以鼓励为主。

复习思考题

一、单项选择题

1. 香港最高的山是（　　）。

A. 大屿山　　B. 香山　　C. 太平山　　D. 小屿山

2. 澳门的标志性建筑是（　　）。

A. 总督府　　B. 大炮台　　C. 葡京酒店　　D. 大三巴牌坊

3. 黄大仙祠是（　　）。

A. 道教庙宇　　B. 佛教庙宇　　C. 伊斯兰教庙宇　　D. 基督教教堂

4. 大三巴牌坊是（　　）。

A. 4A 级景区　　B. 5A 级景区

C. 国家重点文物保护单位　　D. 世界遗产

5. 香港最具代表性的泳滩是（　　）。

A. 香港仔　　B. 湾仔码头　　C. 维多利亚　　D. 海洋公园

二、简答题

1. 香港和澳门旅游资源有什么不同?

2. 在香港旅游图上标出香港观光游的旅游线路。

3. 在澳门旅游图上标出澳门观光游的旅游线路。

任务二　台湾景点及线路

任务引入

台湾的休闲农业和生态农业富有特色，农业合作社的组织经验丰富。广西与台湾在农业发展的气候地理条件非常相似，台湾的精细农业、高效农业发展良好，在良种培育、种植技术、农产品加工等方面具有丰富的经验，值得广西好好学习。广西壮族自治区农业厅决定每年派广西农业各领域的带头人、农业专业合作社的负责人前往台湾考察台湾农业发展情况，学习台湾在发展农业方面的先进理念、管理组织方式以及特色农业发展经验。请你为广西台湾培训人员制定一条台湾观光旅游路线。

任务分析

台湾当局“交通部观光局”于2011年1月11日公布去年赴台旅客人次统计，大陆旅客2010年来台122万人，较2009年增长103%，大陆已取代日本成为台湾观光产业最大的客源市场。中国国家旅游局局长邵琪伟18日在北京表示，要有序扩大大陆居民赴台旅游，适时启动赴台“个人游”业务试点。2011年大陆又新开放内蒙古、西藏、甘肃、青海、宁夏、新疆六省区赴台旅游业务。从2011年全国旅游工作会上获悉，2010年海峡两岸旅游协会台北办事处成立，并举办了一系列海峡两岸旅游交流活动，推动台湾观光协会首次组团参展中国国内旅交会。

知识准备

在东海、南海和太平洋之间，有一块美丽富饶的土地，它形似一片巨大翠绿的芭蕉叶，漂卧在碧波万顷的大海之中，这就是我们祖国的宝岛——台湾。台湾地区总面积为3.6万平方千米，由台湾本岛和周围所属岛及澎湖列岛组成，共有大小岛屿100多个。台湾，西隔台湾海峡与大陆相望，东临太平洋，向北渡海可达日本，向南可通往东南亚、太平洋及印度洋各国，是我国与太平洋各国的交通枢纽。台湾旅游景点见图11-3。

（一）主要景点

1. 故宫博物院

1931年“九·一八”事变后，日本侵略者步步进逼，北平故宫等地存藏的珍宝南迁。在故宫博物院院长马衡主持下，经过挑选、造册、编号、装箱，迁走故宫博物院古物约20万件，《溪山行旅图》亦包括在内。南迁古物暂存上海，抗战前夕运到四川，抗战胜利后又迁回南京，1948年又从南京迁往台湾。幸运的是当时虽然兵荒马乱，烽火连天，文物的迁运过程时日绵长、道路艰险，却无损毁丢失，确实是奇迹。故宫博物院，位于外双溪，启建于1962年，于1965年孙中山诞辰纪念日落成；整座建筑仿北京故宫博物院的形式，采中国宫廷式设计，外观雄伟壮丽，背负青山，是中国收藏文物艺术菁华所在。

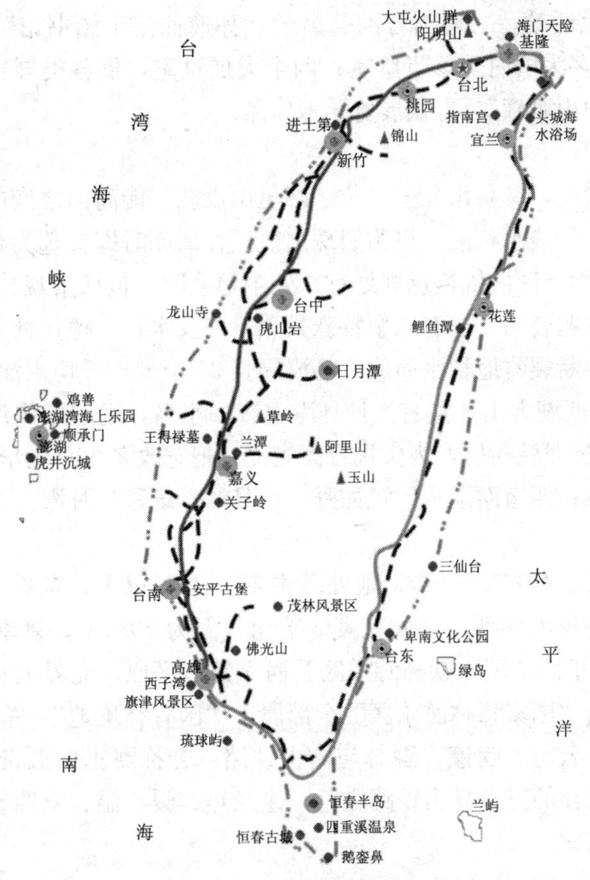

图 11－3 台湾旅游景点

2. 101 大楼观景台

台北 101（TAIPEI 101），是位于台湾省台北市信义区的一栋摩天大楼。由建筑师李祖原设计，KTRT 团队建造，是世界最高摩天大楼（不含天线）与目前全世界第二高的大楼类结构物（以建筑结构实际高度来计算）。以实际建筑物高度来计算，台北 101 已在 2007 年 7 月 21 日时，被当时兴建到 141 楼的迪拜塔（位于阿拉伯联合酋长国迪拜）所超越。但是由于迪拜塔在正式完工或至少有部分厂商、住户进驻之前，仍只能被视为是一座人工建筑结构而非摩天大楼，因此台北 101 仍能暂时保有世界最高摩天楼头衔直到新的对手完工并取而代之为止。

3. 孙中山纪念馆

又称国父纪念馆，位于台北市仁爱路四段中山公园内，为仿中国宫殿式的建筑，是为了纪念国父孙中山先生百年诞辰而兴建。于 1972 年落成。全馆用地约 4 万平方米，占中山公园总面积的 1/4 强，实际建筑面积达 3.25 万平方米，馆高达 30.4 米，是当今台湾罕见的宏大建筑物。纪念馆的正门高敞轩宏，入门是长方形的大纪念厅，安置着孙中山先生的纯铜坐姿塑像，高 5.8 米，重 17 吨。大厅后南为纪念馆实用部分，上下两层，包括大会堂、图书馆、画廊、展览室、演讲室以及其他文化服务建筑。一楼的大会堂可容纳 3000 人，设备一流，许多全台性质的文化艺术活动都在这里举行；“励学室”有 200 个座位，专供青少年学生进修之用；演讲室面积 200 多平方米，有 200 个座位，经常举办各种专题

学术讲座及各类演说活动。二楼为台湾著名的“孙逸仙博士图书馆”，1973 年正式开放，其藏书达 14 万册，多为国内外珍贵版本；四个大展览室，供各类展览之用；三面采光良好的长廊开辟为“中山画廊”，专供展览艺术作品。

4. 日月潭

日月潭旧称水沙连，又名水社里，位于阿里山以北、能高山之南的南投县鱼池乡水社村，是台湾最大的天然淡水湖泊，堪称明珠之冠。在清朝时即被选为台湾八大景之一，有“海外别一洞天”之称。区内依特色规划有六处主题公园，包括景观、自然、孔雀及蝴蝶、水鸟、宗教等六个主题公园，还有八个特殊景点，以及水社、德化社两大服务区。日月潭由玉山和阿里山漳的断裂盆地积水而成。环潭周长 35 千米，平均水深 30 米，水域面积达 900 多公顷，比杭州西湖大 1/3 左右。日月潭中有一小岛，远望好像浮在水面上的一颗珠子，名“珠子屿”。抗战胜利后，为庆祝台湾光复，把它改名为“光华岛”。岛的东北面湖水形圆如日，称日潭；西南面湖水形觚如月，称月潭，统称日月潭。

5. 阿里山

阿里山位于嘉义市东方 75 千米，地处海拔 2000 公尺以上，东临玉山山脉与玉山“国家公园”相邻，四周高山环列，气候凉爽，平均气温为 10.6℃，夏季平均 14.3℃，冬季平均气温 6.4℃。阿里山“国家森林游乐区”西靠嘉南平原，北界云林、南投县，南接高雄、台南县。阿里山“国家森林游乐区”全部属于“国有林班地”，总计面积高达 1400 公顷。阿里山的日出、云海、晚霞、森林与高山铁路，合称阿里山五奇：阿里山铁路有 70 多年历史是世界上仅存的三条高山铁路之一，途经热、暖、温、寒四带，景致迥异，搭乘火车如置身自然博物馆。

6. 西子湾

西子湾位于高雄市西侧，寿山西南端山麓下，北濒万寿山，南临旗津半岛，为一黄澄沙滩、碧蓝海水的浴场，以夕阳美景及天然礁石闻名。西子湾的夕阳是高雄八景之一，海天一色的美景，美不胜收，黄昏时分，常可见一对对情侣在此互道情愫，更有诗情画意的情境。

7. 三仙台

三仙台位于台东县成功镇北方 5 千米处，为一离岸珊瑚礁岛，岛上巨石罗列与海中礁岩形成的特殊景观，目前共分三仙龛、飞龙洞、水晶、井仙剑峡、合欢洞太液池、甘露泉和钓鱼台等景。全岛面积约 3 公顷。相传古时铁拐李、吕洞宾、何仙姑曾于岛上停憩，故名三仙台。岛上现有造型优美的跨海人行步道桥一座，长 320 公尺，可步行直上三仙台。岛上平坦处可供露营。

8. 太鲁阁峡谷风景区

太鲁阁大峡谷又称“太鲁幽峡”，是台湾著名的旅游胜地，位于台湾东部花莲县西北，连绵 20 千米，是太鲁阁公园的一部分。两岸悬崖万仞，奇峰插天；山岭陡峭，怪石嵯峨；谷中溪曲水急，林泉幽邃，具有长江三峡雄奇景观连绵不断的气势，被誉为宝岛的三峡，为宝岛八景之冠。

太鲁阁是从泰雅语“鲁阁”来的，“鲁阁”是桶的意思。这里地势险要，曾多次作为战场，随处可见石头碉堡，易守难攻。它好似铁桶江山一样，故称“鲁阁”，通常叫太鲁阁。

（二）典型线路

玩转台湾环岛游：故宫博物院—101大楼观景台—孙中山纪念馆—日月潭—阿里山—西子湾—三仙台—太鲁阁峡谷风景区

拓展阅读

表11-3 台湾的食品与用品的叫法

序号	台湾用语	大陆用语	序号	台湾用语	大陆用语
1	机车、摩托车	摩托车	2	生机饮食	养生素食
3	储值卡	充值卡	4	冰水	冰镇水
5	国际电话预付卡	IP卡	6	冰店	冷饮店
7	柴油、机油	柴油	8	冰淇淋	冰激凌
9	塑胶	塑料	10	冰棒	冰棍
11	捷运	城铁	12	西点面包店	饼屋
13	影印	复印	14	低糖葡萄酒	半干葡萄酒
15	雷射打印机	激光打印机	16	冷冻食品	方便菜
17	列印	打印	18	即溶咖啡	速溶咖啡
19	滑鼠	鼠标	20	泡面、速食面	方便面
21	原子笔	圆珠笔	22	打火机	火机、打火机
23	瓦斯、天然气	煤气、燃气、瓦斯、天然气	24	树薯	木薯
25	有机食品	绿色食品、有机食品	26	酸奶酪	酸牛奶
27	便当	盒饭	28	饲料鸡	肉鸡
29	宵夜	夜宵	30	酪梨	鳄梨
31	鲔鱼	金枪鱼、吞拿鱼	32	意大利面	意大利粉、意大利面条
33	蕃薯、地瓜	白薯、红薯	34	意大利脆饼	意大利馅饼
35	蕃茄	西红柿、蕃茄	36	黑咖啡	清咖啡
37	洋芋片	土豆片	38	饮料及点心	茶点
39	马铃薯、洋芋	土豆、马铃薯	40	单点	照菜单点
41	落花生、土豆、花生	花生	42	速食	快餐
43	芭乐	番石榴	44	凉面	冷面
45	高丽菜、甘兰菜	洋白菜、圆白菜	46	培根	咸肉

续　表

序号	台湾用语	大陆用语	序号	台湾用语	大陆用语
47	猪脚	猪手	48	健康食品	绿色食品
49	瓦斯炉	燃气灶	50	凤梨	凤梨、菠萝
51	洋芋片炸	土豆片、炸薯片	52	吹风机	电吹风
53	起司	奶酪	54	电动刮胡刀	电动剃须刀
55	土豆	花生	56	刮胡刀	剃须刀
57	电锅	电饭煲	58	煞	非典
59	发夹	发卡	60	狂牛症	疯牛病
61	去光水	洗甲水	62	智慧财产权	知识产权
63	洗面乳	洗面奶	64	数字相机	数码相机
65	洗发乳	洗发水	66	千层面	烤宽面条
67	桌球	乒乓球	68	不含酒精饮料	软饮料
69	幼稚园	幼儿园	70	牛油	黄油
71	化妆室	卫生间	72	奶昔	奶稀
73	古早味	传统风味	74	生啤酒	扎啤

资料库

大陆居民赴台湾地区旅游管理办法

（2011年6月20日修订）

第一条　为规范大陆居民赴台湾地区旅游，依据《中国公民往来台湾地区管理办法》和《旅行社条例》，特制定本办法。

第二条　大陆居民赴台湾地区旅游（以下简称赴台旅游），可采取团队旅游或个人旅游两种形式。

大陆居民赴台团队旅游须由指定经营大陆居民赴台旅游业务的旅行社（以下简称组团社）组织，以团队形式整团往返。旅游团成员在台湾期间须集体活动。

大陆居民赴台个人旅游可自行前往台湾地区，在台湾期间可自行活动。

第三条　组团社由国家旅游局会同有关部门，从已批准的特许经营出境旅游业务的旅行社范围内指定，由海峡两岸旅游交流协会公布。除被指定的组团社外，任何单位和个人不得经营大陆居民赴台旅游业务。

第四条　台湾地区接待大陆居民赴台旅游的旅行社（以下简称接待社），经大陆有关

部门会同国家旅游局确认后，由海峡两岸旅游交流协会公布。

第五条　大陆居民赴台团队旅游实行配额管理。配额由国家旅游局会同有关部门确认后，下达给组团社。

第六条　组团社在开展组织大陆居民赴台旅游业务前，须与接待社签订合同、建立合作关系。

第七条　组团社须为每个团队选派领队。领队经培训、考核合格后，由地方旅游局向国家旅游局申领赴台旅游领队证。组团社须要求接待社派人全程陪同。

第八条　大陆居民赴台旅游期间，不得从事或参与涉及赌博、色情、毒品等内容及有损两岸关系的活动。

组团社不得组织旅游团成员参与前款活动，并应要求接待社不得引导或组织旅游团成员参与前款活动。

第九条　组团社须要求接待社严格按照合同规定的团队日程安排活动；未经双方旅行社及旅游团成员同意，不得变更日程。

第十条　大陆居民赴台旅游应持有效的大陆居民往来台湾通行证，并根据其采取的旅游形式，办理团队旅游签注或个人旅游签注。

第十一条　大陆居民赴台旅游应向其户口所在地公安机关出入境管理部门申请办理大陆居民往来台湾通行证及相应签注；参加团队旅游的，应事先在组团社登记报名。

第十二条　赴台旅游团须凭大陆居民赴台湾地区旅游团名单表，从大陆对外开放口岸整团出入境。

第十三条　旅游团出境前已确定分团入境大陆的，组团社应事先向有关出入境边防检查总站或省级公安边防部门备案。

旅游团成员因紧急情况不能随团入境大陆或不能按期返回大陆的，组团社应及时向有关出入境边防检查总站或省级公安边防部门报告。

第十四条　赴台旅游的大陆居民应按期返回，不得非法滞留。当发生旅游团成员非法滞留时，组团社须及时向公安机关及旅游行政主管部门报告，并协助做好有关滞留者的遣返和审查工作。

第十五条　对在台湾地区非法滞留情节严重者，公安机关出入境管理部门自其被遣返回大陆之日起，六个月至三年以内不批准其再次出境。

第十六条　违反本办法之规定的旅行社，旅游行政主管部门将根据《旅行社条例》予以处罚。对组团单位和参游人员违反国家其他有关法律法规的，由有关部门依法予以处理。

第十七条　本办法由国家旅游局、公安部、国务院台湾事务办公室负责解释。

第十八条　本办法自发布之日起施行。

任务实施

根据广西壮族自治区农业厅的实际情况，拟定以下参考行程：

时间	行程安排
D1	广西一台北一登 101 大楼 搭机飞往宝岛台湾；抵达后前往【台北 101 大楼】。品尝【士林夜市】美味小吃，随后到台北喜事多商店购物，入住酒店
D2	台北一故宫博物院一日月潭一台中 早餐后前往【国立故宫博物院】，搭乘豪华游艇游览【日月潭风景区】的湖光山色，随后参观【玄光寺】
D3	台中一阿里山森林风景区一嘉义 前往【阿里山风景区】参观森林、云海、日出、晚霞、樱花等景致
D4	嘉义一台南一延平郡王祠一赤坎楼一高雄一佛光山一爱河游船 享用早餐后，乘车前往台南，参观民族英雄郑成功的【延平郡王祠】以及荷兰殖民地时代的红毛楼【赤嵌楼】。下午驱车前往高雄，参观【佛光山】，晚餐后夜游美丽的【爱河】
D5	高雄一莲池潭风景区一西子湾一打狗英国领事馆一垦丁国家公园一猫鼻头一鹅銮鼻一台东知本温泉 早餐后前往【莲池潭风景区】，游览【西子湾风景区】、【打狗英国领事馆】、【垦丁国家公园】。下午参观台湾海峡和巴士海峡的分界点【猫鼻头】、目前台湾地区光力最强之灯塔【鹅銮鼻公园】
D6	台东一水往上流一花东海岸公路一石梯坪一北回归线一花莲 参观【水往上流】的农田灌溉沟渠，沿着【花东海岸公路】俯瞰壮阔的太平洋。在花东公路上一个小型停驻站【北回归线】拍照留念，最后前往【石梯坪】观察海蚀沟、海蚀崖、海蚀平台等地质景观
D7	花莲一太鲁阁国家公园一苏花公路一雪山隧道一野柳一台北花卉博览会 早餐后，安排搭乘太鲁阁号从【花莲一宜兰】，途中欣赏海岸山脉，台湾第二大的“国家公园”【太鲁阁国家公园】。到达宜兰后乘坐游览车前往游览【野柳地质公园】的【女王头】、【烛台石】、【姜石】、【蜂窝石】、【豆腐石】等各种奇特景观，随后浏览【阳明山公园】等
D8	台北一广西 上午整理行装，前往机场向台湾轻声道别；搭机返回可爱家园

任务总结

根据广西农业厅培训班的实际情况及《大陆居民赴台湾地区旅游管理办法》（2011 年 6 月 20 日修订）之规定，大陆居民赴台团队旅游须由指定经营大陆居民赴台旅游业务的组团社组织，以团队形式整团往返，旅游团成员在台湾期间须集体活动。此次旅游活动以全包价团队形式组织，注意找好有资质的组团社。另外，考虑到维护大陆旅游者的利益，此次行程安排取消了所有的购物安排，纯玩的形式可以很好地缓解学员紧张的神经。

实训项目

福建社会科学院学术访问团台湾观光行程

【实训目标】

1. 通过实训可以让学生熟悉台湾主要景点及旅游线路。

2. 让学生具备市场意识，可以对特定的旅游者进行旅游需求分析。

3. 通过项目工作培养学生的沟通及合作能力。

【实训内容】

2010 年福建社会科学院学术访问团一行 8 人于 3 月 23 日至 4 月 11 日赴台。访问团由福建省海峡文化研究中心主任杨华基带队，文学所、文明所、台湾所、福建论坛杂志社等有关专家学者参加访问交流。福建社会科学院与台湾有关大学及机构就台湾政治生态的文化分析、台湾文化产业研究、台湾高等教育研究 3 项课题进行学术交流。访台期间，访问团先后与台南“国立成功大学”文学院、“国立台南大学”人文与社会学院、高雄辅英科技大学、台北市立教育大学进行学术座谈交流。台北市立教育大学等希望与我院继续保持或建立学术交流关系。请你为福建社会科学院访问学者设计一条台湾旅游路线。

【实训步骤】

1. 调整学习小组，进一步优化团队沟通协调机制。

2. 各项目团队提交纸质行程安排，每组选派一名代表用 PPT 向全班展示设计的旅游线路，要求图文并茂，讲解清楚明白，避免线路重复。

3. 评价与总结：由教师和其他团队成员对本团队展示的旅游线路做出现场点评。小组内对个人表现进行总结，以鼓励为主。

表 11－4　　福建社会科学院学术访问团台湾观光行程（小组）

日期	行程	住宿	交通	用餐
第一天				
第二天				
……				
线路特色说明				

复习思考题

一、单项选择题

1. 台湾最大的天然淡水湖泊、明珠之冠指的是（　　）。

A. 日月潭　　B. 太鲁阁　　C. 三仙台　　D. 阿里山

2. 在清朝时即被选为台湾八大景之一，有“海外别一洞天”之称的是（　　）。

A. 日月潭　　B. 太鲁阁　　C. 三仙台　　D. 阿里山

3. 以日出、云海、晚霞、森林与高山铁路的景点是（　　）。

A. 日月潭　　B. 太鲁阁　　C. 三仙台　　D. 阿里山

二、简答题

1. 北京故宫和台北故宫有什么不同？
2. 台湾旅游资源的特点是什么？
3. 你的家人、朋友有去过台湾的吗？他们有什么旅游经验和感受？

项目十二　世界主要景点及线路

学习目标

● 知识目标

1. 了解世界主要旅游区及区内主要国家。
2. 熟悉世界各旅游区经典旅游线路。

● 能力目标

1. 能够进行游客（公务员）分析。
2. 能够根据游客要求和实际情况（亲子游），为游客推荐旅游线路。

任务　世界主要旅游线路

任务引入

2009 年国务院通过了《国务院关于加快发展旅游业的意见》，其中确定了中国出境旅游发展目标：到 2015 年，“出境旅游人数达 8300 万人次，年均增长 9%”。随着中国经济的率先复苏，居民收入水平继续提高，中国出境旅游市场规模仍将持续扩大，越来越多的旅游消费者把目光投向资源更丰富、独具特色的长线出境目的地，中国长线出境旅游市场具有很大的潜力，并且基本属于中国出境旅游的高端客源市场。

近年来，许多长线目的地国家在中国设立旅游办事机构，开展高密度、大范围的促销宣传活动，旅游运营商也不断挖掘新的目的地与产品，这对我国的长线出境旅游市场形成了较强的拉力。在各方共同推动下，未来中国出境旅游长线目的地市场将取得稳步增长。

旅游爱好者小王夫妇都是公务员，工作稳定家庭幸福，在国内很多地方都去过了。孩子九岁了，他们想带着孩子走出国门看一看。请你为她们一家三口推荐首次出国旅游线路。

任务分析

公务员在中国属于收入较高的人群，他们往往还有带薪的年假，是高端旅游的重要客户群。中国旅游研究院最新研究成果表明，受有国际国内经济持续向好、人民币汇率稳步提升、目的地国家和地区签证门槛日渐降低等利好因素影响，我国公民出境旅游，无论是

人次数还是消费能力都达到了历史新高。估计 2011 年出境旅游花费有望突破 500 亿美元大关，达到 550 亿美元新高。妥善的安排高端旅游者的长线旅游线路，能产生较大的经济效益。

知识准备

根据自然地理区域与行政区划兼顾、综合分析与主导因素相结合、主要为旅游服务的原则，世界可划分为七个旅游区域，见图 12－1。

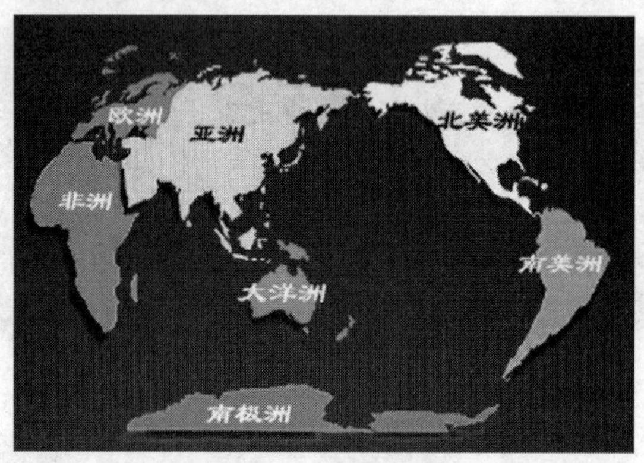

图 12－1　世界旅游区划

一、欧洲旅游大区

从东部的白令海峡向西一直延伸到大西洋沿岸，是沿纬线方向延伸距离最长的旅游大区。纬度位置较高，东、南、西三面多山地、高原，内部是平原和低地，以温带森林和亚热带常绿硬叶林、灌丛为主的自然景观。本大区是资本主义经济的发祥地，人文旅游资源异常丰富，是世界旅游业最发达之区，有“旅游王国”之称的西班牙、欧洲文明古国希腊和意大利。“世界公园”瑞士，旅游业发展较早的英国、法国等都在本区。地中海沿岸是世界开发最早、最发达的海滨旅游地。

（一）旅游资源概述

1. 北欧旅游大区

北欧旅游区，是由斯堪的纳维亚半岛、日德兰半岛和众多岛屿所组成，包括瑞典、挪威、丹麦、芬兰、冰岛等国家和地区，面积大约 132 万平方千米。北欧旅游区地处北纬 55 度以北的高纬度地区，许多地方积雪长达半年，具有奇特的极昼、极夜、极光现象。斯堪的纳维亚山脉两侧冰川地貌普遍，湖泊众多而密布。芬兰被誉为“千湖之国”，冰岛有“冰火之国”的雅称，挪威是欧洲著名的“滑雪之乡”。该区域还拥有丰富的人文旅游资源，民族风情独具特色。如“童话王国”丹麦、芬兰“古都”土尔库城堡、历史文化名城奥斯陆（挪威）、斯德哥尔摩（瑞典）等，都是吸引国际旅游者的重要旅游胜地。

2. 原苏联东欧旅游大区

东欧旅游区主要是指波罗的海以东和黑海沿岸地区，包括俄罗斯、乌克兰、白俄罗

（二）典型线路

玩转台湾环岛游：故宫博物院—101大楼观景台—孙中山纪念馆—日月潭—阿里山—西子湾—三仙台—太鲁阁峡谷风景区

拓展阅读

表11－3　　台湾的食品与用品的叫法

序号	台湾用语	大陆用语	序号	台湾用语	大陆用语
1	机车、摩托车	摩托车	2	生机饮食	养生素食
3	储值卡	充值卡	4	冰水	冰镇水
5	国际电话预付卡	IP卡	6	冰店	冷饮店
7	柴油、机油	柴油	8	冰淇淋	冰激凌
9	塑胶	塑料	10	冰棒	冰棍
11	捷运	城铁	12	西点面包店	饼屋
13	影印	复印	14	低糖葡萄酒	半干葡萄酒
15	雷射打印机	激光打印机	16	冷冻食品	方便菜
17	列印	打印	18	即溶咖啡	速溶咖啡
19	滑鼠	鼠标	20	泡面、速食面	方便面
21	原子笔	圆珠笔	22	打火机	火机、打火机
23	瓦斯、天然气	煤气、燃气、瓦斯、天然气	24	树薯	木薯
25	有机食品	绿色食品、有机食品	26	酸奶酪	酸牛奶
27	便当	盒饭	28	饲料鸡	肉鸡
29	宵夜	夜宵	30	酪梨	鳄梨
31	鲔鱼	金枪鱼、吞拿鱼	32	意大利面	意大利粉、意大利面条
33	蕃薯、地瓜	白薯、红薯	34	意大利脆饼	意大利馅饼
35	蕃茄	西红柿、蕃茄	36	黑咖啡	清咖啡
37	洋芋片	土豆片	38	饮料及点心	茶点
39	马铃薯、洋芋	土豆、马铃薯	40	单点	照菜单点
41	落花生、土豆、花生	花生	42	速食	快餐
43	芭乐	番石榴	44	凉面	冷面
45	高丽菜、甘兰菜	洋白菜、圆白菜	46	培根	咸肉

续 表

序号	台湾用语	大陆用语	序号	台湾用语	大陆用语
47	猪脚	猪手	48	健康食品	绿色食品
49	瓦斯炉	燃气灶	50	凤梨	凤梨、菠萝
51	洋芋片炸	土豆片、炸薯片	52	吹风机	电吹风
53	起司	奶酪	54	电动刮胡刀	电动剃须刀
55	土豆	花生	56	刮胡刀	剃须刀
57	电锅	电饭煲	58	煞	非典
59	发夹	发卡	60	狂牛症	疯牛病
61	去光水	洗甲水	62	智慧财产权	知识产权
63	洗面乳	洗面奶	64	数字相机	数码相机
65	洗发乳	洗发水	66	千层面	烤宽面条
67	桌球	乒乓球	68	不含酒精饮料	软饮料
69	幼稚园	幼儿园	70	牛油	黄油
71	化妆室	卫生间	72	奶昔	奶稀
73	古早味	传统风味	74	生啤酒	扎啤

资料库

大陆居民赴台湾地区旅游管理办法

（2011 年 6 月 20 日修订）

第一条　为规范大陆居民赴台湾地区旅游，依据《中国公民往来台湾地区管理办法》和《旅行社条例》，特制定本办法。

第二条　大陆居民赴台湾地区旅游（以下简称赴台旅游），可采取团队旅游或个人旅游两种形式。

大陆居民赴台团队旅游须由指定经营大陆居民赴台旅游业务的旅行社（以下简称组团社）组织，以团队形式整团往返。旅游团成员在台湾期间须集体活动。

大陆居民赴台个人旅游可自行前往台湾地区，在台湾期间可自行活动。

第三条　组团社由国家旅游局会同有关部门，从已批准的特许经营出境旅游业务的旅行社范围内指定，由海峡两岸旅游交流协会公布。除被指定的组团社外，任何单位和个人不得经营大陆居民赴台旅游业务。

第四条　台湾地区接待大陆居民赴台旅游的旅行社（以下简称接待社），经大陆有关

部门会同国家旅游局确认后，由海峡两岸旅游交流协会公布。

第五条　大陆居民赴台团队旅游实行配额管理。配额由国家旅游局会同有关部门确认后，下达给组团社。

第六条　组团社在开展组织大陆居民赴台旅游业务前，须与接待社签订合同、建立合作关系。

第七条　组团社须为每个团队选派领队。领队经培训、考核合格后，由地方旅游局向国家旅游局申领赴台旅游领队证。组团社须要求接待社派人全程陪同。

第八条　大陆居民赴台旅游期间，不得从事或参与涉及赌博、色情、毒品等内容及有损两岸关系的活动。

组团社不得组织旅游团成员参与前款活动，并应要求接待社不得引导或组织旅游团成员参与前款活动。

第九条　组团社须要求接待社严格按照合同规定的团队日程安排活动；未经双方旅行社及旅游团成员同意，不得变更日程。

第十条　大陆居民赴台旅游应持有效的大陆居民往来台湾通行证，并根据其采取的旅游形式，办理团队旅游签注或个人旅游签注。

第十一条　大陆居民赴台旅游应向其户口所在地公安机关出入境管理部门申请办理大陆居民往来台湾通行证及相应签注；参加团队旅游的，应事先在组团社登记报名。

第十二条　赴台旅游团须凭大陆居民赴台湾地区旅游团名单表，从大陆对外开放口岸整团出入境。

第十三条　旅游团出境前已确定分团入境大陆的，组团社应事先向有关出入境边防检查总站或省级公安边防部门备案。

旅游团成员因紧急情况不能随团入境大陆或不能按期返回大陆的，组团社应及时向有关出入境边防检查总站或省级公安边防部门报告。

第十四条　赴台旅游的大陆居民应按期返回，不得非法滞留。当发生旅游团成员非法滞留时，组团社须及时向公安机关及旅游行政主管部门报告，并协助做好有关滞留者的遣返和审查工作。

第十五条　对在台湾地区非法滞留情节严重者，公安机关出入境管理部门自其被遣返回大陆之日起，六个月至三年以内不批准其再次出境。

第十六条　违反本办法之规定的旅行社，旅游行政主管部门将根据《旅行社条例》予以处罚。对组团单位和参游人员违反国家其他有关法律法规的，由有关部门依法予以处理。

第十七条　本办法由国家旅游局、公安部、国务院台湾事务办公室负责解释。

第十八条　本办法自发布之日起施行。

任务实施

根据广西壮族自治区农业厅的实际情况，拟定以下参考行程：

时间	行程安排
D1	广西—台北—登 101 大楼 搭机飞往宝岛台湾；抵达后前往【台北 101 大楼】。品尝【士林夜市】美味小吃，随后到台北喜事多商店购物，入住酒店
D2	台北—故宫博物院—日月潭—台中 早餐后前往【国立故宫博物院】，搭乘豪华游艇游览【日月潭风景区】的湖光山色，随后参观【玄光寺】
D3	台中—阿里山森林风景区—嘉义 前往【阿里山风景区】参观森林、云海、日出、晚霞、樱花等景致
D4	嘉义—台南—延平郡王祠—赤崁楼—高雄—佛光山—爱河游船 享用早餐后，乘车前往台南，参观民族英雄郑成功的【延平郡王祠】以及荷兰殖民地时代的红毛楼【赤嵌楼】。下午驱车前往高雄，参观【佛光山】，晚餐后夜游美丽的【爱河】
D5	高雄—莲池潭风景区—西子湾—打狗英国领事馆—垦丁国家公园—猫鼻头—鹅銮鼻—台东知本温泉 早餐后前往【莲池潭风景区】，游览【西子湾风景区】、【打狗英国领事馆】、【垦丁国家公园】。下午参观台湾海峡和巴士海峡的分界点【猫鼻头】、目前台湾地区光力最强之灯塔【鹅銮鼻公园】
D6	台东—水往上流—花东海岸公路—石梯坪—北回归线—花莲 参观【水往上流】的农田灌溉沟渠，沿着【花东海岸公路】俯瞰壮阔的太平洋。在花东公路上一个小型停驻站【北回归线】拍照留念，最后前往【石梯坪】观察海蚀沟、海蚀崖、海蚀平台等地质景观
D7	花莲—太鲁阁国家公园—苏花公路—雪山隧道—野柳—台北花卉博览会 早餐后，安排搭乘太鲁阁号从【花莲—宜兰】，途中欣赏海岸山脉，台湾第二大的“国家公园”【太鲁阁国家公园】。到达宜兰后乘坐游览车前往游览【野柳地质公园】的【女王头】、【烛台石】、【姜石】、【蜂窝石】、【豆腐石】等各种奇特景观，随后浏览【阳明山公园】等
D8	台北—广西 上午整理行装，前往机场向台湾轻声道别；搭机返回可爱家园

任务总结

根据广西农业厅培训班的实际情况及《大陆居民赴台湾地区旅游管理办法》（2011 年 6 月 20 日修订）之规定，大陆居民赴台团队旅游须由指定经营大陆居民赴台旅游业务的组团社组织，以团队形式整团往返，旅游团成员在台湾期间须集体活动。此次旅游活动以全包价团队形式组织，注意找好有资质的组团社。另外，考虑到维护大陆旅游者的利益，此次行程安排取消了所有的购物安排，纯玩的形式可以很好地缓解学员紧张的神经。

实训项目

福建社会科学院学术访问团台湾观光行程

【实训目标】

1. 通过实训可以让学生熟悉台湾主要景点及旅游线路。

2. 让学生具备市场意识，可以对特定的旅游者进行旅游需求分析。

3. 通过项目工作培养学生的沟通及合作能力。

【实训内容】

2010 年福建社会科学院学术访问团一行 8 人于 3 月 23 日至 4 月 11 日赴台。访问团由福建省海峡文化研究中心主任杨华基带队，文学所、文明所、台湾所、福建论坛杂志社等有关专家学者参加访问交流。福建社会科学院与台湾有关大学及机构就台湾政治生态的文化分析、台湾文化产业研究、台湾高等教育研究 3 项课题进行学术交流。访台期间，访问团先后与台南“国立成功大学”文学院、“国立台南大学”人文与社会学院、高雄辅英科技大学、台北市立教育大学进行学术座谈交流。台北市立教育大学等希望与我院继续保持或建立学术交流关系。请你为福建社会科学院访问学者设计一条台湾旅游路线。

【实训步骤】

1. 调整学习小组，进一步优化团队沟通协调机制。

2. 各项目团队提交纸质行程安排，每组选派一名代表用 PPT 向全班展示设计的旅游线路，要求图文并茂，讲解清楚明白，避免线路重复。

3. 评价与总结：由教师和其他团队成员对本团队展示的旅游线路做出现场点评。小组内对个人表现进行总结，以鼓励为主。

表 11-4　　福建社会科学院学术访问团台湾观光行程（小组）

日期	行程	住宿	交通	用餐
第一天				
第二天				
……				
线路特色说明				

复习思考题

一、单项选择题

1. 台湾最大的天然淡水湖泊、明珠之冠指的是（　　）。

A. 日月潭　　B. 太鲁阁　　C. 三仙台　　D. 阿里山

2. 在清朝时即被选为台湾八大景之一，有“海外别一洞天”之称的是（　　）。

A. 日月潭　　B. 太鲁阁　　C. 三仙台　　D. 阿里山

3. 以日出、云海、晚霞、森林与高山铁路的景点是（　　）。

A. 日月潭　　B. 太鲁阁　　C. 三仙台　　D. 阿里山

二、简答题

1. 北京故宫和台北故宫有什么不同？

2. 台湾旅游资源的特点是什么？

3. 你的家人、朋友有去过台湾的吗？他们有什么旅游经验和感受？

项目十二　世界主要景点及线路

学习目标

● 知识目标

1. 了解世界主要旅游区及区内主要国家。
2. 熟悉世界各旅游区经典旅游线路。

● 能力目标

1. 能够进行游客（公务员）分析。
2. 能够根据游客要求和实际情况（亲子游），为游客推荐旅游线路。

任务　世界主要旅游线路

任务引入

2009年国务院通过了《国务院关于加快发展旅游业的意见》，其中确定了中国出境旅游发展目标：到2015年，“出境旅游人数达8300万人次，年均增长9%”。随着中国经济的率先复苏，居民收入水平继续提高，中国出境旅游市场规模仍将持续扩大，越来越多的旅游消费者把目光投向资源更丰富、独具特色的长线出境目的地，中国长线出境旅游市场具有很大的潜力，并且基本属于中国出境旅游的高端客源市场。

近年来，许多长线目的地国家在中国设立旅游办事机构，开展高密度、大范围的促销宣传活动，旅游运营商也不断挖掘新的目的地与产品，这对我国的长线出境旅游市场形成了较强的拉力。在各方共同推动下，未来中国出境旅游长线目的地市场将取得稳步增长。

旅游爱好者小王夫妇都是公务员，工作稳定家庭幸福，在国内很多地方都去过了。孩子九岁了，他们想带着孩子走出国门看一看。请你为她们一家三口推荐首次出国旅游线路。

任务分析

公务员在中国属于收入较高的人群，他们往往还有带薪的年假，是高端旅游的重要客户群。中国旅游研究院最新研究成果表明，受有国际国内经济持续向好、人民币汇率稳步提升、目的地国家和地区签证门槛日渐降低等利好因素影响，我国公民出境旅游，无论是人次数还是消费能力都达到了历史新高。估计2011年出境旅游花费有望突破500亿美元大关，达到550亿美元新高。妥善的安排高端旅游者的长线旅游线路，能产生较大的经济效益。

知识准备

根据自然地理区域与行政区划兼顾、综合分析与主导因素相结合、主要为旅游服务的原则，世界可划分为七个旅游区域，见图12－1。

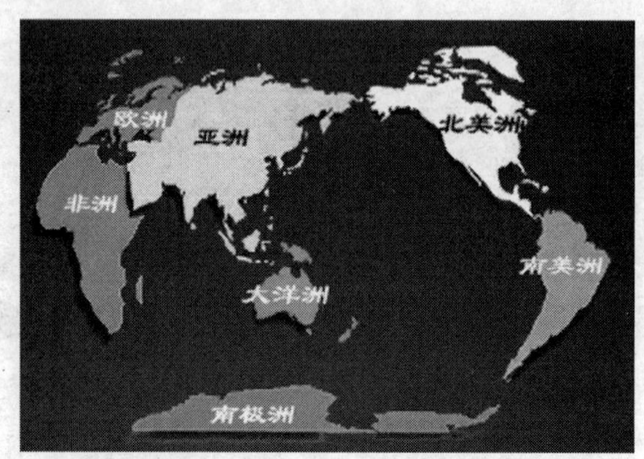

图12－1 世界旅游区划

一、欧洲旅游大区

从东部的白令海峡向西一直延伸到大西洋沿岸，是沿纬线方向延伸距离最长的旅游大区。纬度位置较高，东、南、西三面多山地、高原，内部是平原和低地，以温带森林和亚热带常绿硬叶林、灌丛为主的自然景观。本大区是资本主义经济的发祥地，人文旅游资源异常丰富，是世界旅游业最发达之区，有“旅游王国”之称的西班牙、欧洲文明古国希腊和意大利。“世界公园”瑞士，旅游业发展较早的英国、法国等都在本区。地中海沿岸是世界开发最早、最发达的海滨旅游地。

(一) 旅游资源概述

1. 北欧旅游大区

北欧旅游区，是由斯堪的纳维亚半岛、日德兰半岛和众多岛屿所组成，包括瑞典、挪威、丹麦、芬兰、冰岛等国家和地区，面积大约132万平方千米。北欧旅游区地处北纬55度以北的高纬度地区，许多地方积雪长达半年，具有奇特的极昼、极夜、极光现象。斯堪的纳维亚山脉两侧冰川地貌普遍，湖泊众多而密布。芬兰被誉为“千湖之国”，冰岛有“冰火之国”的雅称，挪威是欧洲著名的“滑雪之乡”。该区域还拥有丰富的人文旅游资源，民族风情独具特色。如“童话王国”丹麦、芬兰“古都”土尔库城堡、历史文化名城奥斯陆（挪威）、斯德哥尔摩（瑞典）等，都是吸引国际旅游者的重要旅游胜地。

2. 原苏联东欧旅游大区

东欧旅游区主要是指波罗的海以东和黑海沿岸地区，包括俄罗斯、乌克兰、白俄罗

斯、罗马尼亚、保加利亚等国家和地区，总面积2250万平方千米。该区域内河流众多、湖泊独特，特别是伏尔加河、多瑙河、顿河等流域风光美丽，引人入胜；世界最大的咸水湖里海、世界最深的湖泊贝加尔湖都在该区域。湖畔环境优美，湖中动植物资源丰富，是生态旅游、科考旅游和休闲度假的理想之地。该区拥有大量的历史文化名城，如俄罗斯的莫斯科、圣彼得堡，保加利亚的索非亚，乌克兰的基辅，白俄罗斯的明斯克，拉脱维亚的里加等城市。这些城市拥有众多古堡、教堂、博物馆、宫殿和名人故居等。

3. 西南欧旅游大区

西南欧旅游区，是指欧洲西部濒临大西洋地区与附近岛屿和阿尔卑斯山以南的巴尔干半岛、亚平宁半岛、伊比利亚半岛和附近地中海岛屿，包括英国、爱尔兰、比利时、卢森堡、法国、摩纳哥、西班牙、葡萄牙、意大利等20多个国家和地区，面积约230万平方千米。该区域旅游资源丰富，经济发达，是欧洲重要的旅游客源地和旅游目的地。

该区域现已建成许多规模巨大的海滩观光、海上运动和休闲度假的旅游胜地，如法国的科西嘉岛、爱琴海上的阿罗斯安塔利亚岛及大西洋上的艾莱岛等都是欧洲著名的海岛、海滨旅游胜地。该区具有大量的山地、丘陵和平原风光，如阿尔卑斯山脉、比利牛斯山脉、亚平宁山脉等既是雪山观光、度假疗养、消闲避暑胜地，又是开展登山、滑雪、探险等体育旅游的基地；意大利的维苏威火山、埃特纳火山奇观，南斯拉夫、马其顿、克罗地亚的国家公园等，都是令人流连忘返的国际旅游胜地。该区有丰富的历史文化和古代遗迹，如著名的古城堡有法国的香波堡，著名的庙宇教堂有希腊的巴特农神庙，意大利的圣玛利亚教堂，英国的大英博物馆等，每年吸引着成千上万的游客前往观赏、考察和游览。

该区域的民族风情和人造景观独特而丰富，对国际旅游者具有很大的吸引力，如西班牙的斗牛表演和热情奔放的西班牙舞蹈、法国的国际电影节和葡萄节；而像法国的迪士尼公园、英国的阿尔顿公园、巴黎的埃菲尔铁塔以及布鲁塞尔的滑铁卢战役纪念馆等，都深受国内外旅游者的喜爱，每年都有大量的国际旅游者前往参观和游览。

4. 中欧旅游区概况

中欧旅游区，是指位于欧洲大陆中部，介于阿尔卑斯山脉以北与波罗的海之间的区域，包括德国、波兰、瑞士、奥地利、捷克、斯洛伐克、匈牙利及列支敦士登等8个国家，面积101.5万平方千米。该区域拥有丰富的温泉旅游资源，是欧洲著名的康复疗养地。匈牙利首都布达佩斯有100多口温泉，是欧洲最大的温泉疗养中心；斯洛伐克的皮耶仕佳尼都有许多著名的温泉疗养地。此外，该区域的许多地区还拥有国家公园、高原湖泊、自然保护区等。德国的柏林、汉堡、科隆和德累斯顿等地区的交响乐团世界闻名，奥地利享有“音乐之邦”的美誉，维也纳是世界著名的“音乐名城”，每年在维也纳及奥地利其他城市举办的各种电影节、文化节、音乐节吸引众多的国际旅游者。

（二）典型线路

1. 纵览欧洲全景：捷克—奥地利—德国—法国—瑞士—意大利

D1：北京—德国慕尼黑

D2：慕尼黑—布拉格【玛丽恩广场、圣维特大教堂、黄金小巷、提恩教堂、查理大桥等景点】

D3：布拉格—维也纳—格拉茨【美泉宫、霍夫堡宫等】

D4：格拉茨—威尼斯【圣马可教堂、道奇宫、叹息桥等】

D5：威尼斯—佛罗伦萨【圣母百花大教堂、市政厅广场】

D6：佛罗伦萨—罗马（梵蒂冈）【圣彼得大教堂、斗兽场、君士坦丁凯旋门等】

D7：罗马—皮亚琴察【奇迹广场、比萨斜塔等景点】

D8：皮亚琴察—因特拉肯【因特拉肯、亚拉河、少女峰】

D9：因特拉—第戎【阿尔卑斯山】

D10：第戎—巴黎【埃菲尔铁塔、卢浮宫】

D11：巴黎【凯旋门、香榭丽舍大街、协和广场】

D12：巴黎—北京【塞纳河、凡尔塞宫】

D13：返回北京温馨家中

2. 优雅时尚英国

D1：北京—伦敦

D2：伦敦—牛津—史特拉福—曼彻斯特【牛津大学城、小镇史特拉福、莎翁故居、曼彻斯特心脏地带的艾伯特广场和市政厅】

D3：曼彻斯特—湖区—格拉斯哥【曼联队主场、温德梅尔湖区】

D4：格拉斯哥—爱丁堡—利兹【爱丁堡古堡、王子街】

D5：利兹—约克—剑桥—伦敦【约克大教堂、剑桥、康河】

D6：伦敦【国会大厦、西敏寺大教堂、大本钟、白金汉宫、特拉法加广场、格林威治天文台、伦敦塔桥、大英博物馆】

D7：伦敦—温莎—北京【温莎古堡】

D8：北京回到温馨的家

3. 古典怀旧俄罗斯

D1：北京集合出发

D2：北京—莫斯科【莫斯科大学、列宁山、观景台、二战胜利广场、莫斯科的凯旋门、新圣女公墓】

D3：莫斯科【红场、圣瓦西里大教堂、列宁墓、亚历山大花园、著名的无名烈士墓、换岗仪式、基督救世主教堂、克里姆林宫】

D4：莫斯科—圣彼得堡【特列季亚科夫美术馆、全俄展览中心（简称威登汉）、科学馆、老阿尔巴特大街、普希金的故居】

D5：圣彼得堡【十二月党人广场、彼得大帝青铜骑士像、伊萨基辅大教堂、斯莫尔尼宫、叶卡捷琳娜花园、阿芙乐尔号巡洋舰】

D6：圣彼得堡【冬宫、俄罗斯夏宫、隆姆松喷泉、喀山大教堂、涅瓦大街】

D7：圣彼得堡—北京。满载俄罗斯美好回忆结束愉快旅程

二、美洲旅游大区

跨南北两半球，从北冰洋沿岸向南一直延伸到德雷克海峡，南北跨距 15000 千米左右，是世界沿经线方向延伸距离最长的旅游大区。美洲是仅次于欧洲的世界旅游业发达区，既有资本主义大国现代科技文化，又有印第安人创造的古代文明。这里是世界著名的古玛雅文化、印加文化的发源地。加勒比海沿岸是世界上继地中海之后新兴的海滨旅游地。

(一) 旅游资源概述

1. 北美旅游地区

北美旅游区位于美洲北部，以美国和加拿大两国所构成的美加旅游区为主体。北美是当今世界上经济实力最强的地区，旅游业十分发达。不论是国际旅游收支还是出入境游客人数，都在国际旅游业中占有很高比重，是目前仅次于欧洲的第二大国际旅游区，对国际旅游业的发展具有举足轻重的作用。北美旅游区见图 12-2。

图 12-2　北美旅游区

北美江河湖泊众多，素有“百川之父”的密西西比河全长 6200 多千米，是世界闻名的第四长河；美加边界上的五大湖是全球最大的淡水湖群，总面积达 24 万平方千米，被誉为“北美的地中海”；位于美加边界的尼亚加拉大瀑布蜚声全球；北美洲是世界上创建国家公园最早、划定自然保护区和风景旅游区范围最大的洲；北美旅游区拥有先进的科学技术和发达的经济，城市化程度较高，从而形成许多著名的工业化城市和国际旅游城市，如美国的“汽车城”底特律、“赌城”大西洋城，加拿大的“教堂城”多伦多、“郁金香城”渥太华、“花园城市”维多利亚，以及一大批拥有诸如“自由女神像”、“金门大桥”等现代城市景观和许多以高科技和文化教育为特色的城市风貌等，使该地区成为当今世界旅游的重要旅游目的地之一。

2. 南美旅游区

它通常是指南美洲整个区域，共有哥伦比亚、委内瑞拉、圭亚那、苏里南、厄瓜多尔、秘鲁、智利、巴西、阿根廷等 12 个国家，总面积 1797 万平方千米。南美旅游区见图 12-3。

南美旅游区地跨南北两半球，有世界上最长的山脉安第斯山脉、世界上面积最大的高原巴西高原、世界最大的冲击平原亚马逊平原，有世界少有的“热带动植物园”。其中，亚马逊平原是世界上面积最大、最典型的原始热带雨林，雨林中的植物种类大约占世界植物种类的一半。南美洲河流纵横、湖泊众多、海岸线漫长，形成了丰富多样的水域风光。著名的河流有亚马逊河、拉普拉多河、圣弗朗西斯科河、巴拉圭河等，其中亚马逊河是世界上最长、流域面积最广、流量最大的河流。众多河流纵横奔流、切穿岩层而形成许多壮观的瀑布，其中委内瑞拉的安赫尔瀑布落差达979米，是世界上落差最大的瀑布；巴西和阿根廷交界处的伊瓜苏瀑布，汛期宽达4000米，是世界上最宽的瀑布。

图12-3 南美旅游区

（二）典型线路——美加瀑布全景之旅

D1：北京—旧金山【金门大桥、艺术宫、联合广场、九曲花街、39号码头、渔人码头】

D2—D3：旧金山—华盛顿【华盛顿纪念碑、白宫、国会山庄、林肯纪念堂、越战军人纪念碑、韩战纪念碑、杰弗逊纪念堂、航天航空博物馆】

D4：华盛顿—费城—纽约【独立宫、自由钟、独立广场】

D5：纽约【自由女神像、华尔街、金融铜牛、联合国总部大厦、百老汇大街、时代广场、第五大道、洛克菲勒中心广场】

D6—D7：纽约—布法罗—多伦多—布法罗【尼亚加拉大瀑布、多伦多市政厅、多伦多大学、CN塔】

D8：布法罗—华盛顿—拉斯维加斯【米高梅、威尼斯、巴黎大铁塔、凯撒王宫、纽约、蒙特卡罗、夜游拉斯维加斯】

D9—D10：拉斯维加斯—洛杉矶【大峡谷、胡伏水坝】

D11—D12：洛杉矶—圣地亚哥—洛杉矶【好莱坞环球影城、圣地亚哥湾、退役航空母舰、科罗拉多大酒店、墨西哥革命大道】

D13：旧金山—夏威夷【钻石山、卡哈拉富豪住宅区、白沙湾海滩、恐龙湾、喷泉喷口、巴里大风口】

D14：夏威夷【珍珠港、亚利桑那号、阵亡将士纪念碑、唐人街、夏威夷州议会大厦、小白宫州长官邸、夏威夷第一任国王塑像、依兰尼皇宫、卡拉卡瓦大街】

D15—D16：夏威夷—东京—北京

三、东部亚洲、大洋洲旅游大区

东部亚洲、大洋洲旅游大区是一个地跨南北两半球，沿经线延伸的旅游区域。本大区最突出的特点表现在，这里是世界上旅游业增长速度最快的旅游大区，随着世界经济重心的东移，亚澳（澳大利亚）陆间海（包括我国沿海）将成为继地中海、加勒比海之后，新崛起的世界著名海滨旅游地。在地理环境、文化景观等方面，内部有3个旅游地区差异较大。

（一）旅游资源概述

1. 东亚旅游地区

东亚旅游区主要包括中国、朝鲜、韩国、蒙古和日本五个国家，陆地面积1177万平方千米，是亚洲面积最大、人口最多的区域。

东亚旅游区地域辽阔，南北间纵跨纬度50度，东西横跨经度达80度。巨大的纬度、经度差异和特殊的地质地貌形成了本区自然环境的复杂多样性。其中，以中国的喜马拉雅山、日本的富士山、韩国的雪岳山为代表的雪山冰川风光，以中国的长江、黄河、日本的琵琶湖为代表的江河湖泊风光，以中国的云南石林、广西桂林等为代表的喀斯特地貌风光等，都是世界著名的自然生态风光。

东亚旅游区内各国地缘相近，历史和文化相通，其独特的东方文化、大量的文物古迹强烈地吸引着来自世界各地的旅游者。尤其是中国，作为世界著名的四大文明古国之一，拥有丰富的名胜古迹，如北京的故宫、万里长城、西安秦兵马俑等举世闻名的历史遗迹。朝鲜半岛也有较悠久的历史和文化。

2. 东南亚旅游地区（中南半岛和马来群岛的所有国家）

东南亚旅游区由亚洲东南部的中南半岛和马来群岛所组成，陆地面积448万平方千米，主要包括越南、老挝、缅甸、泰国、马来西亚、新加坡、文莱等11个国家和地区。

东南亚旅游区的马来群岛是世界上拥有岛屿最多的群岛。据不完全统计，菲律宾拥有7000多个岛屿，印度尼西亚拥有13000多个岛屿，因此菲律宾和印度尼西亚都享有“千岛之国”的誉称。其中，马来群岛与中南半岛的海岸线总长达10万千米，堪称世界之最。该旅游区地处热带，属热带季风和热带雨林气候，温暖湿润的气候、茂密的热带森林、丰饶的物产、绚丽多姿的海山胜景，是当地自然旅游资源最突出的特征。此外，东南亚也是世界上最大的热带经济作物产区，每年各国都举办各种品尝新鲜水果的“果园旅游”活动。

东南亚地区古代受中国、印度两大东方文明古国文化的熏陶，以后又受伊斯兰文化和西方殖民主义文化的影响，遗留下大量的宗教古迹，人文旅游资源极为丰富。泰国居民普遍信奉佛教，黄衣僧侣随处皆有，因而被称为“黄袍佛国”。缅甸素称“佛塔之国”，现存佛塔5000多座，其中最著名的是仰光大金字塔，据说已有2000多年历史。柬埔寨的吴哥古都遗址占地155平方千米，古建筑600多处；印度尼西亚的婆罗浮屠始建于公元8世纪，是世界上最大的佛塔。

3. 大洋洲旅游地区（大洋洲的所有国家）

大洋洲旅游地区由澳大利亚大陆和广布于太平洋上的美拉尼西亚、密克罗尼西亚、波利尼西亚三大群岛组成，岛屿最多且分布零散，总计有2万多个岛屿，人口密度小，平均每平方千米3人。这里是联系各大洲的海空航线和海底电缆的经过之地，在旅游交通与通讯上具有重要意义。大洋洲多火山岛和珊瑚岛，以热带、亚热带海岛风光和“活化石博物馆”（古老奇特的动植物）而著称于世。这地区属西方文化区，澳大利亚和新西兰的居民绝大部分是欧洲移民及其后裔，通用英语，其他国家和地区的居民以当地人为主体，属巴布亚语和马来——波利尼西亚语系，全洲约有80%人口信仰基督教。

（二）典型线路

1. 韩国全景游

D1：北京—首尔【世界杯足球赛主赛场、乐天世界】

D2：首尔—地【景福宫、青瓦台总统府、清溪川】

D3：首尔—济州【38线、龙头岩】

D4：济州—釜山【天地渊瀑布、神奇之路、城山日出峰、城邑民俗村】

D5：釜山—北京【龙头山公园】

2. 日本大阪东京北海道全景游

D1：北京—关西

D2：关西—京都—大阪【金阁寺、清水寺、祇园花间小路】

D3：大阪—札幌—登别—洞爷湖【大阪城公园、登别地狱谷、果园采摘】

D4：洞爷湖—小樽—札幌【昭和新山、昭和新山熊牧场、洞爷湖展望台、小樽运河、时计台】

D5：札幌—东京—箱根【箱根国立公园、舍利白塔】

D6：箱根—东京【富士山五合目、新宿繁华街、都厅展望台】

D7：东京—北京【浅草雷门观音寺、东京皇居广场、二重桥】

3. 东南亚全景

D1：北京—中国香港—新加坡【国会大厦、高等法院、鱼尾狮公园、圣陶沙公园、名胜世界梦之湖表演】

D2：新加坡—马六甲【花芭山】

D3：马六甲—云顶【三保井、荷兰红屋、圣保罗大教堂、马六甲海峡、云顶高原】

D4：云顶—吉隆坡【独立广场、国家清真寺、国家皇、英雄纪念碑、黑风洞、水上清真寺、太子城中心、首相官邸外观、马来文化村、国油双峰塔】

D5：吉隆坡—曼谷

D6—D7：曼谷【大皇宫、玉佛寺、五世皇柚木行宫、马车博物馆、阿南达沙玛空皇家御会馆、桂河大桥、东芭乐园】

D8—D9：曼谷【珊瑚岛、金沙岛、四合镇水乡、原石博物馆、皇家毒蛇研究中心、神殿寺湄南河、人妖表演】

D10：曼谷—中国香港—北京。结束愉快的旅程

4. 澳新自然之旅

D1：北京—新加坡。游客由北京乘机至新加坡等待转机

D2—D3：新加坡—布里斯班【世博会旧址、南岸公园、故事桥、袋鼠角、摩顿岛】

D4—D6：布里斯班—凯恩斯【喂食“大鸟”塘鹅、黄金海岸、热带雨林、大堡礁】

D7—D8：凯恩斯—悉尼【2000年悉尼奥运村、邦迪海滩、植物园、麦考利夫人的椅子、玫瑰湾、双湾、岩石区、悉尼港、悉尼大桥、悉尼歌剧院】

D9—D10：悉尼—奥克兰—罗托鲁瓦【罗托鲁瓦、Matamata 小镇、毛利文化中心、

瓦卡地热喷泉、波利尼西亚温泉】

D11：罗托鲁瓦—奥克兰【红木森林、政府花园、爱歌顿牧场】

D12：奥克兰—新加坡—北京。返回温馨家中

四、南亚旅游大区

（一）旅游资源概述

南亚是指亚洲南部从喜马拉雅山山脉南侧到印度河之间的广大地区，其包括印度、巴基斯坦、尼泊尔、孟加拉国、马尔代夫等 8 个国家，总面积 418 万平方千米。南亚旅游大区高耸的喜马拉雅山脉位居本大区北部，使南亚成为一个相对独立、特征明显的旅游区域。地形上分为北部山地、中部印度河——恒河平原和南部德干高原三部分，典型的热带季风气候及热带季风林景观。该地区属印度文化区，是世界上人口最多最稠密地区之一，平均每平方千米 210 人，居民兼有三大人种的血缘，而以白种人和黑种人的混合型为主。语言分属印欧和达罗毗荼两大语系，本大区是婆罗门教和佛教的发源地，婆罗门教后演化为印度教。印度河——恒河流域是世界古文明发祥地之一。

南亚地区旅游资源十分丰富，拥有奇特的高原雪域风光；其中喜马拉雅是“冰雪之乡”的意思，平均海拔超过 7000 米的高峰有 50 多座，8000 米以上的参天高峰有 14 座，许多形态各异的高山冰川、冰塔、冰柱、冰帘、冰洞、冰丘等吸引着来自世界各地的旅游者。南亚旅游区还拥有独特的热带海岛风光；拥有“千岛之国”美誉的马尔代夫，主要由 19 组珊瑚环礁和 1200 多个珊瑚小岛所组成，景色十分优美，被称为“印度洋上的花环”。

南亚是世界上最早的人类文化发祥地之一，拥有悠久的历史和灿烂的文化，历代王朝都修建了金碧辉煌的王宫和许多佛塔、庙宇和寺院，遗留下许多珍贵的文物古迹。有“世界七大建筑奇迹”之一的泰姬陵、著名的皇宫建筑群红堡、印度教圣地和历史名城瓦拉纳西等；巴基斯坦有青铜时代最大的古城遗址——摩亨佐达罗，被联合国教科文组织列为世界文化遗产。

（二）典型线路——印度尼泊尔自然之旅

D1：各地—广州—新德里

D2：新德里—亚格拉【泰姬陵、亚格拉城堡】

D3：亚格拉—斋浦尔【天文台宫殿博物馆】

D4：斋浦尔—新德里【琥珀堡、水宫、比得拉庙、风之宫殿、莲花庙】

D5：新德里—加德满都【甘地陵园、巴德岗杜巴广场、55 窗宫、巴特萨拉女神庙、尼亚塔波拉塔】

D6：加德满都—纳加阔特【观光飞机看珠穆朗玛峰、圣庙帕斯帕提那寺、巴格玛蒂河、博达哈大佛塔、纳加阔特观赏喜玛拉雅雪山全景】

D7：纳加阔特—加德满都【万千金色屋之城、斯瓦扬布寺】

D8—D9：加德满都—新德里—广州—各地。早餐后在新德里转机飞往广州。回到温馨的家中

五、西亚旅游大区

西亚旅游大区主要包括除埃及以外的中东地区所有国家和阿富汗。

（一）旅游资源概述

该地区是联系三大洲、沟通两大洋的世界海际空交通要冲，有“三洲五海之地”的美称。古代由中国通往西方的著名的“丝绸之路”横贯西亚，地形以高原为主，气候炎热干燥。该地区属于荒漠、半荒漠景观，是世界石油宝库，属伊斯兰文化区。民族构成较复杂，阿拉伯人占多数，居民的宗教信仰也相当复杂。这里是伊斯兰教、基督教和犹太教等世界性宗教的发源地，目前以伊斯兰教徒人数最多，主要使用阿拉伯语，少数使用闪米特语。幼发拉底河与底格里斯河流域是世界古文明中心之一，当地人民在文学、数学、天文、历法、医学等许多方面对人类作出了重大贡献。

（二）典型线路

1. 阿联酋（迪拜）奢华购物之旅

D1：北京—迪拜，机场集合

D2：迪拜【咸水湾、迪拜博物馆、黄金城市场、茱美拉清真寺、茱美拉海滨浴场、七星级阿拉伯塔酒店、棕榈岛、亚特兰蒂斯酒店】

D3：迪拜【全天自由享受购物的乐趣、沙漠冲沙】

D4：迪拜—阿布扎比—迪拜—北京【谢赫扎伊德清真寺、酋长宫殿酒店、人工岛、阿布扎比国家文化遗产公园、海滨购物商城】

D5：北京

2. 以色列探访神秘宗教之旅

D1：北京—特拉维夫。机场集合

D2：特拉维夫—内坦利亚—凯撒利亚—阿克—拿撒勒【赛马场、大剧院、输水渠和犹太王行宫、十字军的城堡、古腓尼基人和十字军海港】

D3：拿撒勒—提比利亚—迦拿—拿撒勒【戈兰高地、约旦河 Banias 泉、加利利湖、五饼二鱼堂、八福堂、迦百农、圣彼得献心堂、约旦河洗礼之地、耶稣点水成酒之地、天主教婚姻教堂】

D4：拿撒勒—海法—耶路撒冷【天使报喜堂、海法大同教圣殿及花园、迦密山、锡安山、马可楼、大卫王墓、圣母安眠教堂、国会山大烛台】

D5：耶路撒冷【耶路撒冷老城、苦路、哭墙、圣墓教堂、伊斯兰教圣殿山、以色列博物馆】

D6：耶路撒冷—伯利恒—耶路撒冷【棕榈大道、主泣耶京堂、喀西玛利园、万国教堂鸡鸣堂、大屠杀纪念馆、主诞教堂】

D7：耶路撒冷—马萨达—死海【马萨达堡垒废墟、死海漂流】

D8：死海—基布兹—密兹比拉蒙【基布兹、大弹坑】

D9：密兹比拉蒙—特拉维夫—北京【Dzengoff 大街、拉宾广场、地中海畔的雅法、以色列艺术家聚居地、地中海滩漫步】

D10：北京。平安抵达国内，回到温暖的家中

六、非洲旅游大区

非洲旅游大区（非洲所有国家），是以高原为主的热带干燥大陆，自然景观以赤道为中轴南北对称分布，此外，东非大裂谷也是非洲自然地理上的一大特色。非洲有世界上面

积最大、最典型的热带稀树草原和热带荒漠、半荒漠，热带雨林范围也不小，多天然动物园，使非洲有“世界自然资源博览会”之称。该地区属非洲文化区，居民的种族构成复杂，兼有世界上黑、白、黄三大人种的成分，其中大多数属于黑种人——尼格罗人种，为世界黑种人的故乡。语言复杂，以昆日尔——刚果语系和科伊桑语系为主，宗教多样化，信仰伊斯兰教和基督教的各约1亿人，信仰原始宗教的约有2万人。尼罗河流域是世界文明的发祥地之一，闻名世界的金字塔显示了古埃及人民惊人的创造力。本大区由于长期遭受侵略，文化落后，经济不发达。在旅游业方面，非洲是一个发展中的大陆，许多资源有待进一步开发。非洲旅游景点见图12-4。

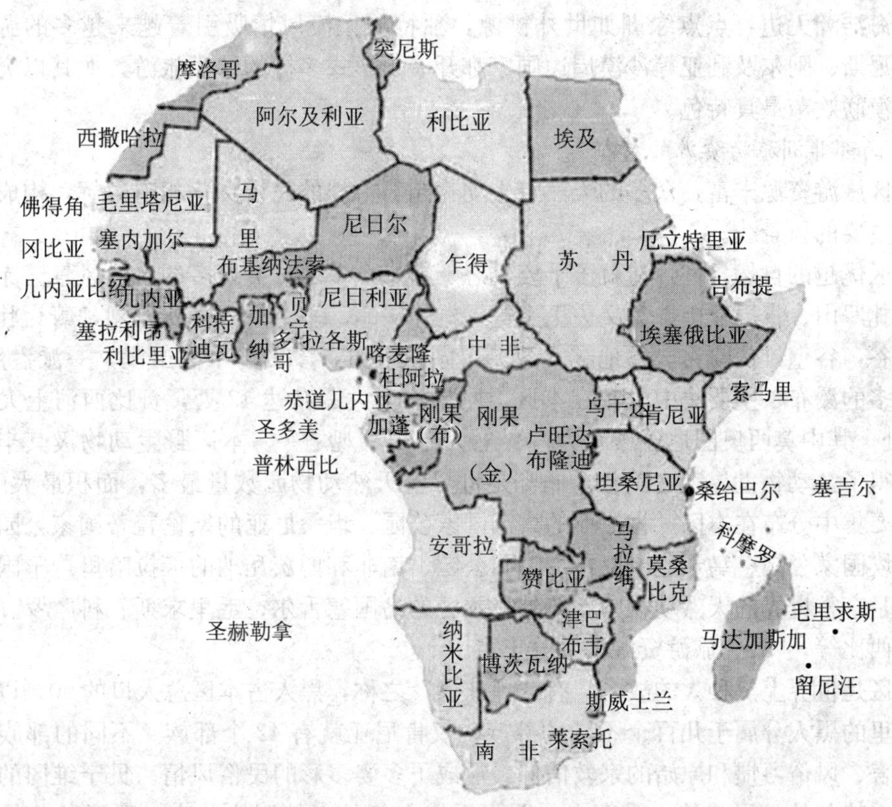

图12-4　非洲旅游区

（一）旅游资源概述

1. 北非旅游资源的特征

北非是非洲旅游业最发达的地区。埃及、突尼斯、摩洛哥等国都是知名度很高的国际旅游目的地。本区旅游资源丰富多样，其中，灿烂的历史文化与阳光海滩，是北非最主要的特色。

北非是孕育世界古代文明的摇篮之一。埃及、摩洛哥、突尼斯等都是非洲著名的文明古国。悠久的历史、灿烂的文化，留下了众多的名胜古迹。埃及的金字塔、亚历山大庞贝柱、底比斯古城遗址及其神庙、石质帝国陵墓群、突尼斯的迦太基城遗址等，都是非洲古代文明的见证，大多被列入了世界文化遗产名录。同时，北非地区还深受腓尼基、希腊和罗马文化影响，境内代表这些文化的文物古迹广泛分布。北非居民以阿拉伯人为主，大多信仰伊斯兰教，宗教在人们生活中占有重要的位置。埃及、突尼斯、摩洛哥等国，都拥有在伊斯兰世界占有重要地位的宗教圣地和遗迹，成为穆斯林朝圣者的宗教旅游活动中心。埃及有“尼罗河赠礼”之说，埃及人民把尼罗河尊为圣河，沿岸风光秀丽，城镇稠密，古迹众多。举世闻名的苏伊士运河有“世界航运十字路口”之称。其繁忙的景象、沿海城镇风光、中东战争遗址等都是不可多得的旅游胜地。

地中海沿岸、红海之滨的阳光海滩，充满了神话般迷人的风情，是北非最亮丽的一道自然风光。埃及的亚历山大、马特鲁，突尼斯的突尼斯城、苏萨，摩洛哥的拉巴特等地中海沿岸城市中，都有独具魅力的海滩度假地。北非南部横亘着世界上最大的撒哈拉沙漠，茫茫沙海浩瀚无边，点点绿洲如世外桃源，独特的大漠风情吸引着越来越多的游人。埃及、突尼斯、阿尔及利亚等沙漠周边国家都开展了形式多样的沙漠旅游，尤其以突尼斯的国际沙漠联欢节最具特色。

2. 南部非洲旅游资源的特征

本区旅游资源丰富，众多的天然野生动物园与古朴的民俗文化相映生辉，构成了南部非洲最主要的风景线。

本区优越的自然条件，造就了千姿百态、数量众多、种类繁多的自然风景。赤道雪峰乞力马扎罗山、肯尼亚山、鲁文佐里山等，雄伟峻峭，垂直景观变化剧烈，蔚为壮观。东非大裂谷，谷壁雄伟险秀，谷地林木葱茏，湖泊棋布，多飞鸟水禽出没，一派盎然生机。非洲众多的瀑布，主要集中分布在本区。刚果河上大瀑布达 43 处，赞比西河上大瀑布多达 72 处，其中莫西奥图尼亚瀑布为世界七大自然景观之一。本区野生动物极其丰富，为非洲赢得了“动物世界”之美誉。非洲是世界上天然动物园数量最多，面积最大的一洲，它们主要集中分布在本区。肯尼亚的察沃国家公园、坦桑尼亚的塞伦盖蒂国家公园、赞比亚卡富埃国家公园、乌干达卡巴雷加瀑布公园、南非和博茨瓦纳的卡拉哈里羚羊国家公园等，都是享誉世界的天然动物园。此外，本区的岛国塞舌尔、毛里求斯、科摩罗、圣多美和普林西比等，“3S”旅游资源都十分丰富。

本区是世界上黑种人的故乡，有“黑非洲”之称，黑人占本区总人口的 90%以上。生活在这里的黑人分属于几百个不同的部族，仅肯尼亚就有 42 个部族。不同的部族有着各自的语言、风俗习惯和原始的宗教信仰，形成了多姿多彩的民俗风情。贝宁维冈的水上村庄等富有特色的民居建筑，马赛人、图阿雷格人等的奇特服饰装束，形形色色的婚丧嫁娶、节日庆典、宗教信仰，古老的酋长制遗风，独特的音乐、舞蹈、绘画艺术、体育竞技，以及制作精巧的手工艺品等，对境外的游人有着巨大的吸引力。此外，本区的肯尼亚还是人类发源地之一。位于其西北部的史前人类遗址，为目前世界上已发现的最早的石器时代聚居地之一，既有重大的科研意义，又有很高的观赏价值。

（二）典型线路

1. 埃及游轮全景之旅

D1：北京—埃及

D2：开罗—地【埃及博物馆、埃及三大金字塔、狮身人面像】

D3：开罗—亚历山大—开罗—阿斯旺【庞贝神柱、亚历山大国家图书馆、亚历山大灯塔遗址古城堡外景、蒙塔扎皇宫花园】

D4：阿斯旺—康孟波【方尖碑、阿斯旺大坝水利工程、尼罗河游、法老神殿】

D5—D6：康孟波—艾德福—卢克索【索贝克、哈罗里斯神庙、霍路斯神殿】

D7：卢克索—红海【卢克索神庙、拉美西斯二世巨型石像、卡内克神庙、美姆农巨石像、哈特普苏特女王神庙】

D8：红海—开罗。【红海特色的“3S”】

D9：开罗—孟菲斯—北京【拉姆西斯二世博物馆、人面狮身像雕塑、汗哈里里市场】

D10：北京。结束愉快的埃及之旅

2. 南非精彩之旅

D1：北京—中国香港—约翰内斯堡

D2：约翰内斯堡【市容参观、LESEDI 民俗文化村、ELLIS PARK、蒙帝卡罗赌场】

D3：约翰内斯堡【比林斯堡野生动物园、太阳城观光、王宫饭店、地震桥、豪华赌场、失落城】

D4：约翰内斯堡—开普敦【市区观光、教堂中心广场、市政厅、先民博物馆、联合大厦、使馆区赏紫薇花】

D5：开普敦【信号山、GREEN POINT 球场、波卡普博物馆】

D6：开普敦【豪特湾、海豹岛、企鹅岛、好望角、开普角山顶】

D7—D8：开普敦—约翰内斯堡—中国香港—北京。结束愉快的行程

七、南极洲旅游大区

（一）旅游资源概述

南极大陆没有永久居民，是一个最独特的潜在旅游区。这里几乎全部在南极圈（南纬66°30′）范围内，自然条件极其严酷，外围大洋水域又有宽广的浮冰区。大陆陆地表面平均高度为 2600 米，由高原和山地构成，上覆巨厚的冰盖，仅极少数山峰出露于冰盖顶部。冰盖厚 2000 米以上，最厚可达 4800 米。气候恶劣，终年严寒，年平均气温为－30℃～－55℃，最低气温达－88.3℃；风暴猛烈，一年中大风日在 240 天以上，最大风速达88.83m/s；降水稀少，年降水量仅 30～40 毫米。大陆几乎没有高等植物，但沿海却有令人感兴趣的企鹅、海象和海豹。

南极大陆远离世界人口密集区，特别是距世界主要国际旅游客源区十分遥远。而且，去南极大陆需要乘特制舰船。目前除科学考察、探险者到达外，已有旅游者乘船到达南极。自 1885 年到 1992 年 3 月，全世界共有 296 次旅游客轮航班，运送了 43000 多位旅行者到达地球南端的这个大陆。通常，赴东南极大陆从新西兰、澳大利亚或南非的港口启航；赴西南极大陆从智利、阿根廷或乌拉圭的港口启航。将来，也许到一定的时期，有人将进行较大规模投资，开拓去南极大陆的旅游业务。南极旅游区见图 12－5。

（二）典型线路

D1：国内—布宜诺斯艾利斯。

D2：布宜诺斯艾利斯【纪念碑、广场和街心公园，二月三日公园】

D3：布宜诺斯艾利斯—乌斯怀亚。庞洛郎轮奥斯卓号。

D4—D5：穿越德雷克海峡。小艇登陆企鹅、海豹迷人的会晤。

D6—D10：南极半岛企鹅的聚集地，科研站冰河冰山。

D11—D12：穿越德雷克海峡。搜寻海鸟和鲸鱼。

D13—D14：乌斯怀亚—布宜诺斯艾利斯【老虎洲、巴拉那河、PALERMO公园，玫瑰园、RECOLETA贵族区、贵族公墓，贝隆夫人墓及纪念碑，金属花雕塑】

D15：布宜诺斯艾利斯—国内。从这里踏上生活新的征途。

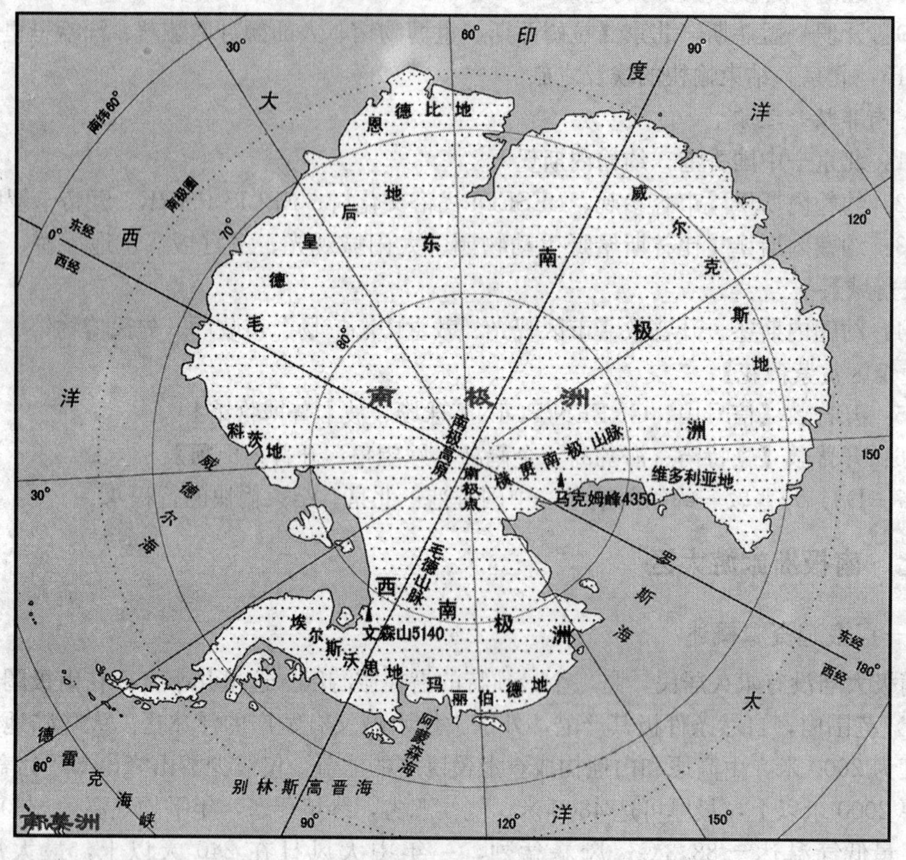

图12-5　南极旅游区

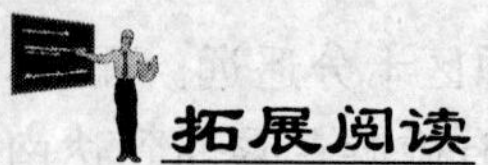

拓展阅读

出国注意事项

随着出境游的大面积开放，近期出国旅游的市民越来越多。由于不了解国外的一些规定，不少游客在旅游中常会遇到一些不大不小的麻烦，在此提醒游客近期出国特别需要注意的一些事项。

一、携带药品应慎重

旅行当中带些必备的药品，是聪明的办法。一旦身体不适，身边的小药就能救大急。几种药是您应该在行囊中必备的药：感冒通、乘晕宁、息思敏、黄莲素、创可贴等，心脏病人还千万别忘了带硝酸甘油！但携带类似“白加黑美息伪麻片”等含有伪麻黄碱成分的药品时应慎重，有被海关扣留等情况。

二、出发前的准备很重要

出境旅游前应仔细检查行李物品是否齐全，相关手续是否办妥，去欧洲旅游还会涉及一些特别规定，否则到了之后才发现很多地方不能去，令人扫兴。

三、出行前应购买境外旅游保险

其实国内很多游客还不太习惯购买旅游保险，出境旅游选择能在国外使用的保险尤其重要，境外旅游保险大多对人身安全，身体健康，行李物品都有所保障。

四、了解外国的民俗民风和规矩

泰国小孩的头摸不得，印度的小孩您抱不得。像这些异国他乡的规矩，在到人家国家旅游的时候，您还真应当了解一些。否则，人家并不会因为你是外国人就不再责怪你。比如到泰国，您去之前一定要弄清楚这么一些习俗：进入寺庙要脱鞋，女士见到僧侣要避让，游览大皇宫女士不能穿短裙和凉鞋。有不良卫生习惯的人千万要当心，在新加坡街头随地吐痰、乱扔废物，高额的罚款会让你脑袋大一圈。

五、熟悉饭店相关情况

到语言不通的国家去旅行，可在总台取用饭店卡片。卡片上有饭店的地址、电话，能保证您的出行顺利。了解饭店房间里的付费情况，安全通道，减少不必要的损失，确保个人安全。贵重物品存放总台保险柜，避免外出携带丢失。

六、旅行期间注意人身安全

在国外旅游语言不通，环境不熟，不要脱离团队单独行动，一旦在国外迷路或遇到紧急情况的时候，尽可能和领队或当地的中国大使馆联系。在国外单独上街，携带现金要适量，避免被打劫。

七、防窃贼偷护照

护照是游客在国外旅游期间重要的身份证明证件，一旦遗失将会给离境带来麻烦。而粗心的游客在旅游期间常有丢失护照的案件发生，在饭店用餐时将装有护照、现金及机票等重要物品的包放在座椅上去取餐，待取餐回来发现包已被窃。

八、购物需慎重

假冒伪劣产品，并不只是中国才有。选购金银手饰、宝石制品等高价值商品，断不能只听信商家可退可换的承诺，您一定要想好了再买。为帮客人退货折腾几回仍办不妥的事例，好些旅行社都遇到过。

资料库

中国公民出境旅游的发展历史

过去十几年间，世界旅游市场一个引人瞩目的现象是中国出境旅游的兴起。按照官方公布出境旅游数据，我国已经成为亚太地区最大的出境客源产出地。据世界旅游组织预测，2020年，中国将成为全球第四大客源产出地。而中国已经在2003年就超过了排在第三位的日本。中国出境旅游人群已遍布世界各地。

中国公民出境旅游开始于20世纪80年代的中国公民探亲游及边境游。1983年11月，作为试点，广东省率先开放本省居民赴香港旅游探亲。1984年中国政府批准开放内地居民赴港澳地区的探亲旅游。

1990年，中国开放新加坡、马来西亚、泰国三国作为公民探亲旅游目的地，以后又增开了菲律宾（1992），当时只有9家旅行社被允许经营中国公民出境探亲旅游业务。这是中国出境旅游业务发展的试办期，在经营上属于绝对垄断。

1997年7月，中国国家旅游局（CNTA）发布施行了《中国公民自费出国旅游管理暂行办法》，并审批了67家组团社，中国政府正式开始将出境旅游纳入政府的法制管理，在经营上仍然还处于高度垄断阶段。这时期中国公民出境游基本上集中于中国周边地区。

1999年，澳大利亚正式成为中国公民自费出境旅游目的地（Approved Destination Status，ADS），成为了首个获得ADS资格的西方国家。同年，澳大利亚、新西兰在北京、上海、广州范围内全面开展组团业务。从此中国公民的长线出境游拉开序幕。

2001年埃及正式成为非洲第一个中国公民自费出境旅游目的地国家（在2002年全面展开），2002年马耳他作为欧洲第一个对中国开放的出境旅游目的地国家业务全面开展。

2004年，中国长线出境旅游呈现突破性发展，这一年是中国公民旅游目的地的数量增加最快的一年。除欧盟整体开放外，一些非洲、拉美国家和一些太平洋岛国成为ADS国家。

2005年，为了与出境旅游突破性发展相适应，国家旅游局再次对出国游组团社进行了调整，出国组团社的总数达到672家，比调整前增长了25.84%。出国组团社已占全国国际旅行社总数的43.75%，占全国旅行社总数的4.37%。出境旅游目的地数量也大幅上升，经国务院批准的中国公民出国旅游目的地达到117个。

2008年，中国公民组团赴美国旅游业务在北京、上海等9个省市开展，2009年扩展到21个省市，2009年年底，加拿大正式成为中国公民出境旅游目的地。

到2009年年底，中国公民出境旅游目的地数量达到138个，正式实施的达到104个，其中可归入长线出境旅游目的地的有77个。

任务实施

首次出境旅游，要考虑的事情和办理手续有很多，例如：护照、签证等。另外，带孩子外出，还要考虑健康、安全、接受能力等相关问题。综合考虑小王一家的情况，安排了新加坡一地自助游。新加坡离得不远，避免长途跋涉带给孩子的不适应，又能走出国门，

开眼看世界，采用自助游的方式，可根据假期长短、身体状况、经济实力灵活安排。新加坡虽小，但却是名震一方的花园城市，不可错过的景点如下：

（1）亚洲文明博物馆：在馆里可以多了解一下该地区多元化的艺术和历史。

（2）圣淘沙：是新加坡最为迷人的度假小岛，有着多姿多彩的娱乐设施和休闲活动区域，被誉为欢乐宝石。

（3）新加坡裕廊飞禽公园：园内的飞禽表演也是很吸引人，驯鸟者一声呼唤，巨大的雄鹰、猫头鹰好似“飞将军从天而降”。各种鹦鹉在表演者的指挥下不仅会讲“Goodbye（再见）”、“Hello（你好）”等英语单词，还会模仿狗叫、猫叫、鸡啼，充分显示了高超的模仿能力。

（4）新加坡动物园：收罗了250种哺乳动物类、鸟类和爬虫类动物，在总数接近3000只所展示的许多濒临绝种的动物之中，包括科摩多龙、睡熊、金丝猴以及世界最大的群居人猿。

（5）鱼尾狮公园：每年有几百万来自世界各地的游客，专程造访鱼尾狮公园，与世界著名的鱼尾狮拍照留念。

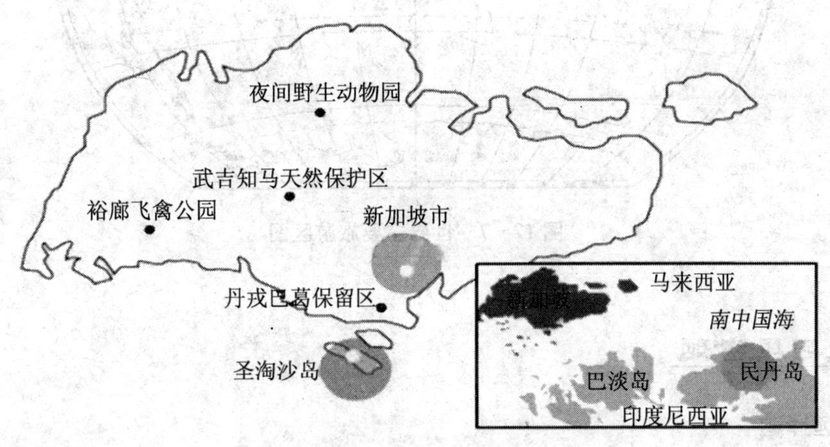

图12－6　新加坡旅游图

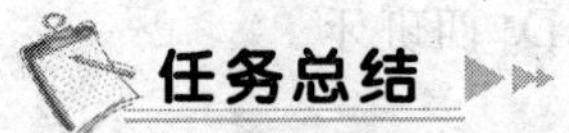

任务总结

出境游需要相对较高的经济实力和空闲时间，政府公务员收入稳定，往往有带薪假期，能够满足出境游的基本要求，同时公务员受教育程度高，社会关系广泛，了解旅游市场，对出境游的品质要求也高，在安排推荐旅游线路时，考虑全面。通过全面了解世界旅游区的特色，在旅游者需求分析的指导之下，为游客设计符合旅游者需求的旅游线路，突出旅游区的特色安排。

实训项目

世界旅游区填图

【实训目标】

通过实训使学生熟悉世界主要旅游区及区内包含国家。

【实训内容】

世界主要旅游区（见图 12－7）填图要求：在空白世界地图上用彩笔区分世界七大旅游区。

【实训步骤】

1. 以项目团队为学习小组，2 人一组。
2. 各项目团队说出各旅游区所包括的国家。
3. 评价与总结：由教师和其他团队成员进行现场点评，以鼓励为主。

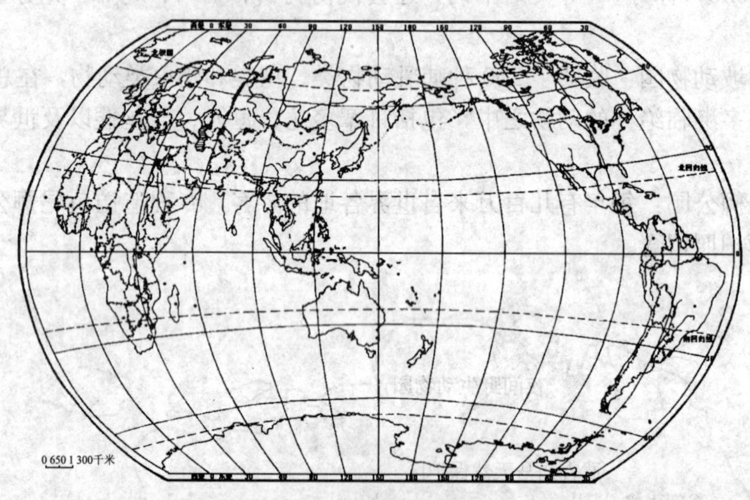

图 12－7　世界主要旅游区图

复习思考题

一、选择题

1. 有“旅游王国”之称的国家是（　　）。

A. 瑞士　　B. 希腊　　C. 意大利　　D. 西班牙

2. 有“世界公园”之称的国家是（　　）。

A. 瑞士　　B. 希腊　　C. 意大利　　D. 西班牙

3. 美国的“汽车城”是（　　）。

A. 底特律　　B. 多伦多　　C. 渥太华　　D. 维多利亚

4. 加拿大的“教堂城”是（　　）。

A. 底特律　　B. 多伦多　　C. 渥太华　　D. 维多利亚

5. 加拿大的“郁金香城”是（　　）。

A. 底特律　　B. 多伦多　　C. 渥太华　　D. 维多利亚

二、简答题

1. 世界七大旅游区是哪些？
2. 世界七大旅游区的特点分别是什么？
3. 世界七大旅游区发展最快的旅游区是哪个？它的特色旅游有哪些？

参考文献

[1] 甘枝茂，马耀峰．旅游资源与开发［M］．天津：南开大学出版社，2000.

[2] 杨桂华，陶犁．旅游资源学［M］．昆明：云南大学出版社，1999.

[3] 丁季华，旅游资源学［M］．上海：上海三联书店，1999.

[4] 苏文才，孙文昌．旅游资源学［M］．北京：高等教育出版社，1998.

[5] 肖星，严江平．旅游资源与开发［M］．北京：中国旅游出版社，2000.

[6] 罗兹柏，张述林．中国旅游地理［M］．天津：南开大学出版社，2000.

[7] 邵骥顺．中国旅游历史文化概论［M］．上海：上海三联书店，1998.

[8] 高曾伟．中国民俗地理［M］．苏州：苏州大学出版社，1997.

[9] 巴兆祥．中国民俗旅游［M］．福州：福建人民出版社，1999.

[10] 沈祖祥．旅游宗教文化［M］．北京：旅游教育出版社，2000.

[11] 任仲伦．中国山水审美文化［M］．上海：同济大学出版社，1991.

[12] 乔修业．旅游美学［M］．天津：南开大学出版社，1990.

[13] 王柯平．旅游美学新编［M］．北京：旅游教育出版社，2000.

[14] 庄志民．旅游美学［M］．上海：上海三联书店，1999.

[15] 钱今昔．中国旅游景观欣赏［M］．黄山：黄山出版社，1993.

[16] 保继刚．旅游地理学［M］．北京：高等教育出版社，1993.

[17] 吴必虎．地方旅游开发与管理［M］．北京：科学出版社，2000.

[18] 黄羊山，王建萍．旅游规划［M］．福州：福建人民出版社，1999.

[19] 保继刚．旅游开发研究——原理、方法、实践［M］．北京：科学出版社，1996.

[20] 约翰·斯沃布鲁克．景点开发与管理［M］．北京：中国旅游出版社，2001.

[21] 马勇，舒伯阳．区域旅游规划——理论·方法·案例［M］．天津：南开大学出版社，1999.

[22] 斯蒂芬·L.J. 史密斯．游憩地理学——理论与方法［M］．吴必虎，等译．北京：高等教育出版社，1992.

[23] 岳怀仁．风景旅游区经营与管理［M］．昆明：云南大学出版社，1998.

[24] 楚义芳．旅游的空间经济分析［M］．西安：陕西人民出版社，1992.

[25] 邹统钎．旅游开发与规划［M］．广州：广东旅游出版社，1999.

[26] 孙文昌．现代旅游开发学［M］．青岛：青岛出版社，1999.

[27] 国家旅游局人事劳动司编［M］．旅游规划原理，北京：旅游教育出版社，1999.

[28] 林越英．旅游环境保护概论［M］．北京：旅游教育出版社，1999.

[29] 杨桂华．生态旅游［M］．北京：高等教育出版社．海德堡：施普林格出版社，2000.

[30] 吴承照．现代旅游规划原理与方法［M］．青岛：青岛出版社，1998.

[31] 卢云亭．现代旅游地理学［M］．南京：江苏人民出版社，1988.

[32] 刘振礼，王兵．新编中国旅游地理［M］．天津：南开大学出版社，1996.

[33] 周维权．中国名山风景名胜区［M］．北京：清华大学出版社，1996.

[34] 国家旅游局人事劳动司．导游基础知识［M］．北京：旅游教育出版社，1999.

[35] 李志伟，彭淑清，陈祥军．中国风物特产与饮食［M］．北京：旅游教育出版社，2000.

[36] 黄泽全．历史文化名城［M］．当代世界出版社，1996.

[37] 陈传康，刘振礼．旅游资源鉴赏与开发［M］．上海：同济大学出版社，1990.

[38] 傅文伟．旅游资源评价与开发［M］．杭州：杭州大学出版社，1994.

[39] 杨振之．旅游资源开发［M］．成都：四川人民出版社，1996.

[40] 周晓梅．计调部操作实务［M］．北京：旅游教育出版社，2006.

[41] 姚延甲，白劲杰等．北京主要景点［M］．北京：燕山出版社，2009.

[42] 赵济等．中国自然地理［M］．北京：高等教育出版社，1995.

[43] 中华人民共和国旅游局，http：//www. gov. cn.

[44] 各省旅游局官网，网址略．

[45] 中旅总社官网，http：//www. ctsho. com.

[46] 国旅总社官网，http：//www. cits. com. cn.

[47] 中青旅总社官网，http：//www. cytsonline. com.

[48] 途牛旅游网，http：//www. tuniu. com.

[49] 众信国旅网，http：//www. utourworld. com.

[50] 携程旅行网，http：//www. ctrip. com.

电子教学资料申请表

<table>
<tr><td>书　名</td><td></td><td>书　号</td><td></td></tr>
<tr><td>学　校</td><td></td><td>院　系</td><td></td></tr>
<tr><td>课程名称</td><td colspan="3"></td></tr>
<tr><td>任课老师</td><td></td><td>电　话</td><td></td></tr>
<tr><td>E-mail</td><td colspan="3"></td></tr>
<tr><td>学生人数</td><td colspan="3">班级数：　　　　　　　每班人数：</td></tr>
<tr><td>备注</td><td></td><td colspan="2">教务处（或院系）公章</td></tr>
</table>

传真至 010－52227588－511（如有疑问，请咨询 010－52227588－504）

收件人：张利敏